U0113306

广 视 角 · 全 方 位 · 多 品 种

BLUE BOOK

权 威 · 前 沿 · 原 创

经济蓝皮书
BLUE BOOK
OF CHINA'S ECONOMY

2010年
中国经济形势分析与预测

ECONOMY OF CHINA
ANALYSIS AND FORECAST
(2010)

主　编／陈佳贵　李　扬

副主编／刘树成　汪同三

社会科学文献出版社
SOCIAL SCIENCES ACADEMIC PRESS (CHINA)

法 律 声 明

　　"皮书系列"（含蓝皮书、绿皮书、黄皮书）为社会科学文献出版社按年份出版的品牌图书。社会科学文献出版社拥有该系列图书的专有出版权和网络传播权，其 LOGO（▧）与"经济蓝皮书"、"社会蓝皮书"等皮书名称已在中华人民共和国工商行政管理总局商标局登记注册，社会科学文献出版社合法拥有其商标专用权，任何复制、模仿或以其他方式侵害（▧）和"经济蓝皮书"、"社会蓝皮书"等皮书名称商标专有权及其外观设计的行为均属于侵权行为，社会科学文献出版社将采取法律手段追究其法律责任，维护合法权益。

　　欢迎社会各界人士对侵犯社会科学文献出版社上述权利的违法行为进行举报。电话：010-59367121。

社会科学文献出版社

法律顾问：北京市大成律师事务所

经济蓝皮书编委会

主要编撰者简介

陈佳贵　中国社会科学院经济学部主任、研究员，长期从事中国经济研究，著有《企业经营与市场》、《市场经济与企业经营》等。

李　扬　中国社会科学院副院长、研究员，长期从事中国经济相关研究，领域涉及货币、银行、金融市场等，专著《财政补贴经济分析》获 1990 年孙冶方经济科学奖著作奖。其他代表作还有《中国金融改革研究》、《金融全球化研究》等。

刘树成　中国社会科学院经济学部副主任、研究员，长期从事经济周期理论研究，著有《中国经济的周期波动》、《中国经济周期波动的新阶段》、《繁荣与稳定——中国经济波动研究》等。

汪同三　中国社会科学院数量经济与技术经济研究所所长，研究员，长期从事经济模型理论、方法论及其在经济预测和政策分析方面的研究工作。著有《技术进步与产业结构》、《产业政策与经济增长》、《宏观经济模型论述》等。

中文摘要

本书是在中国社会科学院经济学部"中国经济形势分析与预测"课题组召开的"中国经济形势分析与预测——2009年秋季座谈会"的基础上，由政府部门、科研机构、高等院校等各方专家、学者共同撰写的关于中国经济形势的研究成果。

全书分为综合预测篇、政策分析篇、财政金融篇、专题研究篇、台港澳经济篇及国际背景篇，运用定量与定性相结合的方法，对2009年中国宏观及微观经济层面形势，特别是全球金融危机及其对中国经济的影响进行了深入分析，并且提出了2010年经济走势的预测。

2009年恰值新中国成立60周年，面对国际金融危机的严重冲击，全国上下共同努力，我国经济总体上已经呈现止跌回升、企稳向好的趋势，经济增长"保八"的预期目标实现在望。如果说保增长是短期目标，是战术性措施，那么，调结构就是长远目标，是战略性举措。解决经济增长过程中长期存在的各种问题，就必须处理好保增长与调结构的关系。对此，各位专家给出了权威分析。

在具体措施上，做好2010年以及今后的经济工作，实现党的十七大提出转变经济增长方式的任务，并且保持经济平稳较快增长。投资、消费、净出口是观察宏观经济运行的三个重要指标，过高的外贸依存度使得经济体抵御国际经济波动的能力变差，过高的投资增长率也缺乏可持续性。如何促进内部需求、扩大消费，协调"三驾马车"共同拉动我国经济发展，也是专家关注的问题。专家从调整需求结构、调整供给结构、调整要素结构等方面提出了实现结构优化、产业升级的建议。

Abstract

Based on the discussion on the Fall Forum of the Analysis and Forecast on China's Economy in 2009 held by the "Analysis and Forecast on China's Economy" research group of economics division of Chinese Academy of Social Science, this book systematically arranges and comprehensive collects of studies on the China's economy trend written by scholars and experts from governments, research institutions, and universities.

This book have six chapters which focusing on general predictions, policy analysis, fiscal and financial issues, special topics, economies of China Taiwan, Hong Kong and Macao, and international backgrounds respectively. Using both quantitative and qualitative methods, studies analysed the situation of China's macro economy as well as micro economy in 2009 especially under the shock of international financial crisis, and made prediction on the trend of China's economy in 2010.

The year of 2009, as the 60th anniversary of new China, also the international financial crisis cause major impacts on China economy. With the joint efforts of Chinese government, enterprises and households, there are the signs that China's economy has rallied and been on the mend. It is promising to realize the expected goal of 8% growth rate of GDP. While maintaining rapidly growth is a short run objection, to say, tactical measure, optimizing economic structure is a long run goal, to say, strategic measure. To solve problems during the long term economic development, the relationship between maintaining rapidly growth and optimizing economic structure must be balanced. To this issue, scholars and experts provided authoritative analysis.

What Concrete measures should be taken on 2010 and future economic work to fulfill the task of transformation of economic growth way propounded by the 17th Congress and maintain fast yet steady economic growth simultaneously? Investment, consumption and net export are the key indicators of macro economy, while over high foreign trade dependence weaken the capacity against external risk, and unconscionable high investment rate can not be sustainable. The ways to improve domestic demand, stimulate consumption, and harmonize the roles of investment, consumption and foreign trade in economic development also issues concerned by experts. Experts suggest the way to adjust demand structures, supply structures and factor structures in order to optimize economic structure and industrial upgrade.

目 录 Contents

处理好保增长与调整产业组织结构的关系（代前言一）　………　陈佳贵／001

金融形势和货币政策：判断及建议（代前言二）　……………　李　扬／001

中国经济形势分析与预测

　　——2009 年秋季报告………………　"中国经济形势分析与预测"课题组／001

"经济形势分析与预测 2009 年秋季座谈会"综述　……………　彭　战／013

综合预测篇

新中国经济增长 60 年曲线的回顾与展望　………………………　刘树成／021

2009～2010 年经济形势分析与展望　…………………………　张立群／038

2010 年中国经济发展趋势分析和调控对策建议　……………　范剑平／047

2009 年国民经济发展预测和 2010 年展望　……………　袁　达　丁　琳／058

2009～2010 年经济景气和物价形势分析与预测　…………　陈　磊　李　颖／065

当前我国经济面临的主要问题与 2010 年经济工作的

　　重点及措施　…………………………………………………　赵京兴／081

政策分析篇

当前经济走势与 2010 年宏观调控政策取向　…………………………　郑新立／088

中国经济：逆风中稳健前行

  ——2009 年回顾与 2010 年展望 …………………………… 郑京平 / 095

2010 年中国经济发展的政策选择 ……………………………… 李泊溪 / 103

2009 年和 2010 年我国投资发展分析和政策建议 ……………… 张汉亚 / 109

中国宏观经济形势与政策：2009 ~ 2010 年

  ………………………………… 中国人民大学经济学研究所课题组 / 120

2010 年中国经济复苏的不确定因素分析 ………… 秦宛顺　钱士春 / 132

财政金融篇

2009 ~ 2010 年中国资本市场运行分析与预测 …………… 王国刚　张跃文 / 138

2009 年财政经济形势及 2010 年展望 …………………………… 马拴友 / 153

适度宽松货币政策取向下的金融运行 ………… 王　毅　闫先东　李光磊 / 164

2009 ~ 2010 年我国经济与税收形势分析预测 ………………… 张培森 / 178

2008 ~ 2009 年资本市场回顾与 2010 年展望

  ………………… 殷克东　孙文娟　黄　娜　李　莉 / 185

2009 年上海证券市场回顾分析与 2010 年展望 ………… 吴　谦　朱平芳 / 193

专题研究篇

2009 年我国进出口贸易形势分析与预测 ……………………… 裴长洪 / 203

2009 年总量冲击与 2010 年结构短缺

  ——解读复杂的中国就业形势 ………………………………… 蔡　昉 / 212

2009 ~ 2010 年就业形势分析及政策建议 ………………… 杨宜勇　安家琦 / 220

2009 年我国农业经济形势与 2010 年的展望 ………………… 李国祥 / 229

后“金融危机”阶段电子信息产业的新变化、新机遇、新挑战

  ………………………………………………………………… 高素梅 / 238

2009 年房地产市场分析与 2010 年展望 ……………………… 梁　爽 / 246

房地产 2009 年形势与 2010 年展望 ……………………………… 周天勇 / 253

2009 年环境形势与 2010 年环保展望 ……………………………… 舒　庆 / 265

消费需求大幅增长　市场价格震荡上行

　　——2009 年中国生产资料市场形势分析及 2010 年展望 ……… 陈克新 / 272

企稳·复苏·回升

　　——2009 年首都经济形势分析与 2010 年主要工作前瞻

　　………………………………… 胡雪峰　石明磊　金旭毅 / 281

2010 年世博会对上海经济总量及结构影响的定量分析

　　………………………………… 王贻志　朱平芳　谢识予 / 290

基于 CASS 指数的重庆季度经济运行情况分析

　　………………………………… 王崇举　陈新力　黄应绘 / 301

台港澳经济篇

台湾地区经济形势分析与展望（2009～2010 年）……………… 张冠华 / 308

台湾经济动向（2009～2010 年）………………… 王俪容　彭素玲 / 317

香港经济近况和展望（2009～2010 年）………………… 陈李蔼伦 / 329

澳门经济分析与展望（2009～2010 年）

　　………………… 华侨大学"澳门经济分析与预测"课题组 / 347

国际背景篇

2009 年世界经济形势分析及对 2010 年的展望 ………… 张宇燕　田　丰 / 357

我国经济发展的外部环境与增长趋势预测 ………… 余　斌　李建伟 / 373

2009 年上半年世界经济形势回顾与全年展望 ………………… 王子先 / 385

附录　统计资料 ……………………………………………… / 392

皮书数据库阅读 **使用指南**

CONTENTS

Management to the Relation of Maintain Growth Momentum
  and Boost Economic Development (Preface 1)   *Chen Jiagui* / 001
Financial Development and Monetary Policy:
  Estimation and Recommendation (Preface 2)   *Li Yang* /001

Analysis and Forecast of China's Economy Situation
  —*Report of Fall 2009*   *Project Group* / 001
Overview of "2009 Forum Fall of Analysis and
  Forecast on the Economic Situation"   *Peng Zhan* / 013

General Forecast

Review and Forecast of the Economic Growth Curve
  of New China for 60 Years   *Liu Shucheng* / 021
Analysis and Forecast of 2009–2010 Economic Situation   *Zhang Liqun* / 038
Analysis of China's Economic Trend and the Suggestions
  for Regulative Countermeasures in 2010   *Fan Jianping* / 047
Forecast on the National Economic Development in 2009
  and Its Prospects for 2010   *Yuan Da, Ding Lin* / 058
Analysis and Forecast of the Economic Boom and
  the Price Situation in 2009–2010   *Chen Lei, Li Ying* / 065
Current Primal Problems in Chinese Economy and the Stress
  of Economic Work and Measures Next Year   *Zhao Jingxing* / 081

Policies Analysis

Current Economic Trend and Orientation of Macroeconomic
  Control Policy Next Year   *Zheng Xinli* / 088

China Economy: Steady Growth Ahead of the World Against the Wind

   —*2009 Review and 2010 Outlook*   *Zheng Jingping* / 095

China's Policy in Economic Development in 2010   *Li Boxi* / 103

Analysis of China's Investment Development and Suggestions

   for the Policies in 2009 and 2010   *Zhang Hanya* / 109

China's Macro-Economic Situation and Policy in 2009–2010   *Project Group* / 120

Analysis on Uncertain Factors of Chinese Economic Recovery in 2010

                      Qin Wanshun, Qian Shichun / 132

Finance and Banking

Analysis and Forecast of China's Capital Market Operation

   in 2009–2010   *Wang Guogang, Zhang Yuewen* / 138

Financial Economic Situation in 2009 and Its Prospects

   for 2010   *Ma Shuanyou* / 153

Financial Operation under the Orientation of Moderately Loose

   Monetary Policy   *Wang Yi, Yan Xiandong and Li Guanglei* / 164

Analysis and Forecast of China's Economic and Taxation

   Situation in 2009–2010   *Zhang Peisen* / 178

The Review and Outlook to the Capital Market

   in 2009–2010   *Yin Kedong, Sun Wenjuan,Huang Na and Li Li* / 185

Review and Analysis of Shanghai Stock Market in 2009

   and Its Prospects for 2010   *Wu Qian, Zhu Pingfang* / 193

Special Study

Analysis and Forecast of China's Import-Export Trade Situation

   in 2009   *Pei Changhong* / 203

Numerous Shock in 2009, Structural Shortage in 2010   *Cai Fang* / 212

Analysis of Employment Situation and Suggestions for the Policy

   in 2009–2010   *Yang Yiyong, An Jiaqi* / 220

China's Agricultural Economic Situation in 2009 and

   Its Prospects for 2010   *Li Guoxiang* / 229

New Changes, Opportunities and Challenges of Electronic

   Information Industry at "Post-Financial Crisis" Stage   *Gao Sumei* / 238

The Analysis and Outlook on the Market of Real Estate
in 2009−2010   *Liang Shuang* / 246

Situation of Real Estate in 2009 and Its Prospects for 2010   *Zhou Tianyong* / 253

Environmental Situation in 2009 and Expectation on
the Environmental Protection in 2010   *Shu Qing* / 265

Large Growth of Consumer Demand, Concussive Rise of Market Price
—*Analysis on China's Capital Goods Market in 2009 and Its Expectation in 2010*
         Chen Kexin / 272

Stabilize, Recover and Rebound
—*Situation of Capital's Economy in 2009 and Key Tasks in 2010*
      Hu Xuefeng, Shi Minglei and Jin Xuyi / 281

Quantitative Analysis of Shanghai's Economic Aggregate and Structural
Influence through 2010 World Expo   *Wang Yizhi, Zhu Pingfang and Xie Shiyu* / 290

Analysis of Chongqing's Quarterly Economic Operation Based
on the Cass Index   *Wang Chongju, Chen Xinli and Huang Yinghui* / 301

Hong Kong, Macao and Taiwan's Economy

Analysis and Forecast of the Economy of Taiwan Region   *Zhang Guanhua* / 308

Taiwan Economic Trend   *Wang Lirong, Peng Suling* / 317

Recent Situation and Forecast of Hong Kong Economy   *Chen Li Ailun* / 329

Analysis and Forecast of Macao Economy   *Task Group* / 347

International Background

Analysis of World Economic Situation in 2009 and
Its Expectation in 2010   *Zhang Yuyan, Tian Feng* / 357

Forecast of China's External Environment and Growth Trend
of Economic Development   *Yu Bin, Li Jianwei* / 373

Review of World Economic Situation in the First Half of 2009
and All-Year Expectation   *Wang Zixian* / 385

Appendix   Statistical Data   / 392

处理好保增长与调整产业组织结构的关系

（代前言一）

陈佳贵

2009 年，面对国际金融危机的严重冲击，在各方面共同努力下，我国经济总体上呈现出止跌回升、企稳向好的势头，保增长的预期目标可以实现，预计全年 GDP 的增长速度可以达到 8.3% 左右。但是，在经济出现快速增长的同时，调整经济结构、转变经济发展方式的任务还十分艰巨。做好 2010 年以及今后的经济工作，除要继续保持国民经济平稳较快增长外，更重要的是必须处理好保增长与调结构的关系，要更加注重推进结构调整，促进经济发展方式的转变。

经济结构调整包含丰富的内容，它既包括国民收入分配结构的调整，也包括投资和消费结构的调整；既包括一、二、三产业结构的调整，也包括各产业内部结构和产业组织结构的调整；既包括区域结构的调整，也包括城乡二元结构的调整；既包括所有制结构的调整，也包括国有经济的战略调整。保增长和调结构存在着密切的关系，它们的共同目标都是为了使国民经济保持平稳较快的发展，促进经济发展方式的转变，但是两者的侧重点又有不同。保增长关注的是短期目标，是一种战术性措施；调结构关注的是长远目标，是一种战略性举措。因此，我们必须处理好保增长和调结构的关系，把两者紧密结合起来进行。既要实现保增长的预期目标，又要在保增长中促进结构调整。我们出台的宏观经济政策和实际工作部署，决不能为了短期的保增长而忽视经济结构的调整，推迟结构调整的进程；更不能为了短期的保增长而进一步恶化经济结构，增加今后结构调整的难度。我们应当使这两者紧密结合起来，使之相互协调，相互配合。

在保增长中促进结构调整是一个大题目，如何在推进结构调整中保持国民经济平稳较快发展也是宏观调控和整个经济工作的长期任务。为了使两者协同进

行，在当前，重点应该是处理好保增长和调整产业组织结构的关系。

调整产业组织结构是产业结构调整的重要内容之一，是提高产业组织程度的重要保证，是增强国民经济活力、提高国民经济整体效益的重要手段。合理的产业组织结构是与一个国家的产业整体发展水平相适应的，是有利于防止市场垄断、企业间开展有序竞争的，是有利于企业之间发展专业化和协作关系的，是有利于大企业、中型企业、小企业、微型企业协调发展的。

产能过剩、产业组织结构不合理是当前我国经济结构中存在的突出问题。有关资料显示，到2008年底，我国钢铁行业已经形成6.6亿吨的生产能力，且目前在建的能力还有5800万吨，过剩的生产能力达到2亿吨；我国的水泥生产能力达到18.7亿吨，已经超过实际需要，可目前在建的生产线超过400条，还将新增生产能力6亿吨；我国电解铝生产能力已经有1800万吨，需求只有1200万吨左右，但在建的还有200万吨的生产能力；造船、化工、平板玻璃等行业也都存在严重的产能过剩问题。另外，一些有发展前途的新兴产业，如太阳能、风能企业等也存在一哄而上、盲目发展、重复建设问题。据统计，2009年第一季度，24个行业中有19个行业存在不同程度的产能过剩。随着投资的高速增长，产能过剩的问题有可能更加严重。

除一些行业产能过剩外，在我国的制造业中，普遍存在着组织程度差、专业化协作水平低，"大而全"、"小而全"的弊病突出，大企业不大、不强，小型企业、微型企业缺乏特色，优势企业成长缓慢，劣势企业淘汰难等问题。

为了应对国际金融危机的冲击，抑制我国经济短期大幅度下滑的势头，促进产业结构的调整，促进经济发展方式的转变，2008年底，国务院制定了产业调整振兴规划。这是一个保增长与调结构相互结合、相互促进的规划，我们一定要全面、准确领会其精神，在实际工作中认真贯彻执行。振兴绝不是要盲目增加生产能力，而是要提高各个产业的素质。因此，要把调整和振兴结合起来，不能只强调振兴，而忽视调整。应该抓住当前外需不足、经济增长速度不高、部分企业压力大的有利时机，依靠市场的力量，因势利导，以产业组织结构调整为契机，在产业结构调整中实现产业振兴，在产业结构调整中实现产业素质和效益的提高，在产业结构调整中实现经济增长方式的转变。

在产业组织结构调整中，要发挥政府的引导作用，更要充分发挥市场机制的基础性作用。政府不应该出台政策去救助那些产品落后、能源消耗高、经济效益差、严重污染环境和破坏生态的企业，这类企业该破产就让它们破产。同时要鼓励优势企业兼并劣势企业，加快兼并重组和淘汰落后产能的进程。

在当前的产业组织结构调整中特别要注意以下几个问题。

第一，要正确对待把企业做大的问题。为了提高产业的组织程度，增强企业的国际竞争力，鼓励少数企业做大做强，形成一批大企业集团是应该的。当前一个值得引起高度关注的问题是，一些省、市的政府和国有资产部门，以做大做强企业为借口，把本地区的同行业的所有国有企业都捏合在一起，拼凑出一个个"大集团"。而它的某些成员过去已经是规模很大、力量相当、产品相似的集团公司，它们彼此只有竞争关系，没有优势互补的关系。在这种集团里，它的总部并不是真正的集团公司，而是不折不扣的行政机构，也就是过去受到广泛批判的先有"儿子"后有"老子"的模式。它们对基层企业收权，对上要权，完全用行政办法管理基层企业。这种做法，形成了从政府的管理部门（工业部、局等）——国资委——行政性集团——上市公司和与其平行的其他公司（集团）——"孙"公司及关联公司等这样一个冗长、低效的管理链。历史已经证明，这种做法、这种模式是低效的，是很难获得成功的。这种模式是 20 世纪 80 年代人们大加反对而被否定的行业公司的翻版。组建这种集团是长官意志的产物，是行政权力和资本权力相结合的怪胎。毫无疑问必须旗帜鲜明地加以反对。实践已经证明，发展大企业集团，必须坚持经济手段为主原则，以优势互补为前提，以一个大企业（集团公司）为核心，以产权联系为纽带，以生产能力的重组为主要手段，才能取得事半功倍的效果。

在产业组织结构调整过程中，我们要支持大企业跨地区兼并整合，因为这种兼并整合主要是通过经济手段来实现的，一般效果都比较好。目前企业兼并重组特别是跨省、自治区、直辖市兼并重组仍受到较多行政力量和行政措施的制约。应加强宏观协调，从国家利益层面而不是地区利益层面出发，支持有竞争优势的国有控股企业和民营企业进行异地公司的兼并整合，以加快企业产品结构调整步伐，发挥规模经济效益，为"走出去"吸纳整合全球资源并参与全球竞争提前做好国内"演练"。

第二，要切实解决小企业发展中遇到的困难。小企业在企业总数中占95%以上，而且绝大多数小企业都是非国有企业，它们在繁荣经济、解决就业、扩大出口等方面都做出了巨大贡献。在实施产业调整振兴规划过程中，要更加注重小企业和微型企业的发展，为它们的发展创造宽松的环境，帮助它们解决发展过程中存在的困难。大量的调查研究结果表明，我国小型企业和微型企业的发展主要面临四个方面的问题：一是企业规模的划分标准存在问题。我国中型企业的规模都比较大，它们的经营模式、内部的管理组织结构、所面临的经济社会环境和大企业是基本相同的，是和小企业、微型企业有很大不同的。所以从政策支持上讲，不应该把它们与小企业、微型企业放在一起，而是应该与大企业放到一起考虑。比如在融资问题上，社会上反映中小企业融资难，但是金融机构拿出的数据证明中小企业融资并不难，问题就出在金融机构拿出的主要是中型企业的数据，而不是小企业和微型企业的数据。我们在调查中发现，中型企业融资也确实不难。此外，统计局把小型企业的规模规定得偏大，把很大一部分应该划分到中型企业的企业也划到了小型企业类型里。为了使鼓励小型企业和微型企业的政策更有针对性，应该根据形势发展的要求重新确定、划分中型企业和小企业的标准，最好增加微型企业的档次。二是发展小型企业、微型企业的社会支持系统还不健全。行政管理系统、融资和担保系统、信息提供系统、技术服务系统等都还需要大大改善。三是政府政策的针对性不强，落实不到位。已经出台的鼓励中小企业发展的措施，都是针对中型企业的，小型企业、微型企业很难享受到。四是企业自身的素质需要大大提高。除加强企业内部管理、提高管理水平外，小企业要根据自身的情况，向小而专、小而精、小而特、小而强的方向发展。应形成大企业、中型企业、小型企业、微型企业之间既有合理分工又协调发展的产业组织结构。

第三，必须加速推进垄断行业的改革。首先，要逐步解除管制，降低进入门槛，鼓励非国有经济成分进入目前的一些垄断行业，把这种垄断行业逐步改造成竞争性行业。其次，国家要逐步取消这些行业享有的某些特权，政府不应该对它们进行特殊扶持、特殊照顾，使它们获得垄断利润；不应该让它们负盈不负亏，有了盈利就乱发工资、奖金，发生了亏损就要国家补贴。要把它们推向市场，成为自主经营、自我发展、自我约束、自负盈亏的市场竞争主体。再次，要加强对这些行业的监督，把这些企业的国有资本经营纳入国家预算管理，国有资本要实行有偿使用。这些行业的产品、服务的定价要更加透明。

第四，继续推进行业协会的改革。改革开放以来，特别是裁减工业部、局之后，我国的行业协会有了很大的发展，一些行业协会的作用也在加强。但是目前我国行业协会的行政色彩太浓，多数行业协会还没有发挥应有的作用，应该继续推进改革。行业协会应该是企业自愿参加，内部实行民主管理的民间性组织；应该是沟通企业和政府之间的桥梁，在为企业服务中实现自我发展；不应该由财政拨款，办成为行政机构或者变相的行政机构。同时，政府也应该继续放权，不要把那些本应该由行业协会来做的事都揽到自己身上。否则行政管理机构的改革很难取得进展，取得的成果也很难巩固，总是走不出改革一次，机构就膨胀一次的怪圈。

2009 年 10 月 10 日

金融形势和货币政策：判断及建议

（代前言二）

李　扬

一　2009 年和 2010 年经济形势：总体判断

2008 年底以来，我国经济在较短时间里经历了止跌、企稳、回升等几个阶段。随着一揽子经济刺激政策的逐步落实并渐次发挥作用，国内经济已经显示出较为明显的复苏迹象。2009 年第三季度 GDP 增长达到 8.9%，预计，全年 GDP 增长速度可达到 8.3%。

我们认为，2010 年国民经济增长保持 8% 以上水平应无问题。根据有二：第一，从国内因素看，消费需求保持平稳向上，投资需求可以保持相当的强度，出口对经济增长的贡献将从 2009 年的负数转为 2010 年的正数。综合起来看，国内因素将能够保证 2010 年的国民经济沿着 2009 年的势头继续向上。第二，从国外因素看，全球经济已经企稳，尽管在短期内很难恢复到危机前的水平，但终究回归了正增长的路径。据我们研究，净出口对中国经济增长波动的影响率在 65% 左右。基于这种联系，全球经济的企稳，将对我国经济增长产生正的影响。

基于上述判断，我们认为：2010 年经济工作和宏观调控的工作重点可以不特别关注"保增长"，而应把调整结构和深化改革置于首要位置。

二　正确判断 2009 年的货币信贷数据和货币政策操作

2009 年，我国货币供应和信贷增长均达到创纪录的水平。对此，人们普遍存有疑虑。这些疑虑根源于对 2009 年的货币信贷数据和货币政策操作态势的判断上。因此，我们需要对这些数据进行认真分析。

这里涉及三个层面的问题：其一，2009 年的货币供应和信贷增长究竟意味着什么？其二，如此高速增长的货币和信贷供应，其动力来自何处？具体而言，货币信贷高速增长，究竟是央行货币政策操作所致，还是经济中的其他因素所致？其三，如果货币和信贷供应的高速增长并不主要归因于中央银行的货币政策操作，则明年的货币政策当作何选择？

1. 对2009年货币和信贷扩张的判断

中国的货币供应结构相当特殊，这就是，存款在货币供应总量中占据相当大的比重。例如，2009年9月底，M2中，各类存款占93.8%；M1中，各类存款占81.5%。这就是说，存款的变化在相当程度上左右着中国的货币供应变化。基于这种联系，存款和贷款之间的关系，便成为理解我国货币和信贷增长动态的关键因素之一。

存款和贷款的关系，可能是存款引致贷款，也可能是贷款引致存款，两者的经济运行意义完全相反。如果存款的增加主要归因于原始存款增加（这是国民经济增长所导致的），则货币供应基本上是中性的；反之，如果存款的增加归因于贷款增加（这是银行体系存/贷款操作导致的），则货币供应是扩张性的。我们判断，中国目前的情况以前者为主，即基本上是中性的。

进一步，我们还须分析存款增加的结构。在正常情况下，企业、居民和政府存款在总存款中的占比是相对稳定的。因此，一旦某一部门的存款发生非常规的变化，必须引起我们的注意。这种情况在今年确实就发生了。如果说今年我国的存款增长率达到创纪录的水平，那么，企业存款的增长更是前所未有。1~9月，全社会存款增长11.75万亿元，而非金融性公司存款就增加6.64万亿元，占56.5%，其中企业存款增加5.6万亿元，占47.6%。在历史上，非金融性公司存款占比一般只在30%左右。相比之下，今年以来企业存款的增长就显得不够正常，进一步，其宏观政策的含义也就有了较大的变化。

我们认为，在货币供应和信贷增长均十分迅速的情况下，非金融性公司特别是企业存款高速增长，有着两个含义。

（1）一部分银行贷款在今年并没有形成借款机构的现实购买力，而是通过存款的跨期作用，构成这些机构在下一年的购买力。这意味着，今年的高速增长的货币供应和信贷增长，并没有那么强的刺激力。

（2）由于贷款通过存款实现了跨期转移，即便明年的货币和信贷增长率低于今年的水平，亦不会产生较强的紧缩效应。

2. 在货币和信贷高速增长中，央行起什么作用？

人们习惯于认为，货币和信贷的扩张或紧缩，是央行的事情。这是一个传统的概念，无论在国际上还是在国内，这种概念已经不甚适用。这里当然涉及相当复杂的金融理论，但亦可通过简单的现象予以说明：如果货币供应和信贷供应的高速扩张归因于央行的政策操作，则我们理应看到今年央行的货币政策操作具有相当强的扩张性。但是，实际情况并非如此。

央行若实行扩张的货币政策，可以有价格手段和数量手段，主要包括：①降低法定准备金率（价格和数量手段），②降低利率（价格手段），③增加储备货币的供应（数量手段），④向市场上净投放流动性（数量手段）。

不妨逐个观察今年以来的变化。

（1）法定准备金率今年没有变化。

（2）今年，由央行决定的基准利率也没有变化。但是，若干市场化的利率则经历了较大变化，分月度观察，在 6 月底之前，市场利率比较低落，但自 7 月开始，则逐渐上扬（见图 1）。

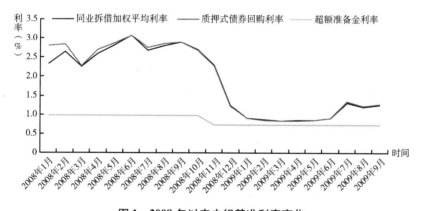

图 1　2008 年以来央行基准利率变化

（3）储备货币的供应减少。虽然从 2008 年以来，中央银行资产负债表的总规模仍然保持增长，但增速呈明显下降趋势，央行总资产增速由 2008 年 1 月的 49.2% 降至 2009 年 8 月的 5.9%。

与中央银行总资产规模增速下降相对应的是央行负债规模增速的下降，其中，储备货币增速降幅明显。储备货币存量同比增速由 2008 年 1 月的 49.2% 降至 2009 年 8 月的 5.9%（见图 2）。并且，储备货币存量由 2008 年 12 月底的 129222 亿元下降到 2009 年 8 月底的 124536 亿元，2009 年以来净减少 4686 亿元。

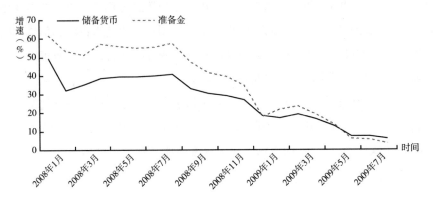

图2 2008 年以来储备货币存量变化

（4）向市场上投放的流动性，与 2008 年和 2007 年相比，也是相对减少的。这意味着，相比 2007 年和 2008 年，2009 年央行在流动性管理方面，事实上是相对紧缩的（见下表）。

单位：万亿元

时　　间	2009 年 9 月前	2008 年	2007 年
公开市场操作净投放	0.7878	− 0.7879	0.5333
外汇占款	1.6943	4.0054	2.9397
总　　计	2.4821	3.2175	3.4730

总之，从以上四个表现货币政策松紧的主要指标看，今年以来，我国货币政策操作事实上是中性偏紧的。

3. 2009 年货币政策操作建议

中性偏紧的货币政策操作，却产生了相当扩张性的货币供应和信贷增长的结果，这里的矛盾需要解释。

我们认为，主要原因在于高储蓄率。众所周知，近 20 年来，我国储蓄率一直呈上升之势。粗略地说，不断增加的储蓄，对内，表现为银行存款增加；在外，则表现为外汇储备的增加。这就是说，基于国民经济的高储蓄，即便央行不向金融体系投放资金，整个金融体系都不乏资金来源。这一点，与美国完全不同，在那里，若无央行投放资金，其整个金融体系都缺乏放贷的资金来源。

由于中国的金融机构一直不缺少依以发放贷款的资金，所以，自20世纪末以来，我国货币政策操作一直处于相当被动的地位，以至于在2007年，在所有的市场化调控手段均已使用且没有产生预期效应的条件下，为了控制银行贷款，央行不得已而启动了具有相当强行的政管制色彩的信贷控制手段。

这里分析的政策含义就是，由于货币政策效力递减，明年的货币政策操作宜保持稳定。换言之，只要不发生剧烈的形势变化，"适度宽松的货币政策"格局不要改变，明年的货币供应增长率和新增信贷规模只宜做小规模的调整。这样做的主要意义，在于维持国内外对于我国宏观政策的稳定性和连续性的信心和预期。

在宏观政策保持稳定的同时，我们应当透过微观层面并通过加强监管的手段来解决各种可能出现的问题。换言之，在传统的货币调控手段效力递减的条件下，我们必须另辟蹊径。

三　2010年货币政策：通过微观层面和金融监管手段来实施宏观调控

我们认为，加强对各类机构（金融的和非金融的）的资产负债表（微观结构）的调控，加强宏观审慎监管，是我国2010年货币政策操作的主要方向。

1. 实行宏观审慎监管是最新的国际趋势

传统的货币政策效力递减，是一个全球性问题，而且20余年来，这个问题是逐步恶化的。在此次金融危机之前，国际社会为解决这一问题，先后进行过很多探讨，例如，提出了通货膨胀目标制、金融状况指标和更加关注金融稳定等方法，但是，这些探讨均未获得预期效果。

此次危机则直接宣判了上述所有的努力基本上徒劳无功。主要原因是，它们均没有直接针对导致传统货币政策效力递减的原因，因而解决方案并未摆脱传统理念。在危机剧烈冲击下，一个新的概念，即"宏观审慎监管"得到了国际社会的广泛关注。

"宏观审慎监管"概念不仅意味着对传统宏观经济理论的挑战和发展，而且

包含十分复杂的内容，其基本逻辑和内容可以概括如下。

（1）由于金融自由化不断深化、金融创新层出不穷和金融市场不断扩展，货币政策传导渠道已经发生革命性变化，致使传统的货币政策已经不足以有效调控货币和信贷供应。

（2）传统的宏观经济理论以及基于此的货币政策理论严重缺乏微观基础，并忽视了监管的货币政策效应。

（3）有效的货币政策操作，必须充分考虑市场的微观结构和监管的政策效应。所谓关注市场的微观结构，就是要从被监管对象的资产负债表入手，高度关注它们的资本充足率、资产质量、盈利能力和收益率、流动性、市场风险的敏感性等结构性指标，同时，调整会计标准，以便更准确地反映非金融机构及金融机构的风险。所谓从监管角度来实施货币政策，就是要扩大监管范围、合理化薪酬制度、完善公司治理机制等，并将压力测试制度化。

2. 我国已经在实施宏观审慎监管方面采取了具体行动

2008 年 2 月，温家宝总理在会见 IMF 总裁卡恩时，宣布我国将加入"金融部门评价规划"（FSAP）。

在 2008 年秋季以来召开的三次 G20 峰会上，胡锦涛主席都对类似的国际研讨表示了积极的态度。

我国央行和一些监管部门（如银监会）都已开始探讨实施宏观审慎监管问题，并已做了一些部署。

四　关于物价

关于明年物价水平及其变化，有两个问题需要关注：其一，明年物价水平上涨的可能性如何？其二，物价水平上涨到何种程度才是需要予以关注的？

1. 中国物价动态的决定因素

当前，我国经济中导致物价上升和下降的因素并存。从总体上看，明年物价水平上涨的可能性较大，但幅度大约在 2%。

导致物价下跌的因素主要体现在宏观层面。

在开放的市场经济条件下，决定物价水平最根本的因素是总供求的对比关系。当前，我国需求不足的总供求格局没有发生实质性改变。作为宏观经济运行中的供给面，自 20 世纪 90 年代初开始，我国的储蓄率便显示出不断上升的趋势。这种状况反映在结构层面，就是愈演愈烈的产能过剩。据统计局资料，今年第一季度，我国 24 个行业中，就有 19 个行业存在程度不同的产能过剩。基于高储蓄率之上的宏观经济平衡关系的存在，决定了我国不会出现长期、持续的物价上涨。

导致物价上升的因素主要来自供给冲击、国外输入和高速扩张的货币和信贷供应。所谓"供给冲击"，主要指的是，由于我国经济增长迅速，支撑经济增长的供给因素并不能齐头并进地同时满足高增长的需要。由于"短边规则"的作用，我国经济便不时出现某些资源和某些产品供给不足从而价格上升，进而推高价格总水平的现象。近年来的实践显示，这种供给相对不足，常常发生在农产品领域之中。所谓"输入型"通货膨胀指的是，由于我国经济发展与全球经济的关系日益密切，国际市场上的价格动态，势必通过进口渠道对国内物价产生越来越大的影响。这种"输入"性影响，在 2007 年下半年至 2008 年上半年表现得淋漓尽致。货币信贷高速扩张对物价的影响更是显然的。说到底，过多的货币和信贷作为需求的载体，或早或迟总要在物价上表现出来。尤其值得警惕的是，近年来，过多的货币和信贷供应对物价的影响，常常并不表现在被 CPI 和 PPI 所覆盖的普通商品的价格上涨上，而是表现在以股票价格和房地产价格为主的资产价格的飙升上。这无疑增加了形势判断的难度和宏观调控的复杂性。

2. 明年的物价走势

当前，我们要对导致物价上涨的因素保持多一份警惕。2009 年初至今，由于美元贬值、全球经济复苏和国际投机资本重新活跃等因素的作用，国际石油价格恢复性上涨约 60%，铜、铝、锌等有色金属价格也出现不同程度反弹，粮食价格上涨约 20%。这些因素，不能不对国内物价产生压力。就国内情况来看，今年 1~6 月，我国粮食价格环比分别上涨 0.2%、1.0%、1.5%、0.4%、0.8%、0.6%，已连续 6 个月上涨，累计涨幅达 4.9%。这些数据表明，到 2010 年上半年，短期引发价格再次上涨的因素依然存在，尤其是在 2009 年的物价走低的基础上，有可能出现某种程度的恢复性物价上涨。我们的计算显示，明年全年物价上涨大约在 2%。

3. 物价上涨并非都是坏事

目前社会上对物价高度关注。在这种关注背后，潜藏着一种看法，任何水平的物价上涨都是有害的。这是一种错误的看法。理论和包括中国在内的各国实践都告诉我们，一定程度的物价上涨对经济运行不仅是正常的，而且是有利的。这是因为，在适度的物价上涨环境下，企业才具有开工和扩大生产的积极性；只有在企业坚持开工并不断扩大生产能力的条件下，就业才能持续增加；只有就业持续增加，居民的收入水平才能不断提高。

当然，这里涉及物价上涨的"适度"问题。一般认为，5%便是这种适度水平。

4. 政策含义

我们这里指出导致中国未来物价走势变化的特殊因素，主要意义在政策含义上。我们认为，既然中国不可能出现长期持续的物价上涨，且一定程度的物价上涨事实上是有利的，那么，第一，如果国内物价出现某种程度的上涨（例如3%左右），我们（特别是诸如央行之类国家宏观调控部门）不必特别张扬，亦不必立即采取措施；第二，如果物价上涨达到需要采取措施的程度，则应慎用宏观政策，特别要慎用货币政策。

五 关于地方融资平台和投资

1. 地方政府的筹资渠道

在此轮扩张性政策中，地方政府发挥了重要作用。在地方推动的扩张中，资金来源历来备受关注。我们归纳，地方融资的途径主要包括五种。

（1）组建各类专业性投资公司（城市铁路、高速公路、城市基础设施、开发区或工业区；主要机构名称为"城市建设投资公司"，"经济建设投资公司"），背后是地方政府信用。主要方式是借款和发行企业债。

（2）市政债、企业债（包括"城投债"）、公司债、短期融资券（发行0.3万亿元，净发行可能为负）、中期票据（今年已发0.6万亿元，可能还会发0.1万亿元）。今年发行量总额约为1.2万亿元（非金融机构），净发行1.1万亿元。

（3）打捆贷款。

（4）金融办（局）的各种安排。

（5）地方政府债（财政部代发），已经发行完毕0.2万亿元。

　　在以上五种筹资渠道中，第一、第二的部分以及第三种渠道，通常被人们称为地方融资平台。

　　从动态上看，地方融资平台在 2008 年末、今年上半年发展很快，自下半年以来，其增速已经趋缓。

2. 稳定宏观经济运行的关键在于投资

　　决定中国经济增长及其波动的主要因素依然是投资和进出口。所以，货币政策的问题，应当结合其与投资的关系来进行分析。目前，很多人把注意力放在货币政策上，这是误读。我们认为，货币政策只是投资政策的衍生，换言之，中国的货币政策其实已经被投资政策"绑架"了。当在建投资规模很大时，如果我们还是不停地批准新开工项目，货币政策怎么紧缩都不会产生效果。

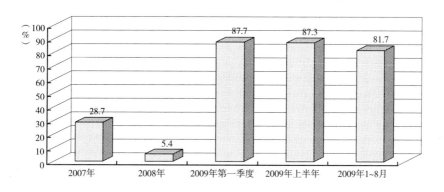

图3　2007 年以来新开工项目增长情况

　　我们认为，鉴于今年新开工项目已经创下历史新高，明年新开工的政府项目、公共项目、基础设施项目必须严格控制。从金融领域看，银行明年较大的任务是给今年的项目再融资，这本身就存在极大的压力。如果再开很多新项目，不仅银行资金可能枯竭，最终不得不依赖真正的货币发行，私营部门的投资也肯定会被挤出。毕竟，我国经济最终恢复增长，只有在过剩生产能力得到充分淘汰、全社会的投资有效增长、民间资本全面恢复活力、FDI 恢复正常之后才能实现。

中国经济形势分析与预测

——2009 年秋季报告

"中国经济形势分析与预测"课题组 *

摘　要：在模型模拟与实证分析相结合的基础上，分析和预测 2009 年和 2010 年我国经济发展趋势和面临的主要问题。发布了 2009～2010 年国民经济主要指标预测。对宏观经济形势分析显示：全球经济开始缓慢复苏，但国内经济增长的可持续性有待进一步加强，需要注意避免经济回升出现"过急"或"过缓"。在经济回升过程中要警惕通胀风险，认为一方面需求不足的供求格局没有改变，近期内尚不会发生明显的通货膨胀；另一方面应警惕经济回升过程中引发通货膨胀的多重因素。强调扩张性政策组合中需要进一步加强财政政策作用。

关键词：中国经济　指标预测　政策建议

2009 年，在国际金融危机影响与国内周期性调整的特定背景下，我国经济社会发展面临重大挑战。党中央、国务院明确提出把保持经济平稳较快发展作为经济工作的首要任务，果断出台了"四万亿投资计划"和"十大产业振兴规划"等一揽子经济刺激政策，及时扭转了自去年下半年以来经济过快下滑的态势，在较短时间内稳定了各方面的信心，经济回升的速度超出了市场预期，经济结构和发展方式转变也出现了一些积极变化，中国经济总体上保持了增长速度较快、结构有所改善的良好态势。

国际金融危机对世界经济的影响是深远的，这也使深度参与经济全球化的我

---

* 课题顾问：刘国光、王洛林、李京文；课题总负责：陈佳贵；执行负责人：刘树成、汪同三；执笔：张涛、汪同三、沈利生、万东华。

国难以独善其身。在金融危机的冲击下，我国经济发展中的某些固有矛盾不断暴露并逐步凸显，因此，积极应对国际金融危机仍将是一项艰巨的任务。2010 年，要继续深入贯彻和落实科学发展观，宏观调控更要突出强调经济发展方式的转变、经济结构的战略性调整和经济增长质量与效益的提升。在保持宏观经济政策连续性和稳定性的同时，做好政策储备，从容应对国际和国内可能出现的新情况、新问题。

本报告将在模型模拟与实证分析相结合的基础上，分析和预测 2009 年和 2010 年我国经济发展趋势和面临的主要问题。

一 国民经济主要指标预测

从季度经济运行情况看，2009 年国民经济呈现出企稳回暖、逐步向好的发展轨迹。据预测，2009 年我国 GDP 增长速度将达到 8.3% 左右，可以实现"保八"经济增长目标。如果 2010 年世界金融危机不再进一步严重恶化，国内不出现大范围严重自然灾害和其他重大问题，GDP 增长率将稳步回升到 9% 左右的增长水平。

2009 年农业生产继续保持平稳增长，第一产业增加值增长率将达到 5.6%。考虑到农业生产的自然周期性因素，2010 年农业生产形势比较严峻，预计第一产业增加值将有所回落，增长 5.1%。金融危机对我国工业生产的影响十分严重，今年第二季度以来工业经济出现了比较明显的回升态势，预计 2009 年和 2010 年第二产业增加值增长速度将分别达到 8.6% 和 9.4%。2009 年以来，房地产业出现了恢复性增长，第三产业的企稳回升提供了有力支撑，预计 2009、2010 两年，第三产业分别增长 8.7% 和 9.5%。

2009 年，在一揽子经济刺激政策推动下，我国固定资产投资加速增长，成为扩内需、保增长的最主要动力。预计全年全社会固定资产投资将达到 227400 亿元左右，名义增长率为 32%，比 2008 年高出 6.5 个百分点，为近 16 年的最高增长率，剔除价格因素，投资实际增长率为 34.4%，是 2008 年投资实际增长率的 2.26 倍。2010 年，如果继续实行积极的财政政策和适度宽松的货币政策，固定资产投资仍将保持较高增长速度，预计名义增长率将达到 23.9%，固定资产投资占 GDP 的比重将可能超过 70%。

2008 年以来，我国价格水平出现了较大波动。2008 年居民消费价格、社会商品零售价格以及投资品价格分别上涨 5.9%、5.9% 和 8.9%，上升幅度都明显高于前几年。2009 年上半年，随着国际金融危机的蔓延，国内外经济增长放缓导致最终需求下降，物价处于低位运行，居民消费价格、商品零售价格以及投资品价格比上年同期下降 1.1%、1.4% 和 2.6%。最近几个月的数据显示，居民消费价格和工业品出厂价格环比增速都出现加快的态势。据预测，2009 年居民消费价格、商品零售价格以及投资品价格分别下降 0.5%、0.8% 和 1.8%。2010 年价格水平将恢复上涨，据预测，居民消费价格、社会商品零售价格以及投资品价格将分别上涨 2.1%、1.8% 和 1.3%。

国际金融危机对居民收入，特别是对农村居民收入造成了较大影响。尽管国家实施了一系列保障农民收入的惠农政策，并大幅增加转移性收入，但是农村居民收入增幅仍呈下降趋势。据预测，2009 年和 2010 年农村居民实际人均纯收入将分别增长 6.8% 和 7.1%，农村居民收入增长速度低于城镇居民收入增长速度的局面仍将持续，分别低 2.4 和 2.1 个百分点。

近几年，消费需求一直保持着平稳增长的态势。按可比价格计算，社会消费品零售总额增长速度从 2002 年的 12% 提高到 2008 年的 14.8%。在此次应对金融危机的政策组合上，突出强调了"积极扩大国内需求特别是消费需求"，国家先后实施了提高粮食最低收购保护价，提高对农民的种粮补贴，通过财政补助支持家电下乡、汽车下乡、减征小排量车购置税等政策措施，取得明显效果。预计 2009 年和 2010 年社会消费品零售额分别达到 125000 亿元和 148000 亿元，实际增长分别达到 16.3% 和 16.4%。

受世界经济放缓、美国金融危机恶化蔓延、国内经济减速以及国际贸易保护主义等不利因素影响，2008 年 11 月份，我国对外贸易结束了持续七年多的较快增长势头，到 2009 年 8 月份，已经连续 10 个月出现下降。据预测，2009 年进口和出口将出现负增长，分别为 - 21.0% 和 - 19.5%，全年外贸顺差将达到 2500 亿美元左右。2009 年下半年全球经济回暖的信号开始显现，全球经济正开始走出二战后前所未有的衰退，虽然经济复苏的力量还不够强劲，但再次陷入衰退的可能性不大。最新数据显示，2009 年 8 月份我国进出口以及出口和进口环比分别增长 2.3%、3.4% 和 1%，新出口订单指数也从 5 月份开始连续数月超过 50% 的扩张线。预计 2010 年，我国外贸形势将趋于好转，进出口增长有望恢复到

2008 年的水平，进口增长和出口增长分别达到 18.7% 和 17.3% 。

我国经济在较短时间内经历了急速下跌、止跌、企稳、回升四个阶段，国内经济复苏势头强劲。总的来看，与 2009 年相比，2010 年经济速度将有所回升，GDP 增长率将稳步回升到 9% 甚至更高一些的水平。在实现"保增长"目标的同时，更要关注经济复苏的质量，努力实现在调整结构、扩大内需基础上的持续平稳增长。下表列出的是对我国 2009 年和 2010 年主要国民经济指标的预测情况。

2009 年和 2010 年主要国民经济指标预测表

指 标 名 称	2009 年	2010 年
(1)总量及产业指标		
GDP 增长率(%)	8.3	9.1
第一产业增加值增长率(%)	5.6	5.1
第二产业增加值增长率(%)	8.6	9.4
其中:重工业(%)	8.9	9.7
轻工业(%)	8.5	9.3
第三产业增加值增长率(%)	8.7	9.5
(2)全社会固定资产投资		
总投资规模(亿元)	227400	281740
名义增长率(%)	32.0	23.9
实际增长率(%)	34.4	22.3
投资率(%)	51.2	53.3
(3)价格		
商品零售价格指数上涨率(%)	-0.8	1.8
居民消费价格指数上涨率(%)	-0.5	2.1
投资品价格指数上涨率(%)	-1.8	1.3
GDP 平减指数(%)	0.3	2.0
(4)居民收入与消费		
城镇居民实际人均可支配收入增长率(%)	9.2	9.1
农村居民实际人均纯收入增长率(%)	6.8	7.1
(5)消费品市场		
社会消费品零售总额(亿元)	125000	148000
名义增长率(%)	15.3	18.4
实际增长率(%)	16.3	16.4
(6)财政		
财政收入(亿元)	66320	78470
增长率(%)	8.2	18.3
财政支出(亿元)	74420	88940
增长率(%)	19.2	19.5

指　标　名　称	2009 年	2010 年
(7)金融		
居民存款余额(亿元)	255860	290300
增长率(%)	17.4	13.5
新增货币发行(亿元)	4010	4420
新增贷款(亿元)	101700	83400
贷款余额(亿元)	405090	489080
贷款余额增长率(%)	33.5	20.7
(8)对外贸易		
进口总额(亿美元)	8950	10620
增长率(%)	-21.0	18.7
出口总额(亿美元)	11500	13490
增长率(%)	-19.5	17.3
外贸顺差(亿美元)	2550	2870

二　宏观经济形势分析

1. 全球经济开始缓慢复苏

决定国内经济增长会不会有所反复的一个重要因素是世界经济走势。国际货币基金组织(2009 年 7 月)和世界银行(2009 年 6 月)最新发布的对今、明两年世界经济预测基本一致,只是在负增长和正增长的程度上看法有所不同。2009年全球经济总体呈现负增长,两家机构的预测分别为 -1.4% 和 -2.9%;2010年全球经济转为正增长,分别达到2.5%和2%。

今年上半年,在宏观政策刺激和支持下,世界经济运行状况有所改善,开始弱势复苏。美国等主要贸易伙伴国经济形势好于预期,经济衰退形势开始改善。欧洲主要国家经济增长情况亦出现不同程度的回暖。据 OECD 最新预测,美国、欧元区和西方七国集团今年第三季度环比折年率分别增长 1.6%、0.3% 和1.2%,发达国家将整体出现复苏。

尽管世界经济出现复苏迹象,但金融危机的影响在短期内还无法消除。2009年,许多国家失业率居高不下,美国 7 月失业率达到 9.4%,预计年内美国失业率将达到 10%；法国、德国失业率也逐渐上升，7 月份达到 9.4% 和 7.7% 的历史高位。大量金融市场依然处于受损状态，贸易保护主义强势抬头导致贸易环境进一步恶化，都加大了世界经济复苏不可持续的风险。

2. 国内经济增长的可持续性有待进一步加强

2008 年第四季度以来，为应对国际金融危机带来的冲击和风险，党中央、国务院及时调整宏观经济政策，应对金融危机取得了积极成效，经济增长在内需的带动下逐步回升，结构调整和发展方式转变也出现了积极变化。这主要体现在两个方面：一是第三产业发展加快，三次产业结构出现了一些积极变化。2009 年上半年，全国第三产业增长 8.3%，超过第二产业 1.7 个百分点，占 GDP 的比重提高到 41.3%，对经济增长的贡献率达到 47.4%。二是投资结构有所优化。第一、三产业投资增长明显加快。2009 年上半年，在城镇固定资产投资中，农林牧渔业投资同比增长 68.9%，第三产业投资增长 36.6%，都高于第二产业 29% 的增速；西部地区和中部地区分别增长 42.1% 和 38.1%，明显高于东部地区。

但客观地看，支撑经济增长的内生动力还不强，"增长靠投资"的局面没有实质性改善。我国消费率持续偏低，从 1990 年的 62.5% 降至 2008 年的 48.6%，国内消费需求对经济增长的拉动作用明显不足。2009 年，随着固定资产投资规模的进一步扩大，消费占 GDP 的比重进一步下降。"家电下乡"和"家电汽车以旧换新"等促进消费的措施在短期内对于刺激消费需求能产生积极效果，但是对于形成稳定的消费增长的内生机制作用不大。

我国经济率先走出此轮危机，首先是依靠以政府为主导的固定资产投资发挥作用，但是经济能否持续增长，还必须依靠消费需求和民间投资。与国有投资快速增长相比，当前民间投资尚未有效激活。国家统计局数据显示，2009 年上半年全社会、政府及国有企业、非国有部门的固定资产投资增速分别为 33.5%、50.7%、27.2%，其中，全社会投资增速同比加快 7.2 个百分点，而非国有部门投资反而下降 1.3 个百分点。民间投资难以迅速跟进的直接原因是国内外市场需求不足，而金融体系的不健全和市场准入门槛过高都是民营经济发展受限的制度障碍。最近一段时期，中央和地方政府都一再要求解决中小企业融资难问题，但是民营企业融资难问题仍然突出，关键在于缺乏多层次的金融服务体系和有效的制度创新。在市场准入方面，民间投资领域受限。按照目前市场准入格局，在全社会 80 多个行业中，允许国有资本进入的有 72 种，允许外资进入的有 62 种，而允许民营资本进入的只有 41 种。民营经济在高回报率的垄断行业、社会事业、基础设施和公共服务等领域存在市场准入障碍。

3. 避免经济回升出现"过急"或"过缓"

当前我国经济进入了一个新的关键期，这个阶段不仅是经济企稳回升关键期，也是化解未来风险的关键期。

一方面，在经济回升的过程中要避免操之过急，从而引发全面的经济过热和通货膨胀。20 世纪 90 年代初，我国经济增长速度曾出现过严重下滑，1990 年我国 GDP 增长速度只有 3.8%。为了刺激经济增长，中央采取了扩大投资的对策，政府直接办企业、办开发区、上项目。1991 年底，全国开发区只有 117 个，到 1992 年底增加到 2700 多个。全社会投资建设的热情空前高涨，GDP 增长速度也迅速提高，1991 年和 1992 年 GDP 增长速度分别达到 9.2% 和 14.2%。由于地方政府、国企行为缺乏必要的监督和约束机制以及经济和金融秩序还比较混乱，经济迅速走向过热，居民消费价格指数大幅上涨，从 1992 年的 6.4% 上涨到 1994 年的 24.1%，引发了改革开放以来最为严重的通货膨胀。

事实上，经济运行过程中总是出现扩张与紧缩的交替更迭、循环往复，经济运行的周期性特征是一种客观存在。研究发现，二次大战以来各国出现的重大金融危机都会导致资产价格下跌、生产和就业下滑以及政府债务的上升，危机造成产出（人均 GDP）下滑平均持续 1.9 年左右。因此，在制定刺激经济复苏的政策措施时要充分认识到经济运行的周期性规律，不可操之过急。

另一方面，我们还要认识到，目前稳定外需面临较大困难和不确定因素，以内需弥补外需不足的工作不能松懈，要避免经济回升出现反复。1997 年，受亚洲金融危机的影响，我国经济增长速度开始下滑，面临国内需求不振和总需求不足的压力，并出现了通货紧缩。从 1998 年起，中央实施了以积极财政政策为主的宏观调控政策，但是由于政策力度不够等原因，1998 年我国经济增长仍旧出现较大幅度回落（GDP 增长下降 1.5 个百分点）；1999 年经济增长延续了下滑态势（GDP 增长下降 0.2 个百分点）；2000 年、2001 年经济开始稳步复苏，经济增长率分别回升到 8.4% 和 8.3%；直到 2002 年才重新达到 9.1% 的较高增长水平。毋庸置疑，当时积极财政政策的实施为经济恢复到较高增长水平发挥了重要作用，但是由于调控力度和把握节奏方面欠缺经验，这次经济调整大约用了 4 年的时间。此次金融危机的严重性决定了其调整可能需要一个较长的时间，因此，要充分估计困难，在积极推进和落实已经出台的各项政策的同时，要做好政策储备，从容应对国际和国内可能出现的新情况、新问题，确保经济平稳、较快的回升。

三　经济回升过程中警惕通胀风险

2008 年以来，我国价格水平出现了较大幅度的波动，从年初的"防止通胀"到年底的"通缩压力"，反映出价格变动中通胀和通缩的因素共同存在，交替主导。对未来物价走势，我们认为今、明两年不会发生明显的通货膨胀，但是需要特别警惕经济回升中可能诱发通货膨胀的多种因素以及由此带来的问题，在政策层面提前做好预防通货膨胀的准备。

1. 需求不足的供求格局没有改变，近期内尚不会发生明显的通货膨胀

1998 年以来，虽然我国政府采取了一系列扩大内需的措施，但需求不足的问题并未从根本上得到缓解，所以在内需不足的同时千方百计扩大外需成为保持经济增长的重要选择。内需不足的一个重要表现就是产能过剩。2003 年的时候，由于部分行业，特别是上游产业部门的过度投资，产能过剩的问题比较突出，但在随后的几年里，产能过剩问题没有像预想中的那么严重，除了调控政策的积极作用外，外需在很大程度上消化了过剩产能。2008 年，随着国际金融危机的爆发，通过出口化解国内过剩产能的空间大大缩小，产能过剩的问题日益凸显，2009 年第一季度我国 24 个行业中有 19 个行业存在不同程度的产能过剩。投资增长速度的持续高位运行，将使我国已经存在的产能过剩问题在未来更加严峻。在开放的市场经济条件下，决定物价水平最根本的因素是经济要素中供需力量的对比，当前我国需求不足的供求格局没有发生实质性改变，内需不足将对我国价格水平形成向下的压力。

2. 警惕经济回升过程中引发通货膨胀的多重因素

2009 年初到现在，国际石油价格上涨约 60%，铁矿石和有色金属价格上涨约 40%，而粮食价格上涨约 20%。今年 1~6 月份，我国粮食价格环比已连续 6 个月上涨，累计涨幅达 4.9%。这些数据表明，短期引发价格再次上涨的因素依然存在。

　　当前，通胀压力突出表现在输入型通胀冲击和流动性资金相对过剩引起的通胀预期加剧。随着经济全球化的深化和国际产业的转移和调整，我国与全球经济的联系日益紧密，影响我国价格形势的因素已经发生了重大变化。与 20 世纪 80 年代的价格闯关和 90 年代的信贷扩张引发的通货膨胀不同，现阶段，输入型通胀压力对于推动我国物价走高的影响作用越来越直接、越来越明显。2008 年物价较大幅度的上涨就带有很明显的输入型通货膨胀的特征。近期，国际市场上大宗商品价格又出现了上涨，不仅原油价格回升至每桶 75 美元的水平，而且铜、铝、锌等有色金属价格也出现不同程度反弹。大宗商品价格出现强劲反弹，一方面是由于世界经济基本面有所改善刺激了资源需求，另一方面在美元贬值加快影响下，资源具有更多金融属性，大量投机和避险需求也加大了原油等产品的价格波动。大宗商品大幅度反弹增加了上游企业的生产成本，在成本推动作用下，企业通过提高最终产品价格的方式抵消利润损失，从而对国内居民消费价格形成上涨压力。

　　我国的经验分析也显示，货币供应量和贷款的过快增长在短期内可能对经济增长和通货膨胀起到推动作用。2009 年上半年，M2 和 M1 增速持续上升，总体呈扩张态势，分别为 1996 年 5 月份和 1995 年 5 月份以来的最高水平。新增贷款达到 7.37 万亿元，预计 2009 全年可能突破 10 万亿元。如果在未来一段时间内，银行不能及时收回大量释放的流动性，就有可能造成过量资金在经济复苏之后仍然活跃于市场，从而形成通胀压力。除了国内释放的大量流动性之外，国外资本的进入也会进一步加剧国内货币供求的失衡。为了应对国际金融危机的冲击，美、欧、日等国的利率均降至历史最低水平，同时美联储等主要国家央行普遍实行了量化宽松的货币政策，向市场投入了巨量货币。这种超常规政策在刺激经济恢复的同时，也增加了全球流动性泛滥的风险。在国内宽松的货币政策环境下，大量资本的流入无疑会放大通货膨胀的风险。

四　扩张性政策组合中需要进一步加强财政政策作用

　　自今年初以来，为了扩大内需、实现 8% 的预定增长目标，贷款规模急剧扩大。虽然对拉动经济增长起到了积极作用，但是也产生了一定的负面影响，突出表现在股市和房市价格的过快上涨，带来了一定的泡沫风险，同时货币数量的扩大，也埋下了潜在的通胀风险。这就使得继续保持目前的货币政策力度难以为继。我国目前面临的宏观经济问题主要是结构问题造成的，而货币政策对解决结构问题往往力不从心。有鉴于此，根据目前的宏观经济形势，有必要更多地运用财政手段，扩大国债发行规模，以扩大内需，为经济较快增长提供后续动力。

自改革开放以来我国赤字率始终保持在3%以下，即使是在1998～2002年实施积极财政政策的4年间，赤字率始终未突破"警戒线"，即年度财政赤字不超过其国内生产总值的3%，公共债务余额不得超过其国内生产总值的60%。2008年以来，受国际金融危机影响，我国再次实施扩张性财政政策，扩大政府投资规模，2009年按预算赤字9500亿元计算，预计赤字率达到2.9%，接近"欧盟标准"的赤字率上限。

事实上，支撑"欧盟标准"背后的原理，就是国民生活水平不致因增发国债而降低。在赤字率和债务率上限指标的确定上，一方面考虑了潜在经济增长率、利息率和人口增长率等反映各成员国经济发展水平的指标，另一方面由各成员国经过谈判最后决定。因此，"欧盟标准"并不是一个不可更改的准则。2002年，德、法两国财政赤字占GDP的比重首次突破3%的警戒线，分别达到3.5%和3.2%，2003年进一步扩大到3.9%和4.1%。

我国是一个发展中国家，不能仅仅满足于国民生活水平不下降，还要保持国民生活水平每年都有所提高，这样就需要按照我国的国情制定国债适度规模的标准。基本原则就是国债规模的扩大不能以放慢国民生活水平提高的速度为原则。综合考虑到我国潜在经济增长率、利息率、人口增长率、消费水平以及存在的隐性债务等多方面因素的影响，推算得到的赤字率可达到5%左右，目前年国债发行额可达到1.5万亿元的规模，这样做可以为宏观调控提供一个有力的手段。

增加政府支出是扩大内需最主动、最直接、最有效的措施。在现阶段，鉴于国际金融危机的持续影响，加之我国财政减收、增支因素的增多，赤字率应结合我国实际情况，不必囿于"欧盟标准"，必要时可以考虑突破3%的赤字率。扩大政府赤字规模，要使增加的财政支出更多地投入到基本公共服务领域，通过加大民生投入，促进消费增长，提高经济增长的质量；要使增加的财政支出更多地流向新能源、环境保护重大治理工程、环保产业等领域，使积极的财政政策与培育新经济增长点结合起来；要使增加的财政支出更多地用于支持县域经济的发展，从而增加农民收入，加快社会主义新农村建设的进程。

五　政策建议

在经济周期中，萧条阶段对经济增长具有重要意义。只有在这个阶段，设备更新、技术产品创新、资产重组才会得到重视与较大规模实施。也只有那些设备更新、技术产品创新、资产重组相对成功的企业，才能得到继续生存和发展的机会。我们应高度重视危机中蕴含的机遇和挑战，认识到经过这次危机，西方发达国家有可能在技术进步和产品创新方面取得新进展。因此，除了千方百计保增长，我们更需要积极发挥社会主义制度的优越性，抓住机遇，主动进行经济结构调整，加快转变经济发展方式，大力推动科技创新和自主品牌建设，为提高我国的综合实力和国际竞争力创造更好条件，筑牢经济回暖和长期较快稳定增长的基础。当然，还需要注意分析各项保增长措施的客观效果，防止和减弱某些措施可能产生的副作用，把可能对未来产生的不利影响控制在最小范围。

（1）注重从源头上解决扩大消费不足的问题，加快调整国民收入分配结构。逐步提高居民收入在国民收入分配中的比重，提高劳动报酬在初次分配中的比重，使更多人分享到改革开放的成果。

（2）必须从根本上扭转目前失衡的经济结构，实现二元化发展方式向城乡一体化发展方式的转变。为此，需要大力发展新型县域经济，壮大县域经济中的非农产业，加快县域的城市化步伐，实现县域经济的工业化和城市化，为农民向非农产业和城市的流动创造更便利的条件和更大的空间，以县域经济工业化带动和实现社会主义新农村建设。

（3）继续推进价格改革，发挥价格杠杆作用，提高资源配置效率，推动经济结构调整和经济增长方式的转变。有步骤、分阶段地推进资源要素价格改革，切实建立起反映市场供求、资源稀缺程度以及污染损失成本、代内与代际公平成本的价格形成机制。适时推进粮食价格形成机制改革。

（4）要把推进服务业特别是现代服务业的发展与扩大内需的宏观调控政策紧密结合起来，充分发挥服务业在调整结构、扩大就业、改善民生等方面的积极作用。

（5）以结构调整促进节能减排，以节能减排作为结构调整的有力手段。通过完善产业进入与退出机制，达到控制、引导产业增量，调整、优化产业存量的

目的。积极谋划建设一批节能环保和技术改造项目，加快淘汰落后产能，通过上大压小、以新代旧、淘汰落后，促进产业结构优化升级。

2010年，是实施"十一五"规划的最后一年。面对当前复杂多变的经济形势，在我国经济回升的关键时期，要继续贯彻落实科学发展观，按照中央关于经济工作的决策部署，继续实施积极的财政政策和适度宽松的货币政策，保持政策的连续性、稳定性，进一步发展经济回升势头，提高经济回升的质量，努力实现国民经济平稳较快发展。

Analysis and Forecast of China's Economy Situation

——Report of Fall 2009

Project Group

Abstract：Based on the integration of model simulation and empirical analysis, the economic trend and the primal problems faced by China in 2009 and in 2010 are analyzed and forecasted. A forecast on the primary indicators for national economy from 2009 to 2010 is issued. An analysis on the macro-economic situation shows that, the slow global economic recovery is starting, but a sustainable domestic economic growth needs to strengthen further, and "act precipitately" or "excessively slow" in the business uptrend should be avoided. The inflation risk must be prevented in the process of business uptrend, and the forecast thought that, on the one hand, the supply and demand patterns which the demand is insufficient are not changed yet, and will not have obvious inflation in the near future; On the other hand, the multiple factors that cause the inflation should be paid attention in the process of business uptrend. The report stresses that the functions of financial policy should be strengthened further in the expansionary policy combination.

Key Words：Chinese Economy; Indicator Forecast; Policy and Suggestion.

"经济形势分析与预测 2009 年秋季座谈会"综述

彭 战*

摘 要：综合分析专家提出的 2009 年及 2010 年主要国民经济指标的预测，其中，关于最引人注目的 2009 年的 GDP 指标，专家们提出了各自的预测值，从完成"保八"的 8% 左右，到 8.3%、8.5% 甚至超过 9%，而关于 2010 年 GDP 的预测指标更是从 8.5% 一直到超过 10%，文章对当前经济运行中专家普遍关注的热点问题进行分析，结合专家的意见提出未来经济工作，包括宏观调控的相关政策建议。

关键词：中国经济　基本判断　综述

2009 年 10 月 10 日，中国社会科学院经济学部"经济形势分析与预测"课题组召开了"中国经济形势分析与预测 2009 年秋季座谈会"。会上发布了 2009 年秋季报告。课题组与来自国务院有关部委局、科研机构、大专院校、部分省市及香港特别行政区的数十名专家学者进行了座谈。中国社会科学院经济学部主任陈佳贵到会发言，中国社会科学院李扬副院长作了总结发言，学部委员刘树成、汪同三共同主持了座谈会。

一　对当前经济形势及 2010 年经济走势的基本判断

2009 年，全球经济出现了自 1960 年以来首次负增长。在国际金融危机影响与国内周期性调整的双向作用下，我国社会经济发展面临严峻挑战。党中央、国

---

* 彭战，中国社会科学院数量经济与技术经济研究所。

务院把保持经济平稳较快发展作为经济工作的首要任务，出台了"4万亿元投资计划"、"十大产业振兴规划"和"中部崛起"等政策措施，在较短时间内稳定了各方面的信心，扭转了2008年下半年以来经济过快下滑的态势，经济回升的速度超出了预期，有专家将此喻为"在全球经济衰退的逆风中稳健领跑"。

2009年是新中国成立60周年，与会专家普遍认为，2009年完成预期的"保八"目标已无悬念，有专家甚至作出了GDP增长超过9%的预测。这意味着我国经济承受各种冲击、保持平稳较快发展的能力达到了一个新水平，我国经济周期性波动幅度进一步缩小。概括全年经济运行和宏观调控的成就时，有两个方面值得自豪，一是充分显示了我国经济对国际风险具有较强的应变能力，二是充分体现了我国政府对宏观经济具有较强的调控能力和有效的组织能力，这是世界上其他任何一个政府都做不到的。

但百年不遇的金融危机对世界经济的影响是深远的，仅以个别数据的改善，就做出全球经济已经摆脱衰退、开始进入全面复苏的判断还为时尚早。2010年的世界经济还存在着诸多不确定性，全球经济出现强劲反弹还需要满足一系列条件。在经济全球化的背景下，积极参与国际经济合作的中国难以独善其身，因此积极应对国际金融危机仍将是一项艰巨的任务。在保持宏观经济政策连续性和稳定性的同时，需要做好应对国际和国内各种情况的政策储备，从容面对可能出现的各种问题。

专家认为，我国的战略机遇期没有因经济危机而结束。继续推进工业化、城镇化，加强相关的基础设施建设，促进产业结构和消费结构升级，加强环境保护和生态建设，推动各项有关民生的社会事业发展，都蕴藏着巨大的增长潜力。同时，在更高层次、更广领域参与全球化，推进市场多元化，提高外贸产品附加值和科技含量，也都还有很大空间。

二　当前宏观经济形势的特点

1. 内需保持快速增长

国际金融危机使我国出口大幅度下降，外需对经济增长的贡献明显降低。而国内投资、消费则加快增长，弥补了外需减少部分，内需对促进2009年经济企稳回升发挥了极其关键的作用，投资和消费是当前经济增长的主要拉动力。数据显示，2009年前三季度投资增速明显加快。城镇投资中，中西部地区投资、第三产业投资增长加快;房地产开发投资增幅不断提高;基础设施、民生领域等薄弱环节的投资建设明显加强;企业技改、自主创新、战略性新兴产业、生态环保等方面的投资进一步增加。受此影响,市场销售持续较旺,消费结构不断升级。住房销售面积大幅增长,相关产品家具、建材等消费形势良好;各类汽车生产、销售近1000 万台;假日经济、旅游经济使文化、旅游等服务性消费更加旺盛。据统计局初步测算,前三季度投资拉动 GDP 增长 7.3 个百分点,最终消费拉动 4 个百分点。

2. 对外经济出现好转

2009 年 7 月开始,月度商品出口额恢复到千亿美元以上,进出口降幅逐步缩小。其中,纺织、服装、鞋类等传统大宗商品出口降幅明显缩小;双边贸易排序变化,东盟市场地位上升。数据显示,低技术含量劳动密集型产品出口更具有抵御市场需求下降风险的能力。专家认为,目前铁矿砂、原油和成品油进口量稳定,但价格下降幅度很大;铜、铝进口量上升,但价格下跌,进口商品价跌甚于量跌,是进口储备资源的好时机。甲醇、硫酸和钢材等中间投入品,大豆和油菜子等农产品的价格都出现下跌。实际利用外资扭转下降趋势,同时对外直接投资继续加快。前三季度,我国累计对外直接投资 329 亿美元,其中,第三季度对外投资 205 亿美元,增长 190.4%。

3. 三次产业增长加快

前三季度,规模以上工业增加值同比增长 8.7%。其中,建材、医药、化工、机械等主要行业增加值实现两位数增长,山东、江苏、辽宁等工业大省增速分别达到 12.9%、13.0% 和 14.4%。在经历了连续 7 个月的负增长之后,8 月份发电量累计同比增速由负转正。企业效益也明显好转,前 8 个月,39 个行业中已有 24 个行业实现利润增长,其中石化、电力、食品、饮料、家具等行业利润增长较快。第三产业保持较快发展,占 GDP 比重进一步提高,前三季度,三次产业占比为 10.3∶48.9∶40.8。此外,粮食生产克服了多重灾害带来的困难,夏粮、早稻实现增产,秋粮也有望获得较好收成。

4. 经济结构调整持续取得进展

"十大产业振兴规划"的实施有助于进一步提高产业集中度和资源配置效率,推动传统产业由大变强,将使汽车、钢铁、船舶等传统产业技术改造和发展的步伐加快;新一代移动通信设备、软件、生物医药等高新技术产业将成为新的亮点;节能环保、新能源、新材料、新医药以及信息等战略性新兴产业的加快发展,科技创新和技术改造的推进,有助于提升产业层次,创造新的社会需求,为经济发展注入新的活力。从开放东部沿海"经济特区"到"西部大开发战略"、"振兴东北老工业基地战略",以及 2009 年提出的《促进中部地区崛起规划》的实施,必将使区域发展更趋协调。重点地区开发开放取得新进展,中西部和东北地区保持较快发展,东部沿海地区经济增长也逐步好转,为我国经济的可持续发展提供支撑。

5. 信心不断增强,市场预期逐步向好

国家领导人多次提出,在应对金融危机的过程当中,最重要的是信心,这比金子、比任何货币都更加宝贵。在国际金融危机巨大冲击和经济周期性回调的共同作用下,我国经济出现了较大幅度回落,2009 年一季度经济增长率降低到 6.1%。在"一揽子"刺激计划的支持和各方面共同努力下,我国经济总体上呈现出止跌回升、企稳向好的势头。国家信息中心的"中国宏观经济景气监测预警系统"显示,与工业生产同步的一致合成指数在 2009 年 2 月份见底,之后连续回升,发改委编制的综合反映未来经济走势的先行指数也已连续上升 9 个月。经济回升的速度超出了市场预期,也使企业景气指数、企业家信心指数、制造业采购经理指数稳步回升。

三 2009 年及 2010 年主要国民经济指标预测

与会专家对于 2009 年和 2010 年主要国民经济指标预测普遍较为乐观,具体结果见下表。

2009~2010 年主要国民经济指标预测

年　份	2009	2010
GDP 增长率(%)	8.3~9.04	8.5~10.07
全社会固定资产投资实际增长率(%)	32.5~34.4	22.3~27
社会消费品零售总额实际增长率(%)	15.5~16.3	16.4~18.5
居民消费价格指数上涨率(%)	-0.7~-0.5	2.1~2.9
城镇居民实际人均可支配收入增长率(%)	9.2	9.1
农村居民实际人均纯收入增长率(%)	6.8	7.1
进口总额(亿美元)	8950	10620
进口增长率(%)	-21.0~-11	18.7~29
出口总额(亿美元)	11500	13490
出口增长率(%)	-19.5~-17	17.3~22
外贸顺差(亿美元)	2550	2870

四 当前经济运行中需要关注的问题

1. 密切关注全球经济形势变化对中国的影响

有专家认为，金融危机导致全球经济将出现近半个世纪来首次负增长，发达经济体在危机中受到重创；目前虽有缓慢复苏迹象，但是主要经济体失业率仍在攀升，实体经济回升的基础不牢；金融领域的风险还未根本消除；以美国为首的贸易保护主义有所抬头，并面临进一步加剧的风险；另外美元汇率和国际大宗商品价格走势不确定性增大。我们要密切关注全球经济形势的变化，研究其对中国经济发展所产生的影响。

2. 固定资产投资增速过快，投资主体单一

2009 年全社会固定资产投资增长速度为建国以来的最高纪录。有专家认为投资的大幅度增长可能带来负面影响，最突出的就是消费与投资的结构恶化，应该按照转变发展方式的要求，增强消费对经济增长的拉动作用，适当降低投资率；也有专家认为，投资率居高不下的现象持续多年，应该加强对这一现象的深层次研究。受到市场信心、国外需求、融资约束、市场准入限制等影响，非国有投资增长慢于国有投资增长速度，其 2009 年增速比 2008 年同期下降超过 2%，主要是国有投资增长拉动了全社会投资的大幅度增长。另外，投资增长过快导致产能过剩的矛盾进一步突出。

3. 促进产业结构调整，保证经济可持续发展

产能过剩、产业组织结构不合理是当前我国经济结构中存在的突出问题。专家认为，目前我国大部分产业，从低端到高端、从内需到外需、从传统到新兴产业都面临不同程度的过剩问题。如钢铁、水泥、化工等传统行业产能过剩较多，但在建项目仍有较大规模。风电设备、多晶硅、煤化工等新兴产业也出现重复建设倾向。同时，随着市场需求的回升，淘汰落后产能和推进兼并重组的难度也会加大。如何由"政策刺激内需增长"转向"自主性内需增长"，保持宏观经济的持续稳定较快增长，需要引起特别的关注。

4. 就业等民生工作仍需要继续加强

有专家认为，由于出口减少而导致的非农就业减少，保守估计达到 1500 万人。专家认为实施更加积极的就业政策，保持就业稳定增长是当前重要的工作之

一。数据显示 2009 年各项社会保险参保人数比 2008 年底有所增加，新型农村社会养老保险试点启动实施，教育、卫生、文化等社会事业进一步发展。但我国的社会保障水平仍然不高，需要积极推进失业保险制度改革，出台完善失业保险制度的规范性文件，规范失业保险基金的使用程序和范围，加强对失业保险基金管理和使用的监管。

五 关于 2010 年经济工作的政策建议

展望新的一年，我国经济发展的国内外环境虽总体上好于 2009 年，但仍然十分复杂，不确定因素依旧很多。甲型 H1N1 流感在全球的流行还没有得到有效控制，加上经济复苏过程中，贸易保护主义在逐步抬头，针对我国出口商品的反倾销案不断出现，作为一个高度依赖出口的国家来说，外部经济环境仍比较差，我国经济"逆风前行"的大势没有根本扭转。由于上述不利因素，我们对全球经济的复苏进程不宜过于乐观。对此，专家提出以下政策建议。

1. 继续实施积极的财政政策和适度宽松的货币政策

实施积极的财政政策需要进一步优化财政支出结构，逐步稳定政府投资规模，着力减轻企业和居民税负，增强企业投资和居民消费的能力。专家认为，2010 年应继续实施适度宽松的货币政策，准备金率和利率均应保持稳定。央行应注意引导金融机构合理增加信贷投放，保持银行体系流动性合理充裕。优化信贷结构，加大对企业自主投资等实体经济活动的金融支持，大力发展消费信贷，进一步完善房地产信贷政策，发挥好金融对房地产的支持作用。

2. 努力在经济结构调整和发展方式转变上取得实质性进展

专家认为从根本上扭转目前失衡的经济结构，需要实现二元化发展方式向城乡一体化发展方式的转变。经济结构调整既包括国民收入分配结构的调整，也包括投资和消费结构的调整；既包括一、二、三产业结构的调整，也包括各产业内部结构和产业组织结构的调整；既包括区域结构的调整，也包括城乡二元结构的调整；既包括所有制结构的调整，也包括国有经济的战略调整。具体措施包括大力发展新型县域经济，实现县域经济的工业化和城市化，以县域经济工业化带动和实现社会主义新农村建设。

3. 推进城市化，发展现代服务业

除了特大型城市外，要鼓励大中小城市和小城镇增强对人口的承载能力和吸纳能力，通过二、三产业的发展，提供更多的就业机会。把推进服务业特别是现代服务业的发展与扩大内需的宏观调控政策紧密结合起来，充分发挥服务业在调整结构、扩大就业、改善民生等方面的积极作用。建立城乡一体化的各项制度，促进生产要素在城乡之间双向全面自由流动，针对劳动力流动的障碍，要积极推进户籍制度改革和城乡社会统筹工作。把推进城市化作为拉动经济平稳较快发展的最大潜力所在和政策着力点。

4. 加快垄断行业改革

降低垄断行业的进入门槛，通过社会资金的进入，增强垄断行业的竞争。对于公益性和自然垄断领域的国有企业，应按照相应法律法规督促使其尽快建立现代企业制度，引进市场机制，注重社会目标。对于既有竞争性、又需提供社会公共服务的领域，应积极放宽准入管制，通过市场竞争促进发展、促进行业内垄断企业改革。国家要逐步取消垄断行业享有的特权，将其推向市场，成为自主经营、自我发展、自我约束、自负盈亏的市场竞争主体。同时要加强对垄断行业的监督，把这些企业的国有资本经营纳入国家预算管理，国有资本要实行有偿使用。垄断企业的产品、服务定价要更加透明，降低成本。

5. 加快收入分配制度改革

制定和实施收入分配结构调整的方案，通过扩大就业和发展农业生产等举措，增加居民收入。逐步提高居民收入在国民收入分配中的比重，提高劳动报酬在初次分配中的比重，使更多人分享到改革开放的成果。有专家建议，一是要推进工资集体协商制度，努力提高劳动者报酬，实现国民收入分配向居民倾斜；二是落实好事业单位绩效工资改革；三是提高农民收入，保持合理的农产品价格。

2010年是实施"十一五"规划的最后一年，4万亿元投资计划和调整部分行业投资项目资本金比例等各项政策措施的效果还将不断显现。一揽子计划中，有很多政策措施立意长远，通过加强经济社会发展的薄弱环节建设、提高社会保障水平等，进一步提高可持续发展能力，增强发展后劲。要继续深入贯彻和落实科学发展观，宏观调控要更加突出强调经济发展方式的转变、经济结构的战略性调整和经济增长质量和效益的提升。

Overview of "2009 Forum Fall of Analysis and Forecast on the Economic Situation"

Peng Zhan

Abstract: This paper makes a summary to attendant experts' basic judgments on the current economic situation and the economic trend in 2010, analyzes the essential features of current macro-economic situation, and makes a comprehensive analysis to experts' forecast on main national economic indicators in 2009 and in 2010, in which, about most noticeable GDP indicators in 2009, experts have given the respective predicted value, from completing about 8% to 8.3%, 8.5% even over 9%, but the GDP indicators in 2010 are even forecasted from 8.5% to over 10%. The paper makes an analysis to the hot issues paid attention generally by experts in the current economic operation, and has brought forward the future economy work based on experts' opinions, including the policy suggestions concerning macroeconomic regulation and control.

Key Words: Chinese Economy; Basic Judgments; Overview

综合预测篇

GENERAL FORECAST

新中国经济增长 60 年曲线的
回顾与展望

刘树成*

　　摘　要：对中国经济增长率 60 年的波动曲线进行回顾与展望。根据增长曲线的变化，归纳出波动特点；改革开放以来，增长曲线背后经济结构发生了变化，这些新变化也是推动中国经济今后继续增长的重要因素；预计未来新一轮经济周期即将来临；为了努力延长新一轮经济周期的上升阶段，要把握好两点：一是要把握好新一轮周期的波形，二是要把握好新一轮周期的适度增长区间，其中，特别对新一轮周期中城市化和住宅业的重要作用，以及如何有效地解决房价不断上涨问题进行了分析。

　　关键词：波动曲线　中国经济　60 年

＊　刘树成，中国社会科学院学部委员，经济学部副主任。

中华人民共和国成立 60 周年之际，也正值应对百年不遇的国际金融危机的冲击中，中国经济取得"企稳回升"成效和即将步入"全面复苏"的关键时期。本文对中国经济增长率 60 年的波动曲线进行回顾与展望，共分四个部分。第一部分概述 60 年曲线的深刻变化，归纳出五个波动特点；第二部分剖析改革开放以来这条曲线背后经济结构所发生的七大变化，这些新变化也是中国经济今后继续增长的重要推动因素；第三部分说明新一轮经济周期即将来临；第四部分强调要汲取历史的经验和教训，努力延长新一轮经济周期的上升阶段，为此要把握好两点：一是要把握好新一轮周期的波形，二是要把握好新一轮周期的适度增长区间，其中，特别对新一轮周期中城市化和住宅业的重要作用，以及如何有效地解决房价不断上涨问题进行了分析。

一 60 年曲线的深刻变化

新中国走过了 60 年历程。60 年来，中国经济发展取得了举世瞩目的辉煌成就；从年度经济增长率的角度来考察，也经历了一轮轮高低起伏的波动。图 1 绘

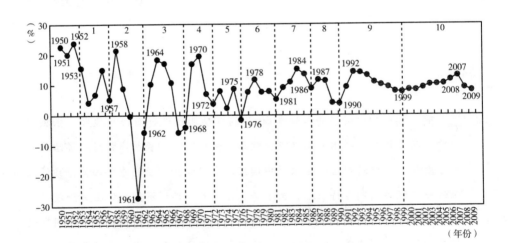

图 1　中国经济增长率波动曲线 （1950～2009 年）

资料来源：1950～1952 年，《全国各省、自治区、直辖市历史统计资料汇编 1949～1989)》，中国统计出版社，1990，第 9 页；1953～1992 年，《新中国五十年统计资料汇编》，中国统计出版社，1999，第 5 页；1993～2007 年，《中国统计年鉴 2008》，中国统计出版社，2008，第 40 页；2008 年，《中国统计摘要 2009》，中国统计出版社，2009，第 22 页；2009 年，本文预估数 8% 。

出了 60 年来经济增长率的波动曲线（其中，1950～1952 年，为社会总产值增长率；1953～2009 年，为国内生产总值增长率；2009 年为本文预估数 8%）。

1949 年 10 月 1 日，新中国成立。1950 年、1951 年、1952 年，经过三年努力，国民经济迅速恢复。这三年，社会总产值增长率分别为 22.6%、20.1% 和 23.8%。这是新中国成立初期的恢复性增长。从 1953 年起，开始了大规模的经济建设，进入工业化历程，到 2009 年，按照"谷－谷"法划分，国内生产总值增长率（GDP 增长率）的波动共经历了十个周期。

1953 年开始第一个五年计划建设时，当年，固定资产投资规模很大，经济增长率高达 15.6%。经济增长过快，打破了经济正常运行的平衡关系，高增长难以持续。1954 年、1955 年经济增速回落至 4% 和 6% 左右。经济运行略作调整后，1956 年再次加速，经济增长率又上升到 15%，难以为继，1957 年又回落到 5% 左右。1953 年作为启动，至 1957 年成为第一个经济周期。

1958 年，在当时的"大跃进"中，经济增长率一下子冲高到 21.3%，紧接着，1960 年、1961 年和 1962 年的三年，经济增长率大幅回落，均为负增长。其中，1961 年经济增长率的降幅最大，为－27.3%。这样，1958 年经济增长率的高峰（21.3%）与 1961 年经济增长率的谷底（－27.3%）之间的峰谷落差近 50 个百分点。这是第二个周期。

对经济运行调整之后，1964 年又上升到 18.3%，这是国防建设的前期高潮。接着，1966 年发动了"文化大革命"。1967 年、1968 年经济增长率回落，出现负增长，形成第三个周期。

1970 年，经济增长率又冲高到 19.4%，这是国防建设的后期高潮。1972 年又回落到 3% 左右。这是第四个周期。

随后，进入"文化大革命"的后期。1973 年，经济增速略有回升；1974 年又掉下来。1975 年略有回升；1976 年又掉下来，为负增长。这段时期，经济增长很微弱。1976 年 10 月，粉碎"四人帮"，结束了"文化大革命"。这两个小波动组成第五个周期。

如果我们把 60 年来中国经济增长率的波动曲线看做是一个经济机体的心电图的话，那么，在 1972～1976 年"文化大革命"的中后期，这个机体的脉搏跳动得非常微弱，国民经济濒临崩溃的边缘。而在此之前，脉搏的跳动又太剧烈，强起强落。

从新中国成立到 1976 年，我国社会主义建设虽然经历过一定曲折，但总的说，仍然取得了很大成就。基本建立了独立的、比较完整的工业体系和国民经济体系，从根本上解决了工业化过程中"从无到有"的问题。党的十七大报告指出：我们要永远铭记，改革开放伟大事业，是在以毛泽东同志为核心的党的第一代中央领导集体创立毛泽东思想，带领全党全国各族人民建立新中国、取得社会主义革命和建设伟大成就以及艰辛探索社会主义建设规律取得宝贵经验的基础上进行的。新民主主义革命的胜利，社会主义基本制度的建立，为当代中国一切发展进步奠定了根本政治前提和制度基础。[①]

粉碎"四人帮"，结束"文化大革命"之后，1977 年、1978 年，全国上下"大干快上"的热情很高。1978 年经济增长率上升到 11.7%，1981 年回调到 5% 左右，这是第六个周期。1978 年 12 月，党的十一届三中全会拨乱反正，结束了"以阶级斗争为纲"的历史，全党工作中心转移到社会主义现代化建设上来。开启了中国改革开放和社会主义现代化建设新的历史时期。并提出，国民经济中一些重大的比例失调状况还没有完全改变过来，基本建设必须积极地而又量力地循序进行，不可一拥而上。1979 年 4 月，召开专门讨论经济问题的中央工作会议，正式提出用三年时间对整个国民经济进行调整。

在农村改革、城市改革推动下，1984 年经济增长率上升到 15.2%，1986 年回调到 8% 左右，形成第七个周期。

1987 年、1988 年，经济增长率分别上升到 11.6% 和 11.3%。1988 年，居民消费价格上涨到 18.8%。在调整中，经济增长率在 1989 年、1990 年分别下降到 4.1% 和 3.8%。这是第八个周期。

1991 年，经济增长率回升到 9.2%。1992 年，邓小平南方谈话和随后召开的党的十四大，为中国改革开放和社会主义现代化建设打开了一个新局面。然而，由于当时改革开放才十来年，原有的计划经济体制还没有根本转型，原有体制下的投资饥渴、片面追求速度的弊端还没有被克服。在这种情况下，经济增长很快冲到 14.2% 的高峰，出现经济过热现象。1994 年，居民消费价格滞后上涨到 24.1%。在治理经济过热中，1993 年下半年至 1996 年，国民经济运行

---

① 胡锦涛：《高举中国特色社会主义伟大旗帜，为夺取全面建设小康社会新胜利而奋斗》，2007 年 10 月 25 日《人民日报》。

成功地实现了"软着陆",既大幅度地降低了物价涨幅,又保持了经济的适度快速增长。[①] 随后,又成功地抵御了亚洲金融危机的冲击和克服国内有效需求的不足。1999 年,经济增长率平稳回落到 7.6%,结束了第九个周期。

从 2000 年起,进入现在的第十个周期,到 2007 年,经济增长率连续 8 年处于 8% ~ 13% 的上升通道内。这 8 年,经济增长率分别为 8.4%、8.3%、9.1%、10%、10.1%、10.4%、11.6% 和 13%。2008 和 2009 年,中国经济面临着国际国内四重调整的叠加,即改革开放 30 年来国内经济长期快速增长后的调整与国内经济周期性的调整相叠加,与美国次贷危机导致的美国经济周期性衰退和调整相叠加,与美国次贷危机迅猛演变为国际金融危机而带来的世界范围大调整相叠加。[②] 2008 年,经济增长率回落到 9%。2009 年,预计回落至 8% 左右,完成第十个周期。2010 年,中国经济有望进入新一轮,即第 11 轮周期的上升阶段。

总的看,改革开放 30 年来,中国经济增长与波动呈现出一种"高位平稳型"的新态势。这种新态势表现为五个波动特点。

1. 波动的强度:理性下降

每个周期经济增长率的高峰从前面几个周期的 20% 左右,回落到改革开放之后、20 世纪 80 年代和 90 年代的 11% ~ 15% 左右。进入新世纪后,在第十个周期,峰位控制在 13%。

2. 波动的深度:显著提高

每个周期经济增长率的低谷在前几个周期经常为负增长,而改革开放之后,每次经济调整时,经济增长率的低谷均为正增长,再没有出现过负增长的局面。

3. 波动的幅度:趋于缩小

每个周期经济增长率的峰谷落差由过去最大的近 50 个百分点,降至改革开放之后的 6、7 个百分点。在第十个周期,预计峰谷落差仅为 5 个百分点左右。

4. 波动的平均高度:适度提升

1953 ~ 1978 年(以 1952 年为基年)的 26 年中,GDP 年均增长率为 6.1%;1979 ~ 2009 年(以 1978 年为基年)的 31 年中,GDP 年均增长率为 9.7%,比过

---

① 刘国光、刘树成:《论"软着陆"》,1997 年 1 月 7 日《人民日报》。

② 刘树成:《2008 ~ 2009 年国内外经济走势分析》,《中国经济前景分析——2009 年春季报告》,社会科学文献出版社,2009。

去提升了 3.6 个百分点。

5. 波动的长度：明显延长

在前 8 个周期中，周期长度平均为 5 年左右，表现为一种短程周期。而 20 世纪 90 年代初之后，在第九、第十个周期中，周期长度延长到 9～10 年，扩展为一种中程周期。特别是在第十个周期中，上升阶段由过去一般只有短短的一二年，延长到 8 年，这在 60 年来中国经济发展史上还是从未有过的。

二　曲线背后经济结构的新变化

中国经济的增长与波动表现出"高位平稳型"的新态势，其原因是多方面的。我们曾以"外在冲击－内在传导"分析框架，将改革开放以来中国经济"高位平稳型"增长的主要原因概括为两大类：一类是宏观调控作为一种外在冲击的不断改善，另一类是经济结构作为内在传导机制的增长性和稳定性的增强。[①] 这里，本文进一步着重分析改革开放以来中国经济结构的七大变化。

1. 体制结构的变化，为经济的"高位平稳型"增长提供了重要的体制性基础

改革开放以来，中国的经济体制发生了重大变化，由过去高度集中的计划经济体制逐步转变为社会主义市场经济体制。在原有计划经济体制下，企业的产、供、销和投资等生产经营活动均没有自主权，完全由国家计划统一管理，经济生活僵化。在社会主义市场经济体制下，经济活动的主体具有自主权，价格杠杆、竞争机制、要素市场等市场机制被引入，市场在资源配置中日益发挥了基础性作用，这为经济发展注入了前所未有的生机和活力。

2. 所有制结构的变化，为经济的"高位平稳型"增长提供了基本经济制度条件

所有制结构的变化，包括产值方面的所有制结构变化和就业方面的所有制结构变化。

从产值方面的所有制结构变化来看，以工业企业所有制结构为例，在工业总

---

① 刘树成、张晓晶：《中国经济持续高增长的特点和地区间经济差异的缩小》，《经济研究》2007年第 10 期。

产值中各种所有制企业所占的比重发生了重要变化。1978 年，工业企业的所有制经济类型只有两种：国有工业和集体工业。在工业总产值（当年价格）中，他们分别占 77.6% 和 22.4%。2007 年，在规模以上工业企业的工业总产值中（"规模以上"是指年主营业务收入在 500 万元以上的工业企业），按登记注册类型分，所有制实现形式已多样化（见表 1），其中：非公司制的国有企业占 9%；集体企业占 2.5%；股份合作企业占 0.9%；联营企业（含国有联营企业）占 0.4%；有限责任公司（含国有独资公司）占 22.3%；股份有限公司（含国有控股企业）占 9.9%；私营企业占 23.2%；其他内资企业占 0.3%；港澳台商投资企业（含合资、合作、独资）占 10.5%；外商投资企业（含合资、合作、独资）占 21%。

表1　工业总产值中各种所有制企业所占比重

单位：%

序号	按登记注册类型分	1978 年	2007 年
1	国有企业(非公司制)	77.6	9.0
2	集体企业	22.4	2.5
3	股份合作企业	—	0.9
4	联营企业(含国有联营企业)	—	0.4
5	有限责任公司(含国有独资公司)	—	22.3
6	股份有限公司(含国有控股企业)	—	9.9
7	私营企业	—	23.2
8	其他内资企业	—	0.3
9	港澳台商投资企业(含合资、合作、独资)	—	10.5
10	外商投资企业(含合资、合作、独资)	—	21.0

资料来源：根据《中国统计年鉴 2008》，中国统计出版社，2008，第 485 页数据计算。

从就业方面的所有制结构变化来看，以城镇就业人员的所有制类型为例，1978 年，主要是两种：国有单位和集体单位，他们分别占 78.3% 和 21.5%；个体就业人员仅有一点，占 0.2%。2007 年，就业的所有制结构发生了很大变化，在城镇就业人员中，国有单位所占比重由 1978 年的 78.3%，下降到 2007 年的 21.9%；集体单位所占比重由 21.5% 下降到 2.4%；私营企业和个体的就业比重共达 26.9%；城镇其他类型就业的比重达 32.9%（见表 2）。

表2 城镇就业人员中各种所有制企业所占比重

单位：%

序号	按登记注册类型分	1978年	2007年
1	国有单位	78.3	21.9
2	集体单位	21.5	2.4
3	股份合作单位	—	0.6
4	联营单位(含国有联营企业)	—	0.1
5	有限责任公司(含国有独资公司)	—	7.1
6	股份有限公司(含国有控股企业)	—	2.7
7	私营企业		15.6
8	个体	0.2	11.3
9	港澳台商投资企业	—	2.3
10	外商投资企业	—	3.1
11	城镇其他	—	32.9

资料来源：根据《中国统计年鉴2008》，中国统计出版社，2008，第110~111页数据计算。

在改革开放中，微观基础的重造，使各种所有制经济共同发展和相互促进，使市场主体和投资主体多元化，发挥了各种市场主体和投资主体的积极性，为经济的高位、平稳增长提供了重要的基本经济制度条件。

3. 资源供给结构的变化，为经济的"高位平稳型"增长提供了必要的物质条件

市场机制的引入及其在资源配置中所发挥的基础性作用，以及所有制结构的变化，使经济的供给面增添了活力，使长期存在的资源供给严重短缺的状况基本改变。原有的煤、电、油、运、材（重要原材料，如钢铁、水泥）等资源供给的"瓶颈"制约不同程度地逐步缓解，有的还出现了一定程度的、阶段性的相对过剩。这从物质上支撑了经济的高位、平稳运行。

4. 产业结构的变化，为经济的"高位平稳型"增长提供了重要的产业基础

在国内生产总值中，三次产业的产值结构发生了重要变化（见图2）。第一产业的比重下降，由1952年的50.5%，下降到1978年的28.2%，又下降到2008年的11.3%。第二产业的比重，由1952年的20.9%，上升到1978年的47.9%；改革开放以来，第二产业比重相对稳定，到2008年为48.6%。第三产业的比重，由1952年的28.6%，到1978年是下降，降到23.9%；改革开放以来，第三产业比重上升，到2008年为40.1%。

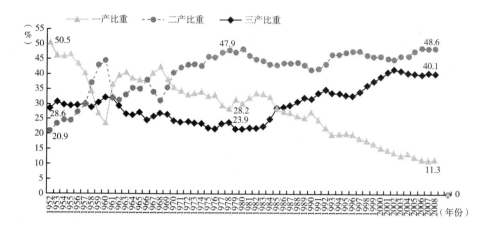

图2 中国三次产业的产值比重（1952～2008年）

资料来源：1952～1977年，《中国国内生产总值核算历史资料1952～1995》，中国国家统计局国民经济核算司编，东北财经大学出版社，1997，第30页；1978～2008年，《中国统计摘要2009》，中国统计出版社，2009，第21页。

改革开放以来，第一产业比重继续下降，第二产业比重相对稳定，第三产业比重上升，这有利于经济在适度高位的平稳运行。因为在三次产业中，第一产业增长与波动的特点是，增长速度较低，波动幅度较小，但受自然条件影响较大；第二产业的特点是，增长速度高，但波动幅度也较大；第三产业的特点是，增长速度较高，而波动幅度较小，一般又不受自然条件的太大影响。所以，随着第三产业比重的上升，整个经济的稳定性会增强。

5. 城乡人口结构的变化，为经济的"高位平稳型"增长提供了强大的需求动力

改革开放促进了劳动力要素的流动，推动了工业化进程，提高了城市化率（城市人口占总人口的比重）。城市化率的提高，带来巨大的城市基础设施建设和房地产建设需求，带动了各种相关产业的蓬勃发展。1949年，中国城市化率仅为10.6%，1978年上升到17.9%，2008年上升到45.7%。相应的，乡村人口占总人口的比重从1949年89.4%，下降到1978年82.1%，又降到2008年54.3%（见图3）。

6. 消费结构的变化，为经济的"高位平稳型"增长提供了新的消费需求动力

改革开放以来，随着人均收入水平的提高，推动着消费结构的升级，使消

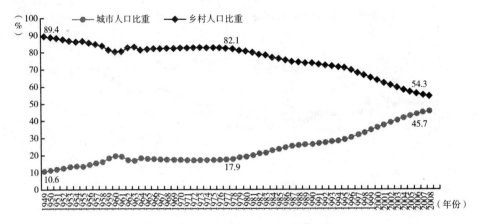

图3 中国城市化率（1949～2008年）

资料来源：1949～1977年，《中国统计年鉴1983》，中国统计出版社，1983，第104页；1978～2008年，《中国统计摘要2009》，中国统计出版社，2009，第40页。

费结构由"吃、穿、用"向"住、行"升级，由生存型向发展型和享受型升级。消费结构的升级，推动了产业结构的调整和优化，形成经济增长的重要推动力。

7. 地区结构的变化，为经济的"高位平稳型"增长提供了广阔的地理空间

改革开放以来，在20世纪80年代和90年代，东部沿海地区经济增长很快；90年代末期以来，中西部地区加快了发展。在这次国际金融危机的影响下，东部沿海地区受冲击较大，而中西部地区的工业生产增速、固定资产投资增速等普遍高于东部沿海地区。2009年上半年，全国规模以上工业增加值同比增长7.0%；分地区看，东部地区增长5.9%，中部地区增长6.8%，西部地区增长13.2%。同期，全国城镇固定资产投资增长33.6%；分地区看，东部地区增长26.7%，中部地区增长38.1%，西部地区增长42.1%（见表3）。

表3 2009年上半年工业生产和投资增长率

单位：%

指　　标	全国	东部	中部	西部
规模以上工业增加值增长率	7.0	5.9	6.8	13.2
城镇固定资产投资增长率	33.6	26.7	38.1	42.1

资料来源：国家统计局网站。

以上分析表明，改革开放以来我国的经济结构发生了许多重要变化。这些新变化有助于当前应对国际金融危机对我国经济的影响，也还会在今后我国经济的发展中继续起到促进作用。

三　新一轮经济周期即将来临

从应对国际金融危机的角度看，我国经济走势可分为三个阶段。

1. 从 2008 年 7 月至 2009 年 2 月，为第一个阶段，即"急速下滑"阶段

当时，经济增长速度下滑过快，成为影响我国经济社会发展全局的突出矛盾。党中央、国务院明确提出把保持经济平稳较快发展作为经济工作的首要任务，实施了积极的财政政策和适度宽松的货币政策，出台了应对国际金融危机的一揽子计划。

2. 从 2009 年 3 月开始，预计持续到今年年底，为第二个阶段，即"企稳回升"阶段

我国经济目前正处于这个阶段。一系列宏观调控措施渐显成效，扭转了经济增速过快下滑的趋势，但回升的基础尚须进一步巩固。

3. 2010 年，我国经济有望进入第三个阶段，即"全面复苏"阶段，也就是进入新一轮经济周期的上升阶段

所谓"全面复苏"是指，大部分的行业，或者大部分的经济指标都陆续回升。而在企稳回升阶段，只有部分主导行业和部分主导指标开始回升。

以上前两个阶段，可从工业生产增速（全国规模以上工业增加值当月同比增长率）的波动明显看出（见图 4）。工业生产增速是反映实体经济运行状态的一个具有代表性的指标。2008 年 6 月，工业生产增速在 16%，到 2009 年 1~2 月，猛降到 3.8%，历时 8 个月，下降了 12.2 个百分点。2009 年 3~8 月，已连续 6 个月回升，走出一个 V 字形（见图 4 中虚线）。

国际金融机构对中国 2010 年经济增长也做出了明显回升的预测。据 2009 年 7~10 月发布，各国际金融机构对中国 2010 年经济增长的预测为（见表 4）：摩根斯坦利，10%；巴克莱资本，9.6%；法国巴黎银行，9.5%；汇丰银行，9.5%；国际货币基金组织，9%；摩根大通，9%；亚洲开发银行，8.9%；瑞银证券，8.5%。综合区间为 8.5%~10%。

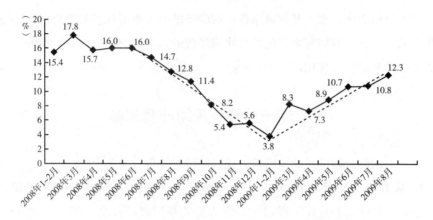

图4　全国规模以上工业增加值当月同比增长率

资料来源：国家统计局网站。

表4　国际金融机构对 2010 年中国经济增长率的预测

单位：%

机构名称	预测值	机构名称	预测值
摩根斯坦利	10.0	摩根大通	9.0
巴克莱资本	9.6	亚洲开发银行	8.9
法国巴黎银行	9.5	瑞银证券	8.5
汇丰银行	9.5	综合区间	8.5～10.0
国际货币基金组织	9.0		

四　努力延长新一轮经济周期的上升阶段

中国经济在有效地应对国际金融危机的严重冲击中，2010 年有望进入新一轮（第 11 轮）经济周期的上升阶段。现在，又到了要说"努力延长经济周期上升阶段"的时候了。

在第十轮经济周期的上升过程中，2003 年 11 月召开的中央经济工作会议曾提出："当前，我国经济发展正处于经济周期的上升阶段"，"要倍加珍惜当前经济发展的好势头，巩固和发展这个好势头"。① 这是中央经济工作会议首次采用

---

① 《中央经济工作会议在北京召开》，2003 年 11 月 30 日《人民日报》。

"经济周期"概念对我国经济走势进行分析和判断。当时,笔者曾写了一篇文章,题为《努力延长经济周期的上升阶段》,载于《人民日报》。[①] 现在,第十轮经济周期即将结束,其实际运行结果是,上升阶段 8 年(2000~2007 年),下降阶段 2 年(2008 年和 2009 年)。上升阶段一直延长到 8 年,这在新中国成立以来的经济发展史上还是首次。

新一轮经济周期即将到来。无疑,我们要继续努力,尽可能长地延长新一轮周期的上升阶段。怎样延长呢?根据以往历史的经验和教训,最基本的是要把握好两点:一是要把握好新一轮周期的波形,二是要把握好新一轮周期的适度增长区间。

(一) 把握好新一轮周期的波形

从我国已有的 10 个周期看,在波形上,主要有三种波动模式。

第一种是"大起大落型"。这是 1953 年至 20 世纪 80 年代末,前 8 个周期中有代表性的波形,特别是以 1958~1962 年的第二个周期为典型。上升阶段一般很短,仅有 1~2 年,经济增长率说起就起,而且起的很高,紧接着就进入下降阶段,一般为 2~4 年,一个周期平均为 5 年左右。

第二种是"大起缓落型"。20 世纪 90 年代初之后,波形发生了变化,由"大起大落型"变为"大起缓落型"。这反映在 1991~1999 年的第九个周期。这个周期上升阶段为 2 年,下降阶段为 7 年,共持续 9 年。其上升阶段与前 8 个周期一样,仍具有"大起"的特点;但下降阶段却与过去不同,吸取了历史上大起大落的教训,及时进行了"软着陆"的宏观调控,使过高的经济增长率缓慢下降,避免了过去"大起"之后的"大落"。到 1996 年,"软着陆"基本成功。在此基础上,又抵御了亚洲金融危机的冲击并克服了国内有效需求的不足。这样,经济增长率从 1992 年高峰时的 14.2%,缓慢下降到 1999 年的 7.6%,7 年间平均每年下降仅 0.9 个百分点。

第三种是"缓起急落型"。这是 2000~2009 年的第十个周期。在这个周期中,从一开始就注意了吸取历史上大起大落的教训,注意了防止过高、过急的"大起",使经济增长率平稳地上升,成功地延长了经济周期的上升阶段。经过连续 8 年的上升,到 2007 年,在国内经济运行的惯性推动下和国际经济增长的

---

① 《努力延长经济周期的上升阶段》,2003 年 12 月 18 日《人民日报》。

有利环境下，经济增长率上升到13%，逐渐偏快。2008年，在国际金融危机的严重冲击下和国内调整的趋势下，经济增长率一下子降到9%，一年间下降了4个百分点，于是形成"缓起急落"的波形。

在新一轮经济周期，我们应该争取实现一种新的良好的波动模式，即"缓起缓落型"。这就是既要缓起，也要缓落。在周期上升阶段，要尽可能长时间地缓起；在周期下降阶段，要平稳地小幅缓落。

（二）把握好新一轮周期的适度增长区间

要实现"缓起缓落型"的波动模式，关键是要把握好新一轮周期的适度增长区间，这就是对经济增长速度的高低把握问题。

目前，关于回升后中国经济应保持怎样的增长速度问题，已开始在媒体上讨论，预计很快会热烈起来。大体有五种意见。

第一种，认为中国经济今后不应再追求高速度，而应实现7%~8%左右的中速发展。

第二种，认为经济全面复苏后，仍可保持10%以上的高增长。

第三种，认为今后十几年（2008~2020年），有可能保持9%以上的增长。

第四种，认为5年内（2008~2012年），平均增速可达9.5%以上；随后10年（2013~2022年），将达8.5%；再随后10年（2023~2032年），将达7.5%。

第五种，认为在新一轮经济周期内，或者说在今后一个中期内（如8年左右，2010~2017年），可保持8%~10%左右的适度高位增长。

本文主张第五种观点。这包含四层意思：一是速度不能太低，二是速度不能太高，三是把握适度增长区间及其相关因素，四是紧密跟踪和适时调控。

1. 速度不能太低

在我国目前经济发展阶段，经济增长速度不宜低于8%。若低于8%，就会给企业经营、城乡就业、居民收入提高和人民生活带来严重困难，给国家财政收入和社会事业发展带来严重困难，这将会影响整个社会的安定和谐。在国际金融危机影响下，我国GDP增长率在2008年第四季度降低到6.8%，2009年第一季度和第二季度分别降低到6.1%、7.9%，给企业生产和城乡就业带来严重挑战，使全国财政收入在2008年10月至2009年4月（除2008年12月）连续出现负增长。可见，经济增长率低于8%不行。

2. 速度不能太高

我国经济周期波动的历史经验和教训反复告诉我们，"大起大落"的要害是"大起"。因为过急、过快、过高的"大起"，容易产生高能耗、高物耗、高污染、高通胀的巨大压力，容易造成对经济正常运行所必要的各种均衡关系的破坏，从而导致随后的"大落"。在我国以往 10 个周期中，各高峰年份的 GDP 增长率分别为：1956 年，15%；1958 年，21.3%；1964 年，18.3%；1970 年，19.4%；1975 年（"文化大革命"后期），8.7%；1978 年，11.7%；1984 年，15.2%；1987 年，11.6%；1992 年，14.2%；2007 年，13%。从我国的经验数据看，经济增长率不宜高过 11% 以上。

3. 把握适度增长区间及其相关因素

在今后一个中期内，中国经济为什么能够保持 8% ~ 10% 的适度高位增长呢？我们前面所分析的改革开放以来经济结构的七大变化，也就是推动经济高位平稳增长的七大因素（市场经济体制因素、所有制因素、资源供给因素、产业结构因素、城市化因素、消费升级因素、地区发展因素），在新一轮周期中仍然会发挥作用。这里，需要特别指出的是，城市化率的提高，以及相应的房地产业特别是住宅业的发展，仍然是新一轮周期中重要的动力源之一。

对于我国未来城市化率的提高，学术界有不同看法，归纳起来主要有以下四种。

第一种看法，认为我国现有统计上的城市化率（2008 年为 45.7%）被低估了，因为没有包括全部进城的农民工。若包括全部农民工，则实际的城市化率已较高（为 60% 左右）。因此，未来城市化的发展空间已经不大，仅有 10 年时间和 10 个百分点左右的空间。

第二种看法，与第一种相反，认为我国现有统计上的城市化率被高估了，因为把在城镇居住半年以上的农民工也计算在内了。若考虑到这部分农民工还没有真正变为城里人，那么实际的城市化率还很低（不到 40%）。因此，未来城市化的发展空间还很大。

第三种看法，以现有统计为基础，认为我国仍处于快速城市化阶段。到 2020 年，城市化率可达到 60% 左右；2030 年，将达到 65% ~ 70%；2050 年，将达到 75% ~ 80%，即到 21 世纪中叶实现城市化。

第四种看法，认为我国人口众多，城市化率不必太高，到 2020 年达到 60% 多一点就可以了。

对我国城市化率的提高问题，虽然有以上各种不同看法，但至少有一点是相同的，即未来 10 年内城市化的发展还是有较大空间的。这不仅包括在数量上有提高城市化率的问题，而且包括在质量上还有提高城市化水平的问题，诸如在城市中加强日常生活基础设施建设、加强交通通信基础设施建设、加强文化教育卫生医疗基础设施建设、加强环境保护基础设施建设，以及加强广大居民（包括原有城市居民和进城农民工）的住宅建设等问题。目前在我国，一方面，大部分的一般商品是产能过剩，而另一方面，许多公共品或准公共品的供给（如上述各种基础设施和保障性住房等）还远远不足。这为我国经济未来的发展提供了重要动力。

为了顺利推进我国城市化的发展，特别是更好地使住宅业成为新一轮经济周期的重要支柱产业，就必须有效地解决房价不断上涨的问题。这个问题解决不好，将会严重影响城市化的发展，甚至影响社会安定。我国住宅业的发展经历了三个阶段：原先，在高度集中的计划经济体制下，城市中的住宅问题主要是由政府包办，住宅严重短缺；后来，住宅商品化了，完全推向市场，推动了住宅业的大发展，也使房价不断攀升；再后来，把市场化和政府责任相结合。现在看来，为有效抑制房价不断上涨趋势，必须进一步采取"釜底抽薪"办法，即把政府保障部分再加以扩大，不仅把城市低收入群众住房问题从市场中抽出来，而且要把城市中等收入群众住房问题也从市场中抽出来，纳入政府保障范围。但对城市中等收入群众的住房保障是"保"人人都有居住权，都能租上房，而不是"保"人人都有房产权；而且是在政府保障下，进行市场化操作，租住房有高、中、低档，可自主选择。

4. 紧密跟踪和适时调控

我们说努力延长经济周期的上升阶段，并不是说在周期的上升阶段要使经济增长率一年比一年高，而是说要使经济在适度增长区间内保持较长时间的平稳增长和轻微波动，而不致很快引起经济增长率的显著下降。我们要充分注意，在一个经济周期的上升阶段，经济增长具有上升惯性。在上升过程中，在部门之间、行业之间、企业之间，在固定资产投资与产品生产之间，在经济扩张与物价上涨之间，具有连锁扩散效应或累积放大效应，这就使经济增长有从一般"较快"到"偏快"再到"过热"的风险。这就要求宏观调控部门紧密跟踪经济走势的发展和变化，适时适度地不断进行必要的调控，以尽可能长地延长经济周期的上升阶段和尽可能平稳地对过快上升态势进行调整。

参考文献

陈佳贵主编，刘树成、汪同三副主编《2009 年中国经济形势分析与预测》，社会科学文献出版社，2008。

陈佳贵主编，刘树成、汪同三副主编《中国经济前景分析——2009 年春季报告》，社会科学文献出版社，2009。

刘树成：《中国经济的周期波动》，中国经济出版社，1989。

刘树成：《中国经济周期波动的新阶段》，上海远东出版社，1996。

刘树成：《繁荣与稳定——中国经济波动研究》，社会科学文献出版社，2000。

刘树成：《经济周期与宏观调控——繁荣与稳定 II》，社会科学文献出版社，2005。

刘树成：《中国经济增长与波动 60 年——繁荣与稳定 III》，社会科学文献出版社，2009。

Review and Forecast of the Economic Growth Curve of New China for 60 Years

Liu Shucheng

Abstract：This paper makes review and forecast to the fluctuation curve of Chinese economic growth rate for 60 years. According to the changes of growth curve, the fluctuation characteristics are induced; Since the reform and opening, behind the growth curve, the economic structure has had the changes, and these new changes are also the important factors which impel the Chinese economy to keep growth for the future; It is estimated that, the new round of economic cycle will come soon in the future; To lengthen the ascent stage of the new round of economic cycle, following two points must be seized: one is the waveform of the new round of economic cycle; another is the moderate growth sector of the economic cycle, in which the influential role of urbanization and estate industry in the new round of economic cycle as well as how to effectively solve the problem about the unceasing rise in house price are made an analysis especially.

Key Words：Fluctuation Curve；Chinese Economy and 60 Years

2009～2010 年经济形势分析与展望

张立群*

摘　要：2009 年经济增长率预计达到 8.5% 左右，我国经济承受各种冲击、保持平稳较快发展的能力达到了一个新水平，经济周期性波动幅度进一步缩小。2010 年我国经济有望出现相对温和的增长和较低价格上涨的良好局面。GDP 增长率预计在 9.5% 左右，CPI 涨幅预计在 3% 以内。宜在保持政策连续性和稳定性的基础上，尽快将扩大内需的支点由政府转向市场。

关键词：中国经济　2009～2010 年　分析与展望

在国际金融危机巨大冲击和经济周期性回调的共同作用下，我国经济出现了较大幅度回落，2009 年第一季度经济增长率降低到 6.1%。在"一揽子"计划的支持下，依靠自身发展优势，我国经济在 2009 年很快企稳回升，全年经济增长率预计达到 8% 以上。这意味着我国经济承受各种冲击、保持平稳较快发展的能力达到了一个新水平，将使我国经济周期性波动幅度进一步缩小。展望 2010 年，我国经济面临增长内容调整和增长动力转换的双重任务，内需外需比例变化要求产业和产品结构调整，内向外向经济格局调整，经济增长需要从政府力量推动为主转向市场力量推动为主。经济发展面临一系列新问题，宏观调控面临新的严峻考验。经济形势的变化要求政策重点宜逐步由侧重需求转向侧重供给。

一　2009 年经济形势的主要特点

1. 总需求增长主要依靠内需推动

2009 年出口大幅度下降，外需对经济增长的贡献明显减少。2008 年出口增

---

* 张立群，国务院发展研究中心宏观经济研究部。

长 17.3%，2009 年预计为 -18%，出口增幅下降 35.3 个百分点，出口增长下降影响 2009 年总需求增长降低 5 个百分点左右。外贸顺差预计为 2000 亿美元左右，较 2008 年减少近 1000 亿美元，使 GDP 增长率降低约 2 个百分点。

国内投资增长率大幅度提高，对经济增长的贡献明显加大。2008 年全社会固定资产投资增长 25.5%，剔除价格因素实际增长 15.2%；2009 年全社会固定资产投资预计增长 33%，剔除价格因素实际增长 41% 左右，投资实际增长率提高 40 个百分点以上。投资增长支持总需求增长率提高 15 个百分点左右。

消费增长稳中趋旺，对经济增长的贡献提高。2008 年社会消费品零售总额增长 21.6%，剔除价格因素实际增长 14.8%；2009 年社会消费品零售总额预计增长 15.5%，剔除价格因素实际增长 17% 左右，消费实际增长率提高两个多百分点。消费增长支持总需求增长率提高 4.2 个百分点。

综合三大需求的变化，2009 年外需增量为负值，而国内投资消费则加快增长，弥补了外需减少部分，并使总需求实现了 14% 左右的增长，支持经济增长达到 8% 以上。内需成为推动 2009 年经济增长的决定性因素。

2. 内需增长加速首先由于政府力量的推动

1～8 月份，城镇固定资产投资同比增长 33%，其中国有及国有控股投资 48729 亿元，增长 39.9%，占投资的比重由 2008 年的 28.2% 提高到 43%。从到位资金情况看，1～8 月份投资到位资金 132007 亿元，同比增长 39.1%，其中国家预算内资金增长 82.7%，国内贷款增长 47.4%，自筹资金增长 33.3%，利用外资下降 12.1%，国家预算内投资和国内贷款是推动投资增长加快的主要因素。这些数据表明到目前为止的投资增长加速主要由政府力量推动。

3. 内需增长正在受到市场力量越来越多的推动

我国当前正处于工业化、城市化快速推进时期，由住、行等消费结构升级活动带动的工业化、城市化，是经济发展的主要内容，也是市场机制配置资源的主要内容。2004 年以后，在内需外需共同推动下经济持续升温，为防止过热，对需求采取了适度控制的措施，消费结构升级活动，包括家庭买房、买车的需求一定程度上受到影响（例如控制信贷和加息措施对买房活动产生了较大影响）。随着政策调整，在扩大内需一系列措施支持下，居民消费信心受到鼓舞，减税、降息和扩大信贷投放等措施对居民买房、买车和其他消费活动形成积极支持，消费结构升级活动必然趋于活跃。1～8 月汽车类销售额同比增长 34.8%，1～9 月城市商品房销售量同比增长 44.8%。受此拉动，汽车工业、房地产业出现较快恢复，1~8月汽车产量同比增长 27.1%，增幅较 1~2月提高 28.8 个百分点；1~9月房地产开发投资同比增长 17.7%，增幅较 1~2月提高 16.6 个百分点，其中 9月当月同比增长 37%，房地产投资增量对 9月城镇固定资产投资增长的贡献已经达到 7个百分点左右。

4. 市场推动的需求增长较 2003~2007 年有所减弱

2003~2007 年是我国消费结构升级带动工业化、城市化快速推进的起步阶段，结构变动十分剧烈，重化工业、能源交通迅猛发展，形成了巨大的市场扩张力量，同时伴随着出口 25%~30%的持续高速增长。比较起来，当前市场力量虽然在很快恢复中，但与前一时期仍然有明显区别。首先结构扩张的空间缩小，重化工业、能源工业出现一定程度的产能过剩，工业增长从规模和数量扩大为主转变为结构优化和素质提高为主，相应的工业建设投资增速也趋于平稳；其次出口增幅较大降低。这些都使市场推动的需求扩张力量减弱。

综合以上分析，在 2008 年经济出现较大幅度回落、推动经济继续回落的因素比较集中的形势下，2009 年通过及时有力的宏观调控，有效抑制了经济进一步回落，并较快推动经济进入回升通道，预计全年经济增长率将达到 8.5% 左右。这表明我国经济发展潜力巨大，政府宏观调控水平进一步提高，经济抗冲击的能力明显增强，经济平稳较快发展的基础较好。

二 2010 年经济走势展望

在发达国家经济继续震荡调整，我国经济增长动力由政府转向市场，经济增长的持续性、稳定性提高的格局下，2010 年我国经济有望出现相对温和的增长和较低价格上涨的良好局面。

1. 经济回升趋于稳定，GDP 增长率预计在 9.5% 左右

2010 年外部环境依然比较严峻，但不会进一步恶化。随着出口企业适应能力和竞争力提高，预计出口将结束负增长，实现一位数增长。国内需求将转向由市场力量推动的温和增长。在支持家庭买房、买车活动的政策持续不变条件下，随着就业和收入形势的好转，以及住房、汽车供给不断改善和增加，预计消费结构升级活动仍然比较活跃，消费将继续保持较高水平增长，消费实际增长率将保持 2009 年水平。投资增长方面，预计政府投资的增量将基本消失，房地产投资将达到 30%～40% 的增幅，并成为推动投资增长的主要力量；此外企业投资将逐步活跃，在市场力量推动下，投资增幅将保持在 20% 左右。综合需求因素分析，预计 2010 年 GDP 增长率在 9.5% 左右。

2. 不会出现明显通胀，CPI 涨幅预计在 3% 以内

在需求总体平稳增长，而生产和供给能力充足的背景下，预计 2010 年不会出现明显通胀。

（1）资产价格不会大幅上涨。蓄积的刚性买房需求在 2009 年已经释放，投机投资性买房需求已受到控制（二套房贷重申要按政策严格管理等），未来房地产需求不会出现持续快速膨胀；2009 年房地产建设速度明显加快，2010 年下半年以后住房供给将较快增加，综合供求情况，预计房价不会快速上涨。股市扩容空间很大，包括大小非解禁、权重股全流通、IPO 启动、创业板开放等，尽管进入股市的资金将较快增加，但在股市较快扩容以及宏观经济形势大体稳定的格局下，预计股票价格不会猛烈上涨。

（2）商品价格大体平稳。2009 年粮食连续第六年增产，生猪、油料作物、棉花的生产能力均达到历史新高，食品供给保障能力进一步增强。我国城乡居民的恩格尔系数则不断降低，食品支出相对收入增长的弹性不断降低。受供求关系的制约，预计 2010 年食品价格不会出现明显上涨。基于稳定务农收入目标进行的政府价格干预，会导致部分农产品价格上涨，但幅度不会很大。工业消费品生产能力强大，即使需求（例如汽车）增长很快，也可以保障供给，预计价格不会大幅上涨。工业生产资料国内供给能力偏大，而需求增长预计大体平稳，因此价格也不会大幅上涨。国际市场初级产品价格可能因美元走弱持续上涨，但绝对水平不会超过 2007 年，主要因为国际金融体系提供流动性的能力明显减弱，去杠杆化改革也逐步减弱了投机期货产品的能力，这些都使炒作初级产品期货的需求受到抑制。国际市场初级产品价格上涨会推高国内 PPI 涨幅，加大企业生产成本。在市场竞争激烈的格局下，预计主要会减少企业利润，而不会向 CPI 传导。

综合以上分析，预计 2010 年不会出现明显通胀，CPI 涨幅预计在 3% 以内。

三 需要注意的几个主要问题

2009 年的经济回升很大程度还是依靠政府力量推动，必须尽快转向主要依靠市场力量支持的增长。培育市场力量，就需要针对我国经济发展内外部环境的深刻变化，统筹考虑经济结构、产业结构、产品结构的调整，考虑企业生存发展能力的提高，考虑消费结构升级和城市化进程加快等问题。此外还需要考虑政府大力度经济刺激政策如何进一步完善的问题。

1. 货币政策与财政政策没有明显的负面效果

历史和国际经验表明，政府力量支持经济恢复都伴随一定的负面效果。各方面对 2009 年的货币与财政政策也有一定担心，例如可能加大通货膨胀风险，导致投资效果下降等。从经济形势发展看，这些方面的过度担心是不必要的。

实行适度宽松的货币政策以来，贷款一度出现了超常增长。2009 年上半年新增贷款 7.37 万亿元，相当于 2008 年新增贷款的 1.77 倍。各方面对贷款过量增长普遍担心。在货币政策基调没有改变的情况下，2009 年下半年贷款增长基本恢复正常。一个重要原因是上半年贷款超常增长包含自身调整的要求。2007 年中央经济工作会议提出实行从紧的货币政策，是近 10 年来货币政策第一次明确从紧，而且采取了额度管理的办法，受其限制，商业银行的货币信贷活动被明显收紧。2008 年 1~7 月人民币贷款余额同比增长 14.8%，较 2007 年同期贷款余额增幅降低近两个百分点，2008 年新增贷款较上年增长 14.5%，增幅较上年降低 4.5 个百分点。2008 年中央经济工作会议提出实行适度宽松的货币政策，是多年来首次使用宽松的提法，随着货币政策较大力度调整，特别是取消额度管理，加之 2009 年上半年政府投资项目集中推出，房地产市场火暴，为国有商业银行提供了较好的贷款领域，商业银行信贷活动必然出现比较强烈的扩张，其中包括对 2008 年货币信贷业务的补课性校正。2009 年下半年一方面信贷业务规模已接近商业银行预期，另一方面政府投资项目推出速度减慢，房地产市场趋稳，较好的贷款项目减少，商业银行信贷活动必然会趋稳。这些情况表明，继续坚持适度宽松货币政策，2010 年不会出现货币过度投放。

实施积极的财政政策包括政府投资支出大量增加，但此次政府投资主要集中于基础设施、公共服务设施、灾后重建等方面，都是需要政府投资的领域，加之对项目的审计检查比较严格，因此政府投资带来的失误和损失总体较小。政府投资对重化工业生产的拉动，只要此后有市场推动的房地产、城市建设和工业建设投资接替下来，就不会导致重化工业产能不合理扩张。

综合看，货币政策和财政政策没有明显的负面效果。

2. 应进一步加快城市化进程

城市化是人民生产和生活方式的历史性改变，包含着巨大的收入增长潜力和消费增长潜力。城市建设还包含着巨大的投资增长潜力。城市化为工业化提供市场需求、生产、生活环境方面的支持，工业化为城市化提供各类产品供给和就业方面的支持，工业化与城市化互为条件、相互推动、相互依存。2003 年以来，由于出口持续高增长，一定程度改变了工业化与城市化之间的关系，工业化的一部分条件依靠出口增长解决。基于防过热的目标，对城市化进程进行了有意无意的控制，例如通过控制土地、信贷闸门控制投资，以防房地产业发展过快等。城市政府在稳定新进入城市的居民方面，工作也不够积极主动。这些造成了城市化进程滞后于工业化进程的格局，2003～2008 年，在工业比重持续较快提高时，城市化率年均提高 1.03 个百分点，较 1998～2002 年降低 0.4 个百分点，而且城市人口中非户籍人口达到 30% 左右。这一状况限制了消费扩大和消费结构升级，限制了城市建设投资增长，限制了城市建设土地供给，限制了城市住房供给，限制了城市劳动力充分供给。在出口增长减慢而且将持续较长时间的格局下，必须进一步加快城市化进程，弥补出口增长减慢的影响，带动工业化加快推进。这将是未来支持我国经济持续较快增长的主要动力源泉。

3. 调整过剩产能的关键是完善市场退出机制

市场机制调节属于事后调节，存在一定的过剩产能是市场机制充分发挥作用的必要条件之一。我国经济结束长期短缺，从卖方市场转入买方市场以后，一定的产能过剩成为常态，这也给企业以压力、动力，促使企业不敢有丝毫懈怠，产业素质和服务水平因此不断提高。2003 年以后我国经济由于结构剧烈变化形成了一定的过剩产能，经济回调使其凸显出来。对这些过剩产能调整最重要的是建立比较完善的退出机制。市场竞争中企业不仅要能及时创办，也要能够及时破产退出。围绕退出机制的责任分担体制建设、责任追究体制建设，对于增强各类企业的内在约束，增强各类投资主体包括政府的内在约束都是非常重要的。要警惕以调整过剩产能的名义，提高政府对产业发展的直接参与程度，警惕因此产生保护落后、阻碍产业素质提高的结果。在完善的市场准入和退出机制调节下，企业才会在生生死死的新陈代谢中形成持续旺盛的投资活动，对市场需求才会产生持久推动。

4. 应着眼长远推进外向型经济转型升级

国际金融危机后，以美国为首的发达国家经济已总体进入调整期，预计将持续较长时间。世界经济和国际分工格局将发生深刻变化。随着我国经济更多依靠国内市场保持较快增长，随着我国产业结构优化升级，我国经济在世界经济中的位置将发生重要变化，在国际产业分工中的地位将发生重要变化，因此应该着眼长远规划我国外向型经济转型升级目标及路径。

四　政策建议

基于以上分析，2010 年宜在保持政策连续性和稳定性的基础上，尽快将扩大内需的支点由政府转向市场。为此应注意协调好短期政策与中长期政策、总量政策与结构政策之间的关系，通过推进改革、加快城市化进程、调整经济结构和转变发展方式，努力将经济增长引入质量效益较好、总量和结构关系大体协调、资源和环境代价较小、物价涨幅较低、平稳健康和可持续的轨道上来。

1. 继续实施适度宽松的货币政策

基于对货币供给和通胀前景的分析，2010 年宜继续实施适度宽松的货币政策，准备金率和利率均应保持稳定。央行应注意引导金融机构合理增加信贷投放，保持银行体系流动性合理充裕。优化信贷结构，加大对企业自主投资等实体经济活动的金融支持，大力发展消费信贷，进一步完善房地产信贷政策，发挥好金融对房地产的支持作用。积极推进金融改革和创新，加强风险管理，增强金融企业自我约束、自主发展的能力。放宽金融市场准入，加快发展民营中小金融机构。

2. 积极财政政策重点宜更多转向减轻企业、居民税收负担

完成今年预算任务，财政增收节支压力很大。需高度警惕为完成税收任务层层压指标，加大企业税负的倾向，警惕因此对尚未摆脱困难的企业产生负面影响，阻碍企业和市场力量的恢复。宜进一步优化财政支出结构，逐步稳定政府投资规模，进一步充实完善结构性减税政策，着力减轻企业和居民税负，增强企业投资和居民消费的能力。

3. 促进房地产业健康可持续发展，加快城市化进程

注意引导和保护好房地产市场需求，保持相关政策的连续性和稳定性。进一步完善金融、财税方面的有关措施，加大对居民合理购房活动的支持。既要充分发挥房价上涨刺激供给的积极作用，通过市场机制作用加快城市住房建设；也要进一步增强各级政府的责任感和紧迫感，加快城市廉租房等保障性住房建设。宜长短兼顾，将房地产发展与进一步加快城市化紧密结合起来。根据工业化、城市化长期趋势，加快制定面向长远的国土资源规划和城市、产业布局规划，指导基础设施合理超前建设；统筹城乡发展，积极探索土地流转方式改革，协调好农业生产用地与城市建设用地间的关系，有效增加城市建设用地；积极推进城市户籍制度改革，扩大城市政府公共服务覆盖范围。

4. 进一步放宽行业准入管制，完善市场退出机制

对处于公益性和自然垄断领域的国有企业，应按照相应法律法规督促其尽快建立现代企业制度，引进市场机制，注重社会目标。对于既有竞争性，又需提供社会公共服务的领域，应积极放宽准入管制，通过市场竞争促进发展、促进行业内垄断企业改革。宜进一步放宽铁路、烟草、电信、电力、金融、文化及其他各类服务业以及部分城市公共事业的准入管制，充分发挥地方、企业、民间投资的积极性，推动这些行业加快发展，满足迅速扩大的需求，通过竞争提高服务质量。在破产清算方面宜进一步完善制度和政策，促进那些低效产能尽快退出，推动企业特别是国有企业建立更严格的风险责任约束。

5. 化危为机，积极把握国际金融危机带来的机遇

国际金融危机对我国经济形成巨大冲击，但也带来重要机遇。在应对金融危机冲击取得明显成效基础上，2010 年应着力把握由此产生的机遇。积极转变外向型经济发展模式，促进外贸加工行业转型升级，使我国企业在产品供应链中占据更高位置。在海外投资开发资源的同时，宜更注重通过收购兼并扩大我国出口产品在技术研发、品牌和营销渠道方面的优势，政府宜加大对企业相关活动的支持力度。宜在内需外需结构调整中改善我国国际收支状况，调整中美之间的经济依存关系，为进一步对外开放和未来的宏观调控提供更大的回旋余地。

6. 进一步加强资源环境保护工作

今明两年的经济形势为资源环境保护提供了有利契机，宜把握机会，积极推进节能减排工作。充分发挥市场机制作用，加快理顺煤、电价格，完善天然气定价机制，提高非农业用水价格。尽快出台资源税改革方案，加快研究开征环境税的方案。加大对节能环保技术研发的支持，积极引进节能环保先进适用技术。继续通过金融、财税、产业、技术方面的政策引导企业节能减排活动。

Analysis and Forecast of 2009 – 2010 Economic Situation

Zhang Liqun

Abstract：It is estimated that the economic growth rate will reach about 8.5% in 2009, the capacity of Chinese economy which withstands all kinds of impact and maintains steady quick development has reached a new level, and the cyclical economic fluctuations margin is reducing further. In 2010, it is hopeful for Chinese economy to present a good situation of relatively temperate growth and low rise in price. It is estimated that GDP growth rate will be at about 9.5%, and CPI increase at 3% below. Based on the maintenance of the policy continuity and stability, it is appropriate for the pivot of expanding the domestic demand to be transferred from the government into the market.

Key Words：Chinese Economy；2009 –2010 and Analysis & Forecast

2010 年中国经济发展趋势分析和调控对策建议

范剑平 *

摘　要：预计 2009 年 GDP 增长 8.5% 左右。2010 年，世界经济将出现缓慢复苏，外需有望止跌回升，但中国经济将面临着刺激经济政策效应递减、部分行业产能严重过剩、自主增长动力不足、银行不良资产潜在风险增大等问题，预计 2010 年中国经济增长 8.5% 左右，CPI 上涨 2.5% 左右，就业和国际收支平衡状况继续改善。2010 年，应继续把保持经济平稳增长作为宏观调控的首要目标，继续实行积极的财政政策和适度宽松的货币政策，着力 "稳增长、调结构、促改革、惠民生"。

关键词：中国经济　发展趋势　调控对策

一　2009 年中国经济企稳回升态势良好

国际金融危机爆发以来，中国政府有针对性地出台了 4 万亿元投资刺激计划、十大产业振兴规划、加大科技投入、改善民生、稳定出口等一系列政策措施。一揽子计划遏制了经济快速下滑，稳定了投资者和消费者信心，促进了经济稳定回升。

1. 政策刺激使内需强劲增长

投资与消费成为 2009 年拉动中国经济增长的主要动力。上半年，资本形成拉动经济增长 6.2 个百分点，最终消费拉动 3.8 个百分点，内需共拉动经济增长 10 个百分点，内需增长速度略高于改革开放 30 年来中国经济平均 9.8% 的增长速度。

---

* 范剑平，国家信息中心首席经济师。

投资高速增长。1~8月城镇固定资产投资累计达到 112985 亿元，同比增长 33%，比上年同期加快了 5.6 个百分点。政府主导的基础设施投资成为本轮投资高速增长的重要力量，1~8月国有及国有控股投资名义增长 39.9%，高于平均水平 6.9 个百分点；从到位资金来看，国家预算内资金投资增长 82.7%，高于平均水平 43.6 个百分点。同时，农业、铁路、医疗、环保等基础设施与民生领域投资大幅提高，投资结构得到优化。

消费稳步提高。1~8月社会消费品零售额增长 15.1%，扣除价格因素后实际增长 17.0%，实际增幅高于 2008 年同期 3.2 个百分点。住房、汽车等消费品市场十分活跃，1~8月全国商品房销售面积增速由年初的负增长回升至 42.9%，汽车销售 833.1 万辆，增长 29.2%，其中 8 月份当月出现了 81.7% 的超高速增长；家电、建材、家具等相关产品消费形势良好。全面实施家电下乡政策，家电下乡补贴品种增加到 9 类共 12 种，同时提高部分下乡产品的最高限价，有效地推动了农村家用电器的普及率。2009 年上半年累计销售家电下乡产品 961 万台，销售额达到 162 亿元，预计全年将拉动 1500 亿元农村消费。

2. 工业生产增速明显回升

1~8月份，中国规模以上工业增加值同比增长 8.1%，其中第一季度增长 5.1%，第二季度增长 9.1%，8 月当月增幅达到 12.3%。重工业增速回升明显，由 1~2 月增长 2.7% 回升至 8 月份增长 13.2%。发电量呈逐月回升态势，1~8月，发电量累计增长 0.8%，8 月份发电增速回升至 9.3%。自 5 月份以来，货运周转量增速稳步回升，1~8月货运周转量由 1~5 月的增长 1.8% 回升到 4.3%，其中 8 月份达到 12.5%。

2009 年上半年，我国国内生产总值同比增长 7.1%，其中第二季度增长 7.9%，分别比上年第四季和 2009 年第一季度提高 1.1 和 1.8 个百分点，第二季度经济增长速度经季度调整后环比折年率达到 16% 以上，是 1997 年以来季度环比增速最高的。预计第三季度、第四季度 GDP 同比增速继续回升，但环比增速将明显低于第二季度。预计 2009 年第三季度经济同比增长 9%，第四季度达到 10%，全年增长 8.5%，实现全年保 8% 的目标已成定局。

3. 物价下降势头得到遏制

受上年翘尾因素和总需求相对不足的影响，我国居民消费价格、工业品出厂价格都出现同比下降的走势，1~8月，居民消费价格下降 1.2%，工业品出厂价格下降 6.4%。但自 7 月份以来，价格下降的势头得到遏制，7 月份，居民消费价格环比止跌趋稳，8 月份，居民消费价格环比上涨了 0.5%，工业品出厂价格已连续 5 个月环比上涨。预计年底将结束居民消费价格同比下行周期。CPI、PPI价格环比水平开始上涨表明扩内需一揽子政策已经改善了总供求关系，遏制了通货紧缩趋势，这将有助于强化企业和居民对未来经济增长的信心。

4. 经济景气稳步回升

国家信息中心研制的"中国宏观经济景气监测预警系统"显示，与工业生产同步的一致合成指数在 2009 年 2 月见底，3～8 月连续 6 个月回升，可以判断中国宏观经济下滑势头得到遏制并形成企稳回升态势。领先工业增长约 6 个月的经济先行指数在 2008 年 11 月触底，此后连续 9 个月稳步回升，表明在未来 6 个月内，工业生产会继续回升。反映工业企业信心的全国制造业采购经理指数持续回升，连续 7 个月位于临界点 50% 以上，2009 年 9 月为 54.3%，高于上月 0.3个百分点，创下 17 个月以来最高，表明未来 3～6 个月制造业将持续增长。9 月份，新出口订单指数较上月大幅上升 1.2 个百分点，从业人员指数较上月大幅上升 1.8 个百分点，分别连续 5 个月和 4 个月稳定在 50% 临界点之上，表明国际金融危机中影响最大的出口和就业状况已经开始明显好转。

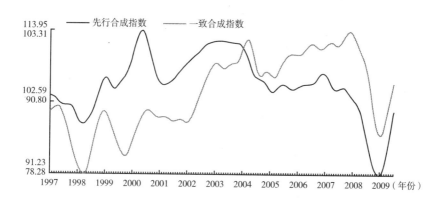

图 1　中国宏观经济先行合成指数与一致合成指数走势

二　经济运行中存在的突出矛盾和问题

中国经济呈现出企稳回升的良好态势，但必须清醒地看到，经济回升的基础不稳固和不平衡，发展中又出现了不少新的矛盾和问题，有的问题还在进一步积累。

1. 重复建设使产能过剩矛盾进一步发展

目前，中国产能过剩问题较为突出，从低端到高端、从内需到外需、从传统到新兴产能均不同程度面临过剩问题。钢铁、有色、建材、化工等传统行业产能早已经过剩，但在建和新建项目仍有较大的规模。据统计，2008 年底中国粗钢产能 6.6 亿吨左右，目前实际需求仅为 5 亿吨左右，约 1/4 的钢铁及制成品依赖国际市场。目前在建项目粗钢产能超过 5800 万吨，如不及时加以控制，很快粗钢产能将超过 7 亿吨，产能过剩矛盾会进一步加剧。2008 年水泥总产能达到 18.7 亿吨，目前在建水泥生产线 418 条，产能 6.2 亿吨，另外还有已核准尚未开工的生产线 147 条，产能 2.1 亿吨。这些产能建成后，我国水泥产能将达到 27 亿吨，预计市场需求量可由目前的 14 亿吨增长到 16 亿吨，即使全部淘汰目前的落后产能 5 亿吨，还存在 6 亿吨过剩产能。部分新兴行业也显露产能过剩迹象。新能源、新材料等行业目前在中国属于新兴产业，发展处于起步阶段，尚未充分建立需求市场。但是在本轮大规模投资的刺激下，部分新兴行业由于新建项目快速增长，而产品需求相对滞后，已经出现了产能过剩迹象。近年来，风电产业快速发展，2008 年底总装机容量已经达到 1217 万千瓦。目前，我国风电机组整机制造企业达 80 多家，还有许多企业准备进入风电装备制造业。2010 年我国风电装备制造能力将达到 2000 万千瓦，而每年风电装机规模大约为 1000 万千瓦，很快出现产能过剩。多晶硅、煤化工、造船、大豆压榨等领域重复建设也十分严重。在产能严重过剩的背景下，必须严格控制制造业领域的重复建设和盲目扩大产能的投资项目，决不能依靠盲目投资来解应对危机燃眉之急，否则将后患无穷。

2. 支撑经济增长内生动力不强

2009 年，中国经济呈现出"增长靠投资，投资靠政府"的严重不平衡特征。在政府大规模投资和宽松货币政策的配合下，国有资本除了在基础设施建设和民生工程方面大展手脚外，也出现了部分国有资本大规模进入竞争性领域，挤出了社会投资的现象，甚至出现国进民退和国有资本与民争利的局面。如国有企业在房地产领域过度活跃，不仅没有成为稳定房价的重要力量，反而凭借国有企业在银行信贷融资和资本市场上市"圈钱"的政策优势，以雄厚的资金实力在各地土地拍卖中频频成为抬高地价的"地王"，在百姓心目中造成极其恶劣的影响。"中粮"收购"蒙牛"，国有亏损企业山东钢铁收购民营盈利企业日照钢铁公司，民营航空公司基本退出航空运输领域。社会投资由于受到市场信心、国外需求、融资约束、市场准入限制等影响，增长乏力，尚未出现由政府投资向民间投资的增长动力转换趋势。当前的消费增长也主要靠政策引导和鼓励，在国民收入分配体制没有根本性改变的情况下，稳定的消费增长内生机制尚难形成。必须在培育经济增长内生动力方面大力推进体制创新，着力鼓励民间投资和居民消费。

3. 地方政府投融资平台贷款隐含系统性金融风险

各级地方政府出于融资和保障基础设施项目资金供给而建立了各种政府投融资平台，作为承贷主体统一向银行贷款，然后再将贷款转贷给企业或项目，使债务信贷化。2009 年新增贷款的增量大部分流向地方政府融资平台公司。据人民银行的调研，2009 年 5 月末，全国共有政府投融资平台 3800 多家，总资产近 9 万亿元，平均资产负债率约 60%，平均资产利润率不到 1.3%，特别是县级平台几乎没有盈利。政府投融资平台总体负债率较高，盈利能力较低，透明度较低，银行对平台及地方政府的整体债务水平难以准确评估，信贷资金监管难度较大。政府投融资平台贷款潜藏着系统性金融风险和财政风险，如果不及时加以控制，任其发展，将影响经济发展全局。

三　2010 年中国经济走势预测

国际金融危机爆发后，世界各国和国际组织实施了一系列经济刺激政策，自 2009 年第二季度以来，世界经济出现了积极变化，金融市场趋于稳定。但主要国家失业率居高不下，企业开工率不高，世界经济复苏过程将曲折缓慢。根据国际货币基金组织（IMF）7 月份预计，2009 年世界经济将下降 1.4%，2010 年将逐步恢复至增长 2.5% 左右。2010 年全球经济缓慢复苏，将使中国外部经济环境有所好转，出口下滑和外资下降的局面有所改观。

在国际经济环境有所好转、国内现有政策取向基本保持不变的情况下，由于经济刺激政策的增量小于 2009 年，经济自主性增长动力尚待恢复，初步预测 2010 年中国经济增长有望保持在 8.5% 左右；由于中国经济表现低于长期潜在增长率，总量上供过于求是经济运行的基本特征，不会出现明显的通货膨胀压力，预计居民消费价格将上涨 2.5% 左右；就业和国际收支状况将进一步好转（详细预测数据见附表）。

1. 固定资产投资保持较快增速

2009～2010 年的两年内，4 万亿元投资计划和调整部分行业投资项目资本金比例等政策效应会在 2010 年持续显现。2009 年 1～8 月，累计施工项目计划总投资 339844 亿元，同比增长 36.2%；新开工项目计划总投资 96739 亿元，同比增长 81.7%。目前施工和新开工项目较多，计划投资额较大，按时完工在建项目仍需要大量投资，未来投资增长惯性较大。同时，扩张性财政货币政策使全社会资金充裕，1～8 月份固定资产投资到位资金 132007 亿元，同比增长 39.1%，超过投资完成额约 2 万亿元，而 2008 年同期和全年到位资金超过投资完成额分别为 1 万亿和 8000 亿元。特别可喜的是，在房地产价格企稳回升和房地产库存基本消化等因素的影响下，房地产投资加快的趋势仍将延续。政府促进民间资本投资的政策与规划已经出台，将进一步优化民间资本投资的环境、拓宽投资的领域、降低投资的成本，使民间资本增长快于上年。但 2010 年政府投资增量将有所放缓，新增信贷规模不可能再出现 2009 年的增长水平，对产能过剩和重复建设的政策约束也会抑制投资增长。综合考虑上述因素，预计 2010 年全社会固定资产投资名义增长 31% 左右，考虑价格因素，实际投资增速有所放缓。

2. 社会消费品零售额保持平稳增长

消费保持平稳增长具备诸多有利因素，第一，收入水平持续增长为扩大消费增强了后劲。2009 年上半年城乡居民收入分别实际增长 11.2% 和 8.5%，高于最近 5 年的平均增长率。随着就业形势好转，农民工返城、农产品价格上升的影响，城乡居民收入仍将保持较快增长。第二，医改新方案、农村养老保险全覆盖等社会保障制度建设，有助于减轻居民消费的后顾之忧，提高居民的边际消费倾向。第三，截至 2009 年 8 月末，城乡居民储蓄存款已高达 25 万亿元，储蓄消费型增长模式使中国消费有较强稳定性。第四，汽车消费由大城市向中小城市梯度扩散，城市化率提高和房价上升预期还会刺激住房需求，汽车和住房消费仍将保持较快增长势头。与此同时，2009 年出台的家电下乡、家电和汽车摩托车以旧换新等扩大消费政策在 2010 年将出现递减效应，价格上涨会导致居民的实际购买力下降。预计 2010 年实现社会消费品零售额同比增长 18.5%，实际增长 15.6% 左右，略低于上年水平。

3. 外贸出口有望小幅增长

世界经济由大幅度负增长转为小幅正增长是中国出口恢复增长的基础性因

素。数量分析显示，中国出口量对世界经济总量弹性为 5.3，即世界经济每上升或下降一个百分点，中国出口量随之上升或下降 5.3 个百分点。国际市场价格回升和中国在国际市场上的份额上升有利于提高中国的出口价格水平。为稳定外需，2009 年国家在出口信用保险、出口税收、贸易融资、加工贸易、清理不合理收费等方面出台了大量外贸扶植政策，2010 年会继续发挥作用。但金融危机以来，发达国家消费模式出现转变，美国居民的储蓄率由负数回升到 5%，欧洲居民家庭储蓄率也在上升，将在一定程度上影响对中国商品的需求。贸易保护主义进一步加剧，美国、欧盟等国不断加大了对中国产品反倾销、反补贴调查力度，贸易摩擦明显增多。综上所述，全球经济温和复苏将促使中国出口形势有所好转，内需强劲有助拉动进口需求进一步加速。初步预计，2010 年中国出口将增长 6% 左右，进口增长 11% 左右；有望实现外贸顺差 1900 亿美元左右。

4. 工业生产增速略有加快

2009 年上半年，中国工商企业基本完成了"去库存化"任务，部分产品库存量已低于正常水平。2009 年 2 月、5 月和 8 月企业产成品资金占用增长率逐级下降为 11.7%、4.2% 和 -0.8%。从 2009 年下半年起，随着 PPI 环比回升，国内工商企业回补库存的需求将增加，有助工业增速继续加快。世界各国经济刺激政策继续维持不变，国际市场需求温和回升，加上国内投资消费需求强劲增长等诸多有利因素的共同作用下，初步预计 2010 年规模以上工业增加值将增长 10.3% 左右，略高于 2009 年；其中，重工业增长 10.7% 左右，轻工业增长 9.5% 左右。受基数和政策效应递减的影响，有可能出现上半年高于下半年的运行态势。经济回升的受益面将进一步扩大，工业企业经营效益有望继续改善。

5. 价格水平将温和回升

2010 年，国内经济增速仍低于潜在增长率水平，总需求仍显不足，特别是部分行业严重产能过剩以及粮食库存比较充裕，使物价总水平难以大幅回升。国内物价上涨主要表现为因国际市场初级产品价格高位运行带来的输入型通胀。2009 年下半年以来，国家主动调整水价、油价等公共产品价格，也会直接加大居民消费价格上涨压力。此外，上年物价低增长的基数因素对物价水平带来一定影响，据初步测算，2010 年 CPI 翘尾因素为 1.2% 左右，PPI 翘尾因素为 3.6% 左右。预计 2010 年 CPI 增长 2.5% 左右，PPI 增长 5% 左右。

四 宏观调控的思路和建议

面对复杂多变的国内外环境，2010 年，应以"稳增长、调结构、促改革、惠民生"为基本政策取向，继续实施积极的财政政策和适度宽松的货币政策，将稳增长、调结构、惠民生结合起来，以体制改革为主要动力，积极促进需求结构、产业结构和所有制结构的调整，在稳定经济增长中，使结构调整、体制改革不断推进，为保持经济持续稳定发展奠定基础。

1. 以"稳增长、调结构、促改革、惠民生"为基本政策取向

"稳增长"是当前宏观调控的首要目标。当前，中国经济增长仍低于长期潜在经济增长速度，物价上涨压力不大，保持经济平稳较快增长仍应是宏观调控的首要目标，但将"保增长"改为"稳增长"，主要是考虑到国际国内不稳定因素仍然很多，需要继续保持宏观政策的连续性和稳定性，避免经济大起大落。既防止在经济回升过程中因继续"保增长"的政策力度过大过急，导致投资过快增长，引发通货膨胀；又要防止因刺激经济增长的政策力度和政策效应减弱，经济出现第二轮下滑。

"调结构"的迫切性进一步增强。在政府投资效应逐渐减弱的情况下，如果不通过需求结构、产业结构、所有制结构等结构性调整来释放居民自发性消费和民间自主性投资，难以解决产能过剩、重复建设、国进民退等问题，难以实现增长动力由"政策刺激内需增长"向"自主性内需增长"的切换，难以保持宏观经济的持续稳定较快增长。

"促改革"是实现结构调整的根本路径。当前的改革选择重点应以有利于扩大消费、有利于产业结构调整、有利于民营企业和中小企业发展为突破口，通过推动资源价格和要素价格改革实现经济结构调整，通过收入分配体制改革和完善社会保障体系扩大居民消费，通过深化垄断性行业、公用事业和社会发展领域的管理体制改革，加大促进民营企业发展。

"惠民生"是经济发展的根本目的。宏观调控政策的重点向民生倾斜，财政支出和信贷投放要更好地满足民生需求和增加就业，使得老百姓真正得到经济回升带来的好处。

建议 2010 年国民经济和社会发展的预期目标设为，国内生产总值增长 8%左右；居民消费价格总水平涨幅控制在 3%左右；城镇新增就业 900 万人，城镇登记失业率控制在 4.5% 左右；国际收支状况继续改善。

2. 坚持实行积极的财政政策，加大"惠民生"、"调结构"支持力度

2010 年，应继续实行积极的财政政策，财政赤字占 GDP 的比重仍可按 3% 左右安排。2010 年与 2009 年相比，新增财政支出低于 2009 年的新增支出水平，这样的财政政策安排既积极又稳妥。新增财政支出在继续完成现有公共投资项目的同时，应更加积极地促进结构调整和改善民生。要进一步加大结构性减税的力度。一是较大幅度提高个人所得税起征点，并维持对"家电、汽车、摩托车下乡"、"节能产品惠民政策"、"汽车、家电以旧换新"、经济型轿车、居民购买首套自住住房的税收优惠；二是落实好研发费用加计扣除等政策，同时可考虑对中小科技型企业实行 3~5 年的企业所得税减免；三是对企业节能减排投资给予所得税税前加计扣除等措施。要积极调整财政支出结构。更加突出结构调整和改善民生，继续加大对"三农"、产业调整、自主创新、节能减排、收入分配和廉租房、社会保障等民生领域的投入力度。进一步落实好产业调整振兴规划中确定的各项财税扶持政策，增加对基础科学研究、重大科技专项、重点工程实验室的投入。

3. 继续实行适度宽松的货币政策，改善优化信贷结构

货币政策要立足"适度"，在有保有压、优化贷款结构、确保贷款投向实体经济的前提下，为经济的持续复苏提供宽松的资金条件。避免信贷投放再次出现 2009 年上半年过度膨胀的状况，建议 2010 年新增贷款规模保持在 8 万亿元左右，M2 增速控制在 19% 左右。规范银行信贷流向，堵住银行资金和信贷流入资本市场的一些政策漏洞，要促使商业银行信贷投放向实体经济倾斜，可以对商业银行提出强制性要求，保证继续宽松的信贷和资金大部分进入实体经济。积极引导商业银行对信贷投放进行结构性调整，在保持公共投资项目建设的配套贷款合理增长的同时，解决经济复苏由政府推动向市场自主性增长的动力切换问题。信贷投放要向有效推动民间投资和住房、汽车等消费增长倾斜。加大对重点区域的信贷投放，通过支持区域性的经济增长点，以点带面促进经济发展。

4. 积极有序推进有利于结构调整和惠及民生的关键领域改革

推进资源价格改革。积极推进水、电力、成品油等重要能源资源价格改革，进一步完善资源价格形成机制改革，使价格不仅反映要素的市场供求状况，而且要反映其稀缺性以及环境保护成本，并推进要素市场主体培育和监管体系建设。

推进金融体制改革。一是允许民间资金以适当的方式进入金融市场提供金融服务，加大小额贷款公司的推广力度，适当加大民间金融机构的杠杆比例。二是积极推进利率和汇率市场化改革。三是发展资本市场，拓宽融资渠道。尽快建立完善的退市机制，改变目前"只进不出"的不利局面，真正做到优胜劣汰；完善市场交易制度，尽快引入做空机制，适时推出股指期货交易，降低市场风险。

加快推进收入分配改革。一是要推进工资集体协商制度，努力提高劳动者报酬，实现国民收入分配向居民倾斜。二是落实好事业单位绩效工资改革。三是提高农民收入，保持合理的农产品价格。

推进垄断行业市场准入改革。在铁路、通信、航空、石油化工等垄断行业和公用事业与社会发展领域引入竞争，尽快清理不合理的限制性行业准入制度，鼓励民营企业进入这些领域。国有资本应从房地产等竞争领域逐步退出来。

附表 2009～2010 年中国经济主要指标预测

单位：亿元，%，亿美元

指　　标	2009 年 1～8 月		2009 年预测		2010 年预测	
	绝对值	增长率	绝对值	增长率	绝对值	增长率
GDP	139862	7.1	316481	8.5	356358	8.5
一产	12025	3.8	34553	3.7	36835	3.5
二产	70070	6.6	150895	9.0	172858	9.1
三产	57767	8.3	131033	9.3	146666	9.2
规模以上工业增加值	—	8.1		10.1	—	10.3
轻工业	—	8.4		9.5		9.5
重工业	—	8.0		10.4		10.7
全社会固定资产投资	112985	33.5	226990	31.7	297357	31.0
城镇固定资产投资	91321	33.0	195684	32.1	257324	31.5
房地产投资	21147	14.7	36084	18.0	44384	23.0
社会消费品零售额	78763	15.1	125124	15.3	148272	18.5
出口	7307	-22.2	11662	-18.4	12361	6.0
进口	6079	-22.7	9458	-16.5	10499	11.0
外贸顺差	1228	-19.0	2204	-25.4	1862	-15.5
居民消费价格指数	98.8	-1.2	99.3	-0.7	102.5	2.5
工业品出厂价格指数	93.6	-6.4	94.7	-5.3	105.0	5.0
财政收入	45909	2.6	65610	7.0	73480	12.0
财政支出	38625	22.7	75710	21.3	85480	12.9
财政赤字			10100		12000	
M0（期末值）	34400	11.5	38381	12.2	42495	10.7
M1（期末值）	200400	27.7	205901	23.9	241355	17.2
M2（期末值）	576700	28.5	596216	25.5	710242	19.1

注：GDP、三次产业增加值、全社会投资为上半年数据，其他为 1～8 月份数据。GDP、工业增加值为可比价格的实际增长率，其他为名义增长率。

Analysis of China's Economic Trend and the Suggestions for Regulative Countermeasures in 2010

Fan Jianping

Abstract: It is estimated that GDP will grow about 8.5% in 2009. In 2010, the world economy will present the slow recovery, and it is hopeful for the overseas demand to bounce back, but the Chinese economy will face some problems, including the effect of stimulating the economic policy decreases progressively, the capacity of partial industries is seriously surplus, the power of independent growth is insufficient, and the potential risk of bank non-performing asset is increasing, and so on, therefore, it is estimated that, in 2010, the Chinese economic growth will be at about 8.5%, CPI rises about 2.5%, and the employment and the international payments equilibrium condition will keep improvement. In 2010, maintaining the steady economic growth should be regarded as the priority target of the macroeconomic regulation and control continuously, the proactive fiscal policy and the moderately loose monetary policy should be kept implementation, and the stress must be laid on "stabilizing the growth, regulating the economic structure, promoting the reform and the benefiting livelihood of the people".

Key Words: Chinese Economy; Development Trend and Regulation Countermeasure

2009 年国民经济发展预测和 2010 年展望

袁达 丁琳*

摘　要：2009 年国民经济发展的主要特点：内需保持快速增长，市场销售持续较旺；对外经济出现好转。进出口降幅逐步缩小；工业增长不断加快；结构调整积极推进；民生工作继续加强。初步预计，第四季度经济将保持平稳回升，增长速度会快于第三季度，全年经济增长速度将超过 8%。2010 年，我国国内需求将继续较快增长，但增速会有所回落，对经济增长的拉动作用将稍弱于今年；出口有望恢复增长，净出口对经济增长的下拉作用将会明显减弱；全年国民经济将保持平稳较快发展态势，增长速度有望快于 2009 年。

关键词：中国经济　发展特点　分析预测

一　2009 年国民经济发展的主要特点及全年走势预测

今年以来，在应对国际金融危机一揽子计划的作用下，我国经济增速下滑的态势得到较快扭转，增长速度逐季加快，前三季度国内生产总值同比增长 7.7%，其中各季度分别增长 6.1%、7.9% 和 8.9%。经济运行的主要特点如下。

1. 内需保持快速增长

市场销售持续较旺。前三季度，社会消费品零售总额增长 15.1%，扣除价格因素后实际增长 17%，实际增幅分别比上半年、2008 年同期加快 0.3 和 2.8 个百分点。消费结构不断升级，住房销售面积大幅增长，家具、建材等相关产品消费形势良好；前三季度汽车销售 966 万台，已超过上年全年水平；文化、

＊　袁达、丁琳，国家发展和改革委员会综合司预测处。

旅游等服务性消费更加旺盛。投资增速明显加快。前三季度，全社会固定资产投资同比增长 33.4%，增速比上年同期加快 6.4 个百分点。城镇投资中，中西部地区投资快于东部地区，第三产业投资增长加快，房地产开发投资增幅不断提高，国有投资所占比重较高。基础设施、民生领域等薄弱环节建设明显加强，企业技改、自主创新、战略性新兴产业、生态环保等方面的投资进一步增加。据统计局初步测算，前三季度在外需下拉经济增长 3.6 个百分点的情况下，国内需求拉动经济增长 11.3 个百分点，比上年同期提高 2.6 个百分点。其中，投资拉动 GDP 增长 7.3 个百分点，最终消费拉动 4 个百分点。内需对促进今年经济企稳回升发挥了极其关键的作用，投资和消费是当前经济增长的主要拉动力。

2. 对外经济出现好转

进出口降幅逐步缩小。前三季度，进出口总额同比下降 20.9%，降幅比上半年缩小 2.5 个百分点。其中，出口总额下降 21.3%，缩小 0.5 个百分点；进口总额下降 20.4%，缩小 5 个百分点。9 月份，出口额达到 1159 亿美元，其中，纺织、服装、鞋类等传统大宗商品出口降幅明显缩小；对东盟出口恢复增长，对日本、韩国、中国台湾和欧盟出口降幅均大幅缩小。实际利用外资扭转下降趋势，已连续两个月实现正增长。9 月份，实际利用外资 79 亿美元，同比增长 18.9%，比上月加快 11.9 个百分点。对外直接投资继续加快。前三季度，我国累计对外直接投资 329 亿美元，同比增长 0.5%。其中，第三季度对外投资 205 亿美元，增长 190.4%。

3. 工业增长不断加快

前三季度，规模以上工业增加值同比增长 8.7%，增速分别比第一季度、上半年加快 3.6 个和 1.7 个百分点。其中，建材、医药、化工、机械等主要行业增加值分别增长 14.2%、13.5%、11.7% 和 11.2%，山东、江苏、辽宁等工业大省增速分别达到 12.9%、13.0% 和 14.4%。在经历了连续 7 个月的负增长之后，8 月份发电量累计同比增速由负转正，前三季度增长 1.9%，比前 8 个月加快 1.1 个百分点。企业效益也明显好转，工业企业利润由前 5 个月同比下降 22.9% 收窄为前 8 个月下降 10.6%，其中 6~8 月已同比增长 6.9%。前 8 个月，39 个行业中已有 24 个行业实现利润增长，其中石化、电力、食品、饮料、家具等行业利润增长较快。

4. 结构调整积极推进

第三产业保持较快发展，所占比重进一步提高。前三季度，第一、二、三产业同比分别增长 4.0%、7.5% 和 8.8%，三次产业比重为 10.3∶48.9∶40.8，其中第三产业比重较 2008 年提高 0.7 个百分点。十大重点产业振兴规划实施后，汽车、钢铁、船舶等传统产业技术改造和发展加快，新一代移动通信设备、软件、生物医药等高新技术产业工业增加值增速明显高于其他行业，成为工业生产的亮点。区域发展更趋协调，重点地区开发开放取得新进展，中西部和东北地区保持较快发展，东部沿海地区经济增长也逐步好转。

5. 民生工作继续加强

实施更加积极的就业政策，保持就业稳定增长。前三季度，实现城镇新增就业 851 万人，完成全年目标的 94%；其中困难人员就业已完成全年目标的 120%。居民收入继续较快增长。前三季度，城镇居民人均可支配收入 12973 元，实际增长 10.5%；农民人均现金收入 4307 元，增长 9.2%。各项社会保险参保人数比 2008 年底有所增加，新型农村社会养老保险试点启动实施，教育、卫生、文化等社会事业进一步发展。

此外，粮食生产克服了多重灾害带来的困难，夏粮、早稻实现增产，秋粮也有望获得较好收成。货币信贷大幅增长，9 月末，广义货币 M2 和狭义货币 M1 余额同比分别增长 29.3% 和 29.5%，前三季度新增人民币各项贷款 8.67 万亿元，同比多增 5.19 万亿元。医药卫生、集体林权等重点领域改革取得积极进展。

从目前情况看，随着各项政策效应进一步显现和外部环境趋稳，今年后几个月消费较快增长势头不会改变，投资仍将保持较高增速，出口降幅会继续缩小。初步预计，第四季度经济将保持平稳回升，增长速度会快于第三季度，全年经济增长速度将超过 8%。

二 2010 年国民经济展望

展望新的一年，我国经济发展的国内外环境虽总体上好于今年，但形势仍然十分复杂，不确定因素依然很多。

从外部环境看，目前世界经济好转的迹象更加明显，主要经济体经济出现回升。第三季度美国 GDP 环比折年增长 3.5%，这是在连续 4 个季度下滑后首次出现正增长。欧元区两个最大的经济体德国、法国的经济在第二季度都出现了微弱增长，第三季度欧元区经济总体将继续好转。日本第二季度GDP 环比增长 0.9%，是 5 个季度以来的首次正增长。国际金融和大宗商品市场趋稳回暖，主要股指较年初均有较大幅度上涨，原油、黄金、铜等商品价格回升较快，纽约原油价格从 2 月份 33.98 美元/桶的低点，反弹至如今的 80 美元/桶左右的高位；黄金价格再次突破 1000 美元/盎司大关，并创出 1070.2 美元/盎司的历史新高；LME 铜价从 3000 美元/吨反弹至如今的 6600 美元/吨左右。

1. 世界经济运行还存在较多风险因素

一是主要经济体失业率仍在攀升，实体经济回升的基础不牢。9 月份，美国的失业率达到 9.8%，是 1983 年 6 月以来的最高水平；欧盟的失业率也处在 9.1% 的高位。IMF 预测 2010 年美国失业率将超过 10%，欧盟的失业率也可能达到两位数。就业市场的疲软严重制约着消费需求，使得消费这一推动发达经济体经济增长的主要力量回升动力明显不足，从而影响全球经济的持续回升。

二是金融领域的风险还未根本消除。10 月 27 日，美国最大的商业房产贷款机构之一的 Capmark 及其旗下的 53 家附属公司同时申请破产保护，凸现美国房地产信贷的问题还在恶化，金融稳定的基础仍然比较脆弱。IMF 预测，在银行去杠杆化、证券市场融资功能尚未完全恢复的情况下，直到 2010 年底，美国和欧洲的银行信贷供给都可能出现下降，无法满足私人部门的资金需求。金融体系的调整将继续制约全球经济活力和潜在增长率的恢复。

三是贸易保护主义进一步加剧。尽管各国纷纷声称抵制贸易保护主义，但一些国家还是通过各种形式，设定门槛，加征不合理的关税，保护本国产业。7 月中旬，世贸组织预测 2009 年全球发起反倾销数量将达 437 起，是历史上世界发起反倾销数量最多的一年。据商务部统计，今年 1~8 月，共有 17 个国家（地区）对中国发起 79 起贸易救济调查，涉案总额约 100.35 亿美元，同比分别增长 16.2% 和 121.2%。在世界经济复苏前景仍不很明朗的情况下，贸易保护主义仍可能继续蔓延和加剧。

四是美元汇率和国际大宗商品价格走势不确定性增大。国际金融危机以来，美国政府出台多项经济刺激政策，财政赤字急剧扩张。10 月 16 日，美国财政部公布 2009 会计年度联邦政府预算赤字飙高至 1.42 万亿美元，创 1945 年以来的新高，相当于美国 GDP 的 10%。这极大地影响了世界对美元的信心，美元汇率持续下行压力可能强化。同时，为了转嫁危机和鼓励出口，美国似乎不想很快出手止住美元的跌势，这也会给全球金融市场和商品市场的稳定性带来负面影响。此外，今年以来国际市场大宗商品价格整体表现出大幅震荡上涨的走势，主要大宗商品价格从 2 月、3 月开始反弹，此后 4 个月内涨幅较大，资源类初级产品市场供求关系由松转紧，投机气氛浓厚，未来大宗商品价格走势及其影响须引起较多关注。

2. 从国内情况看，明年我国经济发展仍有很多有利条件

一是市场信心不断增强，预期逐步向好。企业景气指数、企业家信心指数、制造业采购经理指数都在稳步回升。9 月份，制造业采购经理指数达到 54.3%，连续 7 个月在 50% 以上。国家发展和改革委员会编制的综合反映未来经济走势的先行指数已连续上升 9 个月。

二是我国仍处于重要战略机遇期。工业化、城镇化将继续快速推进，基础设施建设、产业结构和消费结构升级、环境保护和生态建设、社会事业发展，都蕴藏着巨大的需求和增长潜力。在更高层次、更广领域参与全球化，推进市场多元化，提高外贸产品附加值和科技含量，也都还有很大空间。

三是产业结构调整和新兴产业培育将为可持续发展提供支撑。十大产业调整振兴计划的实施，有助于进一步提高产业集中度和资源配置效率，推动传统产业由大变强；节能环保、新能源、新材料、新医药以及信息等战略性新兴产业的加快发展，科技创新和技术改造的推进，有助于提升产业层次，创造新的社会需求。这些都会为经济发展注入新的活力。

四是各项政策措施的效果还将不断显现。一揽子计划中，有很多政策措施是着眼长远的，通过加强经济社会发展的薄弱环节建设、提高社会保障水平等，进一步提高可持续发展能力，增强发展后劲。随着这些政策措施效应的充分显现，在明年乃至更长的一段时间内，我国经济发展的动力将进一步增强。

3. 2010 年我国经济发展也面临一些矛盾和问题

一是内需持续较快增长受到一定制约。在国民收入分配体制没有根本性改变、社会保障水平不高的情况下，消费稳定增长的动力仍然不足。社会投资由于受到国外需求不振、融资约束、市场准入限制、效益下滑等影响，投资意愿不强的状况没有明显改观。

二是出口恢复面临较大阻力。虽然近期外贸进出口情况有所好转，但降幅仍然较大。加上世界经济复苏缓慢，发达国家失业率持续攀升，欧美居民消费模式发生改变，贸易保护主义进一步加剧，我国出口难以恢复到危机前水平。

三是产能过剩矛盾仍比较突出。目前，在外需萎缩的情况下，我国大部分产业都面临不同程度的产能过剩问题。如钢铁、水泥、化工等传统行业产能过剩较多，但在建项目仍有较大规模。风电设备、多晶硅、煤化工等新兴产业也出现重复建设倾向。同时，随着市场需求的回升，淘汰落后产能和推进兼并重组的难度也会加大。此外，农田水利等基础设施薄弱的状况尚未得到根本改变，农业防灾抗灾能力仍需进一步加强，农业比较效益总体依然偏低。节能减排形势严峻，完成"十一五"规划目标任务艰巨。同时，金融领域也存在信贷结构不合理、流动性管理难度增加等问题。

综合分析预测，2010 年，我国国内需求将继续较快增长，但增速会有所回落，对经济增长的拉动作用将稍弱于今年；出口有望恢复增长，净出口对经济增长的下拉作用将会明显减弱；全年国民经济将保持平稳较快发展态势，增长速度有望快于今年。

Forecast on the National Economic Development in 2009 and Its Prospects for 2010

Yuan Da, *Ding Lin*

Abstract: In 2009, maintaining the swift growth of domestic demand and the prosperous marketing features in the national economic development, and the foreign economy presents the change for the better. The decreasing amplitude of import and export is reducing gradually; the industrial growth speeds up unceasingly; the structural adjustment is advancing positively; and the work about livelihood of the people is strengthened unceasingly. It is estimated initially that, the economy will maintain the steady rise in the fourth quarter, the speed of growth will be quicker than the one in the

third quarter, and the speed of economic growth in the whole year will surpass 8% . In 2010, China's domestic demand will keep quick growth, but the speed will have a fall, and the drive function to economic growth will be slightly weaker than the one in this year; it is hopeful for the export to resume the growth, and the pull-down function of net exports to the economic growth will weaken obviously; the national economy in the whole year will keep steady quick development trend, and it is hopeful for the speed of growth to be quicker than the one in 2009.

Key Words: Chinese Economy; Development Characteristics and Analysis & Forecast

2009～2010年经济景气和物价形势分析与预测[*]

陈磊 李颖[**]

摘 要：改革开放以来的第三个经济中周期已经在2009年第一季度结束。从2009年第二季度开始，我国经济增长进入新一轮经济周期的扩张期，从而形成经济运行的V型反转态势。2009年下半年，GDP增长率将回到适度增长区间9%～10%，全年达到8.5%。2010年经济增长可能达到9.8%，但第二季度开始增速或逐渐回落，形成年内前高后低的态势。CPI从2009年第四季度开始脱离通货紧缩区间，进入新一轮物价上涨周期，预计2010年CPI上涨2.9%，处于适度范围，但物价上涨压力显著增加。

关键词：经济景气 通货膨胀预期 物价

在全球金融危机和经济周期内在机制等因素的共同作用下，我国经济增长经过2008年罕见的大幅下滑，2009年已经出现触底回升趋势，中国经济是否会在全球经济萧条的阴影中提前走出衰退，开始新一轮经济周期的上升期？2010年的经济走势如何？是否会出现二次探底？物价上涨率能否回到正常区间，是否会出现通货膨胀？政府刺激经济的政策取向是否应该做出调整？

为了对这些目前的热点问题做出比较科学和准确的回答，本文基于"经济

* 本项研究得到辽宁省高等学校优秀人才支持计划项目（批准号：2007R17）和国家社会科学基金项目（项目号：06BJY012）的资助。

** 陈磊、李颖，东北财经大学经济计量分析与预测研究中心，东北财经大学数学与数量经济学院。

景气分析系统"建立的景气指数和"宏观经济监测预警信号系统"对主要经济指标的动态监测结果，对当前的经济周期态势和经济景气状况进行分析和判断，并采用先行指数和多种经济计量模型对经济增长、物价等主要经济指标进行预测。在此基础上，对政府下一步的宏观调控提出相关的政策建议。

一 对经济周期态势的判断和预测

1. 景气指标体系的调整

本文采用国际上流行的景气指标法来分析经济景气状况和经济（增长率）周期运行态势。为了使指标法尽可能及时、准确地反映经济景气动向，我们在收集、整理大量宏观和行业月度经济指标①基础上，分别对各指标增长率序列采用 K – L 信息量、时差相关分析、峰谷对应法等多种方法进行认真筛选和反复比较，根据 1996 年以来各指标的周期稳定性和所代表的经济活动的相对重要性，对经济景气的一致指标、先行指标和滞后指标进行了适当调整，重新建立了景气指标体系（见表 1）。

表 1　中国经济月度景气指标组

先行指标组	一致指标组	滞后指标组
1. 钢产量增速	1. 工业增加值增速	1. 产成品库存增速
2. 水泥产量增速	2. 固定资产投资完成额增速	2. 工业企业流动资产平均余额增速
3. 汽车产量增速	3. 工业企业产品销售收入增速	3. 居民消费价格指数
4. 化肥产量增速	4. 狭义货币供应量 M1 增速	4. 工业品出厂价格指数
5. 出口额增速	5. 社会消费品零售总额增速	5. 原材料、燃料、动力购进价格指数
6. 股票成交量增速		
7. 居民消费价格指数（逆转）		

其中，一致景气指标的组成没有变化，但在合成指数中适度调低了工业企业产品销售收入（累计）增速的权数，原因是从 2007 年开始产品销售收入变成按季度统计，数据及时性有所下降。另外，虽然 2003 年以来社会消费品零售总额的波动较工业增加值有所滞后，但从 20 世纪 80 年代以来该指标多数时间一直是

---

① 数据来源：中国经济信息网宏观月度库，数据截止到 2009 年 9 月。

很稳定的一致指标，且所反映的消费市场活动非常重要，为了保持一致合成指数的连续可比性以及与实际经济运行态势基本相符，我们仍然将其作为一致合成指数的构成指标，实际结果也能够支持这种选择的合理性。

先行景气指标组除了保留先行期一直较稳定且超前期较长的钢产量和化肥产量外，增加了两个重要的工业生产指标——水泥产量和汽车产量。此外，反映证券市场变化的股票成交量增速从 1998 年以来也具有较稳定的先行特征。全球金融危机使出口总额的先行特征受到一定影响，但考虑到其重要性，仍然保留。

滞后指标组中在保留原有 4 个较稳定的滞后指标基础上，增加原材料、燃料、动力购进价格指数。

各景气指标均为同期比增长率序列，经季节调整并消除不规则因素。利用美国全国经济研究所（NBER）方法，分别建立了一致、先行和滞后合成指数（各指数均以 2000 年平均值为 100）。

2. 利用一致合成指数对经济周期态势的分析

图 1 显示（其中阴影部分为景气下降阶段），综合反映经济运行状况的一致合成指数在 2007 年 12 月达到 1996 年以来的最高峰顶后，出现了近 20 年来少有的大幅快速下降，从而结束了经济周期上升局面，转入周期下降阶段。经过 14 个月的连续下滑，该指数在 2009 年 2～3 月触底，谷底水平低于 2000 年的平均值 100，峰谷落差超过 20 个指数点。从 2009 年 4 月开始景气指数出现较快回升，到 9 月为止仍处于上升过程中。可见，经济运行已经形成了一个清晰的 V 型反转形态。

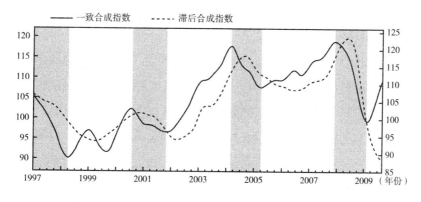

图 1　1997～2009 年一致合成指数与滞后合成指数走势

根据确定经济周期波动转折点的判别准则①和一致合成指数的形态，可以确定2005年5月至2009年2月形成了一次经济短周期，周期长度为46个月，接近4年。同时，可以进一步肯定我们在2008年春季和秋季做出的判断，即2007年第四季度出现的波峰不但是这次短周期的峰，而且是始于1998年5月的该轮经济中周期的峰顶转折点。

目前判断经济周期态势的一个关键问题是：始于2008年初的这次经济周期的下降阶段是否已经完全结束？换句话说，经济中周期的谷底转折点是否已经在2009年第一季度出现？

我们的回答是肯定的，主要依据如下：第一，尽管按照我们提出的转折点判别准则，经济中周期的下降阶段通常应不少于18个月，而此次经济收缩到2009年2月只有14个月，持续时间略显不足。然而，造成此次经济收缩局面时间缩短有其特殊原因。一方面，被称为百年一遇的国际金融危机的爆发对我国经济造成巨大冲击，使处于内在周期性回调中的经济下滑速度从2008年8月开始明显加快；另一方面，政府对国际金融危机的及时应对和超常规刺激经济计划的落实，使原本可能更长的下降期提前结束。这两方面因素造成这次景气收缩具有落差大、时间短的特点。第二，季度GDP增速在2007年第二季度达到峰值后，出现罕见的连续7个季度持续回落，增长率由13.7%降到2009年第一季度的6.1%，创造了1996年以来的最低单季增速，降幅超过55%，因此，从该指标的测量结果看，经济中周期的下降局面完全可以成立。第三，图1显示，1997年以来，滞后合成指数无论从周期转折点还是从波动幅度上始终具有较好的滞后特征。该指数在2008年6月达到1997年以来的最高峰顶，较一致合成指数滞后6个月。此后，指数出现急速回落，在不到1年时间内将1999年以来的涨幅全部吞噬。到2009年9月为止，指数已经低于1999年的谷底水平，形成了一个较一致指数更为明显的中周期形态。从7月开始，该指数的下降势头趋缓，实际上，8月和9月的CPI、PPI和工业企业流动资产平均余额增速等指标已经止跌回稳。该指数很可能在8~9月触底企稳，结束下降局面。由此可以进一步确认经济中

① 我们根据波长和波幅，从实证测量角度对经济波动、经济短周期和中周期做了明确划分。参见陈磊、孔宪丽《转折点判别与经济周期波动态势分析》，《数量经济技术经济研究》2007年第6期。

周期的谷底转折点已经出现。第四，如果经济景气下降局面没有结束，则意味着未来 1～2 年经济增长会掉头继续向下，到达更深的谷底转折点。而从目前政府采取的超常规扩张政策和经济复苏的强劲态势来看，不太可能出现第二次更深的探底，政府也不希望看到这种情况。

改革开放至 1999 年，无论从年度经济增长还是从月度景气波动来测量，我国宏观经济运行出现了两次长度为 8～9 年的中周期①。根据以上对经济周期态势的判断，改革开放以来的第三个经济中周期从 1998 年 5 月开始，至 2009 年 2 月结束，历时 130 个月，近 11 年，周期较以往的两次中周期明显拉长，其中上升期达到创纪录的 116 个月。整个中周期包含 3 个形态各异的短周期，周期长度分别为 43 个月、41 个月和 46 个月，均符合基钦周期的特征。尽管国际金融危机使这轮中周期的收缩阶段出现大幅回落，但在政府及时出台的一揽子经济刺激计划的作用下，使周期收缩的谷底水平高于 1998 年和 2001 年底的谷底，避免了经济出现严重下滑带来的巨大损失。

从 2009 年第二季度开始，我国经济增长进入新一轮经济周期的扩张期。

3. 利用先行合成指数和扩散指数对经济运行走势的预测

图 2 显示，提前反映景气动向的先行合成指数整体上具有较好的先行特征，但周期转折点的超前时间并不很稳定。该指数经过将近两年的持续、大幅度下滑，在 2008 年 10～11 月出现了 1996 年以来的最深谷底，超前一致指数的谷底转折点 4 个月，从而同样形成了一轮长度近 11 年的中周期。2008 年 12 月以来，先行指数以强劲回升的势头开始进入了新一轮上升周期。2009 年 6 月已经超过指数中轴线水平，并开始加速上升，9 月份已经恢复到指数大幅回落前的 2006 年平均水平，从而仅用 10 个月的时间几乎完全"收复失地"。

本文同时还利用表 1 中的指标建立了一致扩散指数和先行扩散指数（见图 3）。扩散指数（Diffusion Index）是扩张指标个数占指标组中全部指标个数的比率。若指数值大于 50%，表示有过半数的指标所代表的经济活动上升。指数由下向上穿过 50% 的时点，表明到达经济的谷底，经济周期波动转为上升阶段。根据景气分析理论和长期实际考查，扩散指数一般会超前对应的合成指数半年左右。

① 具体测量结果见陈磊《中国经济周期波动的测定和理论研究》，东北财经大学出版社，2005。

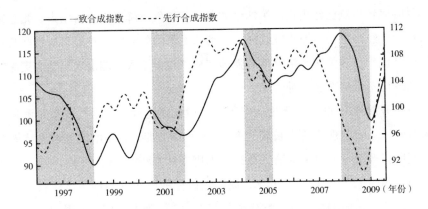

图2　1997～2009年一致合成指数和先行合成指数走势图

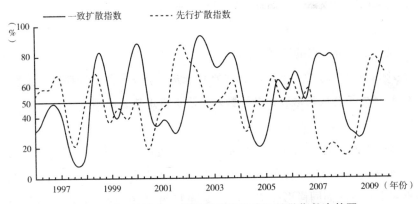

图3　1997～2009年一致扩散指数和先行扩散指数走势图

图3显示（图中指数是经过五项加权移动平均后的序列），一致扩散指数在 2009年4月向上穿过50%线，8～9月指数达到80，表明80%的一致指标处于上升阶段，经济景气在3～4月触底后正处于扩张过程中。而移动平均后的先行扩散指数经过1年左右的上涨后，已经在2009年5月份出现峰顶，6月开始回落。由此可以推断先行合成指数有可能在2009年第四季度结束上升趋势，继而转入下降阶段。从而一致合成指数所反映的经济景气扩张局面有可能在2010年上半年结束。

进一步考查先行指标的变化可以发现，进入2009年下半年，7个指标的走势出现一定分化。在政府积极经济政策的有效影响下，钢、水泥等上游产品产量增速继续保持从2008年第四季度开始的强劲回升，剔除季节和不规则因素后的水泥产量增速在2009年9月甚至创出1996年以来的最高水平。汽车市场从2009

年初的回暖转入年中的热销,2009 年 8 月的汽车产量同比增速甚至高达 90%,同样创造了历史最高水平,但增速在 9 月回落到 79%。而化肥产量增速经过大幅回升后在 2009 年下半年出现回调迹象。此外,受到国际金融危机的影响,2008 年第四季度以来我国出口增速连续负增长,但已出现止跌趋稳态势。近期,政府已经出台措施控制钢铁、水泥等高耗能和高污染产业的生产总量,抑制产能过剩,加上市场自身的制约和上年基数变化的影响,我们认为,上游产品产量和汽车产量增速最迟从 2010 年初开始会转入下降阶段。

二 当前经济景气状况分析

长期实践结果表明,由 10 个预警指标(指标名称见图 5)构成的"宏观经济监测预警系统"是判断和分析经济景气状况的有效工具。① 图 4 显示的预警综合指数与一致合成指数的走势很接近。该指数在 2008 年呈现迅速下滑势态,于当年 10 月进入"趋冷"的浅蓝灯区。政府采取的保增长措施及时阻止了经济的继续下滑,避免了经济进入"过冷"的蓝灯区。预警指数从 2009 年 5 月开始迅速回升,时隔 9 个月后,于 7 月份重新回到绿灯区,9 月份的预警指数达到 55,处于正常区的中部,说明经济景气明显升温,宏观经济已经返回适度的运行区间。

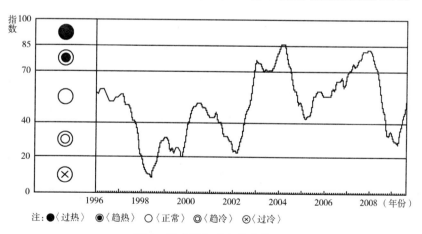

注:●〈过热〉 ◉〈趋热〉 ○〈正常〉 ◎〈趋冷〉 ⊗〈过冷〉

图 4 月度景气动向综合指数

---

① 根据社会消费品零售总额增速近些年的变化情况和发展趋势,我们适当上调了该指标在各不同景气区间的预警界限。

　　国际金融危机的冲击和政府及时出台的宏观调控措施使本次经济景气度的下降和回升出现一些不同以往的特点，一些主要预警指标的走势差异非常大。下面利用预警指标信号图（见图5）对主要经济景气指标的变动特征和趋势做进一步分析。

指　标　名　称	2008年			2009年								
	10月	11月	12月	1月	2月	3月	4月	5月	6月	7月	8月	9月
1. 金融机构各项贷款余额增速	○	○	●	●	●	●	●	●	●	●	●	●
2. 发电量增速_当月(剔除春节因素)	⊗	⊗	⊗	⊗	⊗	⊗	⊗	⊗	⊗	⊗	◎	○
3. 固定资产投资完成额增速_累计	○	●	●	●	●	●	●	●	●	●	●	●
4. 工业增加值增速_当月(1~2月)	◎	◎	⊗	⊗	⊗	⊗	⊗	◎	◎	○	○	○
5. 财政收入增速	⊗	⊗	⊗	⊗	⊗	⊗	⊗	⊗	⊗	⊗	⊗	●
6. 居民消费价格指数(上年=100)	○	○	○	◎	⊗	⊗	⊗	⊗	⊗	⊗	⊗	⊗
7. 进出口总额增速(剔除春节因素)	◎	◎	◎	⊗	⊗	⊗	⊗	⊗	⊗	⊗	⊗	⊗
8. 社会消费品零售总额增速_当月	●	●	●	●	○	○	○	○	○	○	○	○
9. 工业企业产品销售收入增速_累计	○	○	○	⊗	⊗	⊗	⊗	⊗	⊗	⊗	⊗	⊗
10. 狭义货币供应量M1增速	⊗	⊗	⊗	⊗	⊗	⊗	◎	●	●	●	●	●
综 合 判 断	◎	◎	◎	◎	◎	◎	◎	◎	◎	◎	◎	○
	34	33	36	33	30	30	28	35	39	45	47	55

　　注：●〈过热〉　◕〈趋热〉　○〈正常〉　◎〈趋冷〉　⊗〈过冷〉

图5　预警指标信号

1. 工业生产走出"过冷"的寒冬，迅速转入"正常"区间

　　经过2008年的罕见大幅下降，工业增加值增长率在2009年1~2月创造了有统计数据以来的最低涨幅，使该指标伴随入冬季节进入景气"过冷"区。从2009年3月开始，工业生产出现较强的回升趋势，5月份脱离"过冷"区，7月发出"正常"的绿灯信号，显示工业生产已经摆脱金融危机寒潮的不利影响，进入适度增长区间。

　　另一项重要景气指标——发电量增长率与工业增加值增速的走势类似，增速从第二季度开始快速回升，只用两个月的时间（2009年8~9月）就从"过冷"区回升到"正常"区间。

　　工业企业产品销售收入增速（剔除季节和不规则因素）经过跳水式下降并创造1996年以来新低后，2009年2月发出"过冷"的蓝灯信号。但随着工业生产的回暖，该指标从5月份也开始回升，8月已转为正增长。由于该指标按累计增速统计，上升速度较慢，预计在第四季度才能脱离"过冷"区间。

2. 固定资产投资再次出现"过热"

与工业生产的走势不同，城镇固定资产投资增速在 2008 年基本保持在 27%附近平稳运行。受政府积极财政政策拉动的影响，该指标从 2009 年 3 月开始出现上升势头，剔除季节和不规则因素后于 5 月发出红色预警信号，显示投资再次出现"过热"状态，但进入第三季度后升势趋缓。

3. 消费市场降温后保持适度平稳增长

受物价回落和国际金融危机的双重影响，社会消费品零售额增速自 2008 年 10 月迅速下降，由"过热"转入"正常"区域。进入 2009 年在正常区内上部围绕 15%左右平稳运行。"促内需、保增长"政策对消费者信心具有一定的提振作用，促使消费增长继续稳中趋升。

4. 外贸遭受重创后在"过冷"区间稳中趋升

随着我国对外依存度的不断提高，此次国际金融危机对我国外贸进出口造成了空前严重的冲击，2008 年 11 月以后，进口增速和出口增速同时陷入负增长通道，发出"过冷"信号，形成了 1996 年以来的最低增速谷底。进入 2009 年，进出口总额增速在底部企稳，并在下半年开始出现回升迹象，其中进口增速的回升更为明显。

5. 货币供应和贷款超常增长，均处于"过热"状态

体现企业经营活跃度的狭义货币供应量 M1 增速（剔除季节和不规则因素）经过一年的大幅回落，于 2008 年 9 月进入"过冷"的蓝灯区，并在 11 月创造了 1996 年以来的最低增速。此后，与我们在 2008 年秋季所预测的走势一致，该指标在 2009 年进入新一轮上升周期。受宽松货币政策的影响，该指标出现非常罕见的急速上升，只用了 5 个月时间就从年初的"过冷"转变为 6 月份之后的"过热"。2009 年 9 月末 M1 增速高达 29.5%，较 1 月末增加了 22.8 个百分点，创造了 1996 年以来的最高增速。

广义货币 M2 同样在 2009 年进入快速上升周期，9 月增速达到 29.3%，处于 1996 年以来的最高水平。需要指出的是，9 月 M1 同比增速已经超过 M2，形成"剪刀差"，表明经济完全趋向活跃。

与货币供应类似，在政府扩张性财政政策和货币政策效应影响下，金融机构人民币贷款增速在 2009 年出现超常快速增长，从 1 月开始已进入"过热"的红灯区。6～9 月增速均在 34%附近，远高出 1996 年和 2003 年的周期峰值，但增长势头略有减缓。

6. 财政收入增长迅速回升，已越过"正常"区间，出现"过热"

受经济景气回升的带动，全国财政收入（剔除季节和不规则因素）经过罕见的大幅下降后，2009 年开始出现回升态势，7～8 月份回到"正常"区间后，9 月甚至发出红灯信号，出现"过热"苗头。

综合以上监测和分析结果不难发现，工业生产、出口和货币供应增速的超常剧烈波动是带动 2008 年以来景气快速下降和回升的主要因素，而投资和消费增长波动相对较小，在一定程度上缓解了经济的"大落大起"。预计随着工业产品销售收入、CPI 和进出口总额等指标的回升，预警综合指数在 2009 年第四季度和 2010 年上半年很可能在绿灯区继续呈上升趋稳态势，经济总体上有望保持在正常区间运行。

三　主要宏观经济指标预测

下面利用多种经济计量模型对主要宏观经济指标的变动趋势进行预测，以便进一步把握经济增长的未来走势，为政府的宏观调控提供参考信息。各指标的具体预测结果列于表 1。

表 1　主要宏观经济指标预测结果

单位：%

指标名称	2009 年 第四季度	2009 年 全年	2010 年 第一季度	2010 年 第二季度	2010 年 全年
GDP 增长率（可比价）	10.4	8.5	10.7	9.7	9.8
工业增加值增长率（可比价）	15.4	10.6	16	14.5	14
城镇固定资产投资累计增长率	32.5	32.5	30	29	27
社会消费品零售额增长率	16.2	15.5	17.5	18.3	18.5
出口总额增长率	-4	-17	24	27	22
进口总额增长率	20	-11	55	31	29
狭义货币供应量（M1）增长率	29.6	29.6	26.5	22	16
广义货币供应量（M2）增长率	27.8	27.8	25.5	22.3	17
金融机构人民币贷款总额增长率	33	33	28	24	19
居民消费价格指数 CPI 上涨率	0.3	-0.7	1.6	2.6	2.9
工业品出厂价格指数上涨率	-4	-5.9	-0.5	1.8	2.5

注：数据均为同比增长率。

1. 工业生产增速可能在 2010 年第一季度结束回升趋势

根据模型预测,工业生产增速的回升趋势有望持续到 2010 年第一季度,2010 年第二季度开始或转入回落调整阶段。预计 2009 年规模以上工业增加值增长率在 10.6% 左右,比上一年下降 2.3 个百分点,增速下降 18%。2010 年全年增长有望达到 14% 左右,在年度走势上呈现较快回升态势。

2. 固定资产投资仍将保持高速增长,但增速在高位稳中趋降

受政府"保增长"政策的带动,固定资产投资增速在较快回升后将保持较高增长水平,2009 年全年城镇和全社会固定资产投资增长率均将达到 32.5% 左右,分别比上年提高 6.4 个百分点和 7 个百分点,超过上轮投资周期在 2003 年出现的峰值 27.7%。从季度走势预测来看,随着政府主导投资高峰的结束,加上 2009 年的高基数,从 2009 年第四季度开始至 2010 年,投资增速或呈逐渐回落态势,预计 2010 年全年城镇固定资产投资增长 27% 左右。由于 2010 年投资品价格很可能出现回升,实际投资增速回落更大一些。

2009 年第二季度以来,房地产市场快速走出低迷状态,第二、第三季度房地产开发投资分别增长 12.5% 和 30.5%,房地产开发投资增长进入新一轮上升周期,对恢复民间投资增长会产生一定带动作用。

3. 消费名义增长稳中趋升,实际消费对经济的拉动作用进一步增强

随着"保增长、促内需"政策进一步向扩大消费倾斜以及物价水平的逐渐回升,社会消费品零售额增速将在 2009 年前三季度企稳基础上呈现缓步回升态势。预计 2009 年消费品零售额增长 15.5% 左右,比上一年下降 6.1 个百分点,名义增速显著回落。但扣除物价因素后,实际增长或达到 16.9% 左右,比 2008 年高出 2.1 个百分点,消费对经济的拉动作用进一步增强。2010 年消费品零售额增长将继续回升,全年名义增长率在 18.5% 左右,实际增长与 2009 年大体持平。

4. 对外贸易增长将出现恢复性大幅反弹,外贸总额增长在 2010 年回到"正常"区间

受全球金融危机的严重冲击,预计 2009 年全年出口 11860 亿美元左右,比上年下降 17%,创改革开放以来的最低增幅。增速比 2008 年下降 34.3 个百分点,下降幅度接近 2 倍。2009 年第三季度,全球经济已经出现复苏迹象,经济合作与发展组织(OECD)的领先指标 8 月份比 7 月份提高 1.5 个点,已经连续

第 6 个月回升。如果全球经济开始恢复性增长，从 2009 年第四季度开始，我国外贸出口增长将出现恢复性大幅反弹，第四季度有望大幅缩窄增长率的下降幅度。受上年基数偏小的影响，2010 年上半年我国出口增长或大幅反弹到 27%，下半年有所回落，在 19% 左右，全年增长约 22%，达到 14450 亿美元。

在国内需求强劲回升的带动下，进口增长在 2009 年第一季度触底后开始大幅反弹，受上年基数偏小影响，预计 2009 年第四季度进口增长率有望由负转正，达到 20% 左右。但 2009 年全年进口仅有约 10000 亿美元，比上年下降 11% 左右，创 1983 年以来的最低水平，增速比 2008 年下降 30.5 个百分点，下降幅度接近 165%。预测 2010 年第一季度进口增长率可能大幅回升至 55% 的高点，随后逐季回落，全年进口约 12870 亿美元，增长约 29%。

按照以上预测，2010 年外贸进出口总额增长将返回"正常"的绿灯区，增速大体适中，但年内波动依然很大。2009 年外贸顺差为 1860 亿美元，比 2008 年减少近 1100 亿美元，下降 37%。2010 年外贸顺差为 1580 亿美元，比 2009 年减少 280 亿美元，同比下降 15%。

5. 货币供应和信贷增速在超常规上涨后，2010 年将转入下降周期，但资金环境仍属适度宽松

根据预测，货币供应量 M1 增长率的上升趋势将在 2009 年第四季度结束，年末增长 29.6%，创 1996 年以来的最高涨幅，增速比上年大幅提高 20.5 个百分点，上升幅度超过 2 倍。2010 年该指标将进入周期性收缩阶段，或出现较大幅度的回落，货币流动性逐渐减弱。预计 6 月末可能降到 22% 左右，从第三季度末开始有望重新进入"正常"区间，年末增长 16% 左右，处于适度区间。

广义货币 M2 增速从 2009 年第四季度开始进入本轮货币周期的下降阶段，年末增长 27.8% 左右，增速比上年提高 10 个百分点，同样创 1996 年以来的最高涨幅。2010 年 M2 增长率将逐季下降，6 月末可能降到 22.3% 左右，全年或增长 17%，略高于 M1。货币总量将高于经济增长速度和 CPI 上涨率之和，显示货币供应虽较上年有所收紧，但仍处于适度宽松范围。

与广义货币 M2 相似，贷款总额增长在罕见的历史高位徘徊 4～5 个月后，从 2009 年第四季度开始转入信贷周期的收缩阶段。预计 2009 年末金融机构人民币贷款余额将达到 403400 亿元，增长 33% 左右，创 1986 年以来的最高涨幅，比上年增加 14.2 个百分点，上升幅度达到 75%。全年新增贷款约 10 万亿元，为历史最高纪录。2010 年贷款增速将以较快的速度回落，第四季度有望脱离"过热"区间，年末增长 19% 左右，余额超过 480000 亿元，仍处于"偏热"状态，全年新增贷款约 76650 亿元，较 2009 年减少 23% 左右。

6. 2009 和 2010 年的经济增长速度将分别达到 8.5% 和 9.8% 左右

GDP 季度增长率在 2009 年第一季度达到 6.1% 的谷底后，呈现持续快速回升态势。第三季度已经达到 8.9%，接近金融危机爆发前的水平，形成比较明显的 V 型反转形态。预计 2009 年第四季度 GDP 增速在 10.4% 左右，全年 GDP 增长率为 8.5%，增速与 2000 年相当，比上年下降 0.5 个百分点，但高于"保增长"的目标底线。按年度增长率测量，2008~2009 年为始于 2000 年的此轮经济周期的收缩期，经过两年的下滑，GDP 增速较 2007 年的峰值 13% 回落 4.5 个百分点，降幅达到 35%。

结合以上对经济运行态势的分析和对工业增加值等指标的预测，经济增长在新一轮经济周期中的回升趋势将至少持续到 2010 年第一季度，此后可能出现小幅回落，2010 年内或形成前高后低的走势，但属于波浪形上升过程中的回调，而不是二次探底。2010 年 GDP 增长有望达到 9.8%，高于 2009 年 1 个百分点以上，以较快的速度开始新一轮经济周期的扩张期。

四　总体结论和政策建议

以上分析和预测的总体结果表明，经过罕见的经济快速大幅度收缩，改革开放以来的第三个经济中周期已经在 2009 年第一季度结束。在政府超常规扩张政策的影响下，从 2009 年第二季度开始，我国经济增长进入新一轮经济周期的扩张期，从而形成经济运行的 V 型反转态势。2009 年下半年，GDP 增长率将回到适度增长区间 9%~10%，全年达到 8.5%，成功实现"保增长"的预定目标。2010 年经济增长可能达到 9.8%，在年度走势上形成较强的回升趋势，但季度 GDP 增速或逐渐回落，形成年内前高后低的态势。2011 年的经济增长率可能低于 2010 年，但重新回到 8.5% 以下从而形成二次探底的可能性较小。居民消费价格指数从 2009 年第四季度开始脱离通货紧缩区间，进入新一轮物价上涨周期，预计 2010 年 CPI 上涨率达到 2.9%，处于适度范围，虽然不会出现明显的通货膨胀，但物价上涨压力显著增加。

根据以上对经济和物价走势的预测，结合保持经济协调、可持续发展的长期目标，我们认为，政府在实现"保增长"目标的同时，应加大"促内需、调结构"的政策力度，加快发展方式转变和结构调整，提高可持续发展能力；在保持政策连续性的同时，应注意提高宏观调控的预见性和灵活性，注意扩张性经济政策的适度性，适时进行政策微调；在保持经济较快增长的同时，防止出现通货膨胀，争取经济在适度区间平稳增长。

1. 货币政策应注意灵活、适度，加强信贷引导，防范不良贷款

应该看到，尽管经济增长已经出现强劲复苏，但其主导力量来自存货调整和政府的经济刺激政策，社会投资跟进不足，中小企业、民营企业经营仍很困难，经济增长的内在动力还不稳固，短期内仍需要保持扩张性政策以稳定经济回暖的根基。不过，近一年超常规的宽松货币政策已经使贷款和货币供应增长过快，很多贷款流入了房地产与股市，而实体经济，尤其是中小企业并没有被充分带动起来。因此，央行需适时进行政策微调，控制货币和信贷总量的增速，使货币政策真正做到"适度"。同时，运用市场化手段引导信贷适度均衡增长，促使银行信贷投向与扩大内需、提升经济增长质量和结构优化相关的产业和行业，特别是中小企业。此外，需继续加强金融监管，防止产生不良贷款。

2. 加强房地产市场的规范化和制度性改革，避免房地产市场再次出现泡沫

与全球金融危机密切相关的美国房地产市场泡沫的破裂，再次给我们敲响了警钟。我国住房市场化的道路选择无疑是正确的，但过度的住房市场化造成的高房价，不仅使居民的住房支出增加过快，严重挤压其他居民消费，导致消费在经济增长中的份额不断下降、经济结构失衡更趋严重，同时还带来与财富分配相关的利益失衡问题，事关广大普通百姓的福祉。政府应高度关注和反思我国房地产市场发展中存在的普遍问题，充分意识到"只有建立在绝大多数居民支付能力基础之上的房价，才是中国房地产市场持续、稳定发展的根本基础"[1]，着手对现有的住房政策和制度进行调整和改革。近期需及时采取有力措施进一步规范房地产市场，防止房价过快增长，避免房地产市场再次出现泡沫，以保持经济的稳定发展。

3. 深化收入分配制度改革，切实提高居民收入，提高消费在内需中的比重

扩大内需的关键在于刺激消费，而增加居民收入才可能从根本上拉动消费。

---

① 易宪容：《房地产市场或进入新的收缩周期》，国研网，2009年10月12日。

国际金融危机对我国就业和收入增长造成很大冲击，随着物价上涨势头不断显现，居民收入增长问题将愈加凸显。政府应加快收入分配制度改革，提高劳动者报酬在初次分配中的比重。尤其要通过多种办法加快提高城镇中低收入人群和农民的收入水平，缩小不同阶层的收入差距。这不但有利于促进居民消费、提高消费在内需中的比重，而且关系到社会稳定和国家发展的根本目标。同时，继续加强医疗、保险等社会基本保障制度的改革，消除居民对未来收入不确定性的担心，逐步形成消费主导型的经济增长模式。

4. 继续加强对外贸企业的政策支持，促进出口形势好转

我国经济过去多年的高速增长有 1/3 以上的动力来自"出口"这驾马车，特别是来自对西方发达国家的出口，出口仍是促进经济增长的重要一环。受国际金融危机的影响，预计 2009 年出口下降幅度在 17% 左右。尽管全球主要经济体开始出现复苏迹象，但外部经济环境的不确定性仍然很大。因此，政府一方面应继续对外贸企业进行更为有力的政策支持，切实促进出口的逐步向好。另一方面尽量避免类似于"轮胎特保案"一类的贸易摩擦在主要经济体中产生连锁反应。同时，支持外向型企业向内向型转变，寻找和开拓国内市场需求契机，逐步转变我国经济增长过度依赖外需的发展模式。

5. 顺应"低碳经济"的发展趋势，持续推进"节能减排"

2009 年 9 月在大连召开的夏季世界经济论坛，"低碳经济"成为会议讨论的一个主要议题，应引起我国政府的高度重视。在国际能源价格受诸多不确定性因素影响大幅波动的情况下，提高我国的能源自给率和利用率，降低单位 GDP 能耗，减少污染物排放，不仅可以有效规避国际能源价格波动对我国能源造成的冲击，亦可顺应"低碳经济"的发展趋势，促进我国经济的绿色、可持续发展。

Analysis and Forecast of the Economic Boom and the Price Situation in 2009 – 2010

Chen Lei, *Li Ying*

Abstract：The third moderate economic cycle since the reform and opening had ended in the first quarter of 2009. From the second quarter of 2009, China's economic growth has entered the expansion stage of a new round of economic cycle, thus has formed V-type reverse situation of economic operation. In the second half of 2009, the GDP growth rate will return to the moderate growth sector 9% −10%, and will reach 8.5% in the whole year. In 2010, the economic growth will possibly reach 9.8%, but will start speeding up or fall gradually in the second quarter to form situation of high speed initially and low later within the year. CPI starts separation from the deflation sector from the fourth quarter of 2009, and enters the new round of rise cycle in price; it is estimated that CPI will rise 2.9% in 2010, which will be in the moderate scope, but the inflationary force will increases obviously.

Key Words: Economy Boom; Inflation Expectation and Price

当前我国经济面临的主要问题与
2010 年经济工作的重点及措施

赵京兴*

摘　要： 2009 年前三季度中国经济同比增长 7.7%，其中第三季度增速达到了 8.9%。在速度指标实现的同时，一个突出问题就是以投资与消费比例为表征的国民经济结构进一步恶化。为此，应该把明年经济工作的重点转移到结构调整上来，在调结构的基础上实现经济较快增长。建议把县域经济发展放在突出位置，通过产业转移和大力发展以县城为中心的县域经济城市化，为一二三产业开辟新的增长点。

关键词： 经济结构　结构调整　县域经济

当前我国经济政策制定者面临两大难题，一是投资问题，二是如何将短期对策与中长期对策相结合的问题。第一个问题是一个典型的两难问题：为了保增长不得不扩大投资规模，而扩大投资规模又不可避免地导致投资与消费结构的恶化。在目前的情况下，问题是能否通过这种结构的暂时恶化换来经济长期持续稳定的发展。第二个问题涉及的是如何在我国目前面临的诸多经济问题（如内需不足问题、产能过剩问题、一二三产业结构问题、对外部市场的过分依赖问题、泡沫问题）中抓住我国经济发展中的基本矛盾，以达到提纲挈领的效果。为了破解以上难题，本文就当前我国经济面临的主要问题与明年经济工作的重点及措施提出以下几点意见。

一　形势与问题

中国国家统计局 22 日公布的数据显示，2009 年前三季度中国经济同比增长

---

* 赵京兴，中国社会科学院数量经济与技术经济研究所。

7.7%，其中第三季度增速达到了8.9%。实现"保八"的目标已无悬念。

但是，在速度指标实现的同时，也要看到我国经济社会发展仍然面临不少困难和问题，其中一个突出问题就是以投资与消费比例为表征的国民经济结构进一步恶化。

2009年前三季度中国国内生产总值为217817亿元，全社会固定资产投资155057亿元，同比增长33.4%，固定资产投资与GDP之比高达71.19%。

据国家统计局的初步测算，在前三季度的经济增长中投资贡献了7.3个百分点，投资贡献率为94.8%；最终消费对GDP贡献了4个百分点，消费贡献率为51.95%。仅就内需增长而言，投资贡献为69.9%，消费贡献仅为30.1%。在近年来投资与消费比例失衡加剧的情况下进一步恶化。

表1　2000～2008年支出法GDP构成及其贡献率

单位：%

年份	占GDP比例			对GDP增长贡献率		
	投资	消费	净出口	投资	消费	净出口
2000	35.3	62.3	2.4	22.4	65.1	12.5
2001	36.5	61.4	2.1	50.1	50.0	-0.1
2002	37.9	59.6	2.5	48.8	43.6	7.6
2003	41.0	56.8	2.2	63.7	35.3	1.0
2004	43.2	54.3	2.2	55.3	38.7	6.0
2005	42.7	51.8	5.5	37.7	38.2	24.1
2006	42.5	49.9	7.6	42.0	38.7	19.3
2007	42.3	48.8	8.9	49.7	40.6	19.7
2008	43.5	48.6	7.9	45.1	45.7	9.2
2009年前三季度	—	—	—	94.8	52.0	-46.4

数据来源：国家统计局。

这样的增长结构显然是无法持续的。

二　2010年的工作重点

鉴于以上情况，本文认为，为了保证2011年乃至今后更长时期内我国经济的平稳较快增长，实现全面建设小康社会和"三步走"的战略目标，应该把明年经济工作的重点转移到结构调整上来，把结构调整置于各项经济工作的首位，在调结构的基础上实现经济较快增长。

为了实现上述任务，建议把县域经济发展放在突出位置，明确把推动县域经济的城市化和工业化作为今后一个时期经济工作的一项基本大政方针，在积极实现城市经济升级的同时，通过产业转移和大力发展以县城为中心的县域经济城市化，为一二三产业开辟新的增长点，推进县域经济的工业化和农业的现代化及新农村建设。理由如下。

首先，从深层次看，我国目前的结构失衡特别是内需不足及投资与消费的失衡是我国经济发展规律作用的表现。

新中国成立以来我国经济发展的实际表明，我国是以社会主义方法，以分层工业化的方式实现中国发展目标的。

所谓分层主要指三个层面，一是国家政权经济基础建设（包括基础设施建设、国防工业建设等）层面，二是城市经济层面，三是广大农村地区具体表现为县域经济层面。在这三个层面逐层实现工业化是新中国成立以来支配我国经济发展的基本规律，也是我国经济发展方式的具体表现。其中改革开放前主要实现了第一个层面的发展目标，改革开放至今主要实现的是第二个层面的发展目标，种种迹象表明已经到了实现第三个层面发展目标的阶段。

目前，我国的城市经济已呈现出工业化成熟阶段的特征，各国工业化的历史经验表明，如何为已获得的生产力寻找出路是这一发展阶段面临的共同问题。正是这一问题推动了发达国家从工业化中期走向了工业化后期，即所谓大众消费阶段，进而又发展到所谓后工业化时期。

我国的情况与发达国家有所不同，我们走的是一条分层工业化道路。一方面是已步入工业化中期甚至后期的城市经济，一方面是尚处于工业化初期的县域经济（见表2）。由此形成了我国特有的二元经济格局。尽管二元经济结构是发展中国家普遍存在的一种现象，但在我国它却是上述特有发展方式的产物，所以城乡差距格外巨大，且具体表现为城市经济与县域经济这样一种以地域经济差距为代表的发展格局。在这种情况下，显然，过剩的生产力首先应该用于县域经济的工业化。

其次，从现实的角度看，这种以城市经济和县域经济为代表的二元经济结构也是造成目前我国内需特别是居民消费需求不足的根本原因。二元经济的一个基

表2　1990～2005年城市经济与县域经济发展水平比较 *

	GDP(万元)			人均GDP(元)		
	全国	城市	县域	全国	城市	县域
1990 年	18667.8	6708	11959.8	1633	3736	1241
2005 年	183867.9	113144.4	70723.5	14062	31182	7486
倍　　数	9.85	16.87	5.91	8.61	8.35	6.03
年均增长率(%)	16.47	20.73	12.58	15.43	15.19	12.72

　　* 本表按当年价计算。表中城市是指不含所辖县的地级及地级以上城市。

　　资料来源:《新中国城市五十年》，新华出版社，1999;《中国城市统计年鉴2006》，《中国统计摘要2007》，中国统计出版社，2007。

本特点就是所谓的劳动力无限供给。在我国它的具体表现就是农村存在大量剩余劳动力。而在市场经济条件下，供求关系是调节劳动力价格的一个基本因素。原来处于低收入状态的农村劳动力可以接受较低的工资报酬，所以当他们大量涌入城市劳动力市场，必然会对劳动力价格（具体说就是工资）形成向下的压力。这是在我国这样存在二元经济结构的国家中实行市场经济制度的一个必然结果。因此也就形成了我国目前的国民收入分配规律，即企业利润和政府财政收入占国民收入的比例快速提高，往往达到百分之几十的幅度，而居民收入虽然也有提高但幅度远远赶不上企业利润和财政收入提高的幅度。用马克思主义政治经济学的语言就是，代表剩余价值的 M 在国民收入中会占较高的比重，而代表劳动报酬的 V 的比重则出现下降。居民收入增长滞后于经济增长，必然造成居民消费需求滞后于经济增长。最为棘手的是，在市场经济条件下它成了一个经济规律，使得我们很难对国民收入分配结构做出有效调整。

　　在这样的背景下，要想用政策手段强制提高劳动者报酬进而实现提高居民消费的想法显然是不现实的。必须迂回作战，从根本上入手，办法就是提高农村劳动者的劳动生产率，而这又需要通过县域经济的城市化和工业化，一方面转移农村劳动力，一方面加快农业现代化的步伐来实现。

三　措施

　　上述问题同时孕育了解决问题的手段。按照我国目前的国民收入分配规律，既然 M 所占比重较高，政府就可以更多地将其集中起来，把其中的一部分用于尽快改变我国二元经济结构的同时通过某种形式把它们再返还给劳动者。可行的办法就是推动包括新农村建设在内的县域经济发展，提高农村居民收入水平。农村居民收入提高了，水涨船高，会有助于劳动者整体收入水平的提高，当然也会有利于工资的提高。在当前情况下，尤其要积极推动县域经济的城市化发展。

理论研究和经济实践都表明，要想扭转二元经济的发展格局仅靠市场机制是不行的，必须发挥政府干预的作用，而这正是我国的强项（它本身也是我国发展方式的产物）。这意味着，为了推进县域经济的发展，有必要更多地运用财政手段，在目前的情况下，则意味着要提高赤字率、扩大国债发行规模，以此支持县域经济的城市化和农业发展。这样，既可以扩大有效投资，并通过投资增加农民的就业机会；同时从长期看也可以促进县域经济中第三产业的发展，为农村劳动力向非农产业的转移创造空间，也为农业现代化提供动力，进而从多方面增加农民收入，促进消费。

但不少同志囿于所谓的"欧盟标准"（即年度财政赤字不得超过其国内生产总值 3%，公共债务不得超过其国内生产总值 60%），对扩大国债发行规模又心存疑虑。实际上，这一顾虑是没有必要的（论证见附录）。

附录：

"欧盟标准"并不是一个放之四海而皆准的准则。就是在欧洲，它也已经受到质疑，并由欧盟于 2004 年提出了修改建议。

我国当然就更没有必要固守这一标准。问题是如何结合我国实际说明其中的道理，以便打消疑虑、取得共识，并使决策建立在科学的理论基础上。

本附录简要分析了决定"欧盟标准"的背后原理，并根据这一原理测算了我国可能达到的赤字和国债规模。

1. 决定欧盟标准的背后原理

通过分析可以发现，支撑欧盟标准的基本原则实际只有一个，就是不能因为国债规模过大而使居民可支配收入水平及居民生活水平下降。

按照可持续均衡赤字率可得如下等式：[①]

[①] 这里参考了余永定《财政稳定问题的一个研究框架》（《世界经济》2000 年第 6 期）一文中给出的公式。

0.015(基本赤字率) = 0.025(经济增长率) × 0.6(债务负担率)

假定经济增长率为 2.5%，这基本被西方经济学家公认为是发达国家的潜在经济增长率；相应的，按照西方经济增长理论，均衡增长下的利息率应该假定为 2.5%。再根据实际确定人口增长率为 1%。由于用于偿还利息的财政支出只是国民间的转移支付，从总体上看并不影响国民生活，因此，应从政策赤字率中予以扣除，所得即为基本赤字率，等于 1.5%。在这些假定和分析的前提下，60% 的债务负担率，可得：

$$\frac{G(1+0.025)^t - 0.6G(1+0.025)^{t-1}0.025}{G(1+0.025)^{t-1}} - 1 = 0.01$$

式中：G 为 GDP。

按照上述计算，扣除债务支出后的国民生产总值增长率刚好等于人口增长率，它的另一个含义就是，在这种情况下，国民生活水平不致因增发国债而降低。这实际就是决定"欧盟标准"的背后原理。

以上两式可以写为：

基本赤字率 = 经济增长率 × 债务负担率
(1 + 经济增长率) – 经济增长率 × 债务负担率 – 1 = 人口增长率

2. 我国可能达到的国债规模

如上所述，支撑"欧盟标准"背后原理就是国民生活水平不致因增发国债而降低。其中涉及的主要经济因素是潜在经济增长率、利息率和人口增长率。国内学术界公认的我国的潜在经济增长率为 8.5% ~ 9.5%，我们取其下限 8.5%，参考 1 年期存贷款利率，利息率假定为 3%，人口增长率假定为 0.8%（保守起见，这个数字高于统计数据）。

按照以上公式，这时的基本赤字率为 7.7%，考虑利息支付后的政策性赤字率为 10.7%，债务负担率为 90.59%。

这显然远远高于"欧盟标准"。原因主要是我国经济增长率远高于欧盟国家。所以如果仅仅按照"欧盟标准"那样，只是以不降低我国国民生活水平为原则，赤字空间是很大的。当然，如果考虑到居民收入和消费逐年需要有所提高的因素，上述结论中的两个数值都会相应缩小。

Current Primal Problems in Chinese Economy and the Stress of Economic Work and Measures Next Year

Zhao Jingxing

Abstract: The Chinese economy in the first three quarters of 2009 had an increase of 7.7% over ones in previous year, in which the speed of growth has reached 8.9% in the third quarter. While realizing the speed target, a prominent problem is that the national economic structure which the proportion between investment and consumption features is worsening further. Therefore, the stress of economic work next year should be transferred to the structural readjustment, and then realize quick economic growth based on the structural readjustment. It is suggested laying stress on the county economic development to open the new points of growth for the first, second and third industries through the industrial transfer and vigorous development of county economic urbanization which takes the county as the center.

Key Words: Economic Structure; Structural Readjustment and County Economy

政策分析篇

POLICIES ANALYSIS

当前经济走势与 2010 年
宏观调控政策取向

郑新立*

摘　要：在基本确认实现年初确定的宏观调控的目标的前提下，应该注意还存在的问题：结构恶化，产能过剩的矛盾进一步突出，非国有投资增长慢于国有投资增长等。最主要的问题是出口大幅下降的局面仍然没有改变。综上提出明年宏观调控的政策建议：坚持扩大内需的政策不动摇，继续实施积极的财政政策和适度宽松的货币政策；着力在发展方式上取得实质性进展；积极稳妥地推进城市化；大力创造出口需求；保持房市、车市、股市联动稳定发展；积极推进各项改革。

关键词：宏观调控　扩大内需　城市化

* 郑新立，中国国际经济交流中心。

2009 年是我国经济在全球金融危机中率先回升的一年，是宏观调控经受重大考验的一年。在出口大幅度下降的情况下，通过实施扩大内需的经济刺激政策，实现了经济增长速度的逐月回升。预计全年国内生产总值增长 8% 以上，能够实现年初确定的宏观调控目标。1~9 月，出口比上年同期下降 21.3%，与前几年出口每年增长 20% 左右相比，出口波动幅度超过 40%。出口大幅度下降对总需求的影响相当于 GDP 总量的 13% 左右。面对这一严峻形势，由于财政投资拉动了银行贷款的大幅度增长，使国民经济出现了企稳向好的趋势，实现了保增长、保民生、保稳定的要求。概括 2009 年经济运行和宏观调控的成就，有两个方面值得自豪，一是充分证明了我国经济对国际风险具有较强的应变能力，二是充分体现了我国政府对宏观经济具有较强的调控能力和有效的组织能力，这是世界上任何其他国家都做不到的。

同时我们也要看到，投资的大幅度增长带来了明显的负面影响，使一些方面的结构恶化。一是消费与投资的结构恶化。按照转变发展方式的要求，要增强消费对经济增长的拉动作用，适当降低投资率，提高消费率。然而，今年全社会固定资产投资增长速度有可能达到 31%，投资总额超过 22 万亿元，投资率将达到 51%，成为新中国成立以来的最高纪录。

二是产能过剩的矛盾进一步突出。特别是高耗能、高污染产业受基础设施和房地产投资拉动，增长过快。8 月份粗钢产量达 5000 万吨，同比增长 15%，占全球粗钢产量的 49.1%。水泥产量也大幅度增长，占全球产量的比重可能超过 50%。

三是非国有投资增长慢于国有投资增长速度。非国有投资增长速度比上年同期下降了两个多百分点，主要是国有投资增长拉动的全社会投资的大幅度增长。

经济结构上出现的这些恶化现象是不得已而为之，也是应对危机、弥补出口增速下降不得不付出的代价。

当前经济运行中最突出的问题，仍然是出口大幅下降的局面没有改变，预计 2009 年全年出口增速比上年仍将下降 20% 左右。展望 2010 年乃至今后 3 年全球经济走势，发达国家经济将处于低速徘徊阶段，市场需求不可能有明显的增加，因此，出口前景很不乐观。如果不能采取大的政策和有效措施，出口仍将是影响 2010 年经济平稳较快增长的主要制约因素。

综合各方面情况，对 2010 年宏观调控政策提出以下建议。

一 坚持扩大内需的政策不动摇，继续实施积极的财政政策和适度宽松的货币政策

当前我国经济出现的回升态势是脆弱的，是不巩固、不稳定、不协调的。消费虽有较快增长，但不足以弥补出口下降的影响。社会投资增长速度还没有明显回升，在出口增速尚未止跌回升的情况下，如果减少财政政策对经济增长的支持力度，经济回升的态势就有可能发生逆转，我们就不得不面临着二次启动的任务，付出的代价将会更大。只有经济依靠内生机制达到平稳增长之后，财政刺激政策才能退出。但是，明年的财税金融政策又不是今年的简单重复。财政政策的实施不应再把重点放在用财政投资启动了多少个重点建设项目，而要着重在四个拉动上下工夫，充分发挥杠杆作用。一是要拉动居民消费，二是拉动民间投资，三是拉动银行贷款结构的优化，四是拉动出口。财政资金要通过贷款贴息、资本金补助、税负调整等措施，以四两拨千斤，促进结构的优化。货币政策要根据实际情况适时适度地调整贷款投放力度。今年新增贷款将突破10万亿元，超过预期贷款规模一倍以上。明年贷款规模宜控制在8万亿元以内。同时要着力调整贷款结构，建立面向小型微型经济主体的金融服务体系，解决小企业、个体户和农民贷款难问题。着力支持群众性创业活动。要按照党的十七届三中全会关于建立现代金融制度的要求，大力发展各种贷款公司、村镇银行、区域性金融机构、股份制金融机构，推进农村信用社改革。放宽社会资金进入金融领域的政策。为此要相应健全小型微型金融服务体系的监管。在银监会的指导下，强化地方政府的监管责任。要把这项改革作为明年推进各项改革的突破口，作为发展第三产业、扩大就业的突破口。

二 着力在发展方式上取得实质性进展

党的十七大提出了转变发展方式的三项任务。这三项任务从调整需求结构、调整供给结构、调整要素结构方面指明了实现结构优化、产业升级的方向。这是今后一个时期我国经济发展的重大战略任务，是落实科学发展观的根本举措。2008年金融危机的冲击使转变发展方式具有更大的紧迫性。实现发展方式的转变，我们就能把金融危机的挑战变成机遇，把出口下降的压力变为结构优化的动力。2010 年在发展方式转变上应突出重点，提出具有针对性的政策措施，努力在发展方式转变上取得突破。

1. 要在"双提高"上取得突破，即提高居民收入在国民收入中的比重，提高居民消费率

争取用 3 年左右的时间，把居民收入占 GDP 比重由现在的 45% 提高 10 个百分点，达到 55%，恢复到 10 年以前的水平。要着力提高中低收入者的收入，特别是农民的收入。在初次分配中要适当提高劳动报酬的比重，在再分配中适当降低国家和企业所得比重，提高居民收入的比重。通过收入分配结构的调整增强广大居民消费的支付能力。与此同时，把居民消费率从目前的 35% 提高到 50%，用 3 年时间提高 15 个百分点，即使达到这个水平，仍然比 1985 年的 52% 低两个百分点。实现了这两个提高，使整个财富的分配向居民倾斜，每年增加的消费额将可达 5 万亿元左右，社会商品零售总额可以提高 40% ~ 50%，从而实现福利型的经济回升。我们要落实以人为本的科学发展观，实现了这两个提高，就是对科学发展观以人为本要求最好的贯彻落实。建议国务院有关部门结合明年宏观调控计划和"十二五"规划的制定，研究提出一个"双提高"的专项规划。

2. 大力发展服务业，改变经济增长过度依赖第二产业的情况

我国强调重视发展第三产业的战略从 20 世纪 90 年代中期就已经提出，但是，始终见效不大，直到目前第三产业增加值占 GDP 的比重仍为 39%，第三产业从业人员占全社会从业人员的比重只有 34%，不仅远低于发达国家 70% 左右的水平，而且明显低于发展中国家的平均水平。即使发展水平低于我国的印度，第三产业产值和就业的比重都已接近 50%。我国第三产业发展滞后的根本原因，一是税收负担较重，税负高于工业；二是各种行政性收费制约了第三产业的发展；三是服务短缺。第三产业中有大批小企业和个体户，他们在经营上需要的小额贷款缺乏供应主体。为生产服务的现代服务和社区服务是我国第三产业落后于发达国家的两个突出薄弱环节，要采取有效政策鼓励物流、金融、保险、咨询、会计、审计、法律、技术等现代服务业的发展。建立和完善社区组织，大力鼓励发展社区服务。发达国家社区服务的从业人员占全社会从业人员的比重高达 30% ~ 40%，我国社区服务业刚刚起步。要通过大力发展服务业扩大就业容量。

3. 建立国有企业自主创新的激励机制

以此为重点，提高企业自主创新能力，加快建设创新型国家。深圳华为公司2008年研发投入达70亿元，申请国际专利达1600多项，在全球企业中排名第一。华为的成功给了我们很多启示，在自主创新上有投入才有回报。然而国有企业至今还没有建立起自主创新的激励机制，对国有资产保值增值的考核只考核有形资产，不考核无形资产，企业的研发投入及其形成的技术成果，还不能完全纳入考核的内容，这是国有企业研发投入少的根本原因。要认真落实中长期科技规划纲要配套的各项政策，鼓励企业尽可能多地增加研发投入。当前要抓住金融危机造成部分国外企业经营困难的机遇，通过国际并购，利用国际市场的科技资源，提高自主创新能力。要推广引智创新的经验，吸引国外科技人才为我国技术创新服务。各级政府应当为企业的国际并购和引智创新提供资金支持。

三　积极稳妥地推进城市化

2008年我国城市化率达到45.6%，1997～2007年的10年间，我国城市化率提高了14个百分点，平均每年提高1.4个百分点，10年间城市人口增加两亿人，平均每年增加两千万人。城市化率的稳步提高为10年经济平稳较快增长提供了巨大的需求和劳动力供给。2008年由于受金融危机的影响城市化率仅提高0.8个百分点，比前10年的平均水平下降了0.6个百分点，2010年应采取有效政策把城市化率提高的速度恢复到1.4个百分点的水平。除了特大型城市外，要鼓励大中小城市和小城镇增强对人口的承载能力和吸纳能力，通过二三产业的发展，提供更多的就业机会。有条件的地方，要把农民工的廉租房建设纳入城市保障性住房的覆盖范围。建立城乡一体化的各项制度，促进生产要素在城乡之间双向全面自由流动，把推进城市化作为拉动经济平稳较快发展的最大潜力所在和政策着力点。

四　大力创造出口需求

目前我国外汇储备充足，工业加工能力富裕，这两个问题孤立起来看是两个包袱，但是合并起来看就是一个优势，这就是以资本输出带动商品劳务输出。要尽快遏制出口下降局面，并打破经济长远发展所面临的能源资源和技术瓶颈。为此，要从 5 个方面加大海外投资，创造出口需求：一是鼓励海外企业并购，二是鼓励海外能源资源投资，三是鼓励到海外发展加工贸易，四是扩大机电产品出口的买方信贷，五是通过扩大双边货币互换，增强国外进口我国商品的能力。建议国务院组建一个多部门参与的协调机构来推动这项工作。

五　保持房市、车市、股市联动稳定发展

改善住行条件是未来一个时期我国居民的消费热点和经济增长点，要采取鼓励政策扩大住房和汽车的消费。要稳定城市住房价格，强化地方政府在稳定房价方面的责任，把房价收入比控制在 6 倍左右，鼓励增加保障性住房供给，坚决制止国有工业企业进入房地产业。贯彻落实国务院关于鼓励轿车消费的有关政策，鼓励发展电动汽车、混合动力汽车和经济型轿车。扩大汽车消费信贷，目前我国汽车消费信贷仅占汽车销售额的 8%，而发达国家为 80% 左右。要通过建立个人征信体系、GPS 定位等现代手段，保证汽车消费信贷的安全，为银行扩大消费信贷创造良好的环境。要加强对股市的宏观调节，防止股市大起大落。当股市大幅上升时，可增加供给；当股市大幅跌落时可适当增加需求，以保持股市的大体稳定和健康发展。当前要防止银行贷款流入股市，强化银行和股市之间的防火墙，避免股市波动带来金融的波动，规避金融风险。通过股市的稳定健康发展，支持房市和车市的持续繁荣，使房地产业和汽车产业成为支撑经济平稳较快发展的持久不衰的支柱产业。

六　积极推进各项改革

明年要用改革来解决经济发展中面临的问题，通过改革促进结构的优化和发展方式的转变。一要加快垄断行业改革，降低垄断行业进入的门槛，打破垄断行业进入的玻璃门，通过社会资金的进入，强化垄断行业的竞争，降低成本。二要积极推进金融体制改革，把建立为小型、微型经济主体服务的金融体系作为改革的重点。三要加快收入分配制度改革，制定和实施收入分配结构调整的方案。四是加快建立城乡一体化发展的制度。通过统筹城乡发展释放农村经济发展的巨大潜力，缩小城乡发展差距。

Current Economic Trend and Orientation
of Macroeconomic Control Policy Next Year

Zheng Xinli

Abstract: On the premise that finishing the objective of macroeconomic control established at the beginning of the year has been basically confirmed, some existing problems should be paid attention, including the structure worsens; the contradiction that the capacity is surplus is getting prominent further; the non-state-owned investment growth is slower than the state-owned investment growth, and so on. The most main problem is that the situation of the largely descending exports is not changed yet. Based on above-mentioned, regarding macroeconomic control policy next year, it is suggested insisting in the policy of expanding the domestic demand, keeping the implementation of proactive fiscal policy and moderately loose monetary policy; putting forth effort to make the substantive progress in the development way; advancing the urbanization safely positively; vigorously creating the demands of export; maintaining linkage and steady development of the housing, automobile and stock markets; advancing all of reform positively.

Key Words: Macroeconomic Control; Expanding Domestic Demand and Urbanization

中国经济：逆风中稳健前行

——2009 年回顾与 2010 年展望

郑京平*

摘　要：本文回顾了 2009 年中国经济运行的基本情况，并对 2010 年中国经济的走势进行了分析和展望。我们的结论是：2010 年中国经济的国际环境虽略好于 2009 年，但由于世界经济仍属于低速运行的困难年景，中国经济逆风运行的大势未改，加之自身调整结构、转换机制等需要，稳健发展仍然会是主基调，增长率可望为 8% ~ 9%。

关键词：中国经济　2009 年回顾　展望

一　2009 年中国经济回顾

2009 年，对于中国经济而言是极不寻常的一年。受百年一遇的国际金融危机影响，中国经济的外部发展环境急剧恶化。国际金融市场的动荡不安，各类金融机构"去杠杆"化的恐慌心理，使得国际资本市场和货币市场在动荡中大幅度收缩，实体经济也出现了近 50 年以来的首次衰退，世界经济比上年萎缩 1.0% 以上。中国作为一个正在快速开放、对外贸易相当于国内生产总值 60% 左右的大国，所受到的影响是不言而喻的。可谓是在逆风的环境中前行。但由于在 2008 年第四季度中央政府就采取了卓有成效的一揽子宏观调控政策措施，经过各方面的共同努力，2009 年中国经济增长速度将可以达到 8% 左右，在全球经济衰退的逆风中稳健领跑（分别见图 1 和表 1）。

---

* 郑京平，国家统计局。

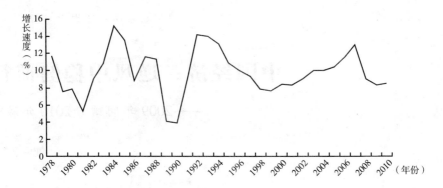

图 1　1978～2010 年中国经济年增长速度（2009 年、2010 年为预测数）

表 1　IMF 关于 2009 年和 2010 年世界经济的预测

单位：%

指　标	2009 年 4 月时的预测		2009 年 7 月时的预测		2009 年 10 月时的预测	
	2009e	2010e	2009e	2010e	2009e	2010e
世界 GDP 增长	−1.3	1.9	−1.4	2.5	−1.1	3.1
发达国家和地区	−3.8	0	−3.8	0.6	−3.4	1.3
美国	−2.8	0	−2.6	0.8	−2.7	1.5
欧元区	−4.2	−0.4	−4.8	−0.3	−4.2	0.3
德国	−5.6	−1	−6.2	−0.6	−5.3	0.3
法国	−3	0.4	−3	0.4	−2.4	0.9
意大利	−4.4	−0.4	−5.1	−0.1	−5.1	0.2
西班牙	−3	−0.7	−4	−0.8	−3.8	−0.7
日本	−6.2	0.5	−6	1.7	−5.4	1.7
英国	−4.1	−0.4	−4.2	0.2	−4.4	0.9
加拿大	−2.5	1.2	−2.3	1.6	−2.5	2.1
主要新兴和发展中国家	1.6	4	1.5	4.7	1.7	5.1
俄罗斯	−6	0.5	−6.5	1.5	−7.5	1.5
中国	6.5	7.5	7.5	8.5	8.5	9
印度	4.5	5.6	5.4	6.5	5.4	6.4
巴西	−1.3	2.2	−1.3	2.5	−0.7	3.5
墨西哥	−3.7	1	−7.3	3	−7.3	3.3
世界贸易量增长速度	−11	0.6	−12.2	1	−11.9	2.5
商品价格（按美元计）						
原油	−46.4	20.2	−37.6	23.1	−36.6	24.3
非燃料类	−27.9	4.4	−23.8	2.2	−20.3	2.4
消费品价格						
发达国家和地区	−0.2	0.3	0.1	0.9	0.1	1.1
新兴和发展中国家	5.7	4.7	5.3	4.6	5.5	4.9

2009 年中国经济之所以能在逆风中稳健领跑，增长速度居世界各国前列，主要有以下几个原因。

一是国际环境好于年初的预期，没有出现金融领域的二次危机或实体经济的二次探底。在 2008 年底和 2009 年初时，全球的经济学家和国际机构，对国际金融危机的演变和 2009 年世界经济的前景十分担忧，预测结果都比较悲观。如有的经济学家称，世界经济 2009 年可能会萎缩 2% 以上，美国、欧元区、日本等发达国家的经济要在 2011 年才可能复苏，国际货币基金组织也给出了类似的预测。但在世界各国政府力度空前的经济政策刺激下，金融风险得到控制，最困难的时期已经过去，出现二次危机的可能性大大降低。世界经济的实际运行结果好于当时的预测，正在逐步走出谷底，开始微弱复苏。美国经济可能会在 2009 年第三季度末或第四季度初出现正增长，欧元区及英国的经济也开始出现向好迹象，日本经济则已经出现正增长。世界贸易量的萎缩速度也较预测要低。

二是中国中央政府较好地组织实施了应对国际金融危机一揽子计划。自 2008 年下半年，特别是第四季度开始，中国政府根据国情，实施了包括积极的财政政策和适度宽松的货币政策；4 万亿元固定资产投资计划，结构性减税，"家电下乡"，以及鼓励汽车、家电以旧换新等扩大投资和刺激消费的政策；完善出口、信贷保险和出口税收政策，适时调整出口退税率等稳定出口的政策；十大产业调整振兴计划，国家科技重大专项、发展高技术产业集群、加强企业技术改造等调整优化经济结构的政策；稳定农业发展，促进农民增收，稳定和扩大就业，提高离退休职工的离退休金和养老金，提高最低保障水平和最低工资标准等改善民生的政策。2009 年 1 ~ 8 月，城镇固定资产投资与上年同期比增长 33%；汽车销售量与上年同期比增长 29.2%。

三是上海世界博览会的筹办、庆祝中华人民共和国成立 60 周年等重大事件对投资和消费的拉动作用。

四是中国经济增长的内在动力依然强劲。主要体现在三个惯性：增长的惯性、体制的惯性和发展阶段的惯性。所谓增长的惯性是指固定资产投资、消费等内在的惯性。固定资产投资项目一旦开工，除非前景很不景气，一般是不会停工的。居民消费等行为也是如此。特别是对于恩格尔系数较高的发展中国家来说，更是这样。所谓体制的惯性是指我国现行行政管理体制所固有的投资冲动。由于以县乡为单位的政府之间的经济发展竞争格局仍未打破，地方政府追逐经济增长的动力依然很强劲。在遇到中央政府 1.18 万亿元投资机遇时，地方政府争项目、上投资的劲头很足。所谓发展阶段的惯性是指我国所处的发展阶段仍没有发生变化。目前，我国正处在工业化、城镇化、信息化、市场化和国际化的快速发展阶段，一般的外力影响，是无法改变这种发展趋势的。而根据发达国家的经验，工业化、城镇化、信息化、市场化和国际化阶段对经济增长的拉动作用是很强的。

当然，我们也要看到，尽管中国经济从发展速度上看，取得了不俗业绩，尽管在发展过程中，中央政府也反复强调和实施了一系列调整经济结构、提高自主创新能力的措施，经济结构有所改善，自主创新能力有所提高，如 2009 年上半年外需（净出口）受国际大环境影响，对经济增长的贡献率由前些年的正值（2005 年以来平均为 20% 左右，其中，2005 年为 24.1%，2006 年为 19.3%，2007 年为 19.7%，2008 年受金融危机的影响回落到 9.2%）转变为 -41%，但由于增长的惯性和体制的惯性使然，许多结构性问题依然没有得到很好解决，这是在新的一年中应该注意调整和改进的。如，固定资产投资在 GDP 中的比重依然过高；经济发展还是过于依赖信贷投放，到 8 月末，金融机构新增贷款已达到 8.15 万亿元；外汇储备依然过大，到 6 月末已达到 2.13 万亿美元；等等。此外，通货膨胀的潜在压力在积累，现实中房地产等资产价格仍在高位向上。在新的一年里，需要把调整经济结构作为主攻方向，更加注重以内需、特别是最终消费拉动经济增长；把深化改革开放作为根本动力，更加注重构建充满活力的体制机制；把科技创新作为重要支撑，更加注重扶持战略性新兴产业发展；把统筹城乡区域协调发展和推动城镇化作为战略重点，更加注重拓展新的发展空间；把保障和改善民生作为出发点和落脚点，更加注重完善社会保障体系和发展社会事业；更好地平衡和协调好促进经济增长与防止通货膨胀因素快速积累的关系。

二 2010 年中国经济展望

展望 2010 年的中国经济，由于国际经济环境的改善程度依然有限，逆风运行的大趋势不会发生大的变化，稳健发展仍应该是，实际上也会是主基调。其主要原因如下。

一是国际环境会有所好转，但不会一下子有根本性改变。从目前的发展趋势看，2010 年国际经济环境会略好于 2009 年，但由于本次全球经济衰退的原因除了金融危机之外，主要是各主要经济体的内部结构失衡，发达国家与发展中国家经济结构失衡。金融危机不仅表现为流动性的危机，还是偿付能力的危机。金融机构的损失，将要由全社会负担，首先要表现在政府资产负债表上，然后逐步传递给企业和个人。因此，随着金融机构、政府部门、企业和个人等逐步去杠杆化，金融机构的放贷速度会下降，政府机构和企业的投资能力会下降，居民的消费能力也会下降。另外，结构调整是一个长期而痛苦的过程，不可能一蹴而就。而欧美等国10%左右的高失业率，无论是对于居民需求，还是对金融机构来说都是负面影响，对于劳动者技能（劳动生产率的关键因素）等长期经济发展因素也是负面影响。各国政府前所未有的刺激经济政策，也使得高赤字、潜在通货膨胀等成为继续扩张的制约，退出只是时机和技巧的选择，是高悬在投资者和消费者头上的利剑，不得不让人时刻警惕。国际金融秩序的恢复和正常运行也需要时日。此外，甲型H1N1流感在全球的流行也还难以得到有效控制。正是由于上述不利因素，我们对全球经济的复苏进程不宜过于乐观。据国际货币基金组织预测，2010年全球经济只能实现3%左右的增长，这较前几年的平均增长4.5%的水平仍有较大差距。加上经济复苏过程中，贸易保护主义在逐步抬头，作为一个高度依赖出口的大国来说，我国的国际经济环境仍比较差，针对我国出口商品的反倾销案不断出现，我国经济逆风运行的大势没有根本扭转。

二是增长和体制的惯性带来的问题，容不得中国经济增长太快。如上所述，中国经济面临的结构问题和体制问题，需要我们从长远的、可持续的和科学发展的角度去考虑，认真对待，加以解决。这使得中国经济不宜，似乎也不易大起，以保持在8%~9%为宜。因为，外需制约下，经济增长主要靠国内的投资和消费，由于消费要受收入、观念、消费环境、预期、社会保障体制等多种因素的制约，很难在现有的基础上，再有更快的增长。因此，要想增长速度上去，就只能借助于投资，这对于生产能力已经较大，投资与消费结构又不尽合理的我国来说，也必须要有一个度。金融体制、税收体制、企业治理结构等方面的改革，也需要经济比较平稳地发展作为保障。

三是从供需等因素分析，我国经济2010年也有可能实现8%~9%的增速。

从一些先行指数看，我国经济增长的预期较好。制造业采购经理人指数PMI已经连续7个月超过50%，9月份已经达到54.3%（见图2）。

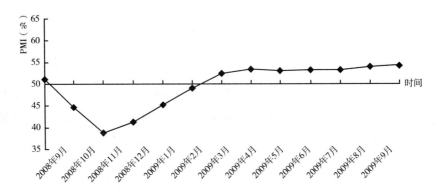

图2 2008年9月到2009年9月中国制造业PMI变化情况

企业信心指数和消费者信心指数也显示出类似的趋势。作为固定资产投资先行指数的城镇固定资产投资新开工项目计划总投资额，2009年1～8月，比上年同期增长81.7%，这预示着固定资产投资的增长趋势还是较旺的。

从供给能力看，除了一些原材料要受到进口的制约以外，支撑8%～9%的增长速度是绰绰有余的。实际上，钢铁、水泥、平板玻璃、传统煤化工等产业，以及多晶硅、风电设备等新兴产业，我国还存在着生产能力过剩的现象。

从需求看，出口需求仍会继续受到外需疲软的制约，但由于世界贸易量已在低位开始趋稳（见图3），据国际货币基金组织预测，2010年世界贸易量将由上年萎缩11.9%转变为扩大2.5%；又由于从2008年11月份开始，我国的出口就一直处在萎缩的过程中，2009年前8个月累计，出口额为7307亿美元，下降22.2%，这使得2010年的对比基数相对已经比较低了，因此，继续下降的可能

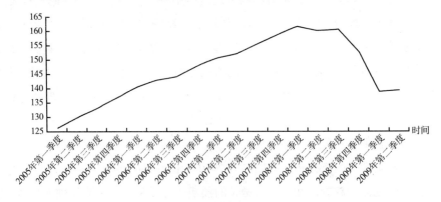

图3 2005年至2009年第二季度世界贸易量变化情况（2000年=100）

性减小（见图4）。关于固定资产投资需求，2010年是4万亿元政府投资的最后一年，仍将继续发挥刺激作用；民间投资在国际经济好转、国内经济向好的影响下，也会进一步好转。实际上，新开工项目计划投资总额的大幅度增长已经说明了这一点。关于消费需求，由于其刚性的特点，以及2009年以来居民收入继续保持较快增长和政府采取一系列改善民生、改善消费环境、刺激消费的政策措施，2010年居民消费的增长速度会略高于2009年。因此，从需求角度看，支撑8%~9%的速度也是可能的。

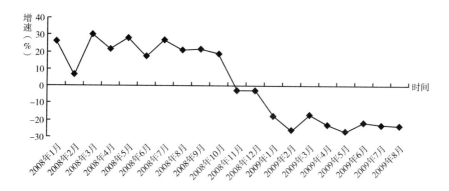

图4　2008年1月至2009年8月我国出口同比增长速度

综上所述，2010年国际经济形势仍具有一定的不确定性，国际环境对于中国的发展仍不够好，本次国际金融危机对世界经济的影响是深远的，应对国际金融危机将是一项长期艰巨的任务。我国国内也面临着结构调整和体制机制改革等压力。为了兴利除弊、扬长避短，使中国经济能够继续稳健前行，我们建议：宏观调控的着力点既要关注近期，也要着眼于长远发展；要注重经济结构调整，注重以内需，特别是消费需求拉动经济增长；要注重深化改革开放，继续解决体制机制问题；注重改善和保障民生，加快建立和完善社会保障体系，促进就业。

一要加强对国际经济变化情况以及我国经济运行情况的监测，及时根据形势变化调整对策。

二要刺激和扩大消费需求。要通过适当的税费政策，减轻企业特别是中小企业的负担；通过扩大就业和发展农业生产等举措，增加居民收入；通过建立和完善社会保障体系，解除居民消费的后顾之忧；通过优化消费环境，增强居民的消费意愿。

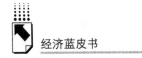

三要优化供给结构。要继续打破行业垄断，进一步强化市场在资源配置中的基础性作用，不断优化收入分配机制，让个人和企业在国民收入中的比重有所提高。

四要继续推进改革，调整好中央与地方、政府与企业等各方面的利益关系，促使经济逐步走上科学发展的轨道，为长期平稳可持续发展奠定基础。

参考文献

World Economic Outlook. International Monetary Fund （IMF）, October, 2009. www. imf. org.

国家统计局：《中国统计年鉴2009》，中国统计出版社，2009。

China Economy：Steady Growth Ahead
of the World Against the Wind

——2009 Review and 2010 Outlook

Zheng Jingping

Abstract： In this paper, I reviewed running result of China economy in 2009 and gives analysis and prediction in 2010. The conclusion is that even though the globe environment of economics will be better than 2009 slightly, China economy will still in the situation of against the wind, adding the factors of adjust of economic structure and mechanism reform, steady growth will be the main tone, the growth rate will be 8% to 9% in 2010.

Key Words： China Economy；2009；Review；Outlook

2010 年中国经济发展的政策选择

李泊溪[*]

摘　要： 2009 年经济增长速度"保八"已没有悬念，这是得来不易的。但是，我国总体经济情况还不稳定、不平衡，需要继续积极谨慎地推动，以巩固调控成果，促进经济持续发展。重视近期发展和远期发展的协调。金融危机影响到许多国家的战略变动，一国的持续成功，既要看当前又要看中长期，2010 年的政策选择要体现近期和未来发展的协调。

关键词： 扩大内需　调整结构　协调发展

2009 年是世界各国经济都面临考验的一年，金融危机席卷全球，任何国家都难以做到独善其身。面对严峻的经济形势，各国都在积极应对，采取的措施不同效果也不同。我国刺激经济发展一系列政策举措取得成功，使经济强劲复苏，2009 年经济增长速度"保八"已没有悬念，这是值得称赞的业绩，是得来不易的，既对中国也对世界经济的发展有重要意义。同时，我们应清醒地认识到，我国总体经济情况还不稳定、不平衡，需要继续积极谨慎地推动，以巩固调控成果，促进经济持续发展。

一　坚持积极的财政政策

2009 年我国采取了积极的财政政策，而且得到了较好的执行，2009 年第二季度政策效果开始显现，积极财政政策对抵制经济下滑发挥了重要支撑作用，推动了经济若干方面的发展。从宏观经济态势和需求来看，要坚持积极财政政策，

---

[*] 李泊溪，国务院发展研究中心。

以稳定和巩固来之不易的大好局面。

2010年积极的财政政策既要坚持又要在2009年的基础上提升和深化，要结合国家发展任务进行必要的调整。

（1）着眼于选择近期发展和远期发展相结合的公共投资项目，以支持我国长期发展。

（2）着眼于支持国家气候变化应对政策的实施，这既是国内发展需要，也是国际公约的要求。

（3）着眼于保民生，特别是承担国家在社会保障上的需要。

（4）着眼于提高低收入群体收入，以有利于扩大内需，提高消费需求。

（5）着眼于支持科技创新和经济增长方式的转变。这主要通过支持基础研究和基础教育实现，等等。

积极财政政策要围绕政府职能的需要，并重视促进市场发挥配置资源的基础性作用，这是积极财政政策的关键点，为此，必须要支持国家的改革部署，并贯彻财政体制的改革。

二 坚持适度宽松的货币政策

2009年货币政策总体宽松，流动性充裕，对经济回升发挥了重要支撑作用。2009年以来，积极财政政策和适度宽松的货币政策有效配合，应对国际金融危机的一揽子计划取得明显成效。当前我国经济发展正处在企稳回升的关键时期，外部形势依然严峻，经济环境的不确定性仍然存在，经济回升的基础还不稳固。为保持我国经济平稳较快增长，2010年我国仍然坚持适度宽松的货币政策，这涉及两层含义：一是坚持真正意义的"适度宽松"；二是对过度宽松的情况进行调整。我们要关注信贷迅速"海量"扩张以及经济过度刺激引发的问题和潜在风险。避免由于信贷增长过快，投资和总需求反弹过快可能带来的显著通胀压力。因此，对2010年适度宽松的货币政策必须认真把握力度和提高调控水平。

1. 动态把握适度宽松

坚持继续落实适度宽松的货币政策，根据国内外经济走势和价格变化，注重运用市场化手段进行动态微调，把握好适度宽松货币政策的重点、力度和节奏，妥善处理发挥支持经济发展与防范化解金融风险的关系，进一步增强调控的有效性，维护金融体系的稳定。

2. 货币信贷发展要适度把控

灵活运用货币政策工具，合理安排公开市场工具组合、期限结构和操作力度，保持银行体系流动性及货币市场利率水平的合理适度。对当前存在的流通量过大问题，要通过相关手段，促进货币流通量向适度转化。

3. 金融改革要适时推进

金融改革是我国中长期的改革重点之一，要抓住当前的有利时机，推进金融改革和结构调整，进一步改革投融资体制，启动民间投资，金融支持转变经济发展方式，促进我国经济的持续稳定发展。

增加宏观调控的预见性、有效性、准确性。

三 抑制产能过剩和重复建设

2009 年以来，按照"保增长、扩内需、调结构"的总体要求，国务院制订了重点产业结构调整和振兴规划，出台了控制总量、淘汰落后、兼并重组、自主创新等一系列推动结构调整的政策措施。在发展中政策效应逐步显现，但存在"重速度、轻结构"的情况，部分产业结构调整进展不快，一些行业产能过剩、重复建设问题仍很突出，不仅钢铁、水泥等产能过剩的传统产业仍在盲目扩张，风电、多晶硅等新兴产业也出现重复建设的倾向。这种情况对我国经济的企稳回升形成威胁，对我国经济的长期持续稳定发展提出挑战。

"抑制产能过剩和重复建设"问题引起国务院的重视，曾召开国务院常务会议研究部署抑制部分行业产能过剩和重复建设，引导产业健康发展，并提出严格市场准入、强化环境监管、严格依法依规供地用地、实行严格的有保有控的金融政策、建立信息发布制度等举措，这是非常必要的，贯彻执行是关键。

2010 年要继续贯彻执行相关政策，同时我们要清醒地认识到，产能过剩问题是较普遍的，为此我们要做好以下工作。

（1）既要抑制过剩产能的再增长，又要对现存的产能过剩按不同情况提出解决方案。

（2）迅速落实信息指导并逐步加深扩宽信息指导的范畴，使信息成为指导市场发展的重要手段之一。

（3）严格金融政策对调结构的促进作用，并与适度宽松的货币政策的执行要求结合起来，从资金源头和项目源头严格抑制产能过剩和重复建设。

（4）抑制产能过剩和重复建设要作为较长时期的重要政策工具，中央和省、部都要认真抓好。

四　扩大内需是长期性政策

我国高贸易依存度（货物）下的国内外经济关系和高投资率下的积累消费关系这两大特点，使得扩大人民消费存在很大难度。我国外部需求短期内难以恢复到危机前的水平，因此，中国急需扩大内需以支持经济增长，这既是当前经济发展的需要，更是中国经济发展战略的目标，需要花大力气在相当长的时间内逐步解决这个问题。

当前的情况是，2009 年我国扩内需很大程度上依赖于政府的财力支持。扩内需问题涉及发展及改革的许多方面，如发展模式、收入分配、城市化道路、土地制度改革以及户籍制度等。在当前情况下，能够实现在某些方面扩内需，而扩内需的全部目标要经过相当长的时间才能实现，所以在 2010 年扩大内需仍是重要的政策选择。

金融危机是对各国发展模式的挑战和检验，高贸易依存度的经济抵御国际经济波动的能力差，外需的下降，对其发展带来很大的不利影响。之前转变经济增长方式之所以难以实现，主要原因之一是有外需拉动。现在，外需减少，对我国经济提出了挑战，从这个角度看金融危机对我国转变经济增长方式是个促进。长期低技术水平的产能过剩积累到一定程度可能会引起中国经济的大起大落，因此，扩内需不仅是政策问题，更是战略问题，要形成消费、投资、出口"三驾马车"协调拉动我国经济发展。

五　明确贸易依存度要稳定在一定水平的调整要求

改革开放 30 年，我国经济发展取得了辉煌的成就，举世瞩目。同时我们应清醒地认识到，在这期间我们也付出了巨大的代价，特别是环境代价。我国贸易依存度很高（70% 以上），是世界大国中少见的，而高贸易依存度下的国内外经济关系难以持续。我们既要发挥优势、巩固成绩，又要克服不足，以应对挑战取得更大成绩。

贸易依存度逐步适度稳定水平是很必要的。所以提逐步适度，是因为我国的高贸易依存度有相应的产能，而产能调整有个过程，涉及从适应外需到适应内需的转变，从较低技术水平向高新技术的转变以及不断适应国际市场需求的要求，等等。这事关从贸易大国向贸易强国的转变。逐步适度稳定货物贸易依存度的同时，要提高相关产业的技术水平和提升服务贸易的依存度，接受服务外包，逐步形成服务贸易出口大国。

今后一个时期的情况可能是货物贸易量稳定增长，技术水平不断提高，货物贸易增长速度低于服务贸易增长速度，在一定时期内，货物贸易依存度逐步适度调整并基本保持在一定范围，这期间主要表现在加工贸易增速有所下降。贸易依存度的选择属于国家发展的战略性问题，应结合"十二五"规划的制定予以明确并具体化。

六　重视近期发展和远期发展的协调

国家发展和企业发展都会遇到近期发展和远期发展的协调问题，特别在金融危机之下，面临严峻的形势，各国都采取了一系列的刺激政策措施，抑制经济下滑，这是必要的。我国有专家强调保持一定的经济增长是当务之急，这当然是对的。若当前的经济发展的某些措施为未来发展设置障碍，那又是不可取的。如在扩大投资时，有些产能过剩今后国内外都不会有需求的项目还在投资的情况就应该避免，防止出现新的调整（多晶硅国家当前需求 1.7 万吨，已建成能力 3.0 万吨以上，2010 年左右将可能建成 10 万吨）。

既要应对当前危机又要谋划长期发展战略，才是正确的选择。国家的发展战略，对企业发展有重大影响。

未来发展的战略提升问题很是重要，发展经济和战略提升是两个互相关联和促进的问题。我国转变经济发展方式的问题提出多年，但执行效果不尽如人意，主要在于缺少战略引导、执行举措和经济利益的协调，以及缺乏严格的监管。2010 年的发展政策要体现一些"十二五"规划将涉及的战略问题要求，并显现政策特点。

结 束 语

金融危机是全人类共同面对的挑战，应对的措施不同，效果也不同。2009年的经济发展实践表明，我国一系列刺激经济的举措总体上是成功的，所取得的成绩也是来之不易的，需要我们进一步稳定和巩固它。金融危机影响了许多国家的战略变动，一国的持续成功，既要看当前又要看中长期，2010年的政策选择要体现近期和未来发展的协调。

"危机终将过去，繁荣定会到来"，我们既要当前的成功，又要持续的胜利，这是我国战略和政策选择的关键。

China's Policy in Economic Development in 2010

Li Boxi

Abstract：It has been not suspensive to "guarantee 8%" of economic growth rate in 2009, and this is hard-won. But, China's overall economic condition is unstable and unbalanced yet, needs to keep impelling carefully positively, and to promote the sustained economic development by the consolidation of regulative achievements. The stress should be laid on the recent development and the harmony of long run development. The financial crisis affects the strategic changes of many countries, a country's continual success is concerned with both current and medium & long-term strategy, and in 2010, the policy choice must manifest the harmony of development in the near future and the future.

Key Words：Expanding Domestic Demand; Adjusting Structure and Coordinated Development

2009年和2010年我国投资发展分析和政策建议

张汉亚*

摘　要：2009年我国固定资产投资增长呈加速趋势，投资结构有所改善，新开工项目的数量和计划总投资快速增长，新开工项目的平均计划投资规模明显扩大，到位资金数量有较大增长，房地产开发投资开始恢复增长，预计到第四季度的投资增长将超过40%，全年的投资增长可能也将超过40%，推动GDP增长达到9%以上。解决投资存在问题的政策建议：不能过于急躁，不能放松市场准入门槛，采取有效措施解决民间投资资金不足问题，政府要促进房地产业健康发展，调结构、促就业等。

关键词：投资增长　房地产　政策建议

我国从2008年第四季度开始实施积极的财政政策和适度宽松的货币政策以来，在一系列"扩内需、促增长"政策的推动下，经济在2009年前8个月一直表现出恢复增长势态。其中固定资产投资（以下简称：投资）的增长起到了主要推动作用。

一　2009年投资发展分析

1. 投资增长呈加速趋势

2009年，投资呈现逐月加速态势。第一季度，全社会投资28129亿元，同比增长28.8%，比上年同期加快4.2个百分点。其中，城镇投资23562亿元，同

---

* 张汉亚，国家发展和改革委员会投资研究所。

比增长 28.6%，加快 2.7 个百分点；农村投资 4567 亿元，增长 29.4%，加快 11.1 个百分点。1～6 月，全社会投资 91321 亿元，同比增长 33.5%（第二季度增长 35.7%），比上年同期加快 7.2 个百分点。其中，城镇投资 78098 亿元，同比增长 33.6%，加快 6.8 个百分点；农村投资 13223 亿元，增长 32.7%，加快 9.5 个百分点。7 月份的投资增长幅度略有下降，8 月份又开始加快。1～8 月的城镇投资为 112985 亿元，同比增长 33.0%，比上年同期加快 5.6 个百分点。①

2. 投资结构有所改善

在城镇投资中，国家鼓励和重点支持发展的产业、行业和地区的投资都获得了较快的增长。

从产业看，1～8 月，第一、二、三产业同比分别增长 60.4%、27.0% 和 37.3%；第一产业和第三产业投资的增长不但快于第二产业，而且增长的幅度都大于第二产业。第三产业的投资增长明显超出第二产业，对于改善我国未来的产业结构将起到一定的促进作用；第一产业的投资继续大幅度增长则对我国解决"三农"问题发挥作用。

从行业看，除了农业，其他国家重点支持的行业，特别是关系人民生活福利行业的投资也都获得较快增长，如铁路运输业增长 103.5%，道路运输业增长 49.3%，城市公共交通业增长 68.7%，水利、环境和公共设施管理业增长 50.9%，水的生产与供应业增长 69.2%，科学研究、技术服务和地质勘查业增长 79.2%，居民服务和其他服务业增长 69.5%，教育增长 43.1%，卫生、社会保障和社会福利业增长 71.6%；而国家控制发展的黑色金属冶炼及压延加工业仅增长 6.7%；有色金属冶炼及压延加工业增长 19.1%。

目前我国产能相对过剩的行业，由于市场竞争强烈，盈利性差，企业投资意愿较低，即使是在国家鼓励扩大内需的条件下，投资增长幅度也都比较低，甚至是负增长。如：今年 1～8 月的城镇投资中，纺织业增长 6.7%，服装鞋帽制造业增长 15.2%，造纸和纸制品业增长 24.1%，文教体育用品制造业增长 13.6%，石油加工、炼焦业增长 0.7%，通信设备、计算机和其他电子设备制造业增长 0.2%，化学纤维制造业则下降 17.9%。因此，可以说今年的投资快速增长不会扩大目前的过剩局面。

---

① 按我国的统计制度，每季度公布全社会投资数据，其他月份只公布城镇投资数据。

分地区看，中西部投资增长明显快于东部，东部地区城镇投资增长 27.2%，中部地区城镇投资增长 37.0%，西部地区城镇投资增长 39.2%。

3. 新开工项目的数量和计划总投资快速增长

1～8 月，全国城镇新开工项目 234906 个，同比增加 69223 个；新开工项目计划总投资 96739 亿元，同比增长 81.7%。而 2008 年同期的新开工项目为 165683 个，同比增加 12672 个；新开工项目计划总投资 53229 亿元，同比仅增长 2.5%。新开工项目和计划投资的快速增长，预示第四季度和 2010 年的投资将继续快速增长。

4. 新开工项目的平均计划投资规模明显扩大

今年上半年新开工项目的平均计划投资为 0.41 亿元，而去年同期仅为 0.32 亿元，平均规模扩大了 900 万元，表明今年的大型和特大型项目的数量显著增加。

5. 到位资金数量有较大增长

1～8 月，城镇投资到位资金 132007 亿元，同比增长 39.1%。其中，增长最多的是国家预算内资金，增幅达到 82.7%，国内贷款增长 47.4%，利用外资下降 12.1%，自筹资金增长 33.3%。而去年同期城镇投资到位资金 94918 亿元，同比增长 23.6%。其中，国家预算内资金增幅为 38.2%，国内贷款增长 14.8%，利用外资增长 6.0%，自筹资金增长 32.6%。表明今年投资的快速增长与政府扩大投资和放松信贷有密切的关系。

6. 房地产开发投资开始恢复增长

1～8 月，城镇完成房地产开发投资 21147 亿元，同比增长 14.7%，增幅比第一季度提高 9.6 个百分点，比上半年提高 4.8 个百分点，但比上年同期回落 14.4 个百分点；占城镇投资的比重为 18.7%，比上年同期的 21.7% 下降 3.0 个百分点。其中，商品住宅完成投资 14848 亿元，同比增长 10.9%，比第一季度提高 4.1 个百分点，比上半年提高 3.6 个百分点，但比上年同期回落 20.8 个百分点；占房地产开发投资的比重为 70.2%，上年同期占 71.2%，下降 1.0 个百分点。

房地产开发企业本年资金来源 33689 亿元，同比增长 34.2%。其中，国内贷款 7384 亿元，增长 46.3%；利用外资 298 亿元，下降 33.6%；企业自筹资金 11045 亿元，增长 12.6%；其他资金 14961 亿元，增长 52.7%。在其他资金中，

定金及预收款 8712 亿元，增长 43.2%；个人按揭贷款 4507 亿元，增长 94.1%；表明房屋的销售量有较大增长。

7. 存在的主要问题

虽然投资对经济恢复增长起到了主要的促进作用，但也存在一些不容忽视的问题。

一是急于求成。由于保持经济较快增长的压力较大，各级政府都想方设法上投资，许多项目不经过严格的可行性论证，后续资金没有保证就仓促上马，一些地方的"首长工程"、"形象工程"，又开始大量出现。

二是放松了"市场准入"的闸门。虽然国家在提出促进投资增长的同时反复强调不能忽视环保和节能等方面的要求，但由于绝大多数项目的审批、核准和备案是由地方政府进行的，一些地方政府为了快上项目，在对社会投资项目核准和备案时放松了"环保、能（水、材）耗、技术、质量、安全"等方面的准入标准和严格管理。

三是民间投资增长相对缓慢。从统计数据看，上半年投资增长较快的行业基本上都是政府投资支持的公益性和基础性行业，民间投资还不够踊跃。光有政府投资的积极性，民间投资不跟上，增长将难以持久。

四是对经济影响较大的房地产开发投资增长缓慢，一些影响房地产业发展的问题尚未彻底解决。

五是大项目和特大型项目的比重较大，投资对促进就业的作用减小。

8. 全年的投资预测

从前 8 个月投资的发展趋势看，我国今年后几个月的投资还将呈现不断快速增长。一般新开工项目的投资高潮在半年到一年以后，今年以来我国新开工项目的计划总投资增长一直在 90% 左右，加上国家和各地政府还在采取措施促进投资的增长，国家 4 万亿元在 2009 年的投资计划还有很大一部分要在第四季度到位；随着经济整体的好转、企业投资意愿的提高，预计到第四季度的投资增长将超过 40%，全年的投资增长可能也将超过 40%，推动 GDP 增长达到 9% 以上。

二　2010 年投资预测

2010 年我国投资增长具备以下五个条件。

一是如前所述，2009 年以来新开工项目将在 2010 年进入投资建设的高峰期，2009 年新开工项目数量和计划投资额的大幅度增加，将在 2010 年的投资中表现出来。

二是 2009 年经济的快速复苏和企业效益的好转，使企业具备了增加投资的条件，为 2010 年的投资快速增长打下了基础。

三是国家 2009 年采取的一系列促进民营经济投资增长的政策措施将在 2010 年逐步见效，民营投资将表现出快速增长的态势。

四是美国等国家在今年下半年经济出现回升，我国的出口在 2010 年将恢复快速增长，出口企业的效益好转和国际市场竞争的加剧，促使在 2009 年一直处于投资低潮的出口企业加大技术改造和扩大再生产的投资力度。

五是我国经济结构调整和节能减排的任务十分繁重，在"十一五"计划的最后一年，为了实现"调结构，上水平"和节能减排的目标，国家和企业都必然要加大这些方面的投资，我国 2010 年上半年的经济和投资都将出现较热的局面。即使国家可能在 2010 年转变宏观调控的方针，采取对投资进行控制的政策，包括削减 2010 年的 4 万亿元投资计划，但上述因素必然会使 2010 年的投资仍然保持较快的增长。

如果国家从 2010 年第一季度就改变宏观政策的取向，增长会在 30% 左右；如果在下半年才开始改变，则投资增长将达到 40% 左右。

三 对解决投资存在问题的政策建议

1. 不能过于急躁

2008 年第四季度以来，我国为了保持经济较快平稳增长，采取了一系列措施。我国是经济大国，经济发展的惯性很大，犹如质量巨大的列车，当它快速行驶的时候，让它减速需要一定的制动力。在制动力发挥作用、速度降下来、接近令人满意的程度时，如果不减小制动力，速度会继续不断下降，甚至导致失速停车，再想让它达到一定的速度则要花费比制动力大得多的推动力和比制动时间更长的时间。同样，当为加速经济增长而采取的各种促进的政策措施已开始见效，经济恢复较快增长时，如果不适可而止，则会使经济向"过热"发展。

政府对市场的调节从政策和措施颁布到见效，需要一定的时间过程，要经过各级政府和基层组织领会和贯彻的时间，还要经过被调节对象本身行动和发展变化的时间，如进行调整需要的时间、投资的前期工作和施工建设所需的时间等，还有一些因素可能会加速或延缓见效的时间，如市场因素。因此，等待政策见效要有耐心，不能操之过急。要想较为准确地预见政策和措施的见效过程，必须在制定时进行可行性研究，分析政策和措施是否有效，从政策公布到见效需要多长的时间，有哪些因素可能影响实施的效果，可能带来哪些副作用，以及应该如何避免一些不利的副作用等；特别要避免因为没有立刻见效，就一个劲儿地"加码"的做法。如果不注意这些问题，政府决策就难以避免出现"矫枉过正"的局面。

2. 不能放松"市场准入门槛"

降低投资市场准入标准等问题有环保等职能部门管理不严的问题，但更大的原因是地方政府领导的干预，使职能部门难以按法律法规办事。要解决这个问题，除了国家有关政府部门要加强对项目建设和生产的依法监督之外，还必须约束地方政府领导对投资审批、核准和备案的干预；同时要求相关的职能部门尽责尽力，依法办事，防止腐败等方面问题的影响；要继续借鉴国际组织和国外先进的标准，完善各行业的准入标准和相应立法。对地方政府和相关职能部门降低投资准入标准等行为，要鼓励媒体和民众监督和举报；对违法和达不到准入标准的项目要依法处理。否则，不但会使我们难以实现"十一五"时期节能减排、安全生产的各项目标，而且会对长期可持续发展产生不利的影响。

3. 采取有效措施解决民间投资资金不足问题

政府不断加大投资和不断出台各种鼓励投资的政策是当前我国投资快速增长的主要原因。但是政府的财政能力终究有限，特别是地方政府，上的项目很多，但缺乏相应的财力支撑，许多项目虽然开工了，但难以为继。要保持全社会投资快速增长并带动经济增长，必须有民间投资的支持。当前我国企业的存款高达20多万亿元，但分布很不均匀，绝大部分是在大企业特别是垄断性行业的国有企业手中，而且他们很容易获得金融机构的贷款。而占企业总数比重很大的中小企业资金能力有限，并很难获得金融机构的支持。

中小企业融资难是多年没有解决的老问题。虽然国家制定了许多支持中小企业融资的政策，但绝大多数难以落实。例如银行贷款，我国银行体系的现状是大银行太大，小银行太少。要大银行给中小企业贷款，存在工作量大、成本太高、信用取证困难等诸多问题。虽然在政府的支持下成立了一些担保公司，但定位于经营性或自负盈亏，要求贷款的条件比银行还要严格，许多中小企业仍然得不到担保和贷款。

解决的办法如下。

一是尽快普及股份制乡镇银行。乡镇银行覆盖的地域小，对中小企业的信用状况容易了解，同时容易就近吸储民间闲散资金。目前我国已开始试点，但进展缓慢，应加快进行，尽快普及。

二是规范并给予民间金融组织合法生存权。目前我国绝大多数的中小企业是通过民间拆借或地下金融组织获得建设和经营资金。在民营企业发展较快的浙江等省都存在大量的民间金融组织，经过多年的发展，有许多已成为信用良好、管理严格、经营高效的地下金融组织，受到当地中小企业和存款户的信任，对促进当地经济发展起到了重要的作用。如果把这些民间金融组织改造成乡镇银行，并允许其适当扩大经营范围，可以很快见效，政府也容易对其进行监管，减少民间地下金融带来的一些问题。

三是鼓励私募股权基金的发展。目前我国民间已成立了许多吸收民间和国外资金的私募基金。其中一部分是进行资本市场运作，还有一部分属于创业投资基金。据有关部门调查，2008 年我国创业投资市场上新募集的资金规模达 1018.67 亿元，比 2007 年增长 14%。另有 99 只基金于 2008 年成立，这些基金的募集金额将达到 1321.73 亿元（此数值没有包含在上述新募集的资本总量中）。2008 年全年的创业投资金额为 339.54 亿元。我国在 2006 年就已建立了创业投资企业（基金）制度，但国家批准的企业（基金）数量远少于现有的私募基金。如果国家对这些私募基金进行规范并给予他们相应的优惠政策，他们会在扩大民间投资中发挥更大的作用。

四是继续降低中小银行的存款准备金率。我国经济在 2008 年出现经济的下滑主要是企业整体效益下降所导致的，而企业经营效益的不佳，有国际经济的影响，也有成本上升和货币升值的影响，但最主要的是一年多不断加码的紧缩货币政策。过度的货币紧缩使许多企业，特别是广大中小企业在前几年积累的潜力被逐渐耗尽，在 2007 年下半年就出现经营困难的迹象，2008 年上半年则表现出难以支撑的状况，不得不缩减经营规模，甚至出现经营资金链断裂导致大面积停产或破产的现象。虽然国家从 2008 年第四季度开始放松对货币的控制，放松了贷

款限制并下调了存款准备金的比例，但对主要以中小企业为贷款对象的中小股份制银行来讲，力度尚小，作用不大。因此，建议尽快把这些银行的存款资本金率下调到10%左右。

4. 政府要促进房地产业健康发展

房地产业是产业链上下延伸较长的产业，是钢铁、水泥和玻璃等上游产业产品以及建筑业的主要消费产业；下游可以带动房屋装饰、家用电器等一系列消费品的需求。因此，各国在其经济发展过程中，房地产业都是或曾经是支柱产业，特别是在工业化中后期和城市化快速发展阶段，经济发展都离不开房地产业的支撑。尽管有人提出我国不要把房地产业作为支柱产业，但从其对经济的带动程度看，近几年已成为我国的支柱产业，其发展与国家经济整体发展的关系越来越密切。如果房地产业出现大问题，不但会使其上下游产业的发展出现困难，而且会给国家的金融、财政和人民的生活都带来不利的影响。

由于土地、原材料、人工的价格会一直上涨，以及居民对更高住房质量的要求等因素的存在，想让房价降下来是不现实的。在房价方面，政府的职责是防止"哄抬"房价获取暴利的行为，而不是控制需求和制止房价上涨。各地政府物价部门应该通过调查和测算，对本地价格远超过成本上升的"垄断性"价格行为予以制止甚至惩罚，而不应该由中央政府出面，采取"一刀切"的办法对住房价格进行调控，不要因个别城市的房价快速增长，而限制所有城市的房地产业发展。

在市场经济中，解决居民住房要靠政府和市场共同的努力。目前所采取的政府补助经济适用房和两限房政策，已引起各方面的非议。实际上这两类住房是无法解决低收入者的住房问题的，因为我国目前低收入者的经济实力还购买不起这两类住房，国家的补贴大部分被较高收入者享受了；而且，这两类住房在转让方面也有一系列难以解决的问题，埋下了许多隐患。因此，建议国家尽快取消这两类住房的政策。

政府投资补助建设廉租房，租给真正缺乏住房的城市低收入者的办法，是解决低收入者住房问题的最佳途径。但目前中央规定地方政府只把土地出让金的10%投入廉租房的建设，杯水车薪，不知道要经过多少年才能满足广大低收入阶层对廉租房的需要。因此，建议国家和地方政府在2010年继续大幅度提高廉租房建设的投资力度，地方政府至少应该把土地出让金的50%用于廉租房的建设，同时把廉租房的承租人扩大到进城打工的农民和刚参加工作的大中专毕业生。

同时政府应重视和发展多层次的住房租赁市场。按目前的住房政策，只有廉租房的住户是采取租赁的方式获得住房，其他绝大多数的居民只有通过购买才能获得住房。如果他们没有能力购买住房或者由于各种原因不想买房，只能出高价租赁居民户空闲的房屋。这种住房的政策在全世界都是绝无仅有的，即使在市场经济发达的国家，大城市居民的住房自有率一般都不会超过 70%。各国都有大量的不同档次的商品房供不同层次的家庭或个人租用，许多国家的政府还对普通租赁住房的建设投资或给予补贴。普通租赁住房可以为解决城镇居民住房问题提供一个新的途径，使居民对住房获得的形式有所选择，可以缓解目前住房问题的一些矛盾。因此，我国也应该发展多层次的住房租赁市场。就是说，也要为既不能入住廉租房，又没有能力或不想买房的居民提供不同档次和价格合适的租赁房。为此建议各城市政府建立执行过去房管所职能的商品房租赁公司。这种公司应该是国有非盈利公司，政府采取购买转让、补助建房或购房等方式支持这类公司的建立，由他们成批购买或建设商品房，作为商业出租房，用比日常维护和管理成本稍高一些的价格出租给经济比较富裕但不想买房的居民（如流动性较大的白领阶层）和收入较低不能租用廉租房但又买不起房屋的阶层（包括外地生源毕业后留在城市刚参加工作的大学生和中等收入的务工人员）。政府同时要制定相应的法律法规规范这类公司的运行。房地产业不振时期是成立这种公司的最好时机，因为他们可以较低的价格成批购买开发商卖不出去的房屋，不会引起社会的不良反应。另外，对直接开发租赁商品住房和把一部分卖不出去的商品住房用于租赁的开发商，以及居民把自己多余住房出租的行为也要制定相应的法律法规进行规范，并由有关部门进行日常检查和监督。

5. 调结构，促就业

就业是关系民生的重大问题。我国人口众多，近几年每年都要增加 1000 多万城镇的就业岗位才能满足需求。因此，保证一定的城镇就业水平一直是我国的难题。特别是在世界金融危机发生之后，我国的就业形势更加严峻。国家提出经济增长要保持 8% 以上的一个重要原因就是要保证一定的就业水平。

增加就业主要靠投资建设新的单位所提供的工作岗位。但是，并不是所有的投资都能增加就业岗位，如为实现我国"调结构，上水平"的产业调整规划，在扩大企业生产规模和提高企业技术水平的同时要淘汰大量的落后产能企业，需要的投资数量很大，反而会减少这些产业的就业岗位。因此，当前我国不但要为新增的劳动力提供就业岗位，而且要为被淘汰企业的下岗职工提供新的就业岗位，更增加了保证就业水平的难度。

投资建设对扩大就业的效果，主要取决于投资结构而不是投资的数量。投资结构对就业的影响主要有两个方面。

一是企业规模结构。世界各国经济发展都是由大企业承担科技创新和上水平的任务，因为只有实力雄厚的大企业才具有科研所需要的资金，养得起一定数量的科技人才，具有把科技成果转化为生产力的能力。而承担扩大就业任务的是中小企业。虽然每个中小企业提供的就业岗位不是很多，但其需要投入的资金数量少，容易决策和建设，参与投资者的数量众多。同样数量的投资用于建设中小企业增加就业的效果要远远大于投资建设大企业增加就业的效果，而且中小企业还有建设周期短、见效快的特点。

二是产业结构。产业被划分为技术密集型、资金密集型和劳动密集型产业。显然，对于同样数量的投资，只有劳动密集型的产业才具有明显的扩大就业效果。

综上所述，为保证一定的就业水平，在我国当前"调结构，上水平"的同时也要"调结构，促就业"。这样可以减少为保证就业水平而必须保证经济较快增长的压力。

由于绝大多数中小企业和劳动密集型企业都是经营性的企业，不属于政府直接投资的范围，为调整投资结构、加快这些企业的建设和发展，建议国家和地方政府在以下四个方面制定相应的政策给予鼓励和支持。

一是在准入方面，应在坚持"节能环保"的前提下，减少政府部门审批和企业注册登记的手续和难度，缩短企业建设的各项审批和工商登记时间。特别是对就业难度较大的群体，如大学生自主创业建立的咨询和技术服务企业，农民就地创办的农产品加工、运输和销售企业，可适当降低注册资金数量等方面的要求。

二是政府的资金支持。政府应加大对中小企业创业的资金补助规模，使更多投资政府鼓励行业的中小企业得到资助。建议各级政府建立中小企业创业补助基金，形成稳定的补助资金来源，重点资助就业难度较大的群体创办企业。

三是税收优惠，如在中小企业开始营业之后的一定年限内减免营业税、增值税和所得税，对提供就业岗位数量与企业资产的比例超过一定数量的劳动密集型企业，按超额的比例适度降低营业税、增值税和所得税率，等等。

四是融资方面的支持。由政府建立的担保公司免费为中小企业创业提供融资担保，等等。

Analysis of China's Investment Development and Suggestions for the Policies in 2009 and 2010

Zhang Hanya

Abstract：In 2009, China's investment in the fixed assets has the tendency which the investment growth accelerates, the structure of investments has the improvement, new starting projects in the quantity and total investments planned is swift growing, average planned investment scale of new starting projects has obvious expansion, arrival funds have increase greatly in quantity, the investments in real estate development start to resume growth. It is estimated that the investment growth in the fourth quarter will surpass 40% , and the growth of investments in the whole year will possibly surpass 40% , which will impel GDP to increase into 9% above. Regarding the settlement of problems in investment, the policy suggestions include, cannot be too irritable, cannot relax the access threshold to market, should take the effective measures to settle the problem of private investment fund shortage, and the government should promote healthy development of the realty industry and adjusts structure, and promotes the employment, and so on.

Key Words：Investment Growth；Real Estate and Policy Suggestions

中国宏观经济形势与政策：
2009～2010年[*]

中国人民大学经济学研究所课题组

摘　要： 2009年，中国经济预计能够实现9%以上的实际GDP增长速度而超越2008年。2010年应该继续实行积极的财政政策和适度宽松的货币政策，保持扩张性需求管理政策的连续性和稳定性，同时启发国内需求与国外需求、投资需求与消费需求以及民间投资需求与政府投资需求对中国经济增长的平衡拉动作用，维护中国经济景气稳步复苏而完成从萧条到繁荣的周期形态转换。这样可以使2010年中国实际GDP增长速度接近并且超过潜在GDP增长速度，从而促进2010年中国实际GDP水平回归潜在GDP水平。

关键词： 中国经济　2009～2010年　GDP

一　中国宏观经济指标预测

中国经济经历2002～2007年间的完整波谷－波谷经济周期，呈现高经济增长与低通货膨胀的良好运行格局，在2005年完成从萧条到繁荣的经济周期形态转换，并且在2007年达到经济周期波峰。从2007年下半年起，中国经济周期的内在收缩倾向叠加美国次贷危机的外部紧缩效应，导致中国经济景气转折下行。2008年，美国次贷危机严重冲击中国出口需求，中国经济增长速度逐季迅猛回落。在进入经济周期收缩阶段的当年度内，中国经济景气已经完成从繁荣到萧条

---

 * 中国人民大学中国宏观经济分析与预测中心研究项目。讨论：胡乃武、黄泰岩、包明华、方芳、邹正方、黄隽、王劲峰；执笔：郑超愚。

的经济周期形态转换，并且达到经济周期波谷。

2009 年，中国经济的扩张性需求管理政策效应显现，通过积极的财政政策和适度宽松的货币政策，促进国内需求的强劲增长而补偿大幅度萎缩的外部需求，有效逆转悲观经济预期，开始逐季加速增长。2009 年中国经济仍然处于通货紧缩的经济萧条状态，但能够实现 9% 以上的实际 GDP 增长速度而超越 2008 年。中国经济景气从 2009 年起重新进入经济周期的扩张阶段，而经济波谷年度 2008 年构成本次经济周期的历史起点。

2010 年，中国宏观经济管理应该继续实行积极的财政政策和适度宽松的货币政策，保持扩张性需求管理政策的连续性和稳定性，同时启发国内需求与国外需求、投资需求与消费需求以及民间投资需求与政府投资需求对中国经济增长的平衡拉动作用，维护中国经济景气稳步复苏而完成从萧条到繁荣的周期形态转换。这样，在 2009 年中国实际 GDP 增长速度低于潜在 GDP 增长速度而中国实际 GDP 水平低于潜在 GDP 水平的基础上，使得 2010 年中国实际 GDP 增长速度接近并且超过潜在 GDP 增长速度，从而促进 2010 年中国实际 GDP 水平回归潜在 GDP 水平。

依据中国人民大学中国宏观经济分析与预测模型——CMAFM 模型，分年度预测 2009 年与 2010 年中国宏观经济形势，其主要指标预测结果如表 1 所示。其

表 1　2009 与 2010 年中国宏观经济指标预测

预测指标	2009 年	2010 年
1. 国内生产总值(GDP)增长率(%)	9.04	10.07
其中:第一产业增加值	5.2	4.8
第二产业增加值	9.8	11.1
第三产业增加值	9.2	10.3
2. 全社会固定资产投资总额(亿元)	230870	292280
社会消费品零售总额(亿元)	125300	148610
3. 出口(亿美元)	12240	13770
进口(亿美元)	9730	10850
4. 狭义货币供应(M1)增长率(%)	23.6	17.1
广义货币供应(M2)增长率(%)	25.2	18.4
5. 居民消费价格指数(CPI)上涨率(%)	-0.5	2.8
GDP 平减指数上涨率(%)	-2.9	3.3

预测日期：2009 年 10 月。

中，2010 年中国宏观经济指标预测的主要宏观经济政策假设包括：①2010 年中央财政预算赤字为 6250 亿元，②2010 年人民币与美元的平均兑换率为 6.60∶1。

二　中国宏观经济形势分析

1. 经济周期相位与经济复苏过程

在二元结构条件下，中国经济具有类似 AK 模型的投资驱动内生增长性质，其潜在国民收入增长过程 $Y_t = \prod_{i=1}^{k} \{(Y_{t-i} \cdot (1+\delta)^i)^{w(i)}\}$ 容纳滞后效应（hysteresis）。选取朱拉格半周期长度的时滞阶数 k = 5，分别在几何级数分布概率 w（i）= q^i 与余弦函数分布概率 w（i）= cos（（i-1）·（π/2k））的代表性情形下，使用 OLS 方法在 1983～2008 年间拟合中国实际 GDP 指数的对数线性自回归方程 $\ln Y_t = \sum_{i=1}^{k} \{w（i）\cdot（\ln Y_{t-i} + i \cdot \ln（1+\delta））\}$。

中国潜在国民收入自然增长率在几何级数权数情形下 δ = 10.0980%，在余弦函数权数情形下 δ = 10.0524%。同时静态预测与动态预测中国实际 GDP 指数，分情形建立 1983～2010 年间中国潜在国民收入时间序列。参照 1983～2008 年间实际 GDP 指数与 2009～2010 年间预测 GDP 增长速度，计算 1983～2010 年间中国国民收入绝对缺口与相对缺口，如图 1 所示。

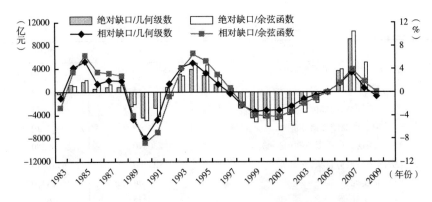

图 1（a）　中国国民收入绝对缺口与相对缺口：静态预测

由于几何级数的分布概率比余弦函数的分布概率更加向近时期倾斜，几何级数情形超过余弦函数情形的国民收入自然增长率指示中国经济加速增长的历史趋势；由于动态预测方法保持 1978～1982 年间的历史惯性而忽略 1983～2008 年间的实际

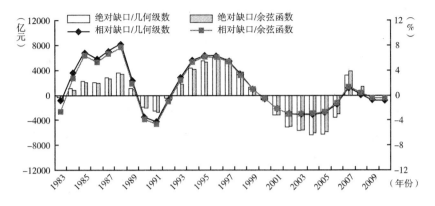

图1（b）　中国国民收入绝对缺口与相对缺口：动态预测

形势，动态预测情形的经济周期相位滞后于静态预测情形的经济周期相位。2007年中国国民收入相对缺口未指示严重经济过热危险，而2008年中国国民收入相对缺口未过度偏离零基准线。可能主要是中国经济景气从2007年波峰高度的急剧滑坠以及从繁荣状态向萧条状态的瞬时转换，导致2008年悲观经济预期。

中国经济的增长型经济周期，同时包含经济繁荣状态下的经济收缩过程与经济萧条状态下的经济扩张过程。如图2所示，中国经济景气随着 $\ln(Y/Y^*)$ 下降至负值而进入萧条状态，其经济复苏过程将顺序通过：①第一转折点 tp1，$d(\Delta\ln Y)/dt = 0$，从此经济增长速度停止下滑而开始回升；②第二转折点 tp2，

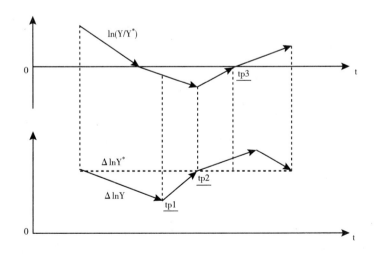

图2　中国经济复苏过程

d（ln（Y/Y*））/dt = 0，从此国民收入缺口停止扩大而开始缩小；③第三转折点 tp3，ln（Y/Y*）= 0，国民收入（通货紧缩）缺口消失而恢复经济繁荣状态。2009 年中国经济景气处于从第一转折点到第二转折点的复苏前期，实际国民收入缺口将继续扩大。2010 年中国经济景气将跨越第二转折点而进入从第二转折点到第三转折点的复苏后期，逐步弥合实际国民收入缺口。由于第二转折点为对应于最大国民收入缺口的经济波谷，在实际经济增长速度回归潜在经济增长速度的同时资源利用程度最为不足，容易产生宏观效益向好与微观效益向差对立或者无就业的经济增长这样的悖论现象。

2. 经济增长前景

综合考量中国经济增长阶段及其政治经济周期特征，以中国共产党召开第 18 次全国代表大会时间 2012 年为界限，将 2009～2032 年间中国经济增长预测期划分为 2008～2012 前 5 年近期阶段，与 2013～2032 后 20 年远期阶段。图 3 的预测研究方案，区别从 2009 年起温和复苏而平稳扩张波动形态（正 S 型）、缓慢复苏而强劲扩张波动形态（反 J 型）与迅猛复苏而快速回落波动形态（倒 U 型），逐年预测 2009～2012 年间中国经济增长速度；细分 2013～2022 年间的前 10 年与 2023～2032 年间的后 10 年，分阶段预测中国经济年均增长速度的历史趋势（T）及其置信区间上边界（max）和下边界（min），实际预测结果如表 2 所示。

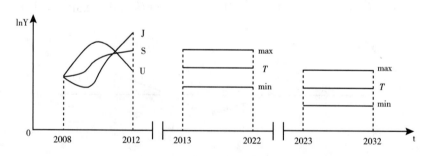

图 3　中国经济波动形态与经济增长趋势

使用总量生产函数 $Y = A \cdot K^{\alpha} \cdot L^{1-\alpha}$ 核算中国经济增长的要素贡献，在加速技术进步假设的基础上以递减参数 α 赋值体现中国经济集约增长的历史趋势，如表 3 所示。

3. 价格形成机制与成本推动型通货膨胀

与中国经济体制的市场化转型对应，中国通货膨胀机制经历三阶段的结构演化

表2　中国实际 GDP 增长速度预测

单位：%

2008～2012 年				
波动形态	2009 年	2010 年	2011 年	2012 年	2008～2012 年
正 S 型	9.04	10.07	10.14	10.18	9.68
反 J 型	8.50	9.52	10.20	10.51	9.54
倒 U 型	9.50	10.87	9.54	9.26	9.63

2013～2032 年		
置信区间	2013～2022 年	2023～2032 年
上边界（max）	8.82	7.65
趋势（T）	8.54	7.48
下边界（min）	8.26	7.31

表3　中国经济增长要素核算

单位：%

要素＼情景	正 S 型/趋势 T		反 J 型/上边界 max		倒 U 型/下边界 min	
	增长速度	贡献率	增长速度	贡献率	增长速度	贡献率
2008～2012 年						
GDP	9.68	100.00	9.54	100.00	9.63	100.00
劳动	1.22	5.04	1.10	4.61	1.15	4.78
资本	11.07	68.62	11.02	69.29	11.10	69.16
技术	2.55	26.34	2.49	26.10	2.51	26.06
2013～2022 年						
GDP	8.82	100.00	8.54	100.00	8.26	100.00
劳动	1.02	5.97	1.05	5.95	1.00	6.05
资本	10.36	60.66	10.51	59.58	10.12	61.26
技术	2.85	33.37	3.04	34.47	2.70	32.69
2023～2032 年						
GDP	7.48	100.00	7.65	100.00	7.31	100.00
劳动	0.92	7.38	0.94	7.37	0.91	7.46
资本	9.45	50.52	9.62	50.29	9.27	50.70
技术	3.15	42.10	3.24	42.34	3.06	41.84

而完成从高核心通货膨胀率向低核心通货膨胀率的历史性转变，如表4所示。依据表4的理论假说建立中国价格形成模型，进而预测中国工业部门的定态通货膨胀率。

中国价格形成模型的控制论图式如图4所示，包括工资调整方程 $W = W(C, \rho, y)$、价格联系方程 $C = C(P, t)$ 与收入分配系数定义式 $\rho = W/(P \cdot y)$。其

表4　中国通货膨胀演化历史

	阶段Ⅰ:1980年代中后期	阶段Ⅱ:1990年代初中期	阶段Ⅲ:1990年代后期以来
1. 历史特征	高通货膨胀	高通货膨胀	低通货膨胀
2. 作用机制			
驱动力量	价格自由化	工资完全化	市场竞争化
表现形式	隐蔽通货膨胀公开化	实物工资货币化	技术进步
3. 制度基础	产品市场改革	劳动力市场改革	市场经济框架形成

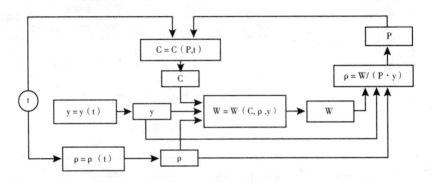

图4　中国价格形成模型

中,货币工资率 W 由于生活费用 C 的补偿原因、由于收入分配系数 ρ 的再分配原因或者由于劳动生产率 y 的生产原因而调整,产品价格 P 为生活费用 C 的成本构成要素。使用 *OLS* 方法在 1985~2007 年间直接拟合中国工业部门的价格决定方程 $P = (\rho \cdot y) \cdot W(C, \rho, y)$ 与价格联系方程 $C = C(P, t)$,取得具有中国工业部门价格形成模型的可计算形式。

在劳动生产率时间趋势 $y = y(t)$ 与分配系数时间趋势 $\rho = \rho(t)$ 的驱动下,外推预测 2008~2012 年中国工业 *GDP* 平减指数,如表5 所示。由于中国价格形成模型仅以价格联系方程 $C = C(P, t)$ 的时间变量隐含粮食、能源及原材料价格的可能成本推动作用,其预测的 5 年期内单调收敛工业 *GDP* 平减指数通货膨胀率,能够近似在无外部供给需求扰动条件下的中国工业部门定态通货膨胀率。

表5　中国工业部门定态通货膨胀率

单位:%

年　度	2008	2009	2010	2011	2012
GDP 平减指数	0.5969	1.5662	5.1861	7.7207	7.7172

三 中国宏观经济政策评论

1. 高储蓄－高投资－高增长模式

中国国民收入的高储蓄倾向是能够依据高成长与年轻人口的生命周期模型充分解释的。面临高储蓄倾向的国民收入分配结构，中国宏观经济政策设计应该遵循凯恩斯主义路线，建立以促进国内投资需求为轴心的积极需求管理政策体系，实现高储蓄向高投资的有效转化。在经济结构变革和经济景气转换时期，中国需求管理应该建立最高可持续增长率目标（HSGR）的政策指导线，采取微撞（fine-tapping）（而不是微调）的需求管理操作模式，通过间歇性增加总需求跟踪持续扩展而实时未知的潜在总供给前沿。

由于二元结构条件下资本边际收益非递减，中国经济增长过程必然具有资本深化特征，通过资本积累途径消除古典失业问题和支持即将来临的中国老龄社会。中国经济向发达国家趋同的发展中国家性质，与黄金律理论加以比较和选择国民收入储蓄比率的经济增长稳态是不一致的，不存在过度储蓄和过度投资的动态无效性。中国经济发展过程中的结构变迁是以各经济部门不等速增长为前提的，其部门增长速度差异是顺周期的，不存在经济增长速度与经济结构协调置换性的中国菲利普斯曲线。

回归凯恩斯主义的反危机宏观经济政策，积极发掘大萧条以及凯恩斯革命的历史经验，进一步发展有实际操作意义的问题导向宏观经济学研究纲领。非均衡学派不可能随凯恩斯主义复兴而复兴，其 BGM 模型（Barro-Grossman-Malinvaud 模型）的非瓦尔拉斯均衡状态类型学，对于认识中国经济结构性质与周期性质却具有重要的启示意义，如表6所示。

在中国经济均衡的结构层面，二元结构意味着长期的超额劳动力供给与超额资本需求，集合农业部门与非农业部门的古典失业因而是与经济体制和经济景气无涉的结构层面均衡状态。在中国经济均衡的周期层面，价格自由化改革以公开通货膨胀释放计划经济体制下强制储蓄的过剩购买力，脱离抑制性通货膨胀均衡状态。

凯恩斯型失业与消费不足均衡状态是就中国经济的非农业部门而言的，其劳动力市场的超额供给与超额需求主要表现为农村剩余劳动力转移方向的迁出与回

表6　中国经济非瓦尔拉斯均衡特征

均衡层面	市场经济体制		计划经济体制
	萧条阶段	过热阶段	
周期性	凯恩斯型失业	消费不足	抑制性通货膨胀
结构性	古典失业		

非瓦尔拉斯均衡类型	产品市场	劳动力市场
凯恩斯型失业（Keynesian Unemployment）	$Y^D < Y^S$	$L^D < L^S$
消费不足（Under-consumption）	$Y^D < Y^S$	$L^D > L^S$
古典失业（Classical Unemployment）	$Y^D > Y^S$	$L^D < L^S$
抑制性通货膨胀（Repressed Inflation）	$Y^D > Y^S$	$L^D > L^S$

流或者农村剩余劳动力转移速度的急缓。依据国民收入核算双缺口等式 $S - I = X - M$，国内生产过剩或者映射为过度储蓄与国内投资不足，或者映射为贸易顺差与国际投资。消费不足均衡状态的超额产品供给只是反映非农业部门产品生产超过国内需求，在包含国际需求时却供给不足，从而在国内市场产品过剩的条件下导致超额劳动力需求。

2. 货币供应政策规则与核心通货膨胀率目标

设立货币主义单一规则 $gM^{Monetarism} = \pi^* + gY^* - gV^*$、卢卡斯中性规则 $gM^{Locus} = \pi^E + gY^* - gV^E$ 与凯恩斯主义规则 $gM^{Keynesism} = \pi^T + gY^T - gV^*$ 的货币政策规则体系，计算1992～2008年间中国 M1 与 M2 货币供应增长速度目标，如图5（a）和图5（b）所示。

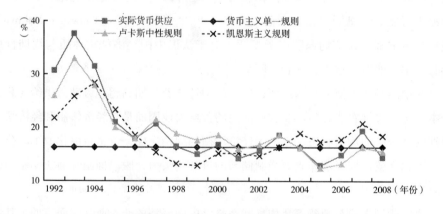

图5（a）　中国 M1 货币供应增长速度

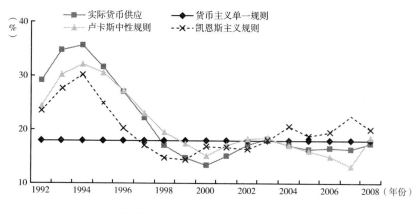

图 5（b）　中国 M2 货币供应增长速度

其中，中国潜在 GDP 增长速度为国民收入自然增长率几何级数情形与余弦函数情形的算术均值，利用协整关系 $\Delta\ln$（GDPPI）－1.2211455266·$\Delta\ln$（CPI）将泰勒规则的 2% CPI 指数通货膨胀率目标转化为中国经济的 2.4423% GDP 平减指数通货膨胀率目标，中国货币流通速度趋势增长率 $gV1^* = -3.0450\%$ 而 $gV2^* = -4.3644\%$。采取完全理性预期假说，并且假设凯恩斯主义货币政策采取渐进的两年期反周期操作模式，即 $Y^T = gY - \lambda \cdot (gY - gY^*)$、$\pi^T = \pi - \lambda \cdot (\pi - \pi^*)$ 而 $\lambda = 0.5$。

货币主义单一规则能够作为货币供应管理的长期参照系，其参照作用是前向的，并且不记忆货币供应历史。2008 年中国实际 M1 与 M2 货币供应增长速度接近货币主义单一规则与卢卡斯中性规则，却低于凯恩斯主义规则。货币供应增长速度超过经济增长速度与通货膨胀率之和的百分点距指标（$gM - gY - \pi$）只是对货币流通速度下降率的事后度量，实际百分点差距扩大既可能指示货币供应过度而银行体系流动性过剩，也可能指示货币供应不足而实际经济萧条。2009 年中国货币供应与信贷规模的高速增长反映中国扩张性货币政策从数量宽松（QE）阶段到信贷宽松（CE）阶段的成功进展，在国民收入（通货紧缩）缺口继续扩大的现实条件下是反经济萧条必需的且无通货膨胀危险。

中国货币政策应该建立以 CPI 指数核心通货膨胀率度量的价格稳定目标，在容纳粮食产品价格结构性上涨的同时，分离粮食产品价格随机波动而避免过度的政策反应。在一般 CPI 指数会计等式 $P = \alpha \cdot P^F + (1 - \alpha) \cdot P^C$ 的基础上，假设非食品核心价格指数部分调整方程 $P_t^C - P_{t-1}^C = \beta \cdot (P_t - P_{t-1}^C)$，从而 $P_t = \alpha \cdot P_t^F -$

$\alpha \cdot (1 - \beta) \cdot P_{t-1}^{F} + (1 - \alpha\beta) \cdot P_{t-1}$。使用 OLS 方法在 1996~2008 年间拟合一般 CPI 指数价格方程 $P_t = \alpha \cdot P_t^{F} - \alpha \cdot (1 - \beta) \cdot P_{t-1}^{F} + (1 - \alpha\beta) \cdot P_{t-1}$，可以识别 CPI 指数食品价格权重 α 与核心价格均衡调整速度 β。

由于食品价格的随机性质，无法依据方程 $P = \alpha \cdot P^{F} + (1 - \alpha) \cdot P^{C}$ 计算核心价格指数。使用由一般 CPI 指数价格方程 $P_t = \alpha \cdot P_t^{F} - \alpha \cdot (1 - \beta) \cdot P_{t-1}^{F} + (1 - \alpha\beta) \cdot P_{t-1}$ 与核心价格指数价格方程 $P_t^{C} = (\alpha\beta) \cdot P_{t-1}^{F} + (1 - \alpha\beta) \cdot P_{t-1}^{C}$ 组成的递归系统，模拟一般价格指数与核心价格指数对食品价格通货膨胀冲击的动态响应过程，如图 6 所示。在 13 年模拟期内，1% 食品价格暂时通货膨胀率的动态影响逐渐减弱，期末接近完全消失；1% 食品价格持久通货膨胀率的动态影响逐渐累积，期末接近完全传递。

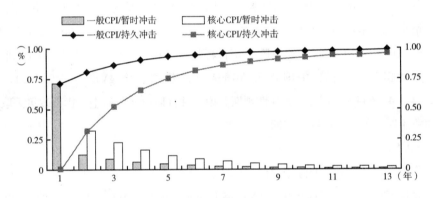

图 6   中国食品价格冲击动态影响

China's Macro-Economic Situation
and Policy in 2009 – 2010

Project Group

Abstract：In 2009, it is estimated that the Chinese economy can realize 9% above of actual GDP growth speed to surmount ones in 2008. In 2010, the proactive fiscal policy and the moderately loose monetary policy should be kept implementation, the continuity and the stability of expansive demand management policy should be maintained, simultaneously the drawing function of the domestic and overseas demands, the investment demand and the consumer demand as well as the private investment demand and the government investment demand to the Chinese economic growth balance should be inspired, and the steady recovery of Chinese economy booming should be maintained to complete the cyclical shape transformation from the depression to the prosperity. This may make China's actual GDP growth speed in 2010 to be close to and to surpass the latent GDP growth speed, thus promotes actual GDP level in 2010 to return latent GDP level.

Key Words: Chinese Economy; 2009 −2010 and GDP

2010 年中国经济复苏的
不确定因素分析

秦宛顺　钱士春*

　　摘　要：2009 年宏观经济在大幅度下降后基本企稳，未来经济主要面临如何复苏问题。在此过程中需注意各种不确定性因素，包括：国际经济不确定性增加，我国出口的复苏之路将较为缓慢；投资增长后劲不足，其可持续性与效益值得关注；信贷急剧增加，通货膨胀压力加大。为此，我们建议积极推动走出去战略，变被动为主动；优化投资结构，进一步促进投资主体多样化；控制信贷总量，同时进一步加大对中小企业融资的支持力度。

　　关键词：经济企稳　不确定性　"走出去"战略

一　2008～2009 年我国宏观经济增长形势回顾

1. 出口下降，经济增长速度大幅度回落

　　受国际经济、金融危机及汇率政策等多方面因素影响，我国经济增长自 2008 年开始放缓，2009 年上半年继续大幅减速。2009 年第一季度 GDP 增长率仅为 6.1%，为 1992 年该数据统计以来的最低增速，上半年 GDP 增长率为 7.1%，比上年同期下降 3.3 个百分点，比 2007 年高峰时的增长率低 6.3 个百分点。

　　从拉动经济增长的"三驾马车"来看，消费增长率高位回落，出口总额大幅下降，只有固定资产投资呈加速增长态势。2009 年 1～8 月，城镇固定资产投资总额累计增长 33%，高出上年同期 5.6 个百分点，是除了 2004 年经济过热时以外的最高增速；社会消费品零售总额累计增长 15.4%，比上年同期回落 9.8

---

　　* 秦宛顺、钱士春，北京大学光华管理学院。

个百分点；出口由上年同期增长 21.1% 转变为下降 23.4%，减少 44.5 个百分点，成为拖累经济增长的主要因素。

2. 经济刺激政策纷纷出台，经济下滑势头得到扼制

为减少国际经济、金融危机对国内经济的负面影响，保持宏观经济有序运行，我国政府迅速加大了财政政策与货币政策的刺激力度，4 万亿元投资计划，家电下乡、汽车以旧换新等消费刺激政策，出口退税、出口企业税收、出口企业融资等一系列出口刺激政策都纷纷出台，固定资产投资速度增加，大大缓解了由于外部需求急剧下降带来的经济下行压力，扼制了经济进一步下滑的势头，今年第二季度 GDP 增长率较第一季度有所增长。最新公布的 2009 年 8 月份工业生产总值、PMI 指数、用电量等相关先行指标均表明宏观经济触底明显。

二　2010 年中国经济复苏的不确定因素

在经济触底后，未来的宏观经济主要面临如何复苏、复苏的强度、可持续性等问题。展望 2010 年的宏观经济运行，我们认为需特别注意以下几个问题。

1. 外部经济环境中的不确定性因素会大大增加

由于我国自身的经济结构特点，在未来几年内，外需因素仍然是影响我国宏观经济波动的主要因素之一。首先，从发达国家经济总体复苏前景看，虽然目前美国、欧洲、日本等主要经济体均呈现一定的触底现象，经济继续恶化可能性不大，但由于失业率仍然高企、居民储蓄意愿增加、企业违约率上升、房地产市场远未恢复，我们认为主要发达经济体在短期内快速复苏可能性不大，其经济复苏将是一个不断反复的缓慢反弹过程。我国出口增长与美日欧 GDP 增长有显著的正相关性，因此，我国出口也将经历一个较长的恢复过程。而且，由于这些国家去杠杆化、消费习惯发生改变，我国的出口增长率将很难恢复到 2004 年的水平。其次，从各国刺激政策的实施来看，各种经济刺激政策将进入敏感期，其力度、持续性、退出与否等都具有较大的不确定性，各国政策效果的差异性会有所显现，同时其负面效果也会慢慢显露，诸如通胀预期、流动性泛滥等政策后遗症会逐渐体现出来，导致国际市场各类贵贱金属、原材料、能源、汇率等价格出现巨大波动，这将进一步加大我国出口企业面临的风险。再次，从经济格局变动看，全球经济反弹的过程，也是全球经济格局不断调整的过程。经济危机、人们消费行为的改变使得本国的需求增长潜力变成稀缺资源，如何在经济反弹过程中争取更有利于本国经济快速复苏的国际环境将是各个国家考虑的主要问题之一。在此过程中，各种力量此消彼长，各种保护主义、以邻为壑的政策也会不断出现，这都将直接对我国的出口造成干扰。总体上看，我国出口的复苏之路并不平坦。

2. 投资高速增长的可持续性与效益值得关注

年初以来，宏观经济政策仍主要靠大力推动固定资产投资快速增长来缓解经济下滑。首先，从推动经济增长的作用看，在出口不振、消费还不能承担经济增长主要动力的情况下，保持一定的固定资产投资增长速度仍非常必要，但目前33%的增长率水平已经接近历史高位，未来的可持续性需密切关注。投资速度一旦下降，必须考虑其他可替代经济手段来维持宏观经济的有序运行。其次，从企业注册类型看，国有企业固定资产投资增长率一改以往一直低于民间企业类型的情形，其增长率从20%左右迅速增加到50%左右（见图1），这说明年初以来投资高增长主要是政府项目带动的结果，其效益值得关注。另外，自2004年以来，个体经济的固定资产投资增长率一直处于下降趋势，值得留意。再次，从投资后果看，如果消费不能同步跟上，高速增长的固定资产投资将导致投资与消费比例失衡继续恶化，必然带来产能过剩问题。事实上，已经有部分行业出现产能过剩现象。据工信部于2009年8月份公布的《2009年中国工业经济运行夏季报告》，目前，钢铁、水泥和氧化铝等产业产能严重过剩，造船、化工、平板玻璃、太阳能、风能产业也都出现了一定的产能过剩问题。

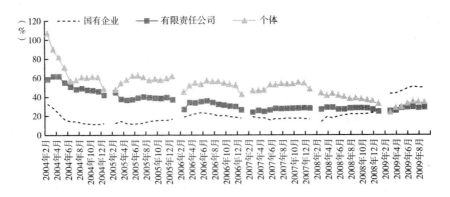

图1　不同类型企业固定资产投资增长率（2004年2月至2009年8月）

数据来源：Datastream。

3. 信贷急剧增加，通货膨胀压力开始显现

伴随固定资产投资的高速增长，信贷资金也急速增加。2009 年 8 月末，人民币信贷余额同比增长 34.11%，比上年同期高 19.82 个百分点，M2 同比增长 28.53%，高出上年同期 12.53 个百分点，为历史最高增速。货币急速扩张在成功抑制经济下滑和防止通货紧缩的同时，也埋下了未来通货膨胀的隐患。虽然，2009 年 8 月份 CPI 与上年同期相比仍下降 1.2%，但环比数据已经由负变正，CPI 较上月有所增长。而且，一般来说，通货膨胀相对于货币扩张有一定的滞后性。按照前几轮通胀周期的经验，通胀高点约在货币扩张高点之后的 12 个月出现，在这 12 个月内，通胀率一直处于上升阶段。考虑到本次货币扩张的速度，不排除价格在短期内上涨过快并出现恶性通货膨胀的可能。另外，快速扩张的货币供应量，使得我国本来就处于世界前列的 M2/GDP 比值继续提高，导致局部商品价格的巨幅波动可能性将大大增强，资金流向难以控制，宏观调控难度也将继续增加。

三　政策建议

依据上述分析，未来一年的经济增长将是一个缓慢复苏的过程，影响我国宏观经济增长的国内外不确定因素仍然存在，我国经济回升的基础并不牢固。未来一年，仍需要保持现有政策的稳定性与持续性。除了继续强化内需发展战略、注重经济结构调整政策以外，建议如下。

1. 抓住有利时机，积极推动走出去发展战略

30 年的经济成果表明只有改革开放才能有发展。开放不只是引进来，还包括走出去。随着经济的进一步全球化，我国需要以更加积极、更加开放的姿态融入全球经济，产品输出需要向资本输出转变。之前的国际经济、金融危机以及已经探明的经济低谷，为我国企业走出国门、融入世界经济提供了绝佳机会。从国家政策角度，需要制定相关制度安排与扶持政策，有理有利地争取各种发展机会，积极推动企业特别是民营企业走出去，从人财物上给予协助，解决走出去过程中遇到的各种问题。从长期来看，这也是绕开各种贸易壁垒，变被动为主动，减少对出口过度依赖的一种解决方案。

经济蓝皮书

2. 优化投资结构，进一步促进投资主体多样化

为防止今后部分产业产能过剩现象的大量出现，优化投资结构显得极为重要。除民生工程、基础设施、生态环境建设等，有利于扩大国内需求、调整经济结构、加强经济发展后劲的投资领域之外，我们认为还需要加强对教育、研发、高科技行业等方面的投入。另外，值得注意的是，本次经济刺激政策侧重行政手段，借助国有企业的投资，在短期内有效阻止了经济的进一步下滑，但民间资本并没有真正启动，而且从2004年以来，民间投资增速也一直处于下降趋势中。建议进一步理顺投资关系，改善投资环境，通过激励机制设计，用制度安排调动各方面的积极性，鼓励民间资金参与各个领域投资项目的建设，促进投资主体的多样化，强化利益自我约束机制，确保投资的活力与效益。

3. 控制信贷总量，进一步拓宽中小企业融资渠道

为缓解通胀压力，控制潜在的金融风险，维护正常的金融秩序，一方面需要控制信贷总量，优化信贷结构。另一方面，我们也注意到，在信贷总量急剧扩张的同时，民间借贷的利率却在不断地创新高，结合土地拍卖中的"国资地王"现象，说明民间特别是中小企业的融资需求并没有得到满足。中小企业作为吸纳劳动力的主力军，在经济调整时期，对保持社会稳定意义重大。在经济复苏时期，中小企业由于其自身机制灵活，能较快发现机会，推动优胜劣汰，对促进经济增长同样非常重要。应从战略角度认识中小企业的重要性，在控制信贷总量的同时，特别注意拓宽中小企业融资渠道，加大对中小企业的支持力度，促进中小企业的茁壮成长，确保经济活力。

Analysis on Uncertain Factors of Chinese Economic Recovery in 2010

Qin Wanshun, Qian Shichun

Abstract: In 2009, the macro-economy has stabilized and basically after largely drop, and the future economy mainly face the problem how to rally. In this process, all kinds of uncertain factors must be paid attention, including the uncertainty of international economy increases, and the recovery of China's exports is slower; the stamina of investment growth is insufficient, and its sustainment and benefit are worth paying attention; the credit creases sharply, and the inflationary pressure enlarges. Therefore, we suggested impelling the gotten-out strategy positively, and changing the passiveness into the initiative; optimizing the structure of investment, and further promoting the diversification of investment subject; controlling the gross of credit, and simultaneously further enlarging the support strength to the financing of small and medium-sized enterprises.

Key Words: Economic Stabilization; Uncertainty and "Gotten-Out" Strategy

财政金融篇

FINANCE and BANKING

2009～2010年中国资本市场
运行分析与预测

王国刚　张跃文 *

　　摘　要： 2009年资本市场的特点表现为：股票市场基本保持向上走势、上市公司业绩出现回升走势、投资者信心有所增强，债券市场指数出现回调、金融债券现券交易大幅增加、投资性机构减持债券资产。2010年，来自国内经济和政策调整方面的因素对市场的影响作用将有所加强。国内经济形势正在成为影响我国资本市场走势的主导性因素。市场对经济过热和通货膨胀的担忧增加等不利因素将会对市场继续上行增加压力。2010年，鉴于CPI走势将由负转正，在水、电、燃气、交通和农产品价格上行的背景下，央行有可能上调存贷款利率；同时，与2009年相比，资金面可能处于不太宽松的格局中，由此，债市和股市的走势都将受到约束。

　　关键词： 资本市场　国内经济　资金约束

---

* 王国刚、张跃文，中国社会科学院金融研究所。

2009 年对国内外经济形势的变化和中国宏观经济政策的调整，中国资本市场做出了积极而及时的反应。上半年，中国股市一路上行，进入 7 月份以后，尽管股票市场出现较大幅度波动，但震荡上行的总体趋势得以保持，这与我们年初预测（2009 年上证指数将突破 3000 点）基本一致。债券市场发行量与交易量稳定增长，市场指数有所下调。2010 年上半年，预计金融危机等国际性因素对我国资本市场运行的影响将逐步减弱，宏观经济政策面临再次调整的可能，由此，受制于国内经济走势影响，资本市场可能进入新的调整时期。

一 股票市场运行分析

根据中国证监会发布的数据，截止到 2009 年 8 月末，中国股票市场上市公司共计 1638 家，发行总股本 2.5 万亿股，市价总值 18.7 万亿元，其中流通市值 9.5 万亿元。2009 年前 8 个月股票市场运行有着以下几方面特点。

1. 市场基本保持向上走势

一级市场新股发行开始恢复，上市公司再融资额度逐月增加；二级市场交易量大幅上升，股指震荡上行。股票市场运行整体呈现向上走势。

从一级市场看，为减少新股发行对市场的冲击，上半年监管部门暂停了新股发行，但保留了上市公司增发通道。7 月份以后，新股发行得以恢复，当月 A 股 IPO 融资额达到 544 亿元。从表 1 可见，截止 9 月末，中国境内证券市场筹资额达到 2558.6 亿元，相当于 2008 年全年的 72.4%。其中增发融资 1605.7 亿元，成为股市筹资的首要途径；A 股 IPO 发行融资 916.2 亿元。

从二级市场看，在扩大内需、刺激经济的宏观调控政策激励下，中国经济逐步止跌回升，继 2008 年 11 月份以后股市逐步上行的走势，2009 年前 7 个月中国股市基本保持着一路上扬的走势。2009 年春节后第一个交易周，上证指数即升至 2200 点附近，恢复到 2008 年 9 月末的水平。此后股指一路震荡上行，6、7 月份市场出现一轮快速上涨，股指在 7 月末一度爬升至 3400 点以上。此后市场逐步回调，截止到 2009 年 10 月 9 日上证指数收盘为 2911.72 点。在股指震荡上行的同时，市场成交量也迅速放大。从表 2 中可见，在 2009 年前 8 个月共 162 个交易日中，日均成交股票 215 亿股，比 2008 年同期增长 136%；日均成交金额 2119 亿元，同比增长 70%。其中成交量最大的 7、8 两月，分别成交 6186 亿股和

表1　2009年1～9月股票市场筹资情况

日　　期	境内外筹资合计（亿元）	境内筹资合计（亿元）	首发筹资			再筹资			
			A股（亿元）	B股（亿美元）	H股（亿美元）	A股（亿元）			H股（亿美元）
						增发	配股	可转债	
2008年累计	3852.2	3535.0	1034.4	0.0	38.0	2271.8	151.6	77.2	7.5
2009.01	86.7	86.7	0.0	0.0	0.0	86.7	0.0	0.0	0.0
2009.02	112.3	91.6	0.0	0.0	0.0	91.6	0.0	0.0	3.0
2009.03	67.3	67.3	0.0	0.0	0.0	67.3	0.0	0.0	0.0
2009.04	230.8	230.8	0.0	0.0	0.0	230.8	0.0	0.0	0.0
2009.05	213.7	213.7	0.0	0.0	0.0	213.7	0.0	0.0	0.0
2009.06	203.9	188.5	0.0	0.0	0.0	188.5	0.0	0.0	2.3
2009.07	930.0	853.7	544.3	0.0	8.8	309.5	0.0	0.0	2.3
2009.08	484.0	476.7	146.1	0.0	0.0	319.4	11.2	0.0	1.1
2009.09	598.8	349.7	225.8	0.0	36.5	98.3	4.4	21.2	0.0
2009年前月累计	2927.3	2558.6	916.2	0.0	45.3	1605.7	15.6	21.2	8.7

数据来源：中国证监会网站。

4349亿股，比上年同期增长279％和221％；成交金额7万亿元和5万亿元，比2008年同期增长205％和328％。

表2　2009年1～9月份股票市场交易情况

日　　期	交易天数	股票成交金额		日均成交金额		股票成交数量		日均成交数量	
		成交金额（亿元）	同比（％）	成交金额（亿元）	同比（％）	成交量（亿股）	同比（％）	成交量（亿股）	同比（％）
2008年累计	246	267112.6	-42.0	1085.8	-43.0	24131.4	-33.7	98.1	-34.8
200901	15	14916.8	-67.9	994.5	-53.0	2042.1	-22.8	136.1	13.2
200902	20	40390.0	91.3	2019.5	53.1	4960.3	294.3	248.0	215.4
200903	22	37554.8	31.6	1707.0	25.6	4301.7	130.5	195.5	120.0
200904	21	45740.1	70.0	2178.1	70.0	4818.4	144.7	229.5	144.6
200905	18	37075.8	25.8	2059.8	39.8	3776.3	78.5	209.8	98.3
200906	22	46178.8	173.9	2099.0	149.0	4454.2	193.8	202.5	167.1
200907	23	70896.2	204.8	3082.4	204.8	6186.4	279.2	269.0	279.2
200908	21	50537.5	328.0	2406.6	328.0	4349.4	220.8	269.0	316.6
200909	22	44198.2	282.9	2009.0	230.7	3919.4	158.0	178.2	122.8
2009年1～9月累计	184	387488.2	79.4	2105.9	78.4	38808.1	135.7	210.9	134.5

数据来源：中国证监会网站。

2009 年 1～7 月，中国股市快速上行，在全球经济低迷中展示了一幅亮丽的风景。从表 3 可见，中国股市虽然遭受了 2008 年的严重下跌，跌幅达到全球各主要股市的第二位，但 2009 年前 7 个月的走势却位居全球主要股市上行的第一位和第二位，这证明了引致 2008 年中国股市下跌的主要成因，不是"大小非"的解禁（因为"大小非"解禁在 2009 年继续展开，其累计数额明显大于 2008 年），而是国民经济和上市公司的业绩走势。

表 3　2009 年 1～7 月全球股市涨幅排名

单位：%

排名	股　　指	涨幅	排名	股　　指	涨幅
1	深成指	110.7	7	美国纳斯达克综指	25.4
2	上证综指	87.4	8	日经 225 指数	16.9
3	印度 BSE 股指	62.4	9	德国 DAX 指数	10.8
4	俄罗斯 RTS 指数	61	10	法国 CAC40 指数	6.5
5	巴西 Bovespa 指数	45.8	11	美国道琼斯工业指数	4.5
6	香港恒生指数	43	12	英国富时 100 指数	3.9

资料来源：2009 年 8 月 4 日《北京青年报》。

2. 上市公司业绩出现回升走势

自 2008 年第三季度，受金融危机影响，上市公司整体业绩出现下滑。从表 4 中的数据可以看到，2008 年第三季度全部上市公司营业利润为 2440 亿元，同比下降 0.2%；第四季度又降至 1776 亿元，同比下降近 11%。进入 2009 年，上市公司的主营业务继续呈现负增长，但下降幅度有所收窄。第一季度主营业务收入为 2.4 万亿元，同比下降 10.1%，第二季度为 2.9 万亿元，下降 3.1%。环比来看，上市公司在第二季度基本扭转了业绩下滑趋势，营业利润出现了 46.5% 的正增长，达到 3722 亿元；利润总额实现了 2.2% 的正增长，达到 3824 亿元。2009 年上半年，上市公司营业利润合计为 6440 亿元，同比增加 15.6%；但受资产减值等因素影响，利润总额同比下降 9.8%，为 6622.8 亿元。

在市场回暖和上市公司业绩预期转好的作用下，进入 2009 年以后，A 股市场股票估值开始回升。A 股市场平均静态市盈率由上年末的 15.5 倍，逐步攀升至 7 月末的 34.6 倍，此后有所回落。截止到 10 月 9 日，市场平均市盈率为 30 倍，相当于 2008 年 5 月中旬的水平。

表4 2008～2009 年上市公司主要业绩指标

单位：亿元，%

时　期	主营业务收入		主营业务成本		营业利润		利润总额	
	总额	增长	总额	增长	总额	增长	总额	增长
2008 年第一季度	26151.4	59.78	17282.5	54.54	3028.2	45.97	3600.9	70.05
2008 年第二季度	29993.5	57.55	20752.3	57.98	2540.9	3.95	3742.5	48.42
2008 年上半年	56144.9	58.58	38034.8	56.40	5569.1	23.24	7343.4	58.29
2008 年第三季度	29112.3	44.95	20466.4	51.05	2440.1	-0.18	3052.1	5.30
2008 年第四季度	31192.8	37.04	36235.7	131.91	1776.3	-10.97	453	-83.78
2008 年全年	116450	48.82	94736.9	77.10	9785.5	9.23	10848.5	5.01
2009 年第一季度	23515.8	-10.08	17777.3	2.86	2717.2	-10.27	2799	-22.27
2009 年第二季度	29065.9	-3.09	22732.4	9.54	3722.3	46.50	3823.8	2.17
2009 上半年	52581.7	-6.35	40509.7	6.51	6439.5	15.63	6622.8	-9.81

数据来源：根据 Wind 资讯数据计算得出。

3. 投资者信心有所增强

随着股指上升和成交量的快速增长，投资者信心有所增强。除 1 月外，A 股市场持仓账户数量保持逐月增长，其中 8 月单月增长 150 万户，为 2007 年 12 月以来单月持仓账户增加最多的月份。至 8 月末，A 股持仓账户增至 5042 万户，创历史新高，反映出投资者特别是个人投资者的市场信心有所增强。另一个数据是，2009 年 7～8 月份，城乡居民储蓄存款余额出现了净减少的情形，其中 7 月份减少了 436.65 亿元，8 月份减少了 439.86 亿元，由此，似乎又将走出 2007 年 3 月份以后城乡居民储蓄存款持续 7 个月减少而同时 A 股市场持续上行的走势。但必须看到的是，持仓账户占全部账户的比例仍然比较低，到 6 月末该比例为 37.8%，尚未回到 2008 年的平均水平。只是由于 7 月份 A 股有效账户总数大幅减少 14% 和 8 月份持仓账户增加较多，才使得这一比例上升至 44.8%；同时，9 月份城乡居民储蓄存款余额从 8 月份的 248502.88 亿元上升到 255885 亿元，增加了 7300 多亿元，这意味着投资者再次选择了谨慎投资的策略。因此，不应过分乐观地评价当前的投资者信心，毕竟有着 2007 年 10 月 16 日之后股市严重下跌的教训。

二 债券市场运行分析

截至 2009 年 9 月末，中国债券市场共有各类债券 1552 只，面值 16.5 万亿元。

在债券结构中，占比较大的分别是政府债券（34.3%），金融债券（28.6%）和央行票据（24.4%）。企业债券、短期融资券和中期票据等非金融企业债务融资工具合并占比 12.4%。

2009 年前三季度的债券市场运行主要有以下特点。

1. 市场指数出现回调

图 1 描述了 2008 年以来的中债走势。从中可以看出，中债综合指数在经历了 2008 年下半年的迅速上扬以后，在 2008 年末达到了 105.15 的高点。进入 2009 年市场开始逐步下调，1～2 月份指数基本稳定在 103 点上方；3～6 月份逐步回落到 102 点上方；7 月份以后指数继续下跌，至 10 月 12 日指数为 101.27。

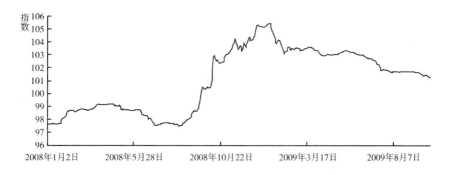

图 1　中债综合指数（净价）

数据来源：中央国债登记结算公司。

导致市场出现回调的原因主要有五个方面：一是 2008 年下半年以来债市已经有较高幅度上涨，技术上存在一定的回调要求；二是为应对金融危机负面影响，国家采取了一系列的经济刺激措施，致使上半年银行信贷投放量增长较多，存款类金融机构存在将债券资产转为信贷资产及保证资本充足率的需要；三是经济回暖趋势明显，投资者对于通货膨胀和货币政策进行微调的担忧有所增加，部分机构开始减仓或者保持观望；四是监管机构开始调整商业银行的资本补充机制，要求商业银行逐步从附属资本中全额扣减所持有的其他银行的次级债务和混合资本债券等监管资本工具，这在一定程度上减弱了商业银行继续持有此类债券的积极性。五是 6 月份新股发行重启，部分资金回流到股票一级市场。

债券一级市场方面，前 9 个月共发行各类债券 694 次，发行总额 6.3 万亿元，分别比上年同期增加 47.7% 和 9.7%。其中政府债券、央行票据和金融债券三者合计发行 232 次，发行额 5.2 万亿元，占债券发行总额的 82.5%。企业债券、中期票据和短期融资券共发行 462 次，占发行总次数的 66.6%，但发行额仅占 18.2%。单只非金融企业债务工具的发行规模偏小，此类工具的一级市场份额仍有待提升。图 2 反映了债券的这一发行情况。

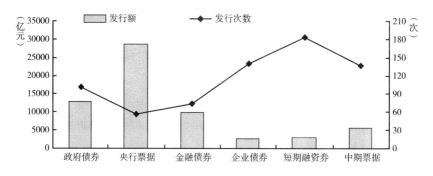

图 2　2009 年 1～9 月各券种发行情况

数据来源：中央国债登记结算公司。

从图 3 中可见，与 2008 年同期相比，债市中的政府债券增加了 8762 亿元，达到 5.7 万亿元，是增加额和总量最大的券种；紧随其后的是金融债券，增加 8719 亿元，总量达到 4.7 万亿元；中期票据在过去一年间增长了 6686 亿元，增幅超过 900%，是增长速度最快的券种；为了实施适度宽松的货币政策，人民银行减少了央行票据发行，央行票据托管量同比减少近 8000 亿元，目前为 4 万亿元。

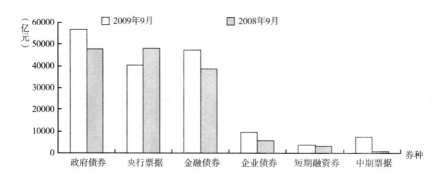

图 3　债券市场券种结构的变化

数据来源：中央国债登记结算公司。

2. 金融债券现券交易大幅增加

2009 年前三季度银行间债券市场共发生现券交易 16.9 万笔，债券交易量 37.7 万亿元，同比增长 37.1% 和 30.1%。其中金融债券的增长最为明显，从 2008 年前三季度的 2.5 万笔和 5.2 万亿元，增加到今年同期的 4.7 万笔和 13.3 万亿元，增幅分别达到 84.3% 和 155.1%，其现券交割量市场占比达到了 35.25%，相当于上年的近 2 倍。中期票据的现券交易增幅也比较大，债券交割量达到 4.8 万亿元，市场占比 12.7%，远高于上年同期的 1.45%。央行票据由于市场存量减少，现券交易量明显减少，市场占比大幅下降，但仍保持在 30% 以上的水平。其他券种的现券交易均有稳定增加，但是市场占比变化不大。

金融债券交易量的增长，首先缘于年初以来其发行量的大幅增加，该券种的市场流动性一向较好，存量的增长显然会助长二级市场交易量。其次，关于商业银行持有金融债券的新监管规定，促使部分商业银行调整持券种类，适当减持金融债券；再次，市场指数下调，部分投资性机构减持流动性较好的债券资产以规避风险，从而增加了金融债券交易量。

3. 投资性机构减持债券资产

在债券市场总体回调的趋势下，除商业银行和信用社等配置性机构略有增持而外，非银行金融机构、证券公司、保险机构、投资基金和非金融机构均不同程度地减持了债券。2009 年前三季度，证券公司净卖出 3664 亿元债券，投资基金净卖出 2596 亿元，保险公司净卖出 1517 亿元，非银行金融机构和非金融企业也存在少量的净卖出。

证券公司、投资机构和保险机构所管理的资金主要是追求收益的投资性资金。在市场出现回调的情况下，这些机构显然会较大幅度地调整仓位以避免损失。更重要的是，由于目前股票市场与债券市场已经形成了比较密切的联动关系，跨市场套利已经成为部分投资性机构的重要投资策略。因此当股票市场同期出现震荡上行的走势且新股发行重启的形势下，投资性机构显然会增加在股票市场的投资。保险公司等相对稳健的投资者也可能会相应增加在新股申购和偏股型基金方面的投入。

实际上，股票一级市场已经成为近年来保守型机构投资者的重要投资领域。参与新股申购的资金规模越来越大，甚至直接影响到债券市场和货币市场的稳定运行。2009 年 7～9 月，单只新股 IPO 发行量最大的是中国建筑，它发行股本 120 亿股，募集资金 500 亿元，而参与申购的资金总量则接近 1 万亿元；紧随其后的中国中冶的申购资金也达到5600多亿元，光大证券4600多亿元，中国国旅和四川成渝也接近2000亿。研究表明，如此大规模的申购资金中有相当一部分来自债券市场和货币市场。在新股发行密集时期，债券市场行情往往会受到资金流出的影响。

三 2010年资本市场运行展望

展望2010年，在世界经济走向复苏的大背景下，金融危机及其他外部经济因素对中国资本市场的影响将逐步减弱。来自国内经济和政策调整方面的因素对市场的影响作用将有所加强。

1. 国内宏观经济走势

国内经济形势正在成为影响我国资本市场走势的主导性因素。年初以来，国内经济开始摆脱金融危机影响，经济增长逐季加快。GDP第一季度增长6.1%，第二季度增长7.9%，第三季度增长8.9%，第四季度增长有望达到10%以上，全年经济增长可望保持在8.3%左右的水平。

在国家一系列刺激经济的政策引导下，社会固定资产投资大幅增长，成为拉动经济增长的最重要因素。前三季度，全社会固定资产投资155057亿元，同比增长33.4%，增速比上年同期加快6.4个百分点。其中，城镇固定资产投资133177亿元，增长33.3%，加快5.7个百分点。从图4可见，从单月投资完成额来看，各月份固定资产投资增长率均明显高于上年同期，预计第四季度固定资产投资将继续保持较高增长速度。

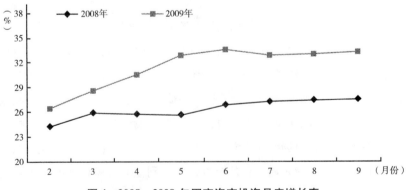

图4 2008～2009年固定资产投资月度增长率

数据来源：国家统计局。

在国内消费需求方面，如图 5 所示，2009 年前 9 个月社会消费品零售总额 89676 亿元，同比增长 15.1%；扣除价格因素，实际增长 17.0%，比 2008 年同期加快 2.8 个百分点。尽管如此，2009 年 1～8 月的各月消费品零售总额的增长速度依然均低于于 2008 年同期。国内消费需求增长趋势在年内不太可能发生逆转性变化。

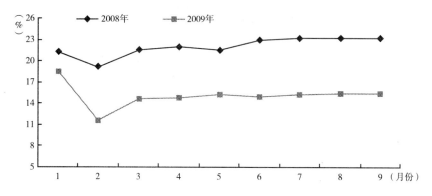

图 5　2008～2009 年社会消费品零售总额月度同比增长率

数据来源：国家统计局。

外贸方面，出口部门是受金融危机和国际经济衰退影响最大的部门。今年前三季度我国出口总额 8466.5 亿元，同比下降 21.3%。在主要贸易伙伴国家和地区经济衰退和调整时期，贸易保护主义有所抬头，针对中国的贸易纠纷和摩擦呈上升趋势，在当前形势下我国出口发生逆转性增长的可能性较小，预计全年出口同比将下降 20% 左右，下降趋势有可能延长至明年第一季度。

图 6 和图 7 根据国家统计局数据绘制，从中可以看到，8 月份居民消费价格指数同比下降 1.2%，但环比上涨 0.5%，这是 2009 年以来 CPI 首次出现环比正增长，9 月份该指数环比再次上升 0.4%，社会上对于通货膨胀的预期有所增加。我们认为通货膨胀在年内还不太可能成为影响经济增长的主要问题。原因如下：首先，除 1 月份外，CPI 各月同比涨幅变化基本保持在 -0.8% 至 -1.8% 之间，总体比较平稳。8、9 月份的环比上涨具有某种程度的趋势性特征，但因其幅度较小，所以还不具有突破性意义，不过应当给予必要关注。其次，今年的 CPI 变动没有体现出上年所具有的结构性特征，各类商品和服务的价格变动反差不大。排除结构性上涨，即便 CPI 有可能在年内实现正增长，但除非发生特别的突发性事件，否则其上涨总水平不太可能在年内达到 4% 的政府调控目标上限。再次，

2008 年同期 CPI 上涨较多,2009 年以来的指数同比温和下降具有均值回归的意义,在国内商品和服务的供需形势没有发生根本性变化的情况下,年内和明年第一季度发生大幅通胀的可能性较小。最后,代表生产资料价格的原材料、燃料和动力购进价格指数自年初以来即大幅度下降,到 8 月末其同比下降幅度仍然保持在 -11.3% 的水平。即便考虑到燃料和动力价格调整的滞后性,但仍然无法从中发现即将出现经济过热的证据。

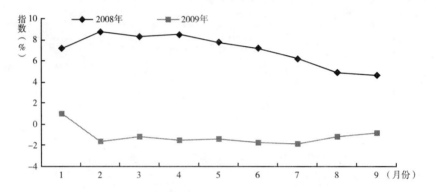

图6 2008～2009 年居民消费价格指数月度同比变化趋势

数据来源:国家统计局。

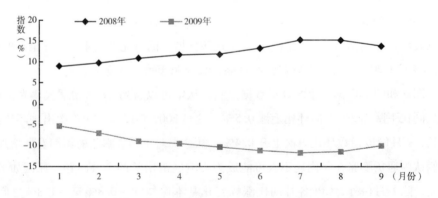

图7 原材料、燃料、动力购进价格指数月度同比变化趋势

数据来源:国家统计局。

综上所述,今年我国经济保持8%以上的增长率已成定局。以投资拉动为主的局面更为突出,国内消费贡献率仍显不足,出口下降成为制约经济增长的主要不利因素。物价指数有可能在年内转为正增长,不过在明年第一季度以前发生大规模通货膨胀的可能性较小。短期向好的经济形势为资本市场稳定运行奠定了一定基础，但实体经济固有的体现在经济增长方式、产业结构和区域结构等方面的结构性矛盾依然突出，市场对经济过热和通货膨胀的担忧增加等不利因素将会对市场继续上行增加压力。

2. 金融运行走势

在适度宽松的货币政策引导下，各存贷款金融机构积极努力，进入 2009 年以后，信贷投放量大幅增加。到 9 月末，金融机构人民币各项贷款余额 39.04 万亿元，同比增长 34.16%，增幅比 2008 年末高 15.43 个百分点；金融机构本外币各项贷款余额 41.39 万亿元，前三季度累计新增 9.4 万亿元，增长 33.8%，比上年同期多增加 5.6 万亿元。同 2008 年相比，2009 年各月贷款的月度增长率呈逐月上扬趋势（见图 8），而且增长幅度自 3 月份以后明显高于上年同期。贷款额度增加不仅为实体经济增长提供了支持，而且企业暂时闲置的信贷资金也可以通过多种渠道入市进行短期投资，从而为资本市场注入一定流动性。

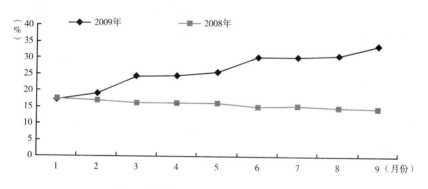

图 8　金融机构本外币贷款月度增长率

数据来源：中国人民银行。

随着信贷投放的增加和企业利润及居民收入增长，今年以来金融机构各项存款也明显增加。到 9 月末，金融机构本外币各项存款余额为 59.8 万亿元，前三季度累计新增 11.8 万亿元，同比增长 27.8%，比上年同期多增加 5.1 万亿元。从图 9 中可见，企业存款增量明显高于居民储蓄存款。3 月和 6 月是企业存款增量较多的月份，分别增加 1.4 万亿元和 1.1 万亿元。这两个月的信贷增量也是前三季度最多的，金融机构本外币信贷资金当月分别增加 1.9 万亿元和 1.8 万亿元，表明今年企业存款增量的变动主要来自信贷增量变化。居民储蓄存款在 7、8 两个月出现了负增长,这应当与新股发行重启有关。银行存款的增加为企业和居民进入资本市场投资创造了资金条件,在市场预期上涨的情况下,入市资金将相应增加。

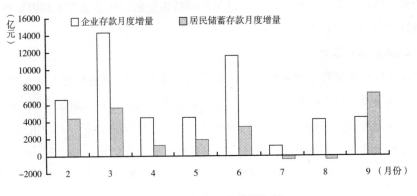

图9 2009年各月存款增加额

数据来源:中国人民银行。

如图10所示,受宽松货币政策和低通胀预期的影响,银行间市场利率上半年保持在较低水平。隔夜拆借利率维持在0.81%~0.87%。下半年形势发生变化,利率有所上升,9月份同业拆借月加权平均利率为1.27%,比上月上升0.06%。利率上升表明银行体系在经历了连续半年的信贷投放大幅增加以后,出现了一定的流动性需求,对信贷政策收紧和通胀预期有所增加。信贷增量是影响今明两年流动性松紧程度的最主要因素,目前信贷扩张已经遇到了银行资本充足率限制、潜在不良贷款风险增加和实体经济中可贷项目不足等因素的约束,很难

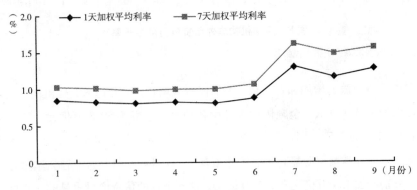

图10 2009年各月银行间同业拆借利率

数据来源:中国人民银行。

继续保持 2009 年上半年的规模扩展态势，因此，新增贷款将出现一种增长率居高不下但绝对额大幅减少的走势。鉴于 2009 年前期新增贷款数额巨大、增幅较高，预计进入 2010 年以后，信贷增速将明显放缓，市场将感到资金较紧。

3. 政策性因素

"保增长、保民生、保稳定"是 2009 年政府工作的中心目标。宏观经济调控政策的出台和调整都必须考虑到能否有利于推动这一目标的实现。

2009 年第二季度以后，国家为抵御国际金融危机影响所采取的积极的财政政策和适度宽松的货币政策取得明显效果，经济止跌回升，主要经济指标逐步走好。但也应看到，经济长期持续、稳定增长的基础仍然不稳固，特别是经济内在的结构性矛盾并不能够依靠短期的财政和货币政策给予解决，必须在体制机制上有所创新，发掘新的经济增长点和发展空间。鉴于此，我们认为，在 2009 年中期以前，现有政策框架不太可能发生重大变化。但是，宏观政策依然可能根据经济运行的具体情况在力度、结构和着力点等方面进行微调，从而体现决策层从力保总量增长向总量与质量并重转变的意图，实现经济的又好又快发展。

如果 2009 年第四季度 GDP 增长率达到 10% 以上，那么，2010 年前 6 个月的 GDP 增长率也将维持在 10% 以上。在此背景下，如果固定资产投资增长率、新增贷款增长率继续维持高位运行，CPI 由负转为正、外贸增长率由负转为正，股市、房市的价格继续上行，那么，中国经济在 2010 年上半年的态势就很可能与 2007 年 10 月份之前相似，由此，宏观经济政策就可能进入一个调整的敏感期。为了避免经济硬着陆、保护前期政策成果，需要根据中国经济在 2003 年以后的运行发展状况，符合实际地对经济走势做出判断，防止简单地以"过热"冠之。

4. 资本市场的可能走势

2010 年，鉴于 CPI 走势将由负转正，在水、电、燃气、交通和农产品价格上行的背景下，央行有可能上调存贷款利率；同时，与 2009 年相比，资金面可能处于不太宽松的格局中，由此，债市和股市的走势都将受到约束。

从债市看，虽然公司债券等经营性机构发行的债券数额可能扩大，但政府债券为主的格局将难以改变，银行间市场依然是债市交易的主要场所；其次，在存贷款利率上行的背景下，债券发行的利率可能提高，由此，引致 2009 年发行的债券在交易中的价格下行；再次，随着债券发行规模（包括央票规模）继续扩大，债市交易量将继续扩大，但债市的价格波动和成交量波动也将扩大；最后，债券在发行方式、品

种和交易等方面的创新还将继续展开，但要推出债市的期货交易还有严重的困难。

从股市看，2010 年的股市走势，要延续 2009 年上半年的大幅上涨行情（上涨 60% 以上）是不太可能的。利好因素主要包括：宏观经济运行态势良好、上市公司业绩提高、市场资金虽紧但还算充裕、股指期货推出和创业板市场的创新，等等。但可做利空文章的因素也很多，其中包括新增贷款增长率下行、通货膨胀、新股发行规模扩大且密度提高以及 "大小非" 解禁压力增大等。在这些因素的作用下，2010 年的股市上行空间有限，交易量可能扩大，但波动幅度也将扩大，总体呈现出一种振幅扩大中的上行走势。在此背景下，个股之间的价格走势将进一步分化，防范和化解投资风险的程度取决于投资者的审时度势能力和操作技能的高低。

Analysis and Forecast of China's Capital Market Operation in 2009 – 2010

Wang Guogang, *Zhang Yuewen*

Abstract：In 2009, the characteristics of capital market are that, the stock market basically maintains the upward trend, the achievements of listed companies have the rise trend, the investors have confidence; the bond market index lowers, the cash bond transaction of financial bond has increased largely, and the investment organizations are reducing the holding of bond assets. In 2010, the influence of factors from the domestic economy and the policy readjustment to the market will strengthen. The domestic economic situation is becoming the dominant factor to affect China's capital market trend. The disadvantage factors which the worry of market about the overheated economy and the inflation increases etc. will unceasingly increase the pressure to the market upward. In 2010, in view of the fact that the CPI trend will transfer from the negative into the positive, under the background that the price of water, electricity, fuel gas, transportation and farm produces rises, it is possible for the Central Bank to increase the rate of deposit and loan; At the same time, compared with the one in 2009, the fund will be not too loose possibly, thereby the trend of bond and stock markets will be restrained.

Key Words：Capital Market; Domestic Economy and Fund Restraint

2009 年财政经济形势及 2010 年展望

马拴友 *

摘　要：2009 年财政经济形势表现为以下几个特点：生产形势总体趋好、内需保持较快增长、外贸形势依然严峻、物价同比降幅较小，但环比转正、经济增长质量有所提高、货币信贷运行总体平稳、财政收入继续回升。当前经济运行中存在的问题：外部经济环境依然严峻，经济增长的内生动力和活力依然不足，结构性矛盾比较突出，农业稳定发展和农民增收难度较大，部分企业经营比较困难，资产市场波动较大，金融风险和地方财政风险值得关注。展望 2010 年，我国经济将保持回升态势，物价将逐步回升，财政收支矛盾仍较突出。由此决定下一步宏观调控政策的取向：继续实施积极财政政策，适时调整政策的着力点；继续实施适度宽松的货币政策，把握好政策的重点、力度和节奏；推进市场化改革，增强经济内生增长活力。

关键词：财政　结构性矛盾　内生增长

一　2009 年财政经济运行情况

2009 年以来，随着积极财政政策和适度宽松货币政策的实施，我国经济出现了积极变化。总体上看，国民经济扭转了去年第四季度增速过快下滑的趋势。初步核算，上半年国内生产总值增长 7.1%，增幅虽同比回落 3.3 个百分点，但比第一季度提高 1.0 个百分点。分季度看，GDP 第一季度增长 6.1%，第二季度增长 7.9%。第三季度，许多指标继续较快增长，经济企稳回升趋势更加明显，表明我国应对国际金融危机、保持经济平稳较快发展的一揽子计划取得积极成效。

---

* 马拴友，财政部综合司经济预测处处长。

1. 生产形势总体趋好

一是夏粮实现连续六年增产。我国夏粮产量 12335 万吨，比 2008 年增产 2.2%，打破了近百年来我国粮食 5 年"两丰两平一歉"的周期循环。上半年猪牛羊禽肉产量 3580 万吨，增长 6.3%。二是工业生产增长加快。1～8 月，规模以上工业增加值同比增长 8.1%，比上半年加快 1.1 个百分点。工业企业产品销售率为 97.4%，比上半年加快 0.2 个百分点。反映工业运行动态的用电、运输等指标向好。1～8 月，全社会用电量年内首次出现累计正增长，增长率为 0.36%；社会运输量从 5 月份起增速连续加快，8 月份同比增长 12.6%。三是服务业保持平稳较快增长势头。上半年，第三产业增加值同比增长 8.3%，对经济增长的贡献率达 47.4%，比上年同期提高 6.2 个百分点。

2. 内需保持较快增长

一是投资增长较快。1～8 月，城镇固定资产投资同比增长 33.0%，增速比上年同期加快 5.6 个百分点。房地产开发投资增长 14.7%，比上半年加快 4.8 个百分点。二是消费增长平稳。1～8 月，社会消费品零售总额同比增长 15.1%，扣除价格因素实际增长 17.0%，同比加快 3.2 个百分点。其中，县及县以下消费品零售额增长快于城市 1.5 个百分点。城乡居民消费结构加快升级，国内乘用车销售同比增长 45.5%；商品住宅销售面积同比增长 44.5%，销售额增长 74.6%。

3. 外贸形势依然严峻

1～8 月，我国进出口总值 13387 亿美元，同比下降 22.4%。其中，出口 7307 亿美元，下降 22.2%；进口 6079 亿美元，下降 22.7%。贸易顺差 1228.2 亿美元，同比下降 19.2%。外商直接投资实际使用额 558.6 亿美元，同比下降 17.5%。

4. 物价同比降幅缩小，但环比转正

一是居民消费价格同比降幅缩小，环比出现上涨。1～8 月，居民消费价格同比下降 1.2%，其中 8 月份同比下降 1.2%，环比上涨 0.5%，为年内首次出现环比上涨。二是工业品出厂价格同比降幅缩小，环比继续上涨。1～8 月，工业品出厂价格同比下降 6.4%，其中 8 月份同比下降 7.9%，环比上涨 0.8%，连续 5 个月环比上涨。三是住房价格同比上涨。8 月份，全国 70 个大中城市房屋销售价格同比上涨 2.0%，涨幅比 7 月份扩大 1.0 个百分点；环比上涨 0.9%，连续 6 个月环比上涨。

5. 经济增长质量有所提高

一是就业情况总体平稳。1~8 月，城镇新增就业 757 万人，完成全年任务的 84%；下岗失业人员再就业 357 万人，完成全年任务的 71%；就业困难人员就业 107 万人，完成全年任务的 107%。8 月末，全国城镇登记失业率为 4.3%。二是居民收入较快增长。上半年，城镇居民家庭人均可支配收入 8856 元，同比增长 9.8%，扣除价格因素实际增长 11.2%。农村居民人均现金收入 2733 元，增长 8.1%。三是工业利润降幅减缓。1~8 月，全国规模以上工业企业实现利润 16747 亿元，同比下降 10.6%，降幅比前 5 月减小 12.3 个百分点，其中电力、钢铁、有色等行业盈利状况明显改善。

6. 货币信贷运行总体平稳

8 月末，货币信贷继续保持快速增长，M2 增长 28.5%，M1 增长 27.7%，人民币贷款增长 34.1%，分别比上月末高 0.1 个、1.3 个和 0.2 个百分点。1~8 月新增贷款已达 8.15 万亿元，同比多增 5.04 万亿元，其中，8 月份新增贷款 4104 亿元，同比多增 1388 亿元，贷款集中于中长期。相比上半年，近两个月信贷投放进度有所放缓，但扣除票据融资后 8 月份一般贷款增速达 29.6%，表明贷款增长仍保持较强势头。8 月份，中小企业贷款增速达 30.8%，比全部企业贷款增幅高 5 个百分点，中小企业贷款余额占全部企业贷款余额的 54.4%。

7. 财政收入继续回升

1~8 月，我国财政收入 45910 亿元，比 2008 年同期增长 2.6%，为 2009 年以来的首次正增长，增幅比上半年提高 5.0 个百分点。其中，中央本级收入同比下降 1.6%，地方本级收入同比增长 8%。从 5 月份起，全国财政收入连续 4 个月保持正增长，呈逐月回升的态势。其中 8 月份财政收入增长 36.1%，主要与去年基数较低、今年又有一些一次性增收因素有关。扣除这些特殊的一次性增收因素，全国财政收入增长 17% 左右。如果再扣除成品油税费改革后增加的转移性收入等因素，全国财政收入增长 10% 左右。同时，财政支出保持较快增长。1~8 月，财政支出 38625 亿元，同比增长 22.7%，其中中央和地方级支出分别增长 19.2% 和 23.7%，反映积极财政政策正在稳步落实。

展望全年，考虑到促进经济增长的一揽子政策将进一步发挥作用，企业自我调整的效应也将逐步显现，加上去年第四季度经济增长基数较低，预计今后几个月经济增速将有所加快，全年 GDP 增幅能实现 8% 左右的目标；物价在 11 月份

前后出现上涨，全年CPI涨幅在1%以内；财政收入继续保持正增长，全年预计增速低于GDP，财政收支矛盾仍较突出。

二 当前经济运行中存在的主要问题

虽然目前我们有效抗击住了国际金融危机的巨大冲击，在较短的时间内稳定了各方面的信心，遏制了经济增长下滑的态势，但也要清醒地看到，当前经济回升向好的态势还不稳定、不巩固、不平衡，经济发展仍面临很多困难和挑战。

1. 外部经济环境仍较严峻

尽管目前世界经济运行出现了一些积极信号，衰退程度有所放缓，但复苏之路可能曲折漫长，仍面临较多挑战。一是当前的全球经济复苏很大程度上得益于各国的经济刺激政策，经济内生增长动力恢复需要较长时间。因为本轮国际金融危机影响深且广，资产价格下跌和信贷收缩将影响投资增长；居民财富大幅缩水（据美林估计，美国家庭财富损失总额高达12.9万亿美元，相当于家庭财富自2007年中的高峰下滑20%，相当于美国2007年GDP的93%），失业率居高不下（8月份美国失业率仍高达9.7%，为1983年6月以来最高水平），都将制约私人消费的增长。二是在应对危机过程中，一些政策风险也在积累。比如，各国量化宽松的货币政策给全球注入大量流动性，主要储备货币美元贬值压力加大，近日美元指数创出历史新低，大宗商品价格面临上升压力，国际通货膨胀预期增强。三是金融体系中的损失与风险尚未彻底清算，美国开始调整其负债消费的增长模式，以及各种形式的保护主义抬头，都可能延缓全球经济复苏的进程。四是虽然主要发达经济体认为，应在较长一段时期内保持宽松政策，但在实施的时间和尺度上各国存在分歧，何时实施退出战略以及如何实施退出战略成为影响世界经济持续复苏的新变数。因此，我国经济仍然面临着外需下滑的不利影响，尽管国家出台的稳外需政策取得积极成效，出口占世界市场的份额有所提高，但我国进出口降幅仍在扩大。

2. 经济增长的内生动力和活力仍显不足

当前投资增长还主要来自政府基础设施投资，制造业投资增速有所放缓；消费增长主要来自汽车等商品，相当一部分商品销售增长仍较缓慢；物价回升很大程度来自食品价格上涨。在产能严重过剩的背景下，普通商品价格还存在反复的可能，如钢铁价格在 8 月份随着产能的恢复又出现较大幅度下降。民间投资没有及时跟进，前 8 个月，城镇非国有投资增长 28.3%，增幅低于国有投资 11.6 个百分点。城镇固定资产投资资金来源中预算内资金增长 82.7%，占全部投资资金的比重由 2007 年第一季度的 2.8% 提高到 5.3%，几乎翻了一番，表明当前经济自主增长的动力仍然不强。

3. 结构性矛盾比较突出

一是投资消费失衡的矛盾进一步加剧。上半年，全社会固定资产投资占GDP 的比重高达 65.3%，投资对 GDP 增长的贡献率达 87.3%，拉动经济增长比消费高 2.4 个百分点。二是产能过剩进一步加剧。在需求有所好转的情况下，一些本该淘汰的落后产能又在恢复生产。新上项目也存在着领域集中、技术和产品趋同的问题。有的地方以结构调整、淘汰落后为名，仍在铺摊子、上项目，还在谋划一些产能过剩、投资过热行业的扩能。三是企业兼并重组特别是跨省市兼并重组仍受到较多制约，节能减排工作在一些地方存在弱化倾向。

4. 农业稳定发展和农民增收难度较大

当前不少农产品面临价格下行压力，生产效益下滑。棉花、大豆、糖料等作物播种面积比去年减少，粮食生产实现全年丰收也存在很大不确定性，防汛及动物疫情防控形势严峻。农民工外出务工收入也受企业开工不足和减员减薪的较大影响。因此，在农产品价格总体下跌和农民就业困难"双碰头"等因素作用下，农民增收形势十分严峻，预计今年农民家庭经营性收入有所增加，但增幅将低于往年；农民工资性收入往年大幅增长势头难以维持，今年有可能出现负增长；农民转移性收入持续增加，但增速减弱；农民财产性收入有所提高，但对增收贡献有限。据有关部门估计，今年农民人均纯收入增速将比 2008 年下滑 50% 左右。

5. 部分企业经营仍较困难

由于我国经济对外依存度较高，在外需大幅下降的情况下，许多以出口为主的企业订单减少，且订单短期化现象明显，开工严重不足，生产增长乏力，并对相关联的企业带来不利影响。目前企业效益总体状况仍然较差，亏损企业亏损额继续增加。2009 年 1~8 月，全国规模以上工业企业利润同比降幅仍超过 10%，国有企业实现利润同比下降 19.6%。加上小企业融资难的问题比较突出，工业企业摆脱困境难度较大，就业和职工收入也将受到影响。目前就业形势仍然严峻，突出表现为高校毕业生就业压力大，困难群体实现就业难度大。

6. 资产市场出现较大波动

2009 年 8 月份，上证综合指数降幅接近 25%，近期虽然有所回升，但基础仍不稳固。房地产市场出现"滞胀"，8 月份，全国 70 个大中城市房价已连续第三个月同比上涨，部分地区房价已超过 2007 年最高水平，新房与二手住宅销售价格均出现上涨，而部分大中城市住房销售面积环比则出现明显下降。比如，8 月份深圳新建商品住宅销售面积环比下降 42%；北京期房成交量环比下降 10%，现房成交量环比下降 38%。

7. 金融风险和地方财政风险值得关注

2009 年以来，新增信贷主要流向了与政府投资相关的项目，包括中央和地方的基础设施建设、能源、交通等领域。由于这些项目借款额度大、期限长，信贷长期化趋势越来越明显，信贷向政府信用支撑的客户集中的现象也越来越突出。考虑到信贷集中化趋势、部分贷款流向股市或楼市、产能过剩格局未有根本性改变等因素，新增信贷成为不良资产的风险在增大。同时，地方政府性债务增长迅速，尤其是地方投融资平台数量急剧膨胀。截至 5 月底，全国已有投融资平台 4985 个，87% 的省、91% 的市、93% 的县都成立了本级政府投融资平台，地方投融资平台政府性债务余额急剧增加。由于投融资平台偿债资金主要直接或间接来源于土地收益，一旦土地收益出现拐点，财政风险就会凸现。

三 2010 年财政经济形势展望

总体上看，2010 年，随着我国应对国际金融危机的一揽子计划和政策措施的效应继续显现，以及世界经济逐步进入温和复苏阶段，我国内需继续保持平稳较快增长，外部需求也将有所改善，宏观经济将保持稳步回升的良好态势，并逐步进入新一轮经济增长的上升期。

1. 我国经济将保持回升态势

一是考虑到新开工项目、投资等先行指标强劲增长；企业效益和市场需求有所回升，流动性保持充足，企业投资能力和意愿也将逐步提高；随着 4 万亿元投资计划加快实施，以及消费型增值税等结构性减税政策效应进一步显现等因素，投资将继续保持较快增长。二是考虑到我国居民恩格尔系数较高，消费需求具有较强刚性；财政不断增加对低收入群体的补助，居民收入增长速度快于 GDP 增长；增加教育、医疗卫生、廉租住房、就业和社会保障等民生投入有助于降低居民预防性储蓄；减免汽车和住房交易等方面税收，全面落实家电下乡、汽车摩托车下乡、家电和汽车"以旧换新"政策，居民消费需求将保持平稳增长。三是考虑到稳定外需政策效应以及世界经济目前衰退放缓、年底可能呈复苏趋势，特别是美国 2009 年 6 月份联邦公开市场委员会预计，美国下半年经济将出现小幅增长，全年经济下降 1.5% ~ 1%，2010 年逐步复苏，经济增长 2.1% ~ 3.3%，2011 年增速进一步加快至 3.8% ~ 4.6%，我国出口降幅将逐步缩小，外需下降对经济的拖累将减弱，明年负拉动作用可能消失。

综合对投资、消费和出口"三驾马车"分析判断，预计 2010 年经济增速有望达到 8.5% 左右。事实上，最近一些国际机构也上调了对我国经济增长的预测，例如渣打银行将 2010 年我国经济增长预测值由 8.0% 上调至 8.9%，摩根大通将 2010 年我国经济增幅预计由 8.5% 提高到 9.0%。

2. 物价将逐步回升

宽松的货币环境为价格回升创造了基本条件，在农产品价格稳中趋升、生产资料价格逐步回升、国际市场大宗商品价格上涨的背景下，我国物价总体将趋于回升。同时，我国很多工业原材料对国际市场依存度不断提高，特别是与美国的 PPI 和生产资料价格有着很强的同步性。未来一段时期，随着国际金融危机影响的逐步减弱，美国目前过低的货币乘数可能升高、货币流动速度有可能明显加快，在基础货币投放较多的情况下，美元可能重新贬值，从而大大增加国际通货膨胀风险。

就我国物价走势来看，由于今年 10 月份之前，翘尾因素对居民消费价格 CPI 的影响还比较强，我国 CPI 可能要到 11 月份出现同比上涨局面，今年之内出现较强实际通货膨胀压力的可能性不大，预计 2009 年全年 CPI 仍将下降 0.5% 左右。2010 年，物价上涨风险主要来自农产品价格的波动、国际大宗商品价格上涨以及房价的上升，特别是我国工业品出厂价格和原材料、燃料、动力购进价格涨幅有可能明显加大。明年如果通货膨胀预期继续强化，特别是成本拉动和输入性通货膨胀因素将增大，物价在进入正增长后将继续攀升。但在供大于求的总体格局下，普通消费品价格上涨空间有限，发生全面通货膨胀的可能性不大。初步预测，2010 年 CPI 涨幅在 2% ~ 3%，但不排除个别月份出现较高的涨幅。

3. 财政收支矛盾仍较突出

在财政收入方面，由于经济运行中的一些积极变化在营业税等相关税收上逐渐体现，部分增收措施如提高卷烟消费税税率、成品油税费改革的增收效应显现，以及财税部门加强征管等，下半年财政收入将维持逐步回升态势。但由于价格水平总体较低、企业效益总体下滑、进口仍维持下降局面、政策性减收影响继续显现，财政收入回升的幅度不会太高，尤其是中央财政完成预算任务艰巨，全年财政收支紧张的矛盾仍较突出。就明年而言，由于2009年减收的政策因素仍然存在，部分一次性增收政策效应递减，加上经济增长总体水平不高，财政收入虽可能有所回升，但幅度也不会太高，预计明年财政收入增长基本与经济同步。

在财政支出方面，落实积极财政政策的支出压力，2010年不会有明显缓解，特别是投资性支出、民生支出、改革性支出的规模都只能在现有基数上继续增加，财政支出将继续保持较快增长。总体上看，2010年财政收支矛盾依然突出，财政赤字继续保持在较高水平。

四　下一步宏观调控政策取向

考虑到本轮国际金融危机影响深且广，当前经济复苏还主要来自政策刺激，经济内生增长的基础仍较薄弱；经济运行中一些不稳定因素也有所显现，因此，今后一段时期要继续把促进经济平稳较快发展作为宏观调控的首要任务，全面落实并丰富完善应对国际金融危机的一揽子计划，巩固和发展经济回升的好势头。

1. 继续实施积极财政政策，适时调整政策的着力点

要把积极财政政策的重点从促进投资转到扩大消费，增强消费需求对经济增长的拉动作用上来。一是进一步优化政府投资投向，加大消费性投资力度。政府投资重点应转向支持民生领域、公共消费设施、结构升级、技术改造和自主创新等方面。财政投资要向农村倾斜，加强农村危房改造、农村水利等基础设施、农村电网和乡间公路建设；向中西部地区倾斜，继续支持西部大开发，促进东北等老工业基地振兴，促进中部地区崛起；向民生倾斜，支持保障性住房、生态环境、医疗卫生教育文化以及灾后恢复重建等民生工程建设；向推进科技创新倾斜，加大对企业技术改造的支持力度。同时，要坚决防止盲目重复建设、扩大过剩生产能力。进一步发挥政府投资对社会投资的引导和示范作用，灵活运用投资

补助、资本金注入、贴息等方式，带动社会投资。二是着力调整收入分配格局，扩大消费需求。提高农民和城市低收入群体的可支配收入水平，健全并落实最低工资制度，研究制定事业单位绩效工资改革方案，扩大有效需求。调整优化财政支出结构，增强为全体公民提供公共产品与服务的保障能力，可将从国有垄断资源取得的收入更多地转向用于提供政府公共服务和增加居民可支配收入。统筹协调工资改革与养老保险改革，注重逐步解决不同性质单位退休人员待遇的平衡问题。以完善"下乡"机制为平台，建立健全支持扩大消费的财政政策体系，包括扩大"下乡"补贴的范围，加快实施"汽车、家电以旧换新"和"节能产品惠民工程"，支持城乡流通体系建设和现代服务业加快发展等。三是加快推进社会保障制度改革，建立起全覆盖、可流转、可接续的社会保障体系。认真落实和完善促进就业的各项政策措施，进一步稳定就业形势。在积极稳妥开展新型农村社会养老保险试点的基础上，加强相关制度的统筹设计，扩大试点范围。抓紧落实已出台的医疗卫生体制改革方案，推进相关配套工作，如转变政府卫生投入机制、加大各类医疗保险整合力度、提高社会保障统筹的层次等。

2. 继续实施适度宽松的货币政策，把握好政策的重点、力度和节奏

在保持适度宽松货币政策取向不变的前提下，根据国内外经济走势和价格变化，对货币政策力度适时适度动态微调，寻求促进经济增长与防范通货膨胀的平衡点。一是灵活运用多种货币政策工具，引导货币信贷适度增长。适时适度调控信贷增速，提高信贷增长的可持续性，加强金融监管和对金融机构的风险提示，防止采取过激手段带来信贷的大起大落，同时适当放缓新股发行的节奏，稳定市场主体的流动性预期。二是进一步优化信贷结构，推进结构调整。适当扩大消费信贷，支持城乡居民以改善住、行为热点的消费结构升级。加强对"三农"、小企业、结构调整、自主创新、就业、社会事业和灾后重建的信贷支持，严格控制对"两高"和产能过剩行业扩大产能及劣质企业的贷款。三是进一步完善汇率形成机制，防止美元大幅贬值的冲击。目前美元贬值压力较大，对此要高度关注。进一步完善我国汇率形成机制，增强汇率的弹性，做好应对预案。

3. 推进市场化改革，增强经济内生增长活力

要通过加快改革，充分释放扩大内需的潜能，拓展经济发展空间，增强经济发展的活力和动力。一是加快推进相关价格改革，进一步理顺价格机制。在进一步完善成品油定价机制的基础上，加快理顺资源性产品价格，包括煤、电、气、水价格等。加快出台实施资源税改革方案，理顺环境税费制度，建立并完善资源有偿使用、排污权有偿取得和交易制度，研究开征环境税，建立健全资源环境补偿机制。进一步完善国内外价格水平联动机制，特别是对国际上易受热钱炒作而价格波动频繁的产品，要进一步完善价格形成机制和调控手段，避免国际主要商品价格过度波动对国内生产的不利影响。二是抓紧修订出台政府投资项目核准目录，最大限度地缩小核准范围，适当下放核准权限，科学界定政府投资领域和范围，鼓励和扩大民间投资，激发市场投资活力。三是深化垄断行业改革，推进电力、铁路、市政公用事业体制改革，推动"三网融合"取得实质性进展。制定并完善放松对垄断领域和一些服务业进入管制的配套政策措施，真正做到对社会资本和民营经济开放。四是进一步优化所有制结构，推进国有经济结构战略性调整，完善鼓励和引导个体私营等非公有制经济发展的政策措施。五是积极推进金融创新。加快创业板市场IPO步伐，但要合理把握发行节奏，防止对资本市场造成冲击；在积极发展小额贷款公司、村镇银行的基础上，加快研究制定《放贷人条例》；继续推进利率市场化改革，稳步推进人民币区域化、国际化。

Financial Economic Situation in 2009 and Its Prospects for 2010

Ma Shuanyou

Abstract：In 2009, the financial economic situation has following characteristics that, the overall production situation goes up-and-up, the domestic demand keeps quicker growth, the foreign trade situation is still stern, the amplitude of price lowering is small over the one in previous year, but the ratio on a month-on-month basis has become positive, the economic growth quality has improved, the currency credit operation is steady in overall, and the financial revenue continues to rise again. There are some problems in the current economic operation, including the external economic environment is still stern, the endogenous power and vigor of economic growth are insufficient yet, the structural contradiction is quite prominent, the agricultural steady development and farmer's income increase have a big difficulty, the operation of partial enterprises is in difficulty, the asset market has a big fluctuation, and the financial risk and the local financial risk are worth paying attention. To forecast the situation in 2010, Chinese economy will maintain recovery, the price will gradually rise again, the contradiction between financial revenue and expenditure is still prominent; thereby, the orientation of next macroeconomic control policy is decided, namely unceasingly implementing the proactive fiscal policy, and duly adjusting the stress of policy; unceasingly implementing the moderately loose monetary policy, and seizing the stress, strength and rhythm of policy; Advancing the marketability reform, and enhancing the endogenous vigor of economy growth.

Key Words: Finance; Structural Contradiction and Endogenous Growth

适度宽松货币政策取向下的金融运行

王　毅　闫先东　李光磊[*]

摘　要： 2009 年，中国政府及时采取积极的财政政策和适度宽松的货币政策，货币供应量增速提高，国内信贷大幅度增加，经济主体信心得到较快恢复，经济增速稳步回升，目前的形势是国内需求稳步走高，外需降幅收窄，物价有望走出低迷区间。经济回暖超出预期，但值得关注的问题包括：货币供应量增速远远超出 GDP 增速，同时房价上行明显使通货膨胀预期加强，新增贷款向政府投融资平台集中，另外国际资本回流，美元汇率走低，加强了人民币升值预期等也需要引起高度关注。

关键词： 政策环境　经济回暖　金融运行

2009 年，为了应对国际金融危机的冲击，中国政府及时采取积极的财政政策和适度宽松的货币政策，使国内需求快速回升，经济主体信心得到较快恢复，货币供应量增速提高，国内信贷大幅度增加，中国经济摆脱了下滑的阴影，成为引领世界走出衰退的重要力量。但同时也要看到，由于短期内货币信贷的快速增长，未来的通胀压力较大，潜在信贷风险可能出现反弹。在经济回暖的过程中，国际资本流入也给人民币汇率和国内的货币政策操作带来了压力。下一步，应努力保持货币信贷适度增长，增强人民币汇率的弹性，防范价格上升压力的过快积聚，防范系统性金融风险的积聚。

一　金融运行的实体经济环境

2008 年 9 月份以后，美国的次贷危机演变为全球范围内的金融海啸，成为

---

* 王毅、闫先东、李光磊，中国人民银行调查统计司。本文仅反映作者自己的观点和看法，不代表所服务机构的意见。

20 世纪 30 年代以来最严重的国际金融危机。在欧风美雨的冲击下，2008 年第四季度我国外需增长明显放缓，国内就业压力陡然增加，经济下行风险加大。面对当时复杂的国内外经济金融形势，党中央、国务院提出把"保增长、扩内需、调结构"作为 2009 年宏观调控的首要任务，及时出台并实施了一揽子经济刺激计划，有力地促进了国内实体经济的稳步回升。

1. 经济增速稳步回升，经济回暖超出预期

2009 年第一季度 GDP 同比增长为 6.1%，第二、第三季度当季 GDP 同比增长分别为 7.9% 和 8.9%，增幅逐季提高，经济复苏的速度超出年初的预期。季节调整后，前三季度当季 GDP 环比折年率分别为 8.5%、14.9%、8.7%，保持强劲增长。人民银行景气调查显示，第三季度企业家信心指数为 75.4%，比上季高 7 个百分点，比去年第四季度最低值（60.9%）回升 14.5 个百分点；银行家信心指数为 55.4%，比上季大幅回升 15.4 个百分点。总的看，在强有力的财政、货币政策刺激下，我国经济最困难时期已经过去。未来我国经济将处于自主力量增强、政策刺激力度减弱等多种因素共同作用下的艰难复苏进程中。

2. 国内需求稳步走高，外需降幅收窄

在政府投资刺激计划的推动下，2009 年固定资产投资高位增长，成为拉动经济增长的主力。1～9 月城镇固定资产投资平均实际增长率为 38.9%，比 2003～2008 年同期平均水平高出 11.3 个百分点。2009 年 1～9 月，城镇固定资产投资新开工项目计划总投资比上年同期增长 83%，增幅比 1～8 月高 1.3 个百分点。同时，一系列刺激消费政策的实施，使全社会消费增速加快。1～9 月，社会消费品零售总额实际增长 17.0%，比上年同期加快 2.9 个百分点，再创历史新高。从国内需求变动的情况看，经济增长速度要高于 GDP 核算所反映的速度。

受国际金融危机影响，我国进出口从 2008 年第四季度开始大幅下滑，到 2009 年 5 月份，进口和出口同比增速分别跌至 -26.4%、-25.2%。但从 6 月份以来，进出口环比增速由负转正，进出口同比增速降幅收窄。2009 年第三季度，出口同比增长 -20.3%，增速比上季回升 3.1 个百分点，进口同比增长 -11.9%，增速比上季回升 8.6 个百分点，当季贸易顺差 392.8 亿美元，比上季增加 45.1 亿美元。金融危机发生后，我国出口值占各主要经济体的市场份额不降反升。2009 年 1～7 月，我国出口占主要贸易伙伴（包括欧盟、美国、日本和

部分新兴市场国家，占我国出口总额 61.2%）的进口市场份额达到了 14%，比上年 8 月份的 12.1% 提高了 1.9 个百分点，延续了 2000 年以来我国出口商品市场占有率提高的趋势。

3. 物价有望走出低迷区间

2009 年以来，我国物价同比普遍下跌。第三季度 CPI 同比下降 1.3%，降幅比上季收窄 0.2 个百分点。第二季度 CPI 是本轮下行走势的底部。第三季度 PPI 同比下降 7.7%，比第二季度低 0.5 个百分点。但从环比看，8~9 月 CPI 环比持续上升，虽然人民银行测算的 CPI 一致合成指数仍处于下降阶段，但降幅趋缓，呈现出触底迹象；先行合成指数已经显著反弹，显示出未来 CPI 将在 2009 年底转为正增长。

二 适度宽松的货币政策及运行效果

2009 年适度宽松货币政策的执行，是 1984 年中国人民银行独立行使中央银行职能以来第一次。从政策的执行效果看，我国应对国际金融危机所采取的各项政策措施取得明显成效，投资增速持续加快，消费稳定较快增长，国内需求对经济的拉动作用不断增强。在世界主要经济体信贷需求下降、市场流动性紧张的背景下，中国金融体系流动性充裕，货币信贷快速增长，金融体系平稳运行。2009 年货币信贷的快速增长成为中国经济摆脱下滑态势、有力回升的坚强后盾。

1. 货币供应量快速增长

2009 年以来，各层次货币供应量增速持续强劲回升，特别是狭义货币 M1 加快上升势头尤为明显。9 月末狭义货币 M1、广义货币 M2 增速分别为 29.5%、29.3%，比上年末上升 20.4、11.5 个百分点，比 2008 年在国际金融危机影响下的最低点分别高出 22.7、14.5 个百分点。当前的 M1 和 M2 增速分别是 1995 年 3 月、1996 年 1 月以来的最高点。目前，M1 和 M2 增速已经分别连续 3 个月和 7 个月在 25% 以上运行，特别需要指出的是，2009 年 9 月 M1 增速高出 M2 约 0.2 个百分点，为 2008 年 5 月份以来首次出现（见图 1）。M1 活跃程度提升，货币的流动性增强，显示出实体经济活动的活跃程度提升，经济景气度提高。

2. 信贷投放增加较多

2009 年以来，贷款持续大量投放。前 9 个月新增人民币贷款 8.67 万亿元，

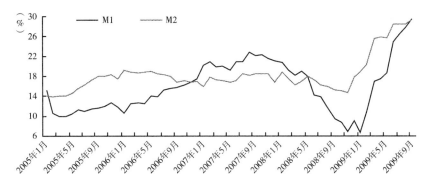

图1　货币供应量增长率

数据来源：中国人民银行。

同比多增5.19万亿元，其中9月份新增人民币贷款5167亿元。9月末人民币各项贷款同比增长34.2%，增速比上月上升0.1个百分点。第三季度当季新增贷款1.30万亿元，比第二季度当季少增加1.49万亿元（见图2）。

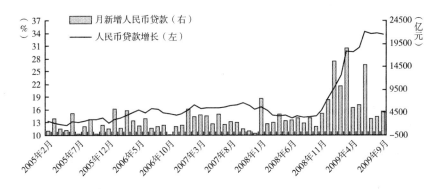

图2　信贷快速增长

数据来源：中国人民银行。

第三季度月均新增贷款4276.6亿元，远低于上半年月均投放1.23万亿元的水平，但信贷投放仍较为宽松，新增额明显高于历史平均水平（见图3）。第三季度贷款新增额是2002～2008年间第三季度平均水平的两倍。

3. 房地产信贷增速明显回升

2009年1月末，房地产贷款同比增长9.9%，创出2007年以来的新低。在此之后，随着房地产市场的回暖，房地产贷款增速逐步回升。2009年9月末房

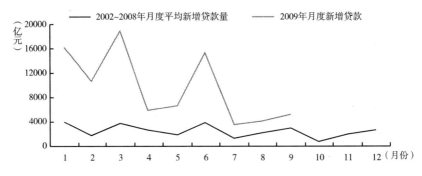

图3 2009年贷款月新增额远超2002～2008年月均水平

数据来源：中国人民银行。

地产贷款同比增长28.26%，增速比上年末高17.9个百分点，比第二季度末高9.5个百分点，比上月末高3.7个百分点，接近2007年水平（见图4）。

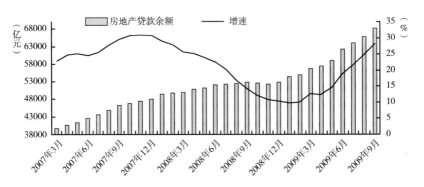

图4 房地产贷款余额及增速

数据来源：中国人民银行。

房地产开发贷款、个人购房贷款增速的走势与房地产贷款的走势相同，2009年9月末房地产开发贷款同比增长25.25%，增速比第一季度末、第二季度末分别高8.96、4.78个百分点；9月末个人购房贷款同比增长30.65%，增速比第一季度末、第二季度末分别高21.02、12.79个百分点。

4. 各项存款快速增长，企业资金充裕

2009年3月末、6月末、9月末，人民币存款分别增长25.73%、29.02%、28.35%，分别比上年同期高8.38、10.18、9.56个百分点，人民币存款快速增长（见图5）。

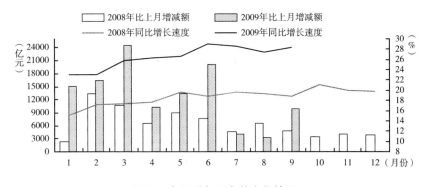

图5　人民币各项存款变化情况

数据来源：中国人民银行。

9月末储蓄存款同比增长24.9%，比上月末上升0.8个百分点，比上年末回落1.4个百分点。储蓄存款增速回升主要与当月创业板开始发行新股、节前追捧创业板的打新股资金大量回流所致。

9月末企业存款同比增长35.7%，比上月和上年末分别上升0.5和20.3个百分点。前9个月企业累计新增存款5.60万亿元，同比多增3.77万亿元，多增较多。其中9月份新增企业存款2238亿元，同比多增1094亿元。总体看，企业资金较为充裕。

5. 市场利率低位运行

从2008年9月到当年末，人民银行连续五次下调人民币存贷款基准利率、四次下调金融机构人民币存款准备金率并调减公开市场操作规模。在这些政策的综合作用下，2009年1月上海同业拆借加权平均利率、银行间市场回购加权平均利率均为0.9%，一直到2009年6月，市场利率一直在0.8%~0.9%之间运行，市场流动性充裕。7月份以来，人民银行提出货币政策的动态微调，恢复发行一年期央票，引导市场利率上行。9月末，上海同业拆借加权平均利率、银行间市场回购加权平均利率分别为1.27%、1.28%，分别比6月份回升0.36、0.37个百分点（见图6）。

6. 商业银行超储率走低

2009年1月末，金融机构超额储备率（超储率）为3.3%，之后，随着商业银行贷款投放快速增加，金融机构超储率总体上在走低，8月末，金融机构超储率达到1.3%的新低。随着商业银行对贷款投放有所控制，9月末，金融机构超

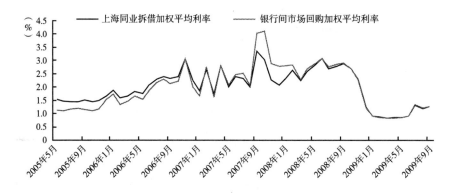

图 6　市场利率低位运行

数据来源：CEIC。

额储备率为 2.06% ，比上月上升 0.76 个百分点（见图 7）。分金融机构看，国有商业银行月末比例为 1.8% ，与上月相比上升 0.8 个百分点；其他商业银行月末比例为 2% ，比上月上升 1.18 个百分点。

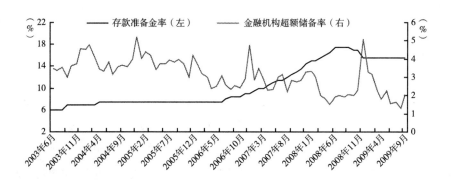

图 7　金融机构超储率有所回升

数据来源：中国人民银行。

7. 人民币汇率保持基本稳定

2008 年中以来，人民币对美元汇率的波动区间明显收窄，人民币名义有效汇率（BIS 口径）随美元的升值而升值，但从 2009 年 4 月份开始，人民币名义有效汇率持续贬值。2009 年 8 月人民币名义有效汇率比 2009 年 3 月贬值 6.6%（见图 8），与同期外汇储备增加 2987.61 亿美元，形成鲜明对比。

图8 人民币汇率保持稳定

数据来源：中国人民银行。

三 值得关注的几个问题

1. 货币供应量增速远远超出 GDP 增速

2009 年以来货币供应快速增长，名义 GDP 增速较慢，2009 年 9 月末货币供应量增速高于前三季度 GDP 名义增速 24.6 个百分点（见图 9），两者增速的缺口创下 1995 年有数据以来的最高值，未来通货膨胀的压力较大。

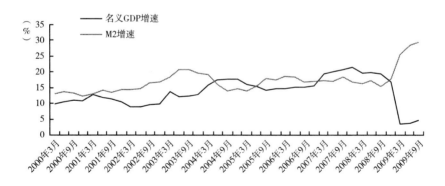

图9 货币供应量和 GDP 增速的缺口急剧扩大

数据来源：CEIC。

长期来看，货币信贷的增长与实际经济增速和物价变动之间保持高度吻合的关系。改革开放的 30 年间，各项贷款平均增速为 18.4%，名义 GDP 增速为

15.8%，两者相差 2.6 个百分点；2001～2008 年，贷款平均增速为 15.0%，名义 GDP 增速为 14.9%，两者只差 0.1 个百分点（见表 1）。依此关系，2009 年 9 月末 M2 增速为 29.3%，各项贷款增速为 34.2%，货币供应量和信贷总量如此快增长，未来或者拉动 GDP 高速增长，或者推动物价普遍上涨。但短期内 GDP 增速不可能大幅提高，未来物价上涨的压力明显加大。

表 1　改革开放以来各项贷款增速与 GDP 名义增速的关系

时间段(年)	各项贷款增速(%)	名义 GDP 增速(%)	两者差额百分点
1991～2000	19.0	18.2	0.8
2001～2008	15.0	14.9	0.1
1978～2008	18.4	15.8	2.6

2. 房价上行明显，通胀预期较强

2008 年下半年，房屋销售价格回落。但进入 2009 年，房地产交易市场开始回暖，房地产价格指数环比从 3 月份开始出现正增长。9 月份，全国 70 个大中城市房屋销售价格同比上涨 2.8%；环比上涨 0.7%，接近 2007 年 11 月以来的最高环比涨幅（见图 10）。

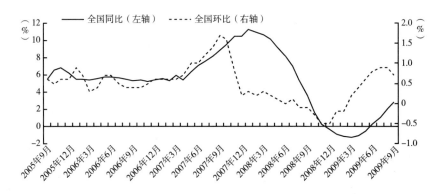

图 10　全国房屋销售价格增长率

数据来源：国家统计局，中国人民银行。

主要城市房价快速上涨。1～8 月北京 4 环以内、4～5 环、5～6 环、6 环以外预售房屋均价分别为 18113、16868、9749、7847 元/平方米，比 1 月份上涨 27.3%、16.8%、35.3%、17.1%；9 月末，上海内环以内、内外环间、外环以外住宅均价分别为 32135、17117、8642 元/平方米，比年初上涨 12.4%、24.0%、11.1%。9 月份，深圳房屋销售价格同比上涨 11.1%，比上月提高 4.6 个百分点。从发展趋势看，货币信贷继续快速增长、投资性需求上升以及商品房消化压力减轻、供应偏紧等因素将支撑房价继续上行。

2009 年第三季度人民银行监测的 5000 户工业企业产品销售价格景气指数继续上升，从第二季度的 45.6% 上升至 48.8%；人民银行储户问卷调查显示，第三季度对未来物价预期指数达到 66.7%，已经连续三个季度上升，居民通胀预期持续加强。在国际"输入型"通胀压力、国内货币信贷快速增长、国内需求大幅回升及库存触底回升等多重因素的共同作用下，2010 年物价上涨压力将会明显增加。同时，国际大宗商品价格继续上涨，国内需求回升，这些因素将为物价上行提供动力。

3. 国际资本回流

受国际金融危机冲击，2009 年第一季度我国贸易顺差和吸引外商直接投资的规模都出现下降，而国际游资也一度呈现流出迹象。但从第二季度起，随着我国经济企稳回升、资产市场回暖特别是股票市场的大幅上涨，定量宽松政策导致国际金融体系充斥的过多流动性又重新流入我国。初步测算，第三季度我国新增外汇储备超过同期贸易顺差、FDI 与外债之和约 582 亿美元，月均增加 194 亿美元，国际游资由流出转为流入，并远远超出 2008 年同期水平（见图 11）。9 月份当月，外汇占款新增 4368 亿元，比上年同期增加 767 亿元。

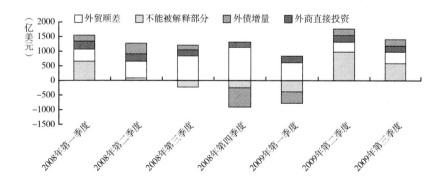

图 11　2008～2009 年外汇储备结构分解

数据来源：中国人民银行，中国外汇管理局。

注：①2009 年三季度外债增量为估计值。②不能被解释部分 = 外汇储备 − 贸易差额 − FDI − 外债增量。

4. 新增贷款向政府投融资平台集中

2009 年以来,银行业不良贷款继续实现"双降"。9 月末,商业银行不良贷款余额 5045 亿元,比年初减少 558 亿元,不良贷款率为 1.66%,比年初下降 0.76 个百分点。但在不良贷款数据"双降"的背后,信贷高增长下的风险隐患也在积聚。2009 年以来,以政府信用为支撑的投融资平台贷款急剧增长,但不少政府投资项目未来的现金流不足以偿还贷款的本息,商业银行普遍将偿还贷款的希望寄托在地方政府身上。实际上,1994 年分税制财政体制改革以后,地方财力相对缩小,事权不断增加,地方财政总体比较困难。如果经济调整的时间较长,政府投融资平台贷款继续快速增长,地方财政可能无力偿还巨额的银行贷款,因此,政府投融资平台贷款潜伏着较高的信用风险。

5. 美元汇率走低,人民币升值预期增强

2002 年 2 月以后,美元名义有效汇率总体呈贬值趋势。2008 年下半年以来,随着避险情绪的加剧,美元汇率升值。2009 年 3 月份以来,国际经济逐步好转,风险偏好上升,美元开始贬值,2009 年 10 月,美元名义有效汇率指数为 101.92 (见图 12),比 2009 年 3 月贬值 9.4%。从未来情况看,美国提高储蓄率、降低消费率、降低经常项目逆差的进程将延续下去,长期内美元的贬值不可避免。

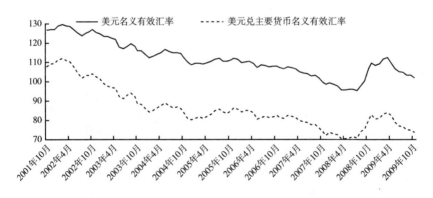

图 12 2009 年 3 月份以后,美元有效汇率出现贬值趋势

数据来源:CEIC。

2009 年 8 月中旬以来,人民币升值预期不断增强,10 月 15 日,香港市场人民币一年期 NDF 交易数据显示,市场预期人民币汇率将在一年后升值至 6.63 元/美元。

四　对 2010 年货币政策取向的思考

1. 保持货币信贷的适度增长

人民银行于 2009 年 10 月初在全国范围内对 613 个项目开展了一次专项调查。调查结果显示，2010 年固定资产投资项目人民币贷款需求为 8.8 万亿元，比 2009 年全年中长期贷款预计新增额高 1.8 万亿元。

2009 年 2～9 月，固定资产新开工项目计划总投资累计增速均超过 80%，这是 10 多年来从未有过的高增长。如果不对新开工项目予以适当控制，投资规模过度膨胀，产能过剩将进一步加剧，银行不良贷款反弹压力将明显加大。

地方项目、国有及国有控股企业投资快速增长带动了 2009 年城镇固定资产投资的高增长，而这些项目的资金来源主要依赖银行贷款，适当控制投资规模也需要保持货币信贷的适度增长。2000～2008 年我国 M2 平均增长 17.1%，如果 2010 年 M2 增长 17%，必须将城镇固定资产投资增速控制在 18.5% 左右；如果 2010 年 M2 增长 18%、19%，必须将城镇固定资产投资增速控制在 20.3%、22.6% 左右。上述三种情形均表明，城镇固定资产投资增速应该从 2009 年前 9 个月的 33.3% 下降到 2010 年的 21% 左右，这意味着新开工项目计划总投资增速将比 2009 年前 9 个月的 83.0% 有较大幅度的下降。

2. 增强人民币汇率的弹性

国际金融危机以来，我国外汇储备增加额明显减少，2008 年 10 月、2009 年的 1 月、2 月外汇储备甚至出现了负增长。2009 年 3 月份以来，我国外汇储备逐月增加，2009 年 9 月外汇储备增加 617.68 亿美元，比上年同期增加 403.37 亿美元。

从未来的情况看，我国经济稳定向好，总体经济状况好于美国、日本、欧洲发达国家，房地产价格明显上涨，资本流入的压力不断加大，货币政策调控可能面临信贷扩张和外汇占款增加的双重挑战。

长期以来，无论是从贸易差额、经常项目差额还是总体差额看，我国历史数据和世界主要国家的数据都表明，我国国际收支的不平衡是相当严重的。从国际收支平衡表看，净出口（货物和服务顺差）是我国经常项目顺差的主体。在资金流量表（实物交易）上，净出口（货物和服务顺差）作为增加值的组成部分，较高的净出口在其他条件不变的情况下扩大了增加值，从而导致可支配总收入和总储蓄的扩大。从这个意义上，我国国际收支的不平衡、经常项目顺差拉大了储蓄投资缺口。

在金融危机条件下，保持汇率稳定有利于减缓外部冲击的影响，具有合理性。但随着世界经济的逐步回暖，我国外汇储备的较快增长，保持人民币名义汇率的长期稳定不利于我国产业结构的优化升级，不利于抑制储蓄率的不断攀升，不利于减少我国的外部失衡，同时可能导致贸易摩擦增加、国际矛盾激化。因此，应按照主动性、可控性和渐进性原则，抓紧研究增强人民币汇率弹性的政策措施，积极发挥汇率杠杆在资源配置中的基础性作用，争取经过 5~10 年时间的努力实现人民币的独立浮动。

3. 防范系统性金融风险的积聚

当前，系统性金融风险主要表现在政府投融资平台贷款方面。降低政府投融资平台风险可以从以下几方面努力：①积极研究地方政府直接发行债券，而不是由中央财政代发地方政府债券。允许地方政府直接发行债券可以将地方政府隐性赤字显性化，有利于加强对地方债务的管理，增强地方政府负债行为透明度和内外部约束，有利于地方政府成为财权、事权、预算权、举债权相匹配的一级政府，更好地实现地方的经济社会发展目标。②加大金融产品创新力度，推动地方政府投融资平台贷款证券化。③对出资不实，治理结构、内部控制、风险管理、资金管理运用制度不健全的投融资平台，要严格限制贷款，切实防范和化解系统性金融风险。

Financial Operation under the Orientation
of Moderately Loose Monetary Policy

Wang Yi, *Yan Xiandong and Li Guanglei*

Abstract：In 2009, the Chinese government adopts the proactive fiscal policy and the moderately loose monetary policy promptly, which the speeding-up of money supply has enhanced, the domestic credit has increased largely, the economic subject has recovered confidence quickly, the economic growth speed is rising again steadily；at present, the domestic demand is creasing steadily, the range of external demand drop is narrowing, and it is hopeful for the price to get away from the downturn. The economic recovery has surpassed expectation, but, the problems that is worth attention include, the money supply speeding-up far exceeds the GDP speeding-up, simultaneously the rise of house price has obviously strengthened the expectation of inflation, newly increased loan is centralized on the government's financing platform, moreover the international capital withdrawal and the depreciation of US dollar exchange rate strengthen the expectation of Renminbi upvaluation, and so on.

Key Words: Policy Environment; Economic Recovery and Financing Operation

2009～2010 年我国经济与税收形势分析预测

张培森*

摘　要：2008 年 10 月到 2009 年 4 月是美国金融危机及世界经济衰退对我国经济和财税形势影响最为明显、造成困难最大、影响面最广的阶段。税收收入总量连续 8 个月负增长，是历史上未有过的现象。直接的原因是工业企业生产销售额下降，利润减少；CPI 及 PPI 出现双负数，物价水平大为降低。2009 年 8.5% 左右经济指标的实现，可以为 2010 年奠定基础，实现稳定增长的目标。建议未来进一步深化税制改革，促进产业结构调整，奠定后经济危机时期发展动力。

关键词：税制改革　公平税负　社会保障税

一　对当前经济形势的分析判断

2007 年 9 月由美国金融危机引发并波及全球的经济衰退至今尚未摆脱严重影响的阴影。虽然各国政府相继采取了多种应对危机的政策措施，但是时至今日困难和挑战依然存在。在当前世界经济一体化进程中，各国利益密切相关与博弈互现。贸易保护主义和种种不确定因素更增加了国与国之间贸易变数，使得恢复经济增长面临更大难度。目前多方面的迹象表明，发达经济体国家与新兴经济体国家的经济增长有了改善并出现复苏的趋向。由此各方面推断，世界经济衰退正在走出低谷，进入增长上行通道。但众所周知的事实表明，这次金融危机引发的世界经济衰退与 1929 年发生的经济危机有着不同的时代背景和特点，因此不可能指望世界经济在较短时间内复苏，而注定要延长走出 U 字形通道底部的时间，

---

* 张培森，国家税务总局科研所。

要真正恢复到危机前较高增长时期将会遇到更多、更棘手的困难。

世界经济危机对我国经济突出的、较大的影响，表现在出口贸易大幅下滑，实体经济生产出口萎缩。但是我国经济并没有全面进入衰退，而只是经济增长有所下降回落，物价指数由正为负，降幅较大。今年春季随着发达经济体国家和部分新兴经济体国家某些方面出现回暖迹象，以及我国扩大内需的政策和巨大的内部市场需求，我国经济增长已从2009年4月初步回升，约比预测回升时间提前2个月。从而使得财税收入从2009年5月开始止降回升。

从这次世界金融及经济危机造成的广泛影响分析，更需要引起思考的问题是，在现代市场经济条件下，政府与市场各自应当扮演什么样的角色？在对外贸易与投资中，各国必须坚持公平互利原则，消除贸易保护主义，减少摩擦；各国应当重新思考和评价虚拟经济与实体经济各自的功能作用以及如何更有效地发挥好作用等问题。上述问题的研究是当今市场经济面临的重要课题。总结世界市场经济发展经验，事实证明，我国应当继续坚持和把握宏观调控下的市场经济运行原则。只有如此，才会避免出现经济运行大起大落造成的波动。

从当前我国经济发展变化情况看，预计经济增长将从2009年第四季度进入稳定并加快期间。只要在宏观上坚持运用好现行财税政策和货币政策，并在实施中灵活微调，实现2009年主要经济指标和2010年的奋斗目标是有把握的。

二 2009年财税指标的实现与2010年预测目标分析

2008年10月至2009年4月是美国金融危机及世界经济衰退对我国经济和财税形势影响最为明显、造成困难最大、影响面最广的阶段。我国税收收入总量连续8个月负增长，是历史上从未有过的现象。降幅最大的是2009年1月份，税收收入增长率同比下降达16.7%，降幅最小的是2008年10月份，为0.5%。直接的原因是工业企业生产销售额下降，利润减少；CPI及PPI出现双负数，物价水平大为降低。2009年1～6月CPI在2008年下降的基础上又下降1.1%，而PPI连续8个月负增长，下降5.9%。由此从产品生产销售、利润和物价3个方面对税收造成严重负面影响。其中物价指数由正转负与税收收入降低直接相关，负面影响很大。下降幅度最大的税种是国内增值税、营业税和企业所得税（三税约占税收总收入的75%以上）。由此向下拉动2009年1～6月税收总收入同比下降6%。从税种结构看，除国内消费税（因成品油税费改革大幅增加收入）、房地产税等税种收入略有增加外，其他各税均为下降。其中，企业所得税和进口环节税分别下降14.9%和13.8%。而从单月情况看，今年6月份税收总收入增长12.2%。主要增收因素是消费税、营业税和个人所得税分别增长。国内增值税收入减少，由今年1~5月份同比下降3%，转为6月份增长0.9%。拉动税收总收入由负增长转为正增长，重要的基础是经济运行出现积极变化。在1~9月经济运行继续向好发展的形势下，2009年全年税收总收入的增速有可能接近GDP增长（按可比价计算）速度，实现与之基本同步。

2009年上半年国家统计局公布的我国GDP同比增长7.1%，比第一季度加快1个百分点。1~9月GDP增长约在8.5%左右，全年预测增长9%左右，可以超过GDP 8%的增长目标。统计数字说明，我国经济运行已经走出低谷进入恢复性增长的通道，但财税形势仍然较严峻。今年1~8月，全国财政收入完成45909.52亿元，同比增长2.6%，是8个月来首次实现正增长。但中央财政收入1~8月累计仍为负增长1.6%，对保证财政支出和完成年预算很不利。近年全国财政重点支出集中在社保、环保、就业、基础建设和科技教育等领域。由此看来，充分把握好当前发展趋势有利的一面，努力实现增收节支，积极化解已经出现的矛盾和问题，完全可以实现既定目标。从我国今年前三季度经济运行变化总体情况看，2009年全年主要经济税收指标是可以实现预期的。如果宏观政策把握得当，在2009年的基础上完全有条件提高并实现2010年预期目标。以下对2009~2010年主要经济税收相关指标分析预测如表1。

表1

单位：%

预测指标	2009年实现	方案值	2010年预测值
GDP增长	8.5	9.0	9.5
CPI涨幅	0.5	0.8	1.5
税收总收入增长	7.8	8.3	10.5
财政收入增长	8.0	8.5	11.0
税收弹性系数	0.87	0.85	0.95
宏观税负	20.30	20.20	20.58

资料来源：张培森著《税收经济问题计量研究》中国税务出版社，2001；《中国经济周刊》2009年第28期评论员文章，第3页。

在 2009 年实现方案中，经济增长和物价涨幅有两种可能。主要是基于从第四季度世界经济影响存在着不确定因素考虑的。重要的是我国出口贸易将发生什么变化，对我国经济增长利弊难以判断。同时，我国实体经济中中小企业恢复增长的政策效果如何，也是重要的因素。具体分析，在今年上半年的三大需求中，拉动 GDP 增长的决定因素是投资和最终消费。投资与最终消费分别拉动 GDP 增长 6.2% 和 3.8% ；而净出口向下拉动 GDP 增长为 2.9% 。今年第三季度对外出口出现了积极变化，第四季度能否延续还主要取决于世界经济增长状况和欧、美等国的需求。情况表明，保持 2009 年及实现 2010 年经济增长目标，我国更需要采取积极灵活的经济政策措施。而大力推进和立足扩大适应国内外市场需求的工业企业，特别是制造业生产规模，同时为我国农村市场提供适销对路的商品，是解决农民与农村需求的重要的途径之一。扩大内需的关键是扩大居民最终需求，近期政策的着力点是引导和提供可靠预期。

对 2010 年的经济税收预测中，目标值是唯一的。主要原因是，如果 2009 年经济指标可以实现，就一定能够为 2010 年奠定基础，实现预定目标。

根据 2009 年实现不同经济目标，以及 2010 年预测目标值，分别计算了我国的税收弹性及宏观税赋水平。从数字可以看出，我国税收弹性两年均在 0.8～0.9，是适中区间。实践和理论推导我国现阶段适中的税收弹性区间应当在 0.8～1.2。而我国宏观税赋不同时期有不同变化。从文中计算出的我国宏观税赋水平看，结果为 20.20%～20.58%，可以认为在我国现阶段（人均 GDP 5000 美元以下，未含社会保障缴费口径）这一水平也处于 19%～23% 的合理区间①。可以认为，从财税收入与经济增长关联度看，即使在当前较低经济增长阶段，这一税赋水平也不算高，较为适中。

关于宏观税赋的计算方法，各国因采用口径的不同而各异。但总体上看，世界平均宏观税赋水平 20 世纪 90 年代以后有逐步上升趋势。在计算我国的宏观税赋水平时，如果包含社会保障缴款要提高 0.8～1.0 个百分点。但比发达经济体国家的平均税赋水平约 12 个百分点以上，基本相当于新兴经济体国家平均水平。但需要思考的是我国另外一个因素，即非税收入中具有税收性质的收入未作统计，不具可比性，这是研究宏观税赋水平不可忽视的。上述因素往往在我国地方政府财政收入中这部分收入是游离在预算外的。如果在计算宏观税赋水平时将此

---

① 张培森著《税收经济问题计量研究》中国税务出版社，2001。

收入加入，我国的宏观税赋水平还将提高。例如今年上半年我国税收收入同比下降 6%，而非税收入则同比增长 31.4%，5 月份非税收入同比增长 130%[①]。据分析其中具有税收性质的收入占有一定的比重。由此可见，深化财政体制改革，建立公共财政体系的任务还很艰巨。同时也需要注意，根据以上分析结论，现阶段不宜再提高我国宏观税赋水平。

三 有关建议

1. 深化税制改革，促进产业结构调整，奠定后经济危机时期发展动力

世界经济危机后必然是各国加速发展时期。我国政府的责任就是充分利用现行政策及新的政策空间，促进企业加快产业结构调整，积极进行技术创新和传统企业技术改造，这是"十二五"经济发展的基石，应当加快落实。

2. 税收政策要支持绿色产业体系建立

今后世界各国经济发展的趋向是发展绿色经济。其核心是进行能源技术革命，即开发和利用新型能源，如清洁能源、替代能源等，由石化燃料时代向自然生物能源时代过渡。在这方面我国财税政策还不完善，未形成有力的、系统的支持体系，近年应当从体制、政策及管理三个方面加快研究取得较大进展。

3. 公平企业税赋，提高实体经济特别是中小企业发展的全面市场竞争能力

我国企业所得税与增值税相继改革之后，企业税赋不均衡的问题基本改变。但中小企业特别是小企业发展还面临较大困难。除融资制约外，所得税税赋还有失公平，应进一步更新观念，加大政策扶持力度。例如对于技术创新、技术改造和新技术引进吸收、能源开发和替代能源应用等，给予更多的税收优惠政策支持。

4. 研究开征社会保障税

将现行的社会保障缴费办法改为社会保障税的条件已经具备。经过几年近20 个省市的社保缴费税收征管运行，效果良好。为解除民生后顾之忧，增加社会最终消费，建议将现行的社保缴费办法改为社会保障税。税赋水平设计比照目前的缴费负担水平，具体缴费办法不变，归集为个人账户，可在全国随个人就业变动转移。目前我国社保模式基本是救济加社保模式，主要目标是广覆盖、保障

---

① 张培森著《税收经济问题计量研究》中国税务出版社，2001。

民生。今后应当根据国家经济发展水平和财政税收实力，逐步过渡到社保加福利模式。但应注意福利的比重不可过高，避免不适当地提高税赋。

5. 加快个人所得税制改革

体现低收入少缴税或不缴税，高收入者多缴税是税收公平原则和各国的普遍做法。我国的高低收入者的税赋都不轻，主要弊端是工薪收入者的税赋重，其他人员轻；对工薪收入者的征管严，对其他收入者松。应当尽快修订税法，重新设计税率级距。同时需要将所有身份证和常住人口以及支出机构的信息全部输入计算机，实行全国联网进行信息化管理。但应当指出，个人所得税调节是在增加收入基础上的调节。现实状况是首先需要提高工资收入占 GDP 的比重，提高工资率，降低投资率，以促进居民最终消费。

6. 依法治税，强化税收征管

在应对金融危机中我国采取结构性减税和提高出口退税率等政策扶持企业渡过困难。对于减轻企业税赋及后续发展作用是大的。而同时应当看到，采取多种措施依法征税、强化征管也是必要的。现在与今后应当继续将贯彻、执行、落实税收优惠政策与强化税收征管紧密结合起来。特别是要防止企业和跨国公司避税以及转嫁境外亏损至国内行为，保证税收收入的财政需要。

7. 注意通货膨胀预期

我国在应对美国金融危机和世界经济衰退对我国的影响政策制定中，2009 年安排财政赤字 9500 亿元（其中包括代地方政府发行 2000 亿元地方债），为历史最高。虽未超过 3% 的警戒线，但需要警惕后经济衰退时期可能出现的通货膨胀。弥补大量财政赤字要发行国债，也需要增加税收。因此，及早研究财政赤字与国债发行规模、税收增加及企业税赋和财税、金融、经济政策关系问题是十分必要的。

Analysis and Forecast of China's Economic and Taxation Situation in 2009 –2010

Zhang Peisen

Abstract：It was the stage which US financial crisis and the world economic depression had the most obvious influence, and caused the biggest difficulty and the broadest influence to Chinese economy and taxation situation from October of 2008 to April of 2009. The total tax revenue was negative growth in continual 8 months, which was the first in the history of new China. The direct reason was caused because the capacity and sales of industrial enterprises dropped, and the profit reduced; CPI and PPI presented both negative, and the price level reduced greatly. In 2009, about 8.5% of economic indicators have been finished, which may lay the foundation for the economic development in 2010 to finish the objective of stable growth. It is suggested further deepening the tax reform in the future, promoting the industrial restructuring, and laying the foundation for the development power at the post-economic crisis period.

Key Words: Tax Reform; Fair Taxation and Social Security Tax

2008～2009 年资本市场回顾与 2010 年展望

殷克东　孙文娟　黄　娜　李　莉*

摘　要: 2008 年, 受美国"次贷危机"引发的金融风暴影响, 全球经济受到了重创。2009 年以来, 随着世界经济的改善, 全球各主要股市均出现不同程度的回暖或反弹, 我国股票市场涨幅位列全球金融市场前列, 债券市场震荡上扬, 基金市场也取得了相当不错的业绩。本文在 2008 年和 2009年国内资本市场回顾分析的基础上, 对我国 2010 年的资本市场进行了展望, 认为 2010 年中国经济基本面向好, 下半年经济反弹步伐将加快, 经济复苏的趋势将进一步明显, 但是国际金融风暴的影响仍然不容忽视, 大量金融市场依然处于受损状态, 国际贸易保护主义浪潮有进一步加剧的趋势。2010年股票市场向上的基本态势不会改变, 债券市场投资将依然会以短期债券占优, 基金市场将面临更多机遇。

关键词: 中国资本市场　回顾　展望

一　2008～2009 年中国资本市场回顾

(一) 中国股票市场回顾

2008 年, 受金融危机影响, 我国的 A 股市场大幅下滑, 于 10 月 28 日跌至 2005 年以来的最低点 1664.93 点, 两市总市值缩水至 11.47 万亿元。11 月及 12 月, 受国务院出台 4 万亿元刺激经济计划、央行大幅降息以及国务院出台的相关

---

* 殷克东、孙文娟、黄娜、李莉, 中国海洋大学经济学院。

金融政策的影响，A股市场开始震荡上行。

2009年1月，温家宝总理表示国务院已将钢铁和汽车列入十大重要产业的调整和振兴规划中，使这两个板块的股票大幅上涨，并带动整个A股市场上扬。之后，受市场主力资金流入力度不断加大的影响，股指持续上扬，A股市场开始出现新一轮的上升行情。3月召开的"两会"对经济复苏给予了强烈预期，给股市传递了信心，"两会"后股市持续震荡上行。第二季度，在宽松货币政策、积极财政政策与区域振兴政策共同刺激下，经济的好转预期成为股市继续上涨的支撑力量，此间上证综指由2408.02点上涨到2959.36点，共涨551.34点，并于7月1日到达3000点。

7月29日，金融危机全面爆发以来全球最大一单IPO中国建筑在沪市登陆，上海证券市场出现了有史以来的最大单日成交量3031.75亿元，但也出现了2009年以来的最大跌幅5%。由于对经济复苏的预期不减，大幅下跌之后股市承接了此前上升的态势，到8月4日沪指又上升至3478.01点，沪指年内涨幅达91.01%，当时位居全球主要股指涨幅之首。

8月份，一方面由于政府严格控制热钱流入，社保资金逐步撤离；另一方面，整个7月累积的获利盘过大，市场急需套现，而又无新资金入场，另外恐慌盘同时涌出，股市开始大幅下跌，从8月5日到8月31日，上证指数共跌760.75点。

9月份公布的经济统计数据显示出了宏观经济平稳复苏的态势，同时伴随着新增流动性收紧与货币政策转向的担忧，使得9月份的A股市场反复震荡，市场观望氛围较浓，但A股市场长期向上的趋势并未改变。截至9月30日收盘，上证综指报2779.43点。

（二）中国债券市场回顾

2008年10月到2009年9月30日的中国债券总指数走势图可分为五个阶段。

第一阶段，从2008年10月8日到2009年1月12日，债券总指数呈现震荡上升的趋势，从124.42点上升到131.34点，增长了9.92点。政府于2008年10月9日和30日，一个月内连续两次将一年期人民币存贷款基准利率下调0.27个百分点，之后在11月和12月又分别下调了1.08和0.27个百分点，并且在10月15日、12月5日和12月25日分别下调存款类金融机构人民币存款准备金率

0.5、0.1 和 0.5 个百分点。货币供应量相应增加，加之利率的下降，债券价格相应升高，债券市场对投资者的吸引力增强，债券总指数呈现出震荡上升之势。

第二阶段，2009 年 1 月 13 日到 2009 年 2 月 5 日，此期间处于 2009 年春节，一月份 CPI 指数有所升高，投资者资金可能暂时还未回笼，投资债券市场热情不高，同时因国际金融危机对投资者信心的影响，债券总指数整体呈现下降之势。

第三阶段，2009 年 2 月 6 日到 5 月 20 日，中国债券总指数呈现震荡上升之势，但变化幅度不大，基本处于 128～130 点。2 月份的 CPI 和 PPI 增幅分别为 -1.6% 和 -4.5%，呈现双负格局，CPI 单月负值是六年来首次出现，这对债券市场来说是利好的消息；3 月和 4 月份 CPI、PPI 连续两月双降及宽松货币政策的继续实施，使得债券市场资金供应充足，债券总指数缓慢上升。

第四阶段，2009 年 5 月 21 日到 2009 年 7 月 20 日，自 5 月 21 日始，债券总指数开始下跌，至 7 月 20 日降到 127.66 点，两个月间下降了 1.93 个百分点。此时，股票市场向好，吸引了大量的资金，从而导致债券市场资金略显不足。

第五阶段，2009 年 7 月 21 日到 2009 年 9 月 30 日，中国债券总指数在震荡中缓慢上升，至 9 月 16 日债券总指数已上升到 128.58 点。之后，由于创业板申购造成资金面阶段性紧张，影响了机构的持债热情。但 9 月 27 日开始指数又呈上升之势。这一方面是因为股票市场的持续调整及对后期走势存在的较大分歧，使得资金从股市撤出转向更安全的债券市场；另一方面，由于债券应计利息收入高于银行利息，有些机构持债过节，体现了债市的"节日效应"。

（三）中国基金市场回顾

1. 基金月度新开户数在震荡中走高

2009 年以来，随着 A 股持续的上涨，偏股型基金盈利能力不断显现，基金月度开户数在震荡中不断上升。基金开户数，1 月份仅为 5.64 万户，刷新了自 2006 年以来基金单月开户数的最低纪录；随后，2 月份达到 14.47 万户，3 月份上升至 19.32 万户；随着市场在高位的震荡加剧，4 月份和 5 月份小幅回落，但仍维持在 15 万户以上的高位；随着市场对经济复苏预期的加强，6 月份达到 26.89 万户，环比增幅近 70%；7 月为 44.58 万户，环比增幅超过 60%；8 月，随着大盘从 3400 点急剧下跌，为 31.7 万户，较 7 月下降 10 多万户；9 月份以来，市场小幅反弹，加上 8 月份宏观经济数据确定了经济复苏的进程，投资者信

心有所增加，市场开户意愿总体有所回暖，基金新开户数又开始不断回升。

2. 基金仓位升至高位

2009 年第一季度，随着股指的持续上升和成交量的明显增大，基金的仓位尤其是以股票为主要投资方向的各类基金平均仓位均有显著的上升。第二季度，出于对国内经济复苏的预期，股票型基金平均仓位升至历史最高水平。据相关统计资料显示，42 家基金公司旗下的开放式股票基金第二季度末股票平均仓位达到 86.47%；混合型基金仓位则从第一季度末的 68.49% 大幅升至 80.22%，上升了 11.73%。7 月份，随着指数基金大批量获批，监管层对市场方向的指引似乎得到再次确认，基金延续了全面做多的势头。

然而 8 月份，随着股指的快速调整，基金仓位也开始小幅下降，既有因市值下跌导致的被动减仓，也有持续减持股票或调整结构的主动性减仓操作。9 月份，A 股市场进入了持续的震荡调整期，一方面，基于"权重股不作为——股指或将短期震荡"的逻辑判断，基金短期不愿大幅加仓；另一方面，基于"宏观经济继续转好——A 股趋势向上概率增加"的逻辑判断，基金又不愿大幅减仓，继续维持高仓位，多数基金仍保持在 80% 以上的股票高仓位。

3. 股票型基金取代债券型基金成为发行的主力军

WIND 统计显示，2008 年新成立的基金总募集额为 1799 亿份，其中债券型基金的募集额为 1028 亿份，而股票型基金募集额仅为 558 亿份，债券型基金的平均募集额超过股票型基金一倍以上。2009 年，股票型基金和债券型基金出现了角色互换，股票型基金占到了新发基金的近 80%。2009 年前 8 个月新成立的 90 只基金中，51 只为股票型基金，募集额合计 1441 亿份，债券型基金仅有 18 只，募集额为 426 亿份，股票型基金无论是在发行数量还是募集额上都超过了债券型基金。而在 9 月份扎堆发行的十几只新基金中，大部分也是股票型基金。

4. 基金总体行情回暖

2009 年，A 股市场在超预期政策支持、流动性大量释放以及宏观经济基本面回暖预期下，市场估值水平获得了快速回升，上证指数上半年上涨幅度达到 62.53%。受益于股市的大幅反弹，2009 年上半年各类基金净值普遍上涨，基金总规模重返 2 万亿元大关。进入第三季度，出于对宏观经济和流动性行情的盲目乐观，基金净值随着市场涨跌经历了 7 月急剧上涨、8 月暴跌、9 月震荡的过程。基金净值平均微涨 1.1%，309 只股票主动管理型基金第三季度净值平均仅微涨

1. 13%，101 只基金净值下跌，占基金总数的 32.7%，只有 23 只基金净值逆市上涨超过 5%。

二 2010 年中国资本市场展望

（一）股票市场展望

1. 经济基本面继续改善，为股市健康发展打下良好的经济基础

在积极财政政策和适度宽松货币政策的刺激下，中国经济已出现明显复苏，宏观经济向好的趋势非常明确。2010 年中国经济的基本面仍然趋好，首先投资将继续保持较快增长，十大产业振兴计划和新能源发展规划等对相关产业投资的经济刺激效应还将进一步显现。其次收入的稳定增长、劳工市场的改善以及各项财政支持措施的进一步出台，将继续为中国居民消费增长提供支持。再次随着我国的外部环境趋于好转，外贸出口将出现恢复性增长。提高出口退税率、放宽加工贸易限制类目录、增加出口信贷额度、扩大出口保险覆盖率等外贸政策的提出，对 2010 年出口的促进作用将进一步显现。总体上看，经济基本面将继续改善，政策基调不会有大的调整，股票市场的运行环境良好。

2. 创业板的推出为股市提供了新的机遇

9 月 25 日首批获得批文的 10 家创业板公司开通申购。虽然创业板的近期推出，对 A 股市场是一个很大的利空，但从中长期看是有利于市场稳定发展的。首先，中国有很多具备经济规模的中小企业，而创业板公司基本上都是经过严格筛选的，类似国外纯 PE 的公司很少，未来风投套现的压力相对小得多。其次，中国创业板目前还属于“类创业”，设置的诸多风险控制体系包括业绩要求、发审条件、风投与“大小非”退出条件等，自然降低了市场潜在的风险。再次，它解决了中小企业融资难的问题。

推出创业板，是完善我国资本市场层次与结构、拓展资本市场深度与广度的一项重要举措。当前推出创业板不但能够从经济层面鼓励创新和产业升级，刺激经济的活力，而且能够带动股票市场的活跃，在主板之外提供一个崭新的投资平台，为投资者增加了投资机遇。另外也为代办股份转让市场的发展提供了机会。相比主板及其附属下的中小企业板，创业板对公司盈利的要求大幅降低，代办股

份转让市场的挂牌公司因此有了更多的转板机会。

3. 解禁股激增股市面临资金压力

A股2009年10月份涉及限售股解禁的公司为51家，解禁股超过3000亿股，达到3131亿股，占到了全年解禁股份总量的四成。限售股解禁后筹码供应的增多、大小非的套现行为，都会对其股价走势带来影响。表面上看，大小非大规模减持似乎没有对二级市场造成负面影响，但实际上由于持续上升的走势吸引场外资金不断进场，使得限售股解禁的股东们有了大规模套现的机会，而这最终会对市场资金产生抽离作用。

（二）债券市场展望

1. 宏观经济政策相对稳定，有利于债市发展

目前经济增长的基础还不牢靠，其增长主要是靠投资而非消费，主要是依靠固定资产投资及大型国企发挥作用而非社会消费和民营企业扩大社会投资。因此，在经济增长内生动力不足的情况下，适度宽松的货币政策和积极的财政政策短期内应该不会有太大改变。这不仅会给债券市场创造有利的政策环境，提供充足的资金支持，而且相对稳定的宏观经济政策也会在一定程度上增强投资者的信心。

2. 短期债市相对乐观

对于债券市场的具体走向，在债券供给减少以及资金面宽裕的情况下，短期内债券市场阶段性反弹的趋势不会发生改变。尽管最近几个月的数据显示，CPI呈现环比上涨的趋势，但当前债券市场已经包含了较高的CPI上涨预期，预期内的CPI稳步上涨不会对债券市场产生沉重的打击，同时当前物价水平还在较低区位运行，短期内对通胀的担忧还不明显，明年上半年央行一般不会有加息的举动，而且短期内宏观经济政策相对稳定，因此，债券市场短期内会相对乐观。

3. 长期债市上涨空间有限

2010年中国经济基本面向好，下半年经济反弹步伐将加快，经济复苏的趋势进一步明显，这将会对债券市场产生利空影响。一方面，随着经济复苏趋势的日渐明朗，引发通货膨胀的多重因素将逐渐显现，加上国内宽松的货币政策环境，通胀预期和加息预期将逐渐增强，这将会使债券投资风险增大，投资者对债券所要求的必要收益率会相应提高，债券的实际收益水平会有所降低，这都会影

响投资者投资债市的热情；另一方面，出于应对金融危机的需要，市场长期处于相对较低的利率环境，未来利率下调的概率非常小，从而未来债券价格上升的空间将相对有限。因此，长期债市可能在需求疲弱的情况下小幅震荡，上涨的空间将相对有限。

（三）基金市场展望

1. 创业板的推出将增加基金市场投资渠道

首批创业板发行之时，不少基金表态参与，有意参与创业板投资的基金涵盖了股票型、混合型、债券型以及货币基金等品种。但短期内在创业板上市企业的存量还达不到一定的规模，因此大多数基金都以相对审慎的态度来参与创业板投资。从长期来看，随着创业板市场的发展壮大，基金在创业板的投资比例会逐渐加大。而且，创业板的开设对风险投资提供了一个退出渠道，这必将加速人民币私募基金发展的进程。

2. 基金市场短期震荡，长期缓慢上行

由于经济复苏的趋势目前还不稳定，这在一定程度上影响了投资者的信心，加上经济增长结构正在缓慢地向消费拉动转变，市场预期会逐渐转向积极，并且随着宏观经济复苏的趋势日渐明朗，通胀和加息压力将逐渐增加，这将会给债券市场带来压力，从而会影响债券型基金的发展。因此，短期内基金市场将保持震荡。另一方面，虽然资金面面临压力，但宏观经济的逐渐正常化会增加股市投资信心，加上创业板的推出，会在将来增加股票市场的活力，并会增加基金市场的投资渠道，从而股票型基金的发展前景会较好，长期来说，经济的复苏也将会提高投资者的热情。因此，长期来说基金市场会有所上升，但过程可能较缓慢。

参考文献

阿琪：《创业板十年煮一沸》，2009 年 9 月 25 日《上海证券报》。

陈洁：《渤海证券：缘于仓位过重基金已连续 4 周减仓》，2009 年 9 月 23 日《北京商报》。

黄应来：《大小非最大解禁洪峰 10 月到来占全年四成》，2009 年 9 月 22 日《南方日报》。

李良：《股基占今年新发基金近八成江山》，2009 年 9 月 24 日《中国证券报》。

李良：《震荡市震出封基魅力关注创新封基》，2009 年 9 月 26 日《中国证券报》。

林威、陈刚：《G20 匹兹堡峰会落幕承诺协调经济政策》，2009 年 9 月 26 日《中国证券报》。

张汉青、张晓芳：《创业板推出在即基金公司高调应战》，2009 年 9 月 25 日《经济参考报》。

中国债券信息网，http：//www. chinabond. com. cn。

中国人民银行官方网站，http：//www. pbc. com. cn。

朱景锋：《二季报显示：股票型基金仓位创出历史新高》，2009 年 7 月 20 日《证券时报》。

The Review and Outlook to the Capital Market in 2009 – 2010

Yin Kedong, *Sun Wenjuan*, *Huang Na and Li Li*

Abstract：In 2008, because of the financial storm which arised from the America's sub debt crisis, the globe economy had been damaged deeply. Entering 2009, with the recovery of the globe economy , every main stock market in the world has been rising in a way. In Chinese capital markets, the stock market's rising range gained the forefront of the global financial markets, the bond market rose turbulence, the fund market also made a pretty good performance. This paper will prospect the capital markets of China in 2010, on the base of the review of the global capital markets and capital markets in China, we consider that the macroscopical economy is healthy, and the trend of recovery will continue. But the influence of the financial storm shouldn't be totally neglected. So in 2010, the upward trend of the stock market will not change, the bond market investment will still be mainly short-term bonds, the fund market will face more opportunities.

Key Words：The Capital Market of China；Retrospect；Prospect

2009 年上海证券市场回顾分析与 2010 年展望

吴 谦 朱平芳*

摘 要：2009 年中国各项宏观经济指标明显好转，上市公司盈利触底回升。整体上，2009 年 A 股市场呈现暴涨暴跌的运行格局。在国内外经济复苏的预期和极度宽松的流动性的推动下，2009 年上证综指从年初 1935.50 点上涨至 8 月 4 日的最高点 3478.01 点，前 7 个月中国 A 股市场走出了单边上涨行情，上涨幅度接近 80%，领跑全球股市。8 月初则在市场扩容加速、信贷政策微调预期等因素影响下，A 股市场展开快速调整。影响未来证券市场走势的主要因素包括，海外主要经济体能否企稳复苏，中国经济复苏的进程是否较乐观，宏观经济政策如何保持稳定性和连续性，当然市场扩容的压力也不容小视。

关键词：证券市场 调整 扩容压力

一 2009 年上海证券市场回顾

（一）2009 年前三季度 A 股市场先扬后抑，波动幅度加大

2009 年 1~7 月份，中国 A 股市场走出了单边上扬行情，尤其是 7 月份呈现了由蓝筹股领涨的加速上涨行情。A 股市场领涨全球股市，这是政策、经济与环境的综合反映。

（1）推动并维持中国 A 股市场 2009 年前七个月在上升通道内运行的主要力量是政策驱动。国家推出的"四万亿投资"及后续的经济刺激计划，包括行业

---

* 吴谦、朱平芳，上海社会科学院经济研究所。

规划和区域规划及一系列鼓励消费的政策引领银行信贷投放超预期，极大地增强了投资者信心。

（2）国内经济最坏的时期已经过去。我国宏观经济在 2008 年 11 月至 2009 年 2 月是相对较低迷时期，之后开始出现止跌企稳迹象，2009 年 5 月份开始明显回升。无论是从 PMI、发电量、工业增加值，还是从企业经营效益看，均出现了较好的发展态势。

（3）市场的流动性宽裕。自 2008 年第四季度国家实行适度宽松的货币政策以来，基准利率、存款准备金率大幅下调，一方面减轻了贷款者的成本；另一方面增加了银行的资金供应量。2009 年上半年在取消银行信贷额度的背景下，出现了贷款井喷现象，金融机构贷款余额增速超过 30%，M2 同比增速达到 25% 以上，远高于预期，向市场注入了大量的流动性。

（4）在中国宏观经济走出低谷并逐步回升的背景下，2009 年上市公司的盈利能力明显回升，上半年全部 A 股可比公司的净资产收益率为 6.45%，基本恢复至 2006 年中期水平，第二季度单季净资产收益率水平甚至超过 2006 年同期。预计 2009 年第三季度和第四季度上市公司盈利增速将持续改善。

（5）国外资金开始不断涌入新兴亚洲市场。在金融危机阶段，因对金融危机可能造成的影响程度无法估计，出于避险的需要，国际资金回流到美国。但随着金融危机风险逐步释放，寻求投资收益的国际资金逐步流向经济开始逐步好转的亚洲新兴市场。

2009 年 8 月初 A 股市场展开了快速下跌行情，除了前期市场涨幅过快、技术上有自身调整的要求外，主要基于以下三方面原因。

1. 货币政策微调带来资金压力

2009 年 7 月后央行重启一年期央票发行、重启惩罚性的定向央票、降低交叉持有次级债折算资本金比例、实施新巴塞尔协议，银监会陆续颁布严禁信贷资金非法流入资本市场等制度，这些货币政策的微调带来了一定的资金压力。

2. 商业银行新增贷款能力受限

从商业银行信贷体系看，继 2009 年上半年完成本外币高达 7.72 亿元的信贷发放之后，下半年银行新增信贷将大幅回落。由于信贷扩张较快，2009 年中报显示，上市银行资本充足率及核心资本充足率较年初分别平均下滑 1.96 和 1.6 个百分点。银监会已经将银行资本充足率要求由 8% 上调至 10%，对计入附属资本的次级债规模也将实现更严格的限制。目前，上市银行的平均资本充足率为 11.4％，除了四大国有商业银行及三家城商行外，中型股份制银行都面临不同程度的资本瓶颈，尤其是民生银行、浦发银行和深发展。能否持续保持充足的资本将决定银行资产业务的发展空间。

3. 市场扩容加快，资金分流压力加大

从股票供给来看，市场面临的压力显著增大：一是新股发行明显加快，已暂停 8 个月的新股发行于 2009 年下半年重启，自 6 月 29 日三金药业首发以来，截至 2009 年第三季度末，已经有 24 家公司在 A 股市场发行成功，募集资金合计 1047.4 亿元。其中，中国建筑是 2008 年以来 A 股市场最大的 IPO，募集资金达到 501.6 亿元。

二是包括股改限售股和首发原股东限售股在内，限售股解禁及抛售的压力逐步加大。统计显示，大小非减持的意愿随着证券市场的回暖不断增强。大小非减持速度从 2008 年 11 月底开始加码，月度减持量于 2009 年 2 月份首度突破 10 亿股，并在接下来的 5 个月均超过 10 亿股。据中登公司数据显示，继 6 月大小非减持量创下历史新高后，该数据很快就被 7 月的减持量刷新——7 月份沪深两市大小非累计减持 13.63 亿股，比 6 月增长 9.92％，创出近 14 个月的新高，也是有数据纪录以来的新高。8 月份股改限售解禁股份有所下降，共被减持 7.07 亿股。截至 2009 年 8 月底，沪深两市累计已有 2460.97 亿股股改限售股份解禁，占累计产生股改限售股份总量的 51.68％，其中 367.63 亿股已被减持。

三是创业板提前开闸，且打包发行，虽然合计融资规模并不大，但是短期内将吸引大量主板上追捧高科技概念的资金分流到创业板市场。

四是除了新股发行以外，各种形式的再融资如公开增发、公司债、可分离债等也已陆续重启。截至 2009 年第三季度末，上市公司完成的再融资额已高达 2111.53 亿元，提出再融资预案的公司拟募集资金更是高达 6286.06 亿元。

（二）债券市场小幅回落，不同期限品种走势分化

2009 年前三季度发行各类债券 707 只（期），总发行金额 61916.78 亿元，占去年总发行金额 72470.26 亿元的 85.44％。央票、国债、中期票据和金融债是发行的主要产品，发行额度分别为 27260 亿元、11436 亿元、5694 亿元和 9319 亿元，发行总额比重分别为 44.03％、18.47％、9.20％和 15.05％，其中央行票据发行份额比

例最大（见表1）。时隔一年之后，可分离转债和可转债分别于2009年7月、8月份恢复发行，说明央行适度微调信贷政策之后，及时为企业打开融资通道。

表1 2009年前三季度债券市场发行一览表

类　　别	发行期数(只)	发行期数比重(%)	发行总额(亿元)	发行总额比重(%)
国　债	53	7.50	11436.00	18.47
地方政府债	50	7.07	2000.00	3.23
企业债	139	19.66	2678.33	4.33
金融债	73	10.33	9319.00	15.05
央行票据	47	6.65	27260.00	44.03
短期融资券	184	26.03	3100.05	5.01
公司债	17	2.40	361.00	0.58
中期票据	138	19.52	5694.00	9.20
可转债	5	0.71	38.40	0.06
可分离转债存债	1	0.14	30.00	0.05
合　　计	707	100.00	61916.78	100.00

数据来源：WIND资讯。

二级市场方面，2009年前三季度我国债券市场小幅回落，中债综合指数从112.79下跌至110.58，下降1.96%。从期限看，10年以上品种下跌相对明显，跌幅超过5%；5年以内品种走势相对缓和，跌幅最大也仅为1.68%，1年以内品种还有接近0.5%的正收益。在IPO和一年期央票重启后，收益率持续走高。银行间固定利率企业债的收益率走势也是一路上行。债券市场出现回落，且不同期限走势稍有分化的主要原因如下。

一是2008年末政府开始实施适度宽松的货币政策，导致信贷扩张，政府投资加大，支持实体经济复苏。基于对未来我国经济前景的良好预期，资金开始撤离债券市场，转投股票市场。

二是大量货币投放，短期内增加了市场供应，导致货币市场利率继续回落，同时也加大了市场对未来通货膨胀的担忧，因此债券市场体现出短期品种跌幅小、一年以内短债价格甚至上升而长期品种跌幅大的格局。

（三）基金市场运行情况

1. 基金发行加快，指数基金迎来大扩容

2009年前三季度共发行93只新基金，共募集2694.71亿元。而2008年全年发行了 99 只新基金，2007 年全年发行了 63 只新基金。从基金类型来看，偏股型基金成为发行主体。随着股市表现的持续好转，偏股型基金的募集规模不断走高，第一季度新发股票型基金平均募集规模仅 12.17 亿份，第二季度上升到 36.28 亿份，而第三季度则进一步增长到 137.13 亿份。2009 年前三季度共发行 19 只指数基金（包括 ETF），指数基金队伍迅速扩大。2009 年上海证券交易所加大力度推动 ETF 产品的发展，上证中央 50ETF 已顺利发行，上证 180 治理 ETF 及联接基金以及华安 180ETF 联接基金正在发行，接下来将有多只 ETF 产品陆续发行，预计到 2009 年底，指数基金的发行数量将超过以往 7 年发行数量的总和。

2. 基金业绩出现"股强债弱"格局

2009 年以来，随着股指的强势反弹，基金业绩较去年的低迷状态有了较大改观，呈现出股强债弱的格局，偏股型基金、指数型基金的业绩领先，而债券基金业绩不振。截止到 9 月 30 日，指数型基金和股票型基金平均净值增长分别为 62.06%、46.94%，远高于其他类型基金，成为 2009 年市场的最大赢家，而同期债券基金平均净值增长 0.995%，货币市场基金平均净值增长 0.9943%。

3. "一对多"专户理财业务开闸为基金业开启新时代

2009 年 8 月中旬基金公司"一对多"专户理财业务开闸，使基金业从单一的公募基金管理者跃升为涵盖高、中、低端理财业务的资产管理者，为基金业的发展开启了新时代。与传统的公募基金相比，"一对多"专户投资更灵活、投资范围更广、投资规模更稳定，不受日常申购赎回影响，具有更为灵活的费率结构等，但同时也对基金业的运作提出了更高的要求，尤其是对风险的管理能力。与公募产品不同，"一对多"专户追求的是绝对收益，其股票仓位区间可以是 0%~100%，操作灵活度非常高，伴随着的往往是高风险。除非是保本型产品，否则基金公司并不承担"一对多"专户的投资损失。

二 2009 年第四季度及 2010 年上海证券市场展望

在"保增长与调结构并重"的政策主基调下，我们认为中国经济复苏的进程仍较乐观。

（一）影响证券市场走势的主要因素

1. 海外主要经济体企稳复苏

海外经济的复苏程度决定着中国出口改善的时点和力度。海外主要经济体呈现出明显的触底回稳态势，从先行指标 PMI 来看，2009 年 8 月，美国首次回到 50 上方；日本则连续两个月高于 50；欧盟达到 48.2，虽仍处于经济收缩领域，但回升势头迅猛。根据美国历史数据的分析表明，PMI 指数与 GDP 具有高度相关性，且其转折点往往领先于 GDP 几个月。在过去 40 多年里，美国制造业 PMI 的峰值可领先商业高潮 6～18 个月左右，领先商业低潮一般 1～4 个月。美国个人消费支出自 2008 年严重收缩以来，2009 年开始出现企稳信号，消费者信心改善。住房价格继续下跌，但有稳定的迹象；住房需求稳定，房价继续同比下跌空间有限；住房融资情况获得实质性改善。根据对房价指数及新屋销售状况的分析，我们可以得出维持美国经济 2009 年底复苏的谨慎乐观判断。

2. 中国经济复苏的进程较乐观

2009 年上半年拉动 GDP 增长的三大需求中，投资和消费对我国经济的复苏做出了重要贡献，而出口则起到负面的作用，据国家统计局测算，投资对经济增长的贡献率为 87.6%，最终消费对经济增长的贡献率为 53.4%，出口对经济增长的贡献率为 -41%。我们预计从 2009 年第四季度开始，主要由投资主导的中国经济，将逐步步入投资、消费、出口共同拉动经济增长的比较平衡发展的阶段。

2009 年 5 月以来，中国进出口商品总额、进口商品总额以及出口商品总额由负转正，反映对外贸易正在改善。虽然 2009 年 7～8 月份同比降幅扩大，但是考虑到 2008 年第四季度受全球金融危机的影响，进出口急剧下降，预计 2009 年第四季度同比数据将改善。目前外部经济逐步走向复苏的轨道，对中国的负面影响开始缩小，将有望显著改善中国出口。金融危机对我国影响最大的是对外贸易，随着全球经济的复苏，企业的出口订单将明显增加，进出口贸易改善。由于 2009 年的低基数效应，2010 年中国的出口在各季度的同比增速为正，净出口对 GDP 增长拉动作用由负转正，出口将逐步成为经济回升的又一动力。但出口回升的幅度依然存在不确定性，复苏的基础尚不牢固，且贸易保护主义抬头将给我国出口复苏增添新的变数。如果人民币汇率再有升值的波动，则会对我国出口回升的幅度增添不确定性。

政府投资方面，2010 年政府投资增速将大幅回落，将由第一阶段的政府投资拉动逐渐转变到第二阶段的由房地产投资为主的民间投资拉动。目前中国经济复苏正处于完全的政府主导投资向市场主导投资的转换之间，属于过渡的关键时期，市场主导力量能否真正起来决定着中国经济复苏能否顺畅。但由于国家加大对产能过剩行业的治理，投资上行空间有限。

在出口形势不确定性较大的情况下，我国经济实现可持续发展的关键在于消费。而消费随着国家逐步加大社会保障等"促民生、保消费"政策以及经济回暖带动就业及收入的好转，亦有望继续保持稳定回升。

3. 宏观经济政策将保持稳定性和连续性

尽管不排除局部的微调，但政策主基调不会发生大的改变。我国政策目标将从 2009 年上半年单纯突出"保增长"转向"保增长与调结构并重"。

（1）积极的财政政策贯穿全年。积极的财政政策将贯穿 2009 年全年，财政支出预计在 2009 年第四季度尤其是年末会集中释放。在调结构方面，除抑制部分行业产能过剩外，还可能会从以下几方面入手：一是推进包括水、煤、电、燃气等资源和公用事业性产品价格形成机制改革；二是出台刺激民间投资的政策，扩大民营资本的市场准入范围，推进民营资本的投资自由化；三是出台扶持中小企业和服务业发展的政策措施，促进就业，改善民生，实现"有就业的增长"。

（2）货币政策回归"适度宽松"主基调。2009 年 9 月召开的中央十七届四中全会再提坚持积极的财政政策和适度宽松的货币政策，货币政策将会从 2009 年上半年的过分宽松回归适度宽松，进入平稳增长阶段。展望 2009 年第四季度，我们认为，货币供应量和信贷投放仍将保持平稳增长，动态微调仅限于通过发行央行票据和公开市场操作调控流动性，存款准备金率和利率将保持稳定，均不会被上调。2009 年第四季度流动性仍然充裕，预计 2009 年全年新增人民币贷款 10 万亿元，年末 M2 增速达 22% 左右。信贷增量高位回落后第四季度总体将维持正常年份月均水平，信贷投放量在 2009 年第四季度将平稳增长。预计货币指标 M1 在 2009 年底出现高点，但仍会暂时维持高位震荡，M1 和 M1 – M2 的向下拐点则可能出现在 2010 年第一季度。

4. 市场扩容压力不容小视

创业板提前开闸，批量发行，对主板市场的资金分流压力并不大。国际板也在密集筹划之中，红筹股即将掀起回归潮，市场短期内面临着极大的扩容速度，未来新股扩容的节奏和速度将成为制约市场的一个因素。此外，上市公司巨额融资和大小非减持等都会对市场带来一定的资金压力。根据 Wind 统计，截至 2009 年第三季度上市公司已募集完成再融资额高达 2111.53 亿元，提出再融资预案（包括增发、配股、公司债、可转债等）的公司拟募集资金高达 6286.06 亿元。此外，上市公司在银行间债券市场发行的企业债规模也已达到 3934.75 亿元。再融资潮的一个显著特点是再融资额度加大，包括浦发银行、万科 A、武钢股份在内的权重股纷纷提出百亿级融资方案。

展望 2009 年第四季度至 2010 年底的大小非解禁形势，2010 年 11 月解禁市值规模最大，达 22092.54 亿元，但扣去中石油的部分后仅有 1294.2 亿元。总体来说，由于未来的解禁股主要来自大型国企的第一大股东，实际的减持压力远远小于理论上的统计值。因此，未来大小非减持压力对市场的负面影响实际上是有限的，而更多体现为市场估值非理性上升时的抑制力量。

（二）A 股市场走势展望

我们认为 2009 年第四季度和 2010 年，中国 A 股市场将从 2009 年上半年由经济复苏与流动性双轮驱动阶段过渡到经济复苏单轮驱动阶段，对于负面因素的抵抗力弱于 2009 年上半年。2009 年第四季度 A 股市场有可能维持箱体震荡格局。在整体经济复苏进程影响下，沪深股市将受到经济复苏的重要支撑，因此我们认为股市的长期趋势应该向好，股市的底部将会逐步抬升，2009 年第四季度和 2010 年我们认为股市的运行区间大致在 2500~4000 点。

按照美林证券提出的投资时钟理论，从经济环境变化的角度来看，目前我国所处的宏观经济特征为：流动性增速高位回落，经济增速逐步回升，通胀低位回升，并且 CPI 在 2009 年末有望转正。经济增长结构也发生了变化，投资增速高位回落，出口增速低位回升，消费增速稳定。在流动性支撑减弱、业绩增长预期逐渐明朗的背景下，按照投资时钟理论，资产配置上我们建议关注业绩增长相对确定的中下游行业的投资机会，如机械、汽车及零配件、电力设备、通信设备、医药生物、食品饮料、商贸零售等行业的投资机会，兼顾"低碳经济"、通胀预期、节能减排等主题投资机会。

（三） 债券市场展望

2009 年第四季度债券市场将受到两方面不利因素的影响，一是通胀预期抬头引发加息预期，使得债券市场的上行空间有限；二是流动性充裕格局弱化，对债券市场的支撑减弱。虽然短期内流动性尚不会出现大的变化，但债券市场在 2009 年第四季度整体将以震荡调整为主，收益率曲线短端可能有下降的空间。债券市场可能的阶段性投资机会将来自于股票市场调整时，市场资金出于避险需求进入债券市场，从而形成跷跷板效应。不过债券市场收益率经过 2009 年前三个季度的调整，各期限抵抗收益率上行的能力大大增强，在收益率曲线不变的情况下，5 年以内国债季度持有收益最高的期限为 3～4 年。我们建议投资者在 2009 年第四季度将组合债券选择范围置于 3 年以内。

2009 年第四季度银行间信用市场可能面临商业银行的资本充足率考核而出现短暂的利差上升，央票利率上升也加剧了短期融资券的利率风险。交易所信用债市场则在较高的短期收益、较大的供给冲击以及可替代产品中寻求定价均衡。我们建议 2009 年第四季度投资者将银行间信用组合保持在低久期，提高信用组合的信用等级；在交易所市场适当配置低评级、高收益的信用债，将交易所的信用债组合久期维持在 5 年以下。

Review and Analysis of Shanghai Stock Market in 2009 and Its Prospects for 2010

Wu Qian, *Zhu Pingfang*

Abstract：In 2009, China's each macro-economic indicator has obviously changed for the better, and the profits of listed companies have touched ground and rise. In the whole, in 2009, A-stock market presents the operation pattern which rises and falls suddenly and sharply. Under the impetus of domestic and foreign economic resurgence anticipation and of extreme loose mobility, in 2009 the combined share index of Shanghai stock exchange has risen from 1935. 50 points at the beginning of the year to the peak 3478. 01 points on the 4th of August; in the first seven months, China's

Astock market had went out the unilateral rising market, and the rising scope was close to 80% , which was pacemaker in the global stock market. At the beginning of August, under the influence of market expansion acceleration and of anticipated credit policy readjustment etc. , A-stock market carried on quick adjusting. The primary factors which influence the stock market trend in the future include that, whether can the overseas main economic bodies stabilize and recover, whether is the progression of Chinese economic resurgence optimistic, how can the macroeconomic policy maintain the stability and the continuity, certainly the pressure of market expansion does not allow to be looked down upon.

Key Words: Stock Market; Adjustment and Expansion Pressure

专题研究篇

SPECIAL STUDY

2009年我国进出口贸易形势分析与预测

裴长洪*

摘　要：2009年前8个月我国商品进出口贸易总额比上年同期下降22.4%，并呈现以下特点：一是2009年7、8两个月的月度商品出口额恢复到千亿美元以上；二是双边贸易排序变化，东盟市场地位上升；三是低技术劳动密集型产品出口更具有抵御市场需求下降风险的能力；四是进口商品价跌甚于量跌，是进口储备资源的好时机；五是国际分工格局没有大的变动，跨国公司主导的国际贸易仍然占据主流；六是出口退税已到极限，再加大其政策强度的回旋空间已经很小；七是国际贸易保护主义抬头，我国出口贸易频频遭遇贸易救济调查。在应对国际金融危机影响中，外贸企业除了依靠国家政策的支持，还应创造新的经验，加强企业间联合与合作的行为，形成了抵御国际金融危机影响的竞争优势因素。

关键词：贸易形式　贸易保护主义　竞争优势

* 裴长洪，中国社会科学院财政与贸易经济研究所所长、研究员；主要研究国际贸易与投资、国际金融与服务经济。

2009 年前 8 个月我国商品进出口贸易总额达到 13386.5 亿美元,比上年同期下降 22.4%;其中出口商品额达到 7307.3 亿美元,比上年同期下降 22.2%,进口贸易额为 6079.2 亿美元,比上年同期下降 22.7%;累计贸易顺差为 1228.2 亿美元,比上年同期减少 19%。前 8 个月对外贸易情况呈现以下几个特点。

1. 2009 年 7、8 两个月的月度商品出口额恢复到千亿美元以上

2008 年 9 月以来,尽管遭受国际金融危机影响,但 2008 年后 4 个月的月度出口额仍然保持在千亿美元以上。进入 2009 年,前 6 个月的月度出口额都降至千亿美元以下,特别是 2 月份的月度出口额降至最低,只达到 649 亿美元,比上年同期下降 25.7%。2009 年的 7、8 两个月,情况发生变化,月度出口额都回升到千亿美元以上,虽然同比下降幅度仍然很大,但出口额上升趋势已经初步显现(见表 1)。

表 1 2008 年 9 月至 2009 年 8 月月度出口额变化情况

单位:亿美元,%

项目	2008 年				2009 年							
	9 月	10 月	11 月	12 月	1 月	2 月	3 月	4 月	5 月	6 月	7 月	8 月
金额	1363	1282	1150	1112	905	649	903	919	888	954	1054	1037
增长率	21.4	19	-2.2	-2.8	-17.5	-25.7	-17.1	-22.6	-26.4	-21.4	-23	-23.4

资料来源:《海关统计》2009 年 8 月。

2. 双边贸易排序变化,东盟市场地位上升

从中国出口角度看,欧盟、美国、中国香港是中国内地前三大出口市场,接下来以往是日本,但 2009 年上半年起,东盟超过日本成为中国第四大出口市场。前 8 个月,中国对东盟出口额达到 629.4 亿美元,比上年同期下降 18.3%;对日本出口额 600.2 亿美元,比上年同期下降 20.2%(见表 2)。东盟出口市场地位的上升,是实施自由贸易区战略发挥了作用。2009 年 1 月 1 日起,中国与东盟已有超过 60% 的产品实现零关税,从而促进了双边贸易。未来从 2010 年 1 月 1 日起,双方各自将有 90% 以上的产品关税降到零。

从我国与主要贸易伙伴的双边贸易情况看,我国对美国、东盟、澳大利亚、印度的出口下降幅度都相对缓和,从欧盟、美国、澳大利亚、巴西的进口下降幅度也比较缓和,因此对出口贸易前景完全悲观失望,是没有根据的。

表 2　2009 年 1～8 月我国与主要贸易伙伴进出口下降幅度

单位：%

贸易伙伴	进出口同比下降	出口下降	进口下降
全　　球	22.4	22.2	22.7
欧　　盟	20.7	25.1	11.4
美　　国	16.4	17.3	13.7
日　　本	22.1	20.2	23.5
东　　盟	21.3	18.3	24
香港地区	22.9	21.7	39.4
韩　　国	26.4	35.1	20.9
台湾地区	33.1	34.5	32.8
澳大利亚	8.4	13.8	5.4
印　　度	29.1	14.2	48.7
巴　　西	22.8	38.7	12.9

资料来源：《海关统计》2009 年 8 月。

随着世界贸易格局的变化，发展中国家市场的相互重要性上升，2009 年上半年，中国成为巴西、智利第一大贸易伙伴。2009 年上半年巴西对中国出口增长 62.4%，对美国出口下降 52.7%，对欧盟出口下降 23.8%；智利对美国出口下降 31.4%，对欧洲出口下降 55.7%，对中国出口只下降 14%。于是，中国取代美国成为巴西、智利的第一大贸易伙伴。

3. 低技术劳动密集型产品出口更具有抵御市场需求下降风险的能力

前 8 个月，以食品与活动物为主的农产品出口同比只下降 6.0%，纺织服装、鞋、塑料制品、箱包、家具等劳动密集型产品的出口下降幅度都大大低于平均水平；机电产品、高新技术产品出口下降幅度都接近平均水平；其中电器及电子产品、汽车出口量价齐跌，幅度都超过 50%；钢材、铝材和轮胎也都是大幅度量价齐跌。其他资源性产品如石油、煤炭出口的下降幅度也都很大（参见表 3）。

这种现象表明，低技术劳动密集型产品不仅具有收入的需求弹性较小的特点，而且其他经济体也难以在短期内替代我国成为世界市场的大量供给者，因此在我国产业升级和结构调整中不仅不应该消灭这种产业和产品，而且仍然要注意延续其比较优势，特别是通过向内地和中西部的产业转移，使我国在世界市场上继续成为低技术劳动密集型产品的供应基地。

表3 2009年1～8月我国出口若干商品数量金额增减幅度

单位：%

商品名称	出口数量	出口金额	商品名称	出口数量	出口金额
煤炭	-55.9	-51.5	手机及零件	—	-9.3
原油	37.1	-28.4	集成电路	1.6	-16.2
成品油	36.3	-25.4	玩具	—	-12.2
塑料制品	-14.2	-8.1	自动数据处理设备及其部件	-18.8	-18.7
纺织纱线、织物及制品	—	-14.9	家具及其零件	—	-9.4
箱包及类似容器	—	-9.4	灯具、照明装置及零件	—	-17.6
服装及衣着附件	—	-10.4	机电产品	—	-20.6
鞋类	—	-5.8	高新技术产品	—	-19.1
钢材	-68.4	-67.9			

资料来源：《海关统计》2009年8月。

4. 进口商品价跌甚于量跌，是进口储备资源的好时机

铁矿砂、原油和成品油进口量升降幅度不大，但价格下降幅度很大；铜铝进口量上升，但价格下跌；甲醇、硫酸和钢材等中间投入品进口量大升，价格下跌；大豆和油菜籽等农产品进口量升，但价格下跌。

2009年上半年由于国际石油、矿物资源类产品价格下降，因此石油、矿物资源类产品进口金额下降幅度达到45%以上，而中间投入品进口金额下降幅度较小，因此石油和矿物资源类商品进口金额比重从上年23.8%下降到今年上半年的19.1%；而中间投入品进口比重上升了3个百分点（参见表4）。从长远建设来看，石油和矿物类资源产品都是我国需要大量进口的商品，而当前国际市场价格较低，如果能够启动外汇与实物储备转换的机制，大量进口这些资源性

表4 2009年1～8月我国进口若干商品数量金额增减幅度

单位：%

商品名称	进口数量	进口金额	商品名称	进口数量	进口金额
大豆	20.6	-14.1	钢材	3.7	-19.5
铁矿砂及精矿	32	-29	未锻造的铜及铜材	75.8	3
原油	7.4	-46.5	汽车及汽车底盘	-23.5	-26.9
成品油	-9.8	-55.6	机电产品	—	-19.1
初级形状的塑料	28.1	-11	高新技术产品	—	-20.4

资料来源：《海关统计》2009年8月。

产品，不仅对未来我国的经济建设有利，而且也有利于对当前的国际市场创造更多需求，形成对世界经济复苏的刺激因素，同时也是我国抵御贸易保护主义的一种武器。

5. 国际分工格局没有大的变动，跨国公司主导的国际贸易仍然占据主流

前 8 个月在出口贸易中，国有企业同比下降幅度达到 30.5%，大大高于平均水平，而外商投资企业出口下降幅度只有 22.3%，集体企业下降幅度 31.9%，其他类企业只下降 13.5%，说明非公有制企业抵御市场风险的能力较强。从进口贸易情况看，国有企业下降幅度达到 29.9%，外商投资企业下降 23%，而集体企业只下降 18.4%，其他企业只下降 2.3%，说明国内需求变化对国有企业影响最大。从贸易方式来看，加工贸易出口所受到的不利影响要小于一般贸易。

加工贸易出口下降幅度小于一般贸易（参见表 5），而前 8 个月外商投资企业实现的加工贸易出口又占整个加工贸易出口的 83% 以上，说明由跨国公司主导的国际专业分工以及由此直接导致的贸易仍然在发挥较大作用，而且也较具有抵御市场需求下降的风险能力。加工贸易进口下降，说明在国际金融危机影响下国际专业分工对国内产业配套的需求上升，但这种上升反映的是结构性需求，即低技术劳动密集型产品出口下降幅度小，对这种产品的国内配套需求大；而机电产品出口下降幅度大，对这种产品的国内配套需求小。这种结构性需求不利于出口贸易结构高级化的发展，但这并不是由贸易决定的，而是由市场和生产结构决定的。

表 5　2009 年 1~8 月我国进出口贸易情况

单位：亿美元，%

贸易方式	出口金额	同比升降	进口金额	同比升降
一般贸易	3279.5	− 25.2	3269.0	− 18.8
加工贸易	3515.1	− 21	1904.8	− 26.3
其他贸易方式	512.8	− 5.3	905.4	− 27.8
总　　值	7307.4	− 22.2	6079.2	− 22.7

资料来源：《海关统计》2009 年 8 月。

6. 出口退税已到极限，再加大其政策强度的回旋空间已经很小

从 2008 年下半年以来，为了救助出口贸易，抵御国际金融危机影响，国家已连续 7 次调高了出口退税率，大大增强了出口退税的政策力度。2009 年上半年出口退税规模已经达到3513.93亿元，比上年同期增长21.9%，预计全年将超过7000亿元，比上年5870亿元净增加1200亿元。目前出口商品综合退税率已上升到13.5%，在13000个税号中，有1971个实现全额退税；机电产品2500个税号，有1771个全额退税，占70%。纺织服装产品出口退税率也已达到15%。即便如此，仍然有许多外贸企业处在成本上升和利润缩减的压力下难以生存，强烈要求国家再增强出口退税的政策力度，有不少专家也要求对所有出口贸易实行全额退税。但从财政支出情况看，这种可能性已经很小。如果国家勉为其难，其财政收支后果将十分不利，而且也将进一步导致出口退税政策的扭曲。

7. 国际贸易保护主义抬头，我国出口贸易频频遭遇贸易救济调查

根据商务部最新公布的数据，前8个月共有17个国家（地区）对我国发起79起贸易救济调查，其中，反倾销50起，反补贴9起，保障措施13起，特保7起，涉案总额约100.35亿美元，同比增长121.2%。对我国发起贸易救济调查案件数量最多的国家或地区是：印度22起，美国14起，阿根廷10起，土耳其6起，欧盟和加拿大各4起。对我国影响最大的保护主义案例是9月份美国政府做出的对中国输美轮胎产品采取特保措施的决定。根据此决定，美国将在未来三年内分别对中国输美汽车轮胎征收35%、30%和25%的从价特别关税。这一惩罚性关税的实施将影响我国每年对美国约22亿美元的轮胎出口。此外，美国还将继续发起新的贸易救济调查。美国这种做法可能引起其他国家的仿效，对我国出口贸易企业极其不利。

我国外贸企业在应对国际金融危机影响中，除了依靠国家政策的支持，还创造了新的经验，如"抱团取暖"、"集体过冬"等企业联合与合作行为，形成了抵御国际金融危机影响的竞争优势因素。原来我国出口产品在国际市场上的竞争优势，一方面是靠国内要素的低成本优势；另一方面是靠国外进口商在境外流通领域嫁接的高效率服务供给结合的结果。从国内经营领域来看，由于制造环节的不断分散化，要求在流通领域提供物流、资金、通关、结算等环节的高效率服务，才能保持我国出口产品在国内创造的竞争优势或增加新的竞争力因素。在面对国际金融危机影响的严峻形势面前，在生产环节还难以在短期内提高制造技术以突破生产效率瓶颈的约束条件下，如何在流通领域创造降低成本的优势，成为一些商务企业发挥作用、创造经验的回旋空间。一些商务企业从原来的外贸代理制不断向其他服务领域延伸，特别是在生产企业面临外贸融资十分困难的情况下，一些商务企业扩大了自己的银行受信额度，进而为外贸生产企业提供商业信用，从而弥补了我国银行对中小企业信贷和信用担保覆盖范围不足的缺陷，成功地把各种服务引入外贸生产经营领域。这种靠各种生产性服务连接起来的供应链降低了外贸企业产品的出口成本，弥补了国内低生产成本被削弱的劣势因素。外贸企业把这种供应链服务通俗地称为"抱团取暖"，是我国外贸企业在国际金融危机影响的不利形势下创造的转变外贸增长方式的先进经验。厦门嘉晟外贸公司依靠扩大为企业的服务，形成供应链服务模式，创造了 2009 年进出口业务经营额突破 5 亿美元，经营额同比上升 20% 以上的优秀成绩。

我国出口贸易转变增长方式仍然任重道远。对于我国这种制造大国来说，在相当长的时期内都还必然存在低端的生产制造技术和生产环节，生产分工在一个地方实现了价值链环节的提升，不意味着在全国都实现这种提升，生产分工的价值链在局部的提升与低端生产制造的分散化和区域扩大将同步进行，高、中、低生产分工同时存在的格局将长期存在。因此我国转变出口贸易增长方式的经济含义是，不仅要求生产分工在价值链环节的提升，而且还要实现国际生产分工的区域扩大化以及低级制造技术在更大范围为中国人民创造福利。如何实现这种目标，不仅需要提供出口贸易高速增长的所有动力机制，包括外部需求和国内有利的政策环境，还需要创造使这种局部实现生产分工价值链提升和全局国际生产分工继续扩大的商业机制和政策环境。这种商业机制就是供应链机制及其管理模式。目前出口贸易的供应链被分割成两部分：产品出口到境外后，其供应链是由境外进口商支配的，我国外贸企业基本没有能力进入；国内生产经营部分，外商也很难全盘掌握，这就为国内商务企业留下了很大的发展空间。我国商务企业要在学习供应链管理中发展成长，从而为中国出口产品创造新的竞争力因素，促进出口贸易增长方式转变目标的实现。我国外贸商务服务企业将来还需要"走出去"，建立海外的供应链体系，真正做到内外贸一体化。只有到完全具备这种条件的时候，出口贸易增长方式转变和国际经济竞争新优势的形成才有了坚实的基础。

2009 年 9 月 8 日联合国贸发会议发布了《2009 年贸易和发展报告》，预测 2009 年以实际价值计算和以美元现值计算的世界贸易额将分别下降 11% 和 20%。2008 年世界商品进出口贸易总额约为 32 万亿美元，2009 年世界贸易进出口总额将下降为 25 万多亿美元。我国前 8 个月以美元现值计算的进出口总额同比下降了 22.4%，2009 年全年中国能否低于世界平均降幅，对中国是一个考验。

从上半年可得数据看，美国第一季度出口下降 22.25%、进口下降 29.9%；日本上半年出口下降 42.7%、进口下降 38.6%；欧盟 27 国第一季度出口下降 30.3%，进口下降 30.9%。目前对比世界其他贸易大国，我国下降幅度仍然相对较低。自 2003 年起，德国取代美国成为世界出口第一大国。2008 年中国出口 1.428 万亿美元，仅比德国 1.465 万亿美元略少，所以世贸组织 2009 年 7 月 22 日称，2009 年中国将超过德国，成为世界出口冠军。预计 2009 年后 4 个月，我国出口贸易将继续维持月度出口超千亿美元的水平，4 个月累计可达 4500 亿美元；进口贸易可以继续维持月度 900 亿美元以上的水平，4 个月累计可达 4000 亿美元；加上前 8 个月贸易实绩，全年进出口贸易总额可达 2.2 万亿美元，其中，出口贸易额可达 1.2 万亿美元，贸易顺差大约为 1800 亿美元左右。

2010 年的前景。多数专家认为，全球经济恢复情况依然非常脆弱和不稳定，各国经济还主要靠政策刺激和政府投入来推动。发达国家普遍高企不下的失业率和产能过剩也增加了未来的不确定性。截止到 2009 年 5 月份，美国、德国、日本的产能利用率分别只达到 68.3%、72%、65%，均是历史低点。因此，最少在未来两年，世界经济将呈现低速度增长。因此我国对外贸易的增长不可能把希望完全寄托在发达经济体需求拉动上，国内的政策环境在某种意义上更重要。出口退税、人民币汇率水平、贸易融资和出口信用担保等措施将决定 2010 年我国对外贸易的前景。如果国内政策环境有利，外贸企业进一步适应新的环境，并在开发新兴市场上有新的进展，我国对外贸易，特别是出口贸易也将出现回升势头。根据调查数据，我国出口占美、日、欧发达国家市场份额约为 17% ~ 22%；而新兴经济体的市场份额则有较大潜力。我国出口在中东、东欧、非洲、拉美的市场份额仅为 9.2%、3.7%、10.4%、6.9%，增长空间很大，再加上自由贸易区的开辟，扩大外部需求仍然可为。如果 2009 年我国进出口贸易总额为 2.2 万亿美元，2010 年可能增长 10% 以上，恢复到 2008 年的贸易总额水平；出口贸易也将恢复到 2008 年 1.43 万亿美元水平，增长幅度为 15% 以上。

参考文献

李健：《外需形势进一步趋好》，2009 年 9 月 18 日《国际商报》第 8 版。

路虹：《危机重压下重启多哈回合谈判》，2009 年 9 月 12 日《国际商报》第 1 版。

谢莉：《外贸景气向好趋势未变》，2009 年 9 月 12 日《金融时报》第 5 版。

杨舒：《外需是否回暖，进出口企业怎样继续前行》，2009 年 9 月 1 日《国际商报》第 4 版。

张欣、张炳政：《上半年我国对外贸易进出口情况综述》，2009 年 7 月 30 日《国际商报》第 2 版。

Analysis and Forecast of China's Import-Export Trade Situation in 2009

Pei Changhong

Abstract：In the first eight months of 2009, China's total amount of commodity import-export trade had a drop of 22.4% over the ones in previous year, and the following characteristics were presented：First, in both July and August of 2009, monthly amounts of commodity export had restored to 100 billion US dollars above；Second, the ordering of bilateral trade changed, and the Association of Southeast Asian Nations (ASEAN) market position rose；Third, the low-tech labor-intensive product export had more ability to resist the risk of market demand downside；Fourth, the imported goods depreciation was more severe than the quantity falling, which was a good opportunity to import the reserve resources；Fifth, the pattern of international division of work had not big change, the international trade led by the multinational corporation was still mainstream；Sixth, the tax reimbursement for export arrived at the limit, the leeway to increase its policy strength had be very small；Seventh, the international trade protectionism rose, and China's export trade repeatedly encountered the trade remedy investigation. In dealing with the influence of international financial crisis, except for the dependence on the support of national policy, the foreign-trade enterprises had also created the new experiences, had strengthened the union and cooperation among the enterprises, which has formed the competitive advantages to resist the influence of international financial crisis.

Key Words：Trade Form；Trade Protectionism and Competitive Advantage

2009 年总量冲击与 2010 年结构短缺

——解读复杂的中国就业形势

蔡　昉*

摘　要: 本轮全球金融危机对中国就业影响,呈现出渐趋复杂的局面:农民工就业形势的瞬息万变,城镇居民与农民工就业的不同变化特征,总体劳动力市场压力下的劳动力短缺现象,等等。本文在劳动力市场长期格局,即刘易斯转折点已经到来的假设下,运用"周期性失业 + 劳动力市场分割"分析框架,解读上述费解现象,并提出政策建议。

关键词: 宏观经济　就业冲击　民工荒

2008 年以来,金融危机影响下的中国就业形势,并非以劳动力市场冲击这种简单和单向的方式表现出来,而是在就业冲击与劳动力短缺、农民工返乡与回城、失业率上升与下降等一系列扑朔迷离的现象中展现。如果不加分析地去看瞬息万变的表面现象,就很难准确地把握当前和未来的劳动力市场变化大势。本文尝试从中国劳动力供求长期趋势和短期矛盾出发,剖析支配就业形势变化的规律,为更全面地认识宏观经济走向提供一个参考。

一　冷暖鸭先知:认识宏观经济波动中的就业

我曾经用"春江水暖鸭先知"这句诗来形容面对 2004 年以后出现的劳动力短缺现象,及沿海地区外向型企业的切身感受与反应。而当全球范围的金融危机以出口产品订货减少的方式,开始冲击沿海地区的外向型经济时,这句诗恰好可

---

* 蔡昉,中国社会科学院人口与劳动经济研究所。

以改为"春江水冷鸭先知"。对中国的经济学家和政策制定者来说，认识宏观经济形势，也许主要不是依靠失业率等劳动力市场指标，但是，对于企业和劳动者来说，与就业相关的各种切身体验，恐怕比 GDP 增长率、M2 发行量等板着面孔说话的宏观经济指标，都来得更加及时、准确和重要。

在美国，联邦政府每个月都会公布就业形势的最新数字，主要指标分别是基于家庭调查和企业调查得出的机构就业和失业信息。每个月的第一个星期五早晨，一批被挑选出的记者准时获得劳工统计局独家发布的劳动力市场信息并给予报道后，常常给宏观经济和资本市场造成巨大的冲击（伯纳德·鲍莫尔，2005）。

在中国的劳动力统计项目中，虽然同样包括家庭调查和企业调查，但由于调查结果汇总和发布较慢，不能满足判断宏观经济和劳动力市场形势的需要。通常，我们可以不定期地获得季度登记失业率，以及反应更加迟钝的在若干劳动力市场上收集的岗位供求信息。所以，在大多数情况下，宏观经济调控决策是在大致的就业判断之下做出的。

随着用下岗补贴的方式进行失业保障这个历史使命的完成，到 2003 年，下岗职工这个群体在统计意义上就不复存在了。那些尚未实现再就业的人员，则转而领取失业保险金。因此，这一年登记失业率达到最高水平 4.3%，随后逐年下降，直到 2007 年的 4.0%。2008 年，随着金融危机的影响显现在对劳动力市场的冲击，登记失业率上升到 4.2%，2009 年第一季度又提高到 4.3%（见下图）。

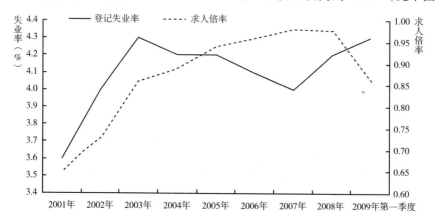

图　劳动力市场状态指标变化

资料来源：国家统计局《中国统计年鉴》，中国统计出版社（历年）；中国劳动力市场网，http://www.lm.gov.cn/。

同样，在 2008 年以前，用劳动力市场上岗位数与求职人数之比表示的求人倍率，呈现从 20 世纪 90 年代末的就业冲击中日益恢复的趋势，2007～2008 年高达 0.98。但 2008 年第四季度求人倍率下降到 0.85，2009 年第一季度为 0.86。

中央电视台记者曾经问克鲁格曼，其最关注哪些宏观经济指标，回答是：就业信息和采购经理指数（PMI）。大致是在本次金融危机期间，由里昂证券亚洲分部和中国物流与采购联合会分别统计的这个指数——PMI 闪亮登场，广为关心宏观经济的人士所引述。这个指数在 2008 年骤跌之后，2009 年初开始回升，并分别于 3 月份和 4 月份超过了 50 这个基准线。此外，月度和季度的一系列其他宏观经济指标，也都显示中国经济正在回暖。相应的，就业指标也应该有所反映。我们的猜测是，调查失业率和求人倍率在第一季度之后，应该处于逐月恢复的势头。

值得讨论的是，应该如何认识就业指标，即这类指标究竟是宏观经济中的先行性指标还是滞后性指标呢？众所周知，劳动力需求是一种引致性或派生性需求，是由经济增长本身引起的。更具体地说，认识中国特有的就业形势与宏观经济的关系，至少应该从以下两个方面着眼。

我们首先要认识的是两者之间不可分割的关系。既然经济增长引致劳动力需求，宏观经济的周期必然反映在就业波动上。美国经济学家罗斯基（Rawski，2001）就曾经利用这种相关关系，根据 1998 年就业的"零增长"现象，质疑当年 GDP 增长率 7.8% 的真实性。与就业增长一起用来质疑经济增长率的指标，还包括如用电量和运输量增长等。不过，撇开就业"零增长"是一个错误结论不说，如果我们仔细观察这些被用来间接佐证宏观经济的指标，就会发现一个共同的特点，即就业、能源使用、运输量等对经济增长的弹性十分大——当经济处于上行趋势时，这些投入的增长势头更为强劲；当经济处于下行趋势时，它们的跌落也格外显著（Cai and Wang，2002）。

所以，我们要认识到就业对经济增长的弹性是有其特殊性的。特别是对于那些城市的非正规就业劳动者，以及大部分处于非正规就业状态的农民工来说，经济高涨固然产生对于他们的巨大而急切的需求，但是，一旦经济处于下滑状态，这些群体也往往首当其冲地失业。也就是说，非正规就业对于宏观经济景气的反应弹性，比稳定的正规就业既大且敏感，因而在劳动力市场上处于更加脆弱的地位。认识这一点，对于了解中国的就业在宏观经济中的位置和作用，理解变幻莫测的农民工就业形势，是大有裨益的。

二 双城记：观察变化莫测的农民工就业形势

广东的东莞市最早吸引了中外媒体的目光绝非偶然，因为它几乎具有所有人们热衷于讨论的发展特点，如畸高的出口依赖程度、低端的劳动密集型产业、大量使用外地农民工、低工资和高强度劳动等。从 2008 年下半年开始，该地区因订货减少，开始大规模裁减农民工，在农民工失业返乡成为社会最为关注现象的舆论潮中，东莞充当了典型案例和论据来源。值得注意的是，产生最大的就业冲击效应的，是那些雇主逃逸的海外投资企业。

顺着沿海公路向东北方向行车几百公里，就到达福建的泉州市。这里，虽然有着与东莞相同的出口依赖、劳动密集型和大量使用农民工的特点，却感受着与东莞截然不同的苦恼——招工难。何以两种截然相反的劳动力市场现象，在产业类型相似的地区同时并存呢？一种解释说，与东莞的以港澳台投资企业为主的情形不同，泉州更多的是本土企业家投资的企业。面临金融危机的影响，即使有订货下降的冲击，企业家跑得了和尚跑不了庙，所以他们不到万不得已，决不打算关闭企业。在金融危机之前，民工荒带给他们的切肤之痛，仍然记忆犹新，因此，他们至少比东莞的企业更愿意与工人同舟共济。这是很温馨的解释，我个人也乐于相信这个理由，直到事情的继续发展提供了更符合经济学逻辑的解释。

人们注意到，关于农民工遭受金融危机的影响有多大，官方发布的信息一变再变。从 2009 年初到 9 月份，分别有春节前后 2000 万农民工因失去工作返乡、包括直接受金融危机影响 1200 万人在内的 7000 万农民工返乡、7000 万返乡农民工的 95% 已经返城就业、农民工失业率不到 3%、外出农民工总规模已经从 2008 年的 1.4 亿增加到 1.5 亿、返乡农民工的 96% 已经回城就业，以及农民工再次出现短缺等消息，经由官方渠道发布。如果所有这些信息都是同一天发布的，应该算是出尔反尔了。但是，从一个时间序列看，这些消息串联起来，足以构成了农民工对 2009 年中国宏观经济形势变化的反应过程。

我们只需运用"周期性失业 + 劳动力市场分割"这样一个简单的分析框架，就可以用经济学的道理解说上述变化。经济增长的周期造成就业增长的周期，金融危机导致中国实体经济下行，就会产生周期性失业。既然遭受危机打击最大的是出口部门的中小企业，而这些企业雇用的主要是解雇成本低的农民工，他们最

先丢掉工作就是意料之中的了。虽然户籍制度到了今天，已经不再起到直接限制人口异地工作和居住的作用，但是，人户分离使得失去工作的农民工，难以享受工作地的社会保障和就业扶助，因此，失去工作的农民工并不必然留在原地寻找工作。由于春节在即，提前返乡也是合乎逻辑的。

下面的故事同样符合逻辑。农民工的前身有一个经济学名称，叫做农村剩余劳动力，意味着农村的岗位不能满足他们的就业需要，换句话说，他们本来就不是农村有需求的劳动力。此外，还发生了一些新的变化，使他们难以回到农村的岗位上。例如，农业劳动生产率的大幅度提高，使得农业不再是剩余劳动力的蓄水池；新一代农民工大多是80后90后青年，既不会务农也不愿务农。因此，春节过后，无论有无工作合同，他们中的绝大多数要回城寻职。农民工没有失业保险，也不能得到城市最低生活保障。由于承受不起长期失业，他们抓住任何就业机会的愿望比城市劳动者要迫切得多。制造业岗位减少了，他们就转到服务业；当以基础设施建设为第一轮效应的经济刺激方案启动时，他们就加入建筑业。不难理解，他们中的大多数，很快地就在产业结构的调整中，通过在劳动力市场上的自我调节恢复了就业状态。

无论是由于中国国内消费的持续增加、各国经济的初步复苏，还是政府经济刺激政策效果扩展到更多的产业，经济增长总会或多或少回到它的轨道上来，周期性失业问题也会相应缓解。在我们的经济学分析链条上再加上一条，即劳动力市场分割，这时，哪怕是一个小小的对劳动力的额外需求，比如说圣诞节订单的从天而降，都会形成劳动力供求的短期失衡，导致民工荒重现。就连东莞也发生了民工荒，而且不是偶发事件，因为该市劳动力市场上的求人倍率已经从最低时的 0.76 回升到 1.51。

如果一个社会不存在户籍制度，没有享受公共服务机会的城乡差别，因而没有劳动力市场的地理分割，就业对经济周期的反映是通过以下机制进行的。当经济处于下行区间时，一方面，是周期性失业率上升，失业者一边领取失业保险一边积极寻找工作；另一方面，则是一部分劳动者因工作难找和工资下降而退出劳动力市场，表现为社会总体的劳动参与率下降。当经济处于上行区间时，对劳动力需求增加，在降低失业率的同时，也会通过获得工作机会的容易程度和工资水平，把退出劳动力市场的那部分人重新召唤回来，甚至吸引新的经济活动人口，社会总体劳动参与率提高，从而增加劳动力供给。

但是，在存在户籍制度的条件下，非农产业的劳动力需求（通常是发生在城市和沿海地区）与劳动力供给（存在于农村和中西部地区），在地理上被割裂了，劳动力供给对需求的反应，比正常的劳动力市场条件下要缓慢得多，常常导致特定地区劳动力供给的大起大落。可见，人们所看到的农民工就业形势的瞬息万变以及民工荒与返乡潮的空间并存，合理的解释就是要在上述"周期性失业＋劳动力市场分割"框架中寻得。

三　刘易斯转折：理解劳动力市场的长期与短期特征

经济增长不可避免地有周期波动，因此，周期性失业可以治理，不能根绝。但是，劳动力市场的分割现象及其所放大的社会影响，却可以通过改革予以消除。客观地说，中国劳动力市场的发育和整合，近年来取得了长足的进步。本世纪以来，外出 6 个月以上的农民工总量大体上翻了一番。按照 6 个月以上常住人口概念统计城市人口的话，劳动力流动对城市化的贡献是显著的。但是，农民工不能在城市永久定居，不仅导致劳动力供求关系的不稳定，也扭曲了农村人口的年龄结构。因此，迄今为止所发生的城市化，由于没有实现农民工及其家庭的市民化，是不稳定的。开掘经济增长可持续源泉，不仅提出加快城市化进程的要求，而且需要一个稳定的城市化，从而呼唤户籍制度改革。

不过，户籍制度不是一张纸片，户籍制度改革也不仅仅是户籍身份或名称的改变。如果不能获得市民的公共服务，就算农民工获得了名义上的城市户口，也并不能改变事情的本质。因此，通过实现居民享有的社会保障和其他公共服务的统一化和均等化，推进户籍制度改革，不啻为一条正确的改革路径。一方面，城乡公共服务的逐步均等化，可以降低人口向城市蜂拥而至带来的社会风险，提高城市化的有序程度。另一方面，城市社会保障体系，或者广义上的社会福利体系，以及义务教育等公共服务对农民工及其家庭的接纳，增加了他们的选择机会，不仅使市民化成为一种渐进的过程，也达到了分享公共服务的市民化目的。这样推进的城市化，是稳定的、以人为本的城市化。

更重要的是，稳定的城市化是培养人力资本、解决劳动力结构性短缺、治理自然失业的关键。2004 年普遍出现的民工荒现象不是偶然的，也不是暂时性的，有其背后不可逆转的人口动因。当时，我与合作者用劳动年龄人口作为劳动力供给的代理指标,分别模拟了几种劳动力需求因素后发现,最早在 2004 年,最迟在 2009 年,劳动力供给和需求两条曲线汇合(蔡昉、都阳、王美艳,2005),意味着劳动力长期供大于求态势的根本性改变,用发展经济学的语言就是,劳动力无限供给的特征开始消失,中国经济迎来了刘易斯转折点。

由于刘易斯对二元经济的基本定义在于农业中存在的大量剩余劳动力,考察和估算农业中究竟还剩余多少劳动力,是论证刘易斯转折点到来、回应各种疑虑和批评的最好方式,我和合作者在这个方面也做出了努力(见 Cai and Wang,2008)。不过,鉴于对于剩余劳动力估计的方法有太多的争议,我们在下表中展示农村劳动力供给的趋势性变化。由于城市新增劳动力需要依靠农村劳动力转移给予满足,推动农村劳动力大量外出,导致按照常住人口定义的农村劳动年龄人口实际上已经呈现绝对减少的趋势。又由于那些年龄偏大的以及在校学生并不参与劳动力市场,出自农村的劳动力总量已经大幅度减少。

农村劳动年龄人口减少趋势表

单位:万人

年　份	15 ~ 64 岁	外出农民工	高中在校生
2001	52662	8399	231
2002	52291	10470	229
2003	51767	11390	255
2004	51597	11823	234
2005	51424	12578	232
2006	51192	13212	209
2007	50894	13697	—
2008	50543	14041	—
2009	50117	15000	—

资料来源:①2000 ~ 2007 年外出 6 个月以上农村劳动力数字,根据国家统计局农村调查司《中国农村住户调查年鉴》,中国统计出版社(历年),2008 年数字来自国家统计局网站,2009 年数字引自 Xin(2009);②农村劳动年龄人口系胡英基于 2000 年人口普查的预测;③农村高中在校生人数来自国家统计局《中国统计年鉴》,中国统计出版社(历年)。

虽然中国经济已经实现了 30 年的高速增长,成为世界第三大经济体,鉴于人均收入仍然处在较低水平以及中西部地区的蓄势待发,今后 10 ~ 20 年的持续高速增长仍然是可能的。作为最先展示了摆脱本次金融危机的国家,中国经济在 2009 年将恢复到常规的增长轨道上,因金融危机影响而暂时中断的普通劳动力短缺现象,将以区域性、结构性和摩擦性的方式继续出现。治理这类劳动力市场矛盾的终极出路，是提高劳动力市场的整合水平、改善劳动者的素质。因此，加快户籍制度改革，统筹城乡社会保障、公共服务和就业，加强对农民工的培训等一系列改革，具有前所未有的紧迫性。

参考文献

Cai, Fang and Meiyan Wang (2002), "How Fast and How Far Can China's GDP Grow?" *China and World Economy*, No. 5.

Cai, Fang and Meiyan Wang (2008), "A Counterfactual Analysis on Unlimited Surplus Labor in Rural China," *China and World Economy*, Vol. 16, No. 1, pp. 51 – 65.

Rawski, Thomas G. (2001), "What's Happening to China's GDP Statistics?" *China Economic Review*, Vol. 12, No. 4, December, pp. 298 – 302.

Xin, Dingding (2009), "Country Sees Boost In Jobs for Migrant Workers", *China Daily*, September 5th – 6th.

伯纳德·鲍莫尔著《经济指标解读——洞悉未来经济发展趋势和投资机会》，徐国兴、申涛译，中国人民大学出版社，2005。

蔡昉、都阳、王美艳：《中国劳动力市场的发育与转型》，商务印书馆，2005。

Numerous Shock in 2009, Structural Shortage in 2010

Cai Fang

Abstract：The impacts of current financial crisis on employment in China have been complicated and confusing-the vertiginous changes in employment situation of migrant workers, different features of impacts between urban local and migrant workers, appearance of labor shortage under the overall employment pressure and etc. By employing an analytical framework of "cyclical unemployment-cum-labor market segregation", this essay tries to unscramble the above phenomena and propose policy recommendations.

Key Words：Macro Economy；Employment Shock；Labor Shortage

2009～2010 年就业形势分析及政策建议

杨宜勇　安家琦*

摘　要： 2009 年，面对宏观经济衰退带来的严峻就业形势，我国多管齐下促进就业。保守估计，全国城镇新增就业 1200 万，为全年目标任务的 133%；下岗失业人员再就业 600 万，为全年目标任务的 120%；就业困难人员再就业 160 万，为全年目标任务的 160%。2010 年，我国宏观经济将会企稳回升，就业形势会好于 2009 年，应继续坚持国家促进就业的各项政策，稳定或扩大劳动力需求，健全公共就业服务机制建设；对应届高校毕业生就业问题、"4050 群体"就业问题、隐性失业问题、劳动力流动中的制度性障碍问题、失业保险制度改革问题，应该予以重点关注。

关键词： 就业　宏观经济　劳动力需求　公共就业服务机制

一　2009 年就业工作回顾

（一）严峻的形势

为保持宏观经济长期平稳发展，我国于 2007 年开始实行紧缩性的宏观经济政策。这一政策的效果在 2008 年下半年开始显现。但是突如其来的金融危机却打乱了既定的战略，经济下行的速度远远超出了危机之前人们的预期。这从根本上决定了 2009 年就业形势的严峻性。

---

* 杨宜勇，国家发展和改革委员会社会发展研究所所长，中国劳动学会副会长，教授，博士生导师；安家琦，中国人民大学博士研究生。

第一，受金融危机的影响，国际市场对我国产品的需求大幅减少，2009 年
1～8 月，中国出口额当月同比均下降了 17 个百分点以上，9 月略有改善，但也
下降了 15.2%；① 据估计，全年出口额将同比下降 19.5 个百分点。② 出口减少直
接影响我国产品出口并因此影响相关企业的劳动力需求，而出口减速所引发的消
费和投资疲软又进一步减少了劳动力需求。保守估计，由于出口减少而导致的非
农就业的减少将达到 1500 万人。

第二，单就国内投资而言，投资增速出现大幅减缓，其中尤以房地产业投资
最为明显，2006 年 3 月至 2008 年 12 月，我国房地产开发投资总额月度增速均保
持在 20% 以上，但是该指标值 2009 年 2 月却降低为 1%，是自 1997 年 10 月以来
的最低值；之后该指标虽然缓慢回升，但到 2009 年 9 月也只有 17.7%。③ 房地
产投资的不足导致上游有关产业生产下滑，劳动力需求大量减少。

在劳动力需求出现减少的情况下，我国劳动力供给继续增长。1991 年以来，
我国经济活动人口数量一直呈增长趋势，2001 年为 74432 万，2002 年为 75360
万，2003 年为 76075 万，2004 年为 76823 万，2005 年为 77877 万，2006 年为
78244 万，2007 年为 78645 万，2008 年为 79243 万。④ 2009 年的准确数字尚难得
出，但是从 2009 年前两个季度的数据和往年经验来看，2009 年全年经济活动人
口将在 79500 万左右，高于 2008 年的水平。

综合考虑上述因素，可知 2009 年我国劳动力供给大于需求的态势仍然没有
变化，就业形势更为严峻。从指标上来看，2009 年第一季度，用人单位需求人
数同比下降了 3.3%，求职人数同比增长了 10.9%，岗位空缺与求职者比例为
0.86，同比减少了 0.12。⑤ 需要指出的是，在劳动力整体供大于求的情况下，高
技能人才仍然供不应求，技师、高级技师和高级工程师需求缺口大，岗位空缺与

---

① 中经网数据库 - 宏观月度库，http：//202.112.118.59：82/scorpio/aspx/main. aspx？width =
1270&height =740。
② 中国社会科学院：《中国经济形势分析与预测 2009 年秋季报告》。
③ 中经网数据库 - 宏观月度库，http：//202.112.118.59：82/scorpio/aspx/main. aspx？width =
1270&height =740。
④ 中经网数据库 - 宏观月度库，http：//202.112.118.59：82/scorpio/aspx/main. aspx？width =
1270&height =740。
⑤ 《2009 年第一季度部分城市劳动力市场供求状况分析》，见中国劳动力市场网，http：//
www. lm. gov. cn/gb/data/2009 - 05/07/content_ 295197. htm。

求职者比例分别为 1. 76、1. 6、1. 61。① 这在一定程度上反映了我国劳动力供求的结构性矛盾。

（二）有力的措施

面对严峻的形势，党中央、国务院积极部署，启动了促进就业的种种措施。

1. 稳定劳动力需求

除通过 4 万亿元的经济刺激计划稳定劳动力总需求外，还通过如下办法达到稳定或者增加劳动力需求的目的。

第一，稳定困难企业的劳动力需求。2009 年 1 月，国务院办公厅发布《国务院关于加强普通高等学校毕业生就业工作的通知》（国办发〔2009〕3 号文件），提出通过社会保险补贴、岗位补贴或职业培训补贴等多种方式支持困难企业更多地保留大学生技术骨干。2009 年 2 月，国务院发布《关于做好当前经济形势下就业工作的通知》（国发〔2009〕4 号文件），更为明确地提出了稳定困难企业劳动力需求的措施："通过缓缴社会保险费，阶段性降低城镇职工基本医疗保险、失业保险、工伤保险、生育保险费率，运用失业保险基金结余引导困难企业不裁员或少裁员等措施，稳定就业岗位。"

第二，增加服务业的劳动力需求。国家制定了一系列促进服务业发展以增加劳动力需求的措施。比如，大力发展具有增长潜力的社会管理、公共服务、生产服务、生活服务、救助服务等服务业新领域和新门路，等等。

第三，增加中小企业的劳动力需求。中小企业数量多、增长速度快、运营灵活，是吸纳就业的主要力量；发展中小企业，是增加劳动力需求的主要出路。

第四，增加国有企业和科研单位的劳动力需求。国有企业和科研单位的所有制性质决定了其在稳定劳动力需求中的特殊重要性。在国办发〔2009〕3 号文件中，国家对国有大中型企业和科研单位在吸纳高校毕业生就业问题上提出了明确的要求；在国发〔2009〕4 号文件中，国家提出要"进一步深化国有企业改革，推动国有企业做强做大，承担相应的社会责任，通过企业发展提供更多就业机会，尽可能不裁员或少裁员。做好已批准企业的主辅分离辅业改制实施工作，落

---

① 《2009 年第一季度部分城市劳动力市场供求状况分析》，见中国劳动力市场网，http://www.lm.gov.cn/gb/data/2009-05/07/content_295197.htm。

实相关扶持政策。鼓励国有企业通过多种稳妥方式分流安置富余人员。"

2. 改善公共就业服务质量

第一，加强失业调控和失业预警。国发［2009］4号文件中，国家提出要建立失业动态监测制度，"对重点行业、重点企业岗位流失情况实施动态监测，及时制定应对规模失业的工作预案。建立健全企业空岗信息报告制度。加强失业保险金发放工作，对符合条件的失业人员及时足额发放失业保险金，切实保障其基本生活。"

第二，加强劳动力市场监管、信息传递、就业指导。劳动力市场监管机制、信息传递机制、就业指导机制是否有效，是衡量公共就业服务质量的重要标准；而若能加强上述三种机制的有效性，也必然意味着对就业的促进。

3. 加强职业培训

国家加强职业培训的措施集中体现在国发［2009］4号文件中。该文件提出要"组织实施特别职业培训计划，指导生产经营困难企业组织待岗人员开展技能提升或转业转岗培训，为企业生产发展做准备；支持失去工作的农民工参加实用技能培训和创业培训，帮助其寻找新的就业机会；帮助失业人员参加再就业培训，提升其再就业能力；组织引导退役士兵免费参加相关职业技能培训，培养技能型人才；组织农村应届初高中毕业生参加劳动预备制培训，加强技能劳动者储备。加强农村职业教育和农村劳动力就业能力培训，培育一批掌握一定技能的村镇建筑工匠、基层技术人员和农村基础设施管理、养护、维修人员等专业人才。"

4. 鼓励自主创业

国办发［2008］111号文件中，国家提出要完善创业扶持政策、改善创业环境，并从市场准入、行政管理、税收优惠、担保贷款、资金补贴、场地安排、融资渠道等方面提供了具体的指导意见。

此外，对于农民工和高校毕业生的自主创业，国家还单独提出了鼓励政策。农民工方面，国家鼓励积累了一定资金、掌握了一定技能、具备自主创业潜力的农民工自主创业，在用地、收费、信息、工商登记、纳税服务等方面，降低创业门槛，给予实际帮助。高校毕业生方面，高校作为大学生创业教育、指导和实践活动基地的角色得到强调，同时，对毕业生从事个体经营符合条件的，三年内免收行政事业性收费；登记失业高校毕业生可申请小额担保贷款，合伙经营和组织

起来就业的，适当扩大贷款规模，从事微利项目的享受贴息扶持；对有创业意愿的高校毕业生参加创业培训的，给予职业培训补贴；等等。

（三）明显的效果

为应对金融危机背景下的严峻就业形势，我国促进就业的工作从 2008 年 "9·15" 之后就已迅速启动，截至 2009 年 2 月，已经出台了 7 个配套措施，政策出台之密集，政策力度之大，为近年罕见。2009 年的就业工作，基本上是按照这些文件的要求进行的，效果也非常显著。

2009 年上半年，全国城镇新增就业 569 万人，为全年 900 万目标的 63%；下岗失业人员再就业 271 万人，为全年 500 万目标的 54%；就业困难人员再就业 79 万人，为全年 100 万目标的 79%；城镇登记失业率为 4.3%，而年初设定的目标是 4.6%。[①]

2009 年第一季度我国 GDP 增长速度为 6.1%，第二季度该指标增加到 7.9%，第三、四季度经济运行中的积极因素不断增多，国民经济已经呈现企稳回升的趋势，宏观经济一致指数从 2009 年 2 月的 94.0 增加到 8 月的 100.7，制造业采购经理指数、企业家信心指数、经济学家信心指数均出现大幅度提升。[②] 据估计全年 GDP 增长能够达到 8.3% 左右。[③] 由于就业增长主要取决于投资和经济增长速度，因此可以预见，2009 年的就业目标将会超额完成：保守估计，全国城镇新增就业人口 1200 万，为 900 万目标的 133%；下岗失业人员再就业 600 万，为全年目标的 120%；就业困难人员再就业 160 万，为全年目标的 160%。

二 2010 年就业形势分析

2010 年，国际经济环境中还将继续存在很多不确定因素，国内支撑经济增长的内生动力有待加强，投资主导经济增长的格局也有待改进。但是，如果

---

① 人力资源和社会保障部 2009 年第二季度新闻发布会。
② 中经网数据库 - 宏观月度库，http：//202.112.118.59：82/scorpio/aspx/main.aspx? width = 1270&height =740。
③ 中国社会科学院：《中国经济形势分析与预测 2009 年秋季报告》。

2010 年国际金融危机不出现严重恶化，国内不出现重大自然灾害和其他重大问题，我国 GDP 的增长将稳步回升到 9%。① 受宏观经济形势好转的影响，2010 年的就业形势应该好于 2009 年。

在 2010 年，有五个问题值得重点关注。

1. 高校毕业生就业难

自 1990 年代中后期开始，高校毕业生就业就成为一个难题，而现在高校毕业生就业难的状况较以前更为严重。原因主要是两个方面。

第一，高校扩招的速度和幅度，超出了高校自身乃至国家教育体制的承受限度，学校的办学质量普遍大幅度下降，大学生所接受的教育从精英教育转变为大众教育；同时，高校扩招的速度和幅度也超出了社会所能承受的限度，在当前产业结构仍然比较落后的情况下，用人单位对接受过高等教育的大学生的需求，特别是非技术类大学生的需求，远远少于供给。

第二，上大学是一种人力资本投资，需要付出成本。在我国高等教育体制进行产业化改革之后，这种人力资本投资的成本大都由学生自己负责，这从根本上决定了大学生的就业期望值高于没有上过大学的初次就业者，但是其在大学中所获得人力资本积累，却往往很难适应用人单位的需要。

2010 年，我国高校毕业生将超过 650 万，比 2009 年多出近 40 万。可以断言，2010 年的高校毕业生就业仍然非常困难。

2. 4050 群体就业难

城市下岗失业人员中 4050 人员的就业一直非常困难。他们的文化素质和劳动技能偏低，若想通过强化职业培训和提供公共就业服务的方式帮助其实现就业，可操作性又不是很强。

3. 隐性失业问题

在经济步入下行周期的情况下遭受金融危机的冲击，城镇登记失业率仍然能保持在 4.3%，因为大部分失业的农民工没有资格进行失业登记，他们成为数量庞大的隐性失业者。

4. 劳动力流动中的制度性障碍

加强劳动力流动，是培育统一开放、竞争有序的劳动力市场的重要条件，是提高

---

① 中国社会科学院：《中国经济形势分析与预测 2009 年秋季报告》。

就业质量和就业稳定性的重要措施。当前阻碍我国劳动力合理流动的障碍主要是两个：一是以城乡分割为特点的户籍制度，二是具有很强"分割性"的社会保障制度。

5. 失业保险制度有待改进

一个完善的失业保险制度，不仅具有补偿功能，而且还具有预防失业功能和促进就业的功能。虽然，在金融危机的冲击下，各地开始灵活使用失业保险基金。但是值得重视的问题是，第一，各地对失业保险的认识不一、做法不一，"灵活使用"有可能成为"盲目使用"或"随便乱用"；第二，要建立失业预防和再就业促进的长效机制，而不能只是在金融危机下采取一些应急行动。

三　2010 年就业目标建议及政策建议

（一）目标建议

结合往年经验、劳动和社会保障事业发展"十一五"规划纲要、2010 年宏观经济形势预测，本文建议的 2010 年就业目标如下。

城镇新增就业人员 1000 万人。一方面 2010 年经济活动人口要比 2009 年增加 250 万左右，要求新增就业人员数量适当高于 2009 年；另一方面 2010 年 GDP 增长会比 2009 年高 0.7 个百分点左右，因此新增就业人员 1000 万的目标应该是可以完成的，但是如果想增加的更多，难度比较大。

失业人员再就业 450 万人。由于宏观经济企稳回升，因此失业人员数量会低于 2009 年，所以该指标比 2009 年减少了 50 万人。

就业困难人员再就业 90 万人。由于宏观经济企稳回升，因此就业困难人员数量会少于 2009 年，所以该指标比 2009 年减少了 10 万人。

应届大学毕业生就业率控制在 70% 以上。由于宏观经济企稳回升，因此高校毕业生的就业难度将会小于 2009 年，但是难度仍然很大，所以该指标比 2009 年的实际情况（68%）略有增加。

城镇登记失业率控制在 4.5% 以内，恢复到危机之前的水平。

（二）政策建议

为进一步促进就业工作、实现就业目标、保障民生之本，2010 年应该继续贯彻国家有关文件特别是国办发〔2008〕111号文件、国办发〔2008〕130号文件、国办发〔2009〕3号文件、国发〔2009〕4号文件、财税〔2009〕23号文件的要求，多管齐下稳定或者扩大劳动力需求，其中特别要注重对中小企业实行金融支持，增加其劳动力需求；继续从健全人力资源市场监管机制、健全就业信息传递机制、健全就业指导机制三个方面改善公共就业服务质量；要积极发展小额信贷，其中特别注重对下岗失业人员、大学生、返乡农民工的小额信贷，特别注重对银行开展小额信贷业务的激励。

同时，应该结合上述文件精神，做好如下几项重点工作。

第一，加强人力资本投资，全面提升劳动力素质。具体办法包括：继续完善九年义务教育制度；加强对高等教育和职业教育的投入，降低受教育者的人力资本投资成本；加强对失业人员或待业人员的技能培训，帮助其实现就业。

第二，针对高校毕业生就业难的问题，应继续鼓励高校毕业生自主创业；鼓励他们下基层、去中西部，措施有：实施基层社会管理和公共服务岗位就业补贴政策；对到中西部地区和艰苦边远地区县以下农村基层就业并履行一定服务期限的高校毕业生，以及应征入伍服义务兵役的高校毕业生，实施相应的学费和助学贷款代偿；对有基层经历的高校毕业生在研究生招录和事业单位选聘时实行优先，在地市以上党政机关考录公务员时进一步扩大对其招考录用的比例。鼓励毕业生到中小企业、非公有制企业就业，措施有：清理影响就业的制度性障碍和限制，形成高校毕业生到企业就业的有利环境；对企业招用非本地户籍的普通高校专科以上毕业生，各地城市应取消落户限制；企业招用符合条件的高校毕业生，可享受相应的就业扶持政策。

第三，针对4050人员及其他就业困难人员，应采取如下办法：一是切实落实鼓励企业吸纳就业困难人员的社会保险补贴政策，延长鼓励企业吸纳下岗失业人员的税收扶持政策。二是帮扶就业困难人员再就业，促进零就业家庭至少一人就业；采取有效手段，进一步开发公益性岗位，落实社会保险补贴政策，并适当提高岗位补贴标准。三是通过给予养老、医疗保险补贴、加强小额信贷等形式，促进就业困难人员通过灵活就业等形式实现再就业。

第四，针对隐性失业问题，应积极引导返乡农民工参与新农村建设。积极组织引导返乡农民工参与农村基础设施建设，一方面加快解决农村供水、用电、修路、就业等突出问题，提升农村基础设施水平和公共服务能力；另一方面有效促进返乡农民工就业。此外，耕地是农民工的基本保障，是其就业的最后一条出路，因此国家还对涉及农民工土地承包权、农民工承包地等问题做出了明确规定，以切实保障返乡农民工土地承包权益。

此外，针对劳动力流动的障碍，要积极推进户籍制度改革和城乡社会统筹工作。要积极推进失业保险制度改革，出台完善失业保险制度的规范性文件，合理拓展失业保险制度的定义，重新界定失业保险制度的各项合理功能，规范失业保险基金使用的程序和范围，加强对失业保险基金管理和使用的监管。

Analysis of Employment Situation and Suggestions for the Policy in 2009 –2010

Yang Yiyong, *An Jiaqi*

Abstract：In 2009, in the face of the stern employment situation brought by the macro economic depression, China takes all measures to promote the employment; it is estimated in conservative that the urban employment newly has increased 12 million in the whole country, which are 133% of all-year target task; six million unemployed people have obtained re-employment, which are 120% of all-year target task; about 1. 6 million people who are difficult to get employed have obtained re-employment, which are 160% of all-year target task. In 2010, China's macro economy will stabilize and rise, the employment situation will be better than it in 2009; the each national policy for employment promotion should be insisted unceasingly, the labor demands should be stabilized or expanded, and the public employment service mechanism construction should be consummated; the attention stress should be laid on the problems concerning the employment of this year's university graduates, the employment of "4050 group" (women aged above 40 years old and men aged above 50 years old), the hidden unemployment, the institutional barrier in the labor movement, and the reform of unemployment insurance system, and so on.

Key Words: Employment; Macro-economy; Labor Demand and Public Employment Service Mechanism

2009 年我国农业经济形势与 2010 年的展望

李国祥*

摘　要：2009 年，主要农产品继续增产，农民收入仍将保持较快增长，但农产品价格波动明显，农产品进出口金额下降，估计 2009 年我国的主要农产品有效供给增加，农产品价格止跌回升，农民收入有望继续实现较快增长。随着世界经济增长走出低谷，我国农业比较效益偏低的状况有望得到改变，国家支农、惠农和强农政策的继续完善，将促进农业稳定发展，农产品价格趋于合理，农民收入保持进一步较快增长。随着各项有利因素的增多，2010 年我国农业经济保持稳定发展的势头将更加明显。

关键词：农业经济　农产品价格　农民收入

2009 年，我国农业经济运行和发展面临极其不利的条件。在国际金融危机冲击、我国国民经济增速放缓以及农业连续多年丰收后农产品供给充裕的情况下，一些地方出现对"三农"关注度减弱势头，且春季北方小麦主产区和夏季东北大部分秋粮主产区遭遇严重干旱。尽管如此，在综合有效政策措施作用下，预计 2009 年农业经济仍然保持着健康运行，农业稳定发展的目标基本实现，农民增收的形势好于预期。展望 2010 年，农业经济运行和发展面临的不确定性因素虽然没有消除，但是不利条件理应比 2009 年减少，农业在国民经济中的基础地位将更加巩固。

一　2009 年农业经济运行的主要特点

为了避免国际金融危机对我国农业的冲击，国家年初确定了农业稳定发展和

---

* 李国祥，中国社会科学院农村发展研究所。

农民持续增收的农村政策目标。从农业经济运行情况来看，估计 2009 年我国的主要农产品有效供给增加，农产品价格止跌回升，农民收入有望继续实现较快增长，为保持国民经济平稳较快发展提供了坚实的支撑。

1. 主要农产品继续增产

在遇到历史罕见旱情和国际金融危机冲击的情况下，中央和各地加大了对农业生产的支持力度，并及时采取了防灾救灾措施，农业生产再获丰收。2009 年虽然北方地区，特别是吉林省和内蒙古自治区发生了历史罕见的旱情，持续时间长，受旱面积大，高峰时受旱农作物面积达到 1.5 亿亩，且主要发生在粮食产量形成的关键时期，重旱区的粮食生产受到较大的影响。但是，2009 年粮食播种面积增加较多，特别是玉米、水稻等高产作物播种面积增加明显。南方地区虽然也发生了较为严重的旱情，但主要发生在丘陵山区的旱地和非粮食主产区，持续时间短，受旱面积小，对农业生产的影响相对较小。受到国家惠农支农政策措施的激励，2009 年农民发展农业生产的积极性普遍很高。

2009 年全国夏粮产量 12335 万吨，比上年增产 260 万吨，增长 2.1%，连续六年增产。其中，因面积扩大增产粮食 250 万吨，占夏粮增产总量的 96% 以上。据农业部估计，早稻总产量超过 3300 万吨，多数省份秋粮增产。全年粮食有望获得好收成，连续 6 年保持增产。据农业部农情调查，夏收油菜籽总产 1300 万吨以上，创历史新高。同时，全年生猪、禽蛋、奶类、水产品等呈现出稳定发展态势。

2. 农产品价格波动明显

2009 年上半年，农产品销售价格下跌幅度总体上呈现扩大的态势。第一季度全国农产品生产价格较上年同期下跌了 5.9 个百分点，而到了第二季度，全国农产品生产价格较上年同期下跌幅度扩大到 6.6 个百分点。预计全年农产品销售价格水平会比 2008 年低。

经过农业宏观调控，在现实经济生活中取得了一定的预期成效，2009 年下半年农产品销售价格水平虽然仍比上年同期低，但是已经比上半年出现恢复性上涨。受到第四季度节日较多等因素影响，农产品需求比较旺盛，与年初相比，估计下半年农产品销售价格水平走出低谷呈现持续恢复性势头。

农产品价格在受到市场供求关系调节和政府间接调控的作用下，2009 年绝大部分农产品市场价格波动明显。多数粮食品种价格在国家托市收购政策作用下总体稳中略升，其中小麦和稻谷价格上涨幅度相对较大。棉花、大豆、油菜籽等上半年价格持续低迷，下半年开始有所回升。生猪和鸡蛋价格上半年持续走低，下半年呈现恢复性上升和季节性波动态势。大部分鲜活农产品价格季节性波动明显，时高时低。总体上说，只有少数农产品价格水平在政府调控作用下比上年有所上涨。

3. 农产品进出口金额可能下降

在国际金融危机的冲击下，2009 年我国农产品进口面临的国际市场比较有利，而农产品出口则面对相对较多的不利条件，全年农产品进出口可能会出现下降。我国进口的主要农产品价格水平比上年有较大幅度的下降，尽管大宗农产品进口数量继续保持较快增长，但是全年农产品的进口金额可能比上年有所下降。在国际金融危机影响下，国外一些农产品进口国出现了一定程度的信用紧缩，国内农产品出口企业为了规避信用风险，减少了部分农产品的出口，全年农产品出口总额也可能下降。在农产品进口额和出口额双双下降的情况下，全年农产品国际贸易继续呈现逆差，但是逆差规模可能会缩小。

与农产品进出口总额的变化方向相反，2009 年我国部分对国际市场上依赖程度比较高的农产品数量可能会大幅度增长。受到国内食用植物油需求强劲增长的拉动，以及国际国内两个市场价格差异巨大的影响，我国大豆和油菜籽进口可能继续超常规增长。国家为了保护和调动农民种植大豆与油料作物的积极性，2008 年末在部分主产区对黄豆以及 2009 年夏收季节继续对油菜籽实行临时储备政策，国内黄豆和油菜籽的政策性收购价格相对较高。与国内收购价格不同，2009 年上半年受到国际金融危机的冲击，国际大豆和油菜籽市场价格持续低迷，致使国内食用植物油加工企业大量从国际市场上进口大豆和油菜籽。2009 年上半年我国大豆进口已经超过 2200 万吨，全年大豆进口可能超过 4000 万吨；上半年油菜籽进口 156.4 万吨，同比增长两倍多，下半年油菜籽的进口量可能继续保持快速增长态势。

4. 农民收入仍将保持较快增长

自 2004 年以来，我国农民人均纯收入实际增长速度已经连续多年保持 6% 以上。受到农产品价格水平总体回落和农民工工资率增长不足等不利因素影响，估计 2009 年农民人均纯收入实际增长速度可能会比上年回落，但是实现 6% 的实际增长的可能性仍然较大。

为了克服国际金融危机对我国经济的不利影响，2009年中央及各地加大了基础设施及重大项目的投资力度，确保了本地务工及外出务工形势的逐步好转。据2009年6月国家统计局和人力资源与社会保障部联合开展的外出农民工就业和社会保障情况调查，表明农民工外出就业基本恢复。第二季度末，全国农村外出务工劳动力1.5亿，只有不超过3%的农民工未能就业。据了解，下半年一些沿海经济发达省份曾出现新一轮的"民工荒"问题。由于农民工就业形势不断好转，全年农民人均工资性收入将会继续较快增长。

受到棉花、生猪等少数农牧产品价格低迷影响，部分地区的农民家庭经营收入增长可能出现下跌。但是，全国农民家庭经营收入，特别是粮农的家庭经营收入可能仍然能够实现小幅度的增长。据国家统计局监测，2009年上半年由于生猪价格大幅度下跌，农民家庭经营收入中出售牧业产品收入人均减少了38元，下降8.4%。但是，全国农民的家庭经营现金收入仍然比上年增长了5.5%。

近年来受到国家"三农"政策有利于农民增收的影响，农民财产性收入和转移性收入增长速度呈现高于农民人均收入的势头。调查表明全国农民发展农业生产积极性普遍较高，农村土地流转速度加快，农地租金收入成为农民增收的重要来源，且增长明显。国家支农惠农政策力度继续加大，各项社会保障制度政策范围在全国农村进一步扩大，农民收入中的转移性收入增速可能在2009年不会回落，甚至可能在农民收入中以最高速度增长。

二 2009年惠农支农政策有效地避免了国际金融危机对我国农业的冲击

2008年第四季度开始，国际金融危机对我国农业经济运行和农村劳动力转移的负面影响日益加深。为了实现2009年农业稳定发展和农民持续较快增收的目标，国家扩大了农业补贴规模，完善农产品收购政策，稳定农产品价格，加大农民工就业服务，为农村劳动力转移尽可能提供更多机会。结果表明，国家为应对国际金融危机对农业冲击而实施的一系列政策措施取得了预期效果。

农产品销售价格全面回落，部分农产品下跌幅度大，玉米、大豆和棉花等大宗农产品不但销售价格持续走低，而且农民销售困难的问题呈现。2009年上半年生猪销售价格下跌更加明显，6月份曾出现生猪出场价格与玉米批发价格（称为肉粮比价）连续 4 周低于 6∶1 的盈亏平衡点的现象。

自 2008 年第四季度开始，沿海地区的一些企业由于受到国际金融危机的影响出现经营困难、资金短缺、开工不足、效益下滑，特别是劳动密集型、外向型中小企业减产甚至倒闭，纷纷减少农民工雇用规模，很多在外打工多年的农民工不得不提前返乡。据国家统计局监测，2008 年 11 月至 2009 年春节前，全国返乡农民工 7000 万左右，约占 1.4 亿外出农民工总量的一半，其中 60% 以上为在沿海外向型经济发达的东部地区外出务工的农民。

根据 2008 年国际国内经济形势的变化，2009 年中央 1 号文件提出了坚决防止粮食生产滑坡，坚决防止农民收入徘徊以及确保农业稳定发展等目标。2009 年 5 月，国务院又发布了《关于当前稳定农业发展促进农民增收的意见》，要求在落实好国家已经出台的各项强农惠农政策措施的基础上，进一步采取更加有针对性、更强有力的举措，加强市场调控，保护农民生产积极性，稳定农业发展。政策因素为保持农业生产良好形势、稳定农产品价格和防止农民收入增长停滞发挥了重要作用。

为了有效应对国际金融危机的冲击，国家坚持巩固和加强农业基础地位，全面加大对农业特别是粮食生产的政策支持力度，几年来粮食补贴政策在保护农民种粮积极性方面一直发挥着重要作用。2009 年，国家向农民发放的粮食直补、农资综合补贴、良种补贴和农机具购置补贴达到 1230.8 亿元，比上年增长 19.4%。

为了避免农产品价格下跌给农业发展和国民经济健康运行带来不利影响，国家对不同农产品适时地进行了有效的调控。2009 年国家及时地公布了小麦、早籼稻和中晚稻最低收购价执行预案。2009 年每 50 公斤早籼稻、中晚籼稻、粳稻最低收购价分别达到 90 元、92 元、95 元，均比 2008 年提高 13 元；每 50 公斤白小麦、红小麦、混合麦最低收购价分别达到 87 元、83 元和 83 元，分别提高 10 元、11 元和 11 元。最低收购价政策保护了农民种粮积极性，对避免粮食市场价格过度下跌也起着一定的作用。同时，还增加了主要农产品的储备和临时收储，包括水稻、玉米、大豆、棉花及食糖等。临时收储政策解决了部分农产品滞销问题。综观 2009 年，全国尽管多数农产品价格水平较上年不同程度地下降，但是粮食价格水平总体上有所提高。

主要粮食品种价格在国家托市收购政策的作用下，总体上保持了合理的上

涨。2009 年上半年在全国农产品生产价格总体水平下降 6.2% 的情况下，小麦生产价格上涨了 8.7%，稻谷生产价格上涨了 4.9%。

2009 年国家实施粮食最低收购价政策，采取粮食临时收购措施，粮食市场价格稳中有升，农民种粮积极性较高。据农业部的资料，2009 年全国秋粮面积超过 11.3 亿亩，比上年增加 1300 万亩以上。

针对生猪和猪肉价格持续下跌，且 5 月份后猪粮比价连续 6 周低于 6:1 的盈亏平衡点的现象，进入 6 月份，国家按照《防止生猪价格过度下跌调控预案（暂行）》，有关部门在不直接干预生猪价格的前提下在全国启动了政府冻肉储备等措施。随后猪肉价格开始上涨。冻肉储备等措施有效遏制了猪价过度下跌的势头，稳定了生猪生产，保护了农民养猪积极性。

为了保持经济平稳较快发展，我国实施了总额达 4 万亿元的投资计划，投资领域涉及农业、交通、能源和灾后重建等多个方面，据估计提供的就业岗位超过 2000 万个。这项经济刺激投资计划为保证农民工转移就业提供了可能。

三 2010 年我国农业经济形势展望

随着农业经济运行和发展面临的有利因素的增多，2010 年我国农业经济保持稳定发展的势头将更加明显。世界经济增长走出低谷，我国国民经济进一步回升，农业比较效益偏低状况的改变，国家支农、惠农和强农政策的继续完善，将促进农业稳定发展，农产品价格趋于合理，农民收入保持较快增长。

1. 主要农产品将会保持稳定发展

2009 年农业生产资料供给稳定，价格总体上低位运行，避免了农业生产经营费用支出的过快增加。主要粮食品种价格比较合理，上半年棉花、大豆、油菜籽等价格低迷的农产品到了下半年，价格总体上有所回升，2009 年下半年生猪价格和鸡蛋价格恢复性上涨明显。

主要农产品的比较效益在 2009 年总体上趋于改善，这一极其有利的经济因素成为 2010 年促进这些农产品生产稳定发展的重要激励诱因。据农业部监测，2009 年 5 月，全国养猪业的亏损面达到了 45.8%，农民每卖出一头生猪平均要亏损 26 元。到了 8 月底，全国养猪业亏损面下降到 6.8%，养殖业的效益明显在改善，一些生猪主产区的养殖户扩大生猪生产的积极性得到了保护和调动。

2. 我国农产品价格总体水平可能上涨

我国粮食连续 6 年丰收，意味着 2010 年粮食供给更加充裕，粮食供求关系更加宽松，粮食市场价格稳定的基础更加牢固。根据国家 2009 年 4～8 月在全国范围内开展的粮食库存清查结果，2009 年 3 月末全国国有粮食企业原粮总库存 4508 亿斤，质量合格率超过 97%，总库存中超过一半以上的粮食为 2008 年收获的新粮。粮食库存充裕，为粮食价格稳定奠定了基础。粮食价格水平在农产品价格总体水平中具有重要的基础性决定作用。受到国家调高农产品价格政策以及国际农产品价格传导的影响，2010 年我国农产品价格总体水平上涨的可能性相对较大。

国家为了调动农民发展粮食生产，促进粮食生产稳定发展，2009 年 10 月已经决定要将 2010 年小麦品种最低收购价每市斤平均提高 3 分钱，适当提高稻谷特别是优质稻最低收购价，继续实施玉米、大豆、油菜籽临时收储政策，完善操作办法和机制，健全农产品进口协调机制，试图促进农产品市场价格稳定上涨。

全球农产品供求关系的变化及其价格的波动，势必影响到我国国内农产品市场价格的波动。近年来国际农产品市场价格波动剧烈。我国那些进口依赖程度相对较高的农产品市场价格基本上与国际农产品市场价格同步波动。根据国际农产品供求形势与价格的变化，2010 年我国农产品价格水平不断走低的可能性相对较小。

自 2007 年以来，世界农产品主要生产大国扩大农业生产，在相对有利的气候条件下，主要农产品已经连续大幅度增产。但是 2009 年受主要农产品出口国谷物减产影响，全球谷物总产量可能下降。据 2009 年 7 月份 FAO 在《农作物收获前景与食品形势（Crop Prospects and Food Situation, July 2009）》中的估计，世界谷物产量 2007 年达到 21.35 亿吨，较上年增长 5.5%，2008 年达到 22.86 亿吨，较上年增长 7.1%；2009 年由于发达国家谷物可能大幅度减产，全球谷物总产量估计为 22.08 亿吨，将比上年下降 3.4%。2009 年全球谷物减产，预示着 2010 年国际农产品市场上的谷物价格将进一步趋于上涨。

全球食品价格自 2008 年 6 月到达波峰后曾一直处于回落的态势，到了 2009 年下半年，世界食品价格总体上已经呈现出环比上升的态势。据 FAO 监测，2008 年全球小麦、玉米和大米价格分别比上年上涨 31.5%、36.5% 和 83.7%，

而2009年上半年全球小麦、玉米和大米价格分别比上年同期下降43.1%、28.0%和7.9%。但是，2009年下半年国际多数农产品市场价格走出波谷开始新一轮循环波动的迹象越来越明显。

我国对国际农产品市场上的大豆和棉花依赖程度比较高。大豆和棉花国际市场价格的波动同时会传导到国内市场。根据美国农业部2009年10月份的估计，2008/09年度全球大豆总产量为21064万吨，比上年将减产4.7%，2009/10年度全球大豆总产量24607万吨，比上年度将增产16.8%。但是，2009年受到全球大豆减产影响，下半年国际大豆市场价格出现波动性上涨。2008/09年度和2009/10年度全球棉花总产量分别为2342.2万吨和2259.7万吨，比上年度减产10.7%和3.5%。全球棉花持续减产，可能会促成国际棉花市场价格恢复性上涨到相对较高的水平。

3. 农民收入快速增长的可能性增大

2010年农民增收的有利因素可能会增多。2009年10月，国务院在部署做好秋冬种工作的常务会议上，要求加大补贴政策力度，保护农民种粮积极性，稳定秋冬种植面积；加强宏观调控，稳定农产品市场价格，保护农民利益。农业补贴力度的加大和农产品价格的进一步回升，将继续确保农民转移性收入和家庭经营农牧业收入的较快增长。2009年第三季度开始，我国经济回升的态势更加显现。随着国民经济增长速度的提升，农民工就业机会将进一步增加，工资水平会得到提高，工资性收入的增长又将会为2010年农民收入较快增长做出较大贡献。

China's Agricultural Economic Situation in 2009 and Its Prospects for 2010

Li Guoxiang

Abstract：In 2009, the main agricultural products unceasingly increase production, the farmers' income still maintain growth quickly, but the price fluctuation of farm products is obvious, the import and export amounts of agricultural products drop; it is estimated that, in 2009 China's effective supply of main agricultural products increases, the price bounces back, and it is hopeful for farmers' income to keep increase quickly.

Along with the world economic growth goes out of valley, it is hopeful for China's condition which the agricultural comparative benefit is somewhat low to change, the national policy about supporting, benefiting and strengthening the agriculture is continued consummation, which will promote the steady development of agriculture, the farm price will go reasonable, and the farmers' income will maintain quick growth further. With the increase of favorable factors, the tendency which China's agricultural economy maintains the steady progression will be more obvious in 2010.

Key Words: Agricultural Economy; Farm Product Price and Farmers' Income

后"金融危机"阶段电子信息产业的
新变化、新机遇、新挑战

高素梅*

摘　要： 2008 年以来，由美国次贷危机引发了全球性的金融危机，造成世界经济增速大幅度下滑，这些都对我国电子信息产业形成较大的冲击。从国际方面看，外需不足，贸易摩擦加剧，全球低碳经济战略与"智慧地球"概念的提出，传统技术和产业发展格局被打破，发达国家以及跨国公司力图在新一轮技术创新和产业发展中继续保持领先和主导地位。但我国信息产业也孕育着新的发展机遇，产业运行的积极因素正在聚集。一方面软、硬件企业反向发展，另一方面资源整合力度日益增强，结构变化趋势更加突出，同时网络应用步伐加快。国家各项政策继续推进，宏观环境向好，企业信息化、设备智能化"两化融合"加快发展，投资环境继续得到改善，使得国内出现新机遇。

关键词： 电子信息　"两化融合"　机遇

自 2008 年以来，美国次贷危机引发了全球性的金融危机，造成世界经济增速大幅度下滑，对我国电子信息产业形成较大的冲击。但同时，金融危机下的这一产业正在出现一些新的调整变化，也孕育着新的发展机遇和迎来新的挑战。

一　产业的新变化

1. 产业运行的积极因素正在聚集

2008 年底以来，党中央、国务院为应对危机及时出台了"扩内需、调结构、

＊ 高素梅，工信部运行监测协调局。

保增长"的政策，并采取了一系列果断措施，快速扭转了我国工业下滑的局面，工业增速稳步提高，1~7月累计增速达7.5%，比年初提高了3.7个百分点；企业效益企稳回升，特别是电子信息产业1~5月全行业利润降幅比年初收窄了40多个百分点；全国工业出口降幅逐月收窄，内销市场增势良好，各地回暖迹象增多。

2. 软、硬件企业反向发展

金融危机的冲击，改变了我国软、硬件企业同步增长的局面，电子制造业出现全行业下滑，虽然今年以来降幅有所收窄，但累计到6月份的销售产值仍然为负增长；而软件业则一枝独秀，增幅继续保持在20%以上的高位运行。从国际上几大软件公司的业绩看，如：IBM、微软、谷歌、甲骨文、埃森哲、亚马逊、Adobe等，2009年以来，利润均增长20%以上。

3. 资源整合力度日益增强

经济不景气导致行业重新洗牌。2009年以来，全球IT业并购案件明显增多，许多企业都在利用资本市场开展并购，进一步整合优势资源，提升核心竞争力，将使行业竞争格局出现新的调整。

从国际上看，一些国际知名企业都在加紧进行收购和并购业务。如：日本松下收购三洋电器、惠普收购EDS公司（139亿美元）、甲骨文收购BEA系统公司（85亿美元）、SAP收购法国Business Objects软件公司（68亿美元）、SUN收购瑞典MSQL软件公司等，收购额都超过10亿美元。IBM收购近20家中小企业、微软收购雅虎的工作都有新的进展。

从国内看，一些电子制造业和软件业也都把并购作为今年重点工作，部分彩电企业正在谋划收购上游面板企业。

4. 结构变化趋势更加突出

一是生产模式发生变化，制造业软化趋势日益增强。近期，一些制造业正在加紧进行战略调整，不断投向信息服务业，特别是一些外资企业，投资转向更加明显。2009年以来，电子加工贸易企业的转产或停产现象不断增多，全行业加工贸易生产明显减缓、占出口贸易的比重也由2005年89.24%下降到今年80.6%；而软件服务业的比重则快速上升，占软件产业的比重由2005年10.2%提高到20.5%。

二是两个市场发生变化，内、外销运行出现换位发展。自我国改革开放后，电子信息产业的外贸出口始终保持在30%以上的高位增长。但全球金融危机以来，由于外需市场的不足，使我国电子产品出口出现大幅下降，企业则加大挖掘内需市场的潜力，以弥补外需的不足，全行业内销产值快速增长，上扬势头显著（图1）。

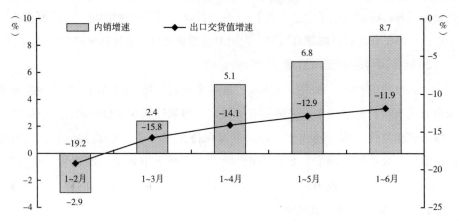

图1　2009年电子内外销增长情况

三是投资结构发生变化，本土企业的支撑力量日益提升。金融危机后全球外国直接投资下降超过20%，2008年流入发展中国家的外国直接投资增长不足4%；据商务部统计，自2008年10月至今，我国外商直接投资连续下降，实际利用外资同比下降17%。电子三资企业的投资也出现明显放缓。而本土企业的投资明显加快，新开工项目增势强劲，2009年1～7月电子内资企业新开工项目投资增长达42.3%，外资仅增长9%。

5. 网络应用步伐加快

一是生产性服务业快速成长。近几年，特别是在金融危机冲击下，一些企业为减少生产成本压力，一方面积极推进网络应用，提倡网上交易；另一方面，将企业物流与生产管理进行剥离整合，加快企业应用网络步伐，提高降本增效能力。因此企业不但细化了产业链分工，催生了新的行业；还推动了服务业的信息化步伐加快发展，企业在线服务规模、内容迅速扩大。

二是企业电子商务稳步发展。今年1～6月，我国B2B的交易额同比增长达41%，同时全球最大两家B2B公司也取得良好业绩，阿里巴巴、亚马逊营业收入和利润增长均超过20%以上。

三是基于云计算的网络服务模式加速发展。虚拟化、云计算技术发展，IT应用和服务的平台从终端转向网络。

二　发展的新机遇

金融危机虽然给全球经济带来极大的冲击，但也带给了我们历史性的发展机遇，特别是后金融危机阶段，机遇将更加明显。

（一）从国际上看

7月8日IMF发布最新预测，认为全球经济出现一些企稳迹象，并将年初的全年预计增速调高1个百分点。美国经济6月已见底，7月先行指标环比上涨0.6%，欧洲、日本经济第二季度已开始回升，GDP环比都有不同程度的提高，这都将为产业发展带来一定的积极因素。

1. 经济发展方式转变带来的新机遇

全球经济触底回升，发达国家将进一步加大经济实体投入，将带来全球新一轮资源配置和产业分工调整。一方面，这有利于推动我国电子信息产业的发展和结构升级；另一方面，在发达国家收缩的一些领域我们可以寻找更大的发展空间。

2. 世界科技进步带来的新机遇

历次全球经济危机都是在科技创新的带动下走出的，并催生一些新的产业。本次金融危机，各国也都在加大研发投入，力求新的经济增长点。

一是美国近期把新能源生产和技术开发与推广，作为其应对"危机"新的经济增长点和产业结构升级着力点。这将带动全球相关产业加快发展，同时也将给我国带来广阔合作空间和巨大的市场潜力。

二是"智慧地球"理念的实施，为我国实现技术突破和应用奢华带来新的机遇。2008年，IBM提出的"智慧地球"（Smarter Planet）发展战略，受到美国政府的高度重视，并将其上升为美国的国家战略。与这一战略相关的"智慧"基础设施，将远远超过互联网。因此，一方面将加快整机市场的更换热潮；另一方面将带动新兴市场加大信息化建设的投入。

3. 国际市场企稳带来的新机遇

世界经济的企稳，带来了国际市场的稳步回升。进入第二季度，美、英、法、日的商品零售总额环比均增长0.6%~1.7%，欧、美、日市场复苏迹象不断增多，居民购买能力有所回升，为我国的产品出口提供了向好的空间。

（二）从国内环境看

2009 年第二季度，全国 GDP 增长 7.9%，比第一季度提高 1.8 个百分点，中央一揽子计划的拉动作用将更加明显，内需市场回升速度将不断加快，产业发展后劲日益显现。

1. 宏观环境向好带来的新机遇

2009 年以来，全国工业用电量环比不断提高，下半年已实现正增长；货运总量同比增长 2.1%，铁路货物发送量环比增长 3.5%；1～7 月工业投资增长 27.8%，比 1～2 月提高近 4 个百分点；1～7 月新增信贷 7.73 万亿元，高出上年全年 38%，释放效应将继续增强；社会消费总量稳定增加，商品零售额 7 月增长 15.2%，环比提高 0.2 个百分点，其中电子电器产品市场增长 8.7%。这些，为电子信息产业发展奠定了良好基础。

2. 国家政策继续推进带来的新机遇

一是国家重大科技专项的快速实施，有力地推动了电子元、器件集成电路产业的升级，新型显示、彩电工业加快转型，软件和新一代宽带无线通信网的快速发展。二是 3G 通信发展稳步推进，不但有力地推动通信系统和终端产品快速发展与升级，更拉动了信息服务业的快速发展和结构调整。三是三网融合的加快发展有力地推动软件服务业快速发展和软件产业结构优化。四是出口政策支持力度的加强，为企业"走出去"创造了良好政策环境。

3. "两化融合"加快发展带来的新机遇

一是企业信息化的应用为电子信息产业提供了广阔空间。一方面，企业 ERP 产品的应用，由个体环节发展到企业全生命周期的覆盖；另一方面，企业服务的信息业推进，拓展了行业应用软件市场空间。二是工业设备智能化的提升，为嵌入式软件做大做强提供了发展机会。

4. 投资环境继续向好带来的新机遇

下半年我国政府继续实行宽松的货币政策和积极的财政政策，投资战略继续推进，技改项目加快进程，地方政府的配套措施也将快速实施；另外我国的金融体系仍然完好、汇率稳定，国家的投资潜力依然强大。这都为我国电子信息产业的可持续发展创造了良好环境。

三 迎来的新挑战

由"金融危机"引发的全球经济危机已持续了将近一年，在带给中国历史性机遇的同时，也带来了前所未有的重大挑战。这些挑战有的已经减轻，有的正在加重，有的还在发酵，对此我们必须给予高度重视。

（一）从国际看

1. 外需不足带来的挑战

美国经济6月虽已见底，但复苏的步伐仍十分缓慢，全年将收缩1%，世界经济仍将下滑1.4%。从金融体系看，美国2009财年财政赤字突破1万亿美元，是上财年的3倍，占GDP比重达12%；下一财年预计财政赤字超过1.58万亿美元，金融体系仍脆弱。从社会层面看，欧、美失业率大幅增加，1~7月美国失业率达9.7%，比上月又增加了4个百分点；欧洲失业率达8.7%，欧元区达9.5%。从经济实体看，发达经济体产能利用率为65%~72%，还在低位徘徊。从市场层面看，6月美国CPI跌幅从第一季度的0.1%扩大到1.4%，通缩压力还在扩大。美国零售总额环比6月增长0.6%，7月又下降0.1%，需求回升仍不稳定，市场仍未达到一个健康水平。

由于我国电子信息产业的外向型属性没有根本改变，外需市场的不足仍是产业发展的主要矛盾。

2. 贸易摩擦的冲击带来的挑战

金融危机之后各国都把贸易救济作为应对本国危机的一个重要手段。虽然世界经济出现了复苏迹象，但各国的贸易保护措施依然不会轻易削减，一些贸易摩擦将更加多发，而且手段将更加隐蔽，方法更加巧妙，地区更加广泛；既有来自传统的"两保两反"，也会有来自关税保护、绿色壁垒、货币贬值和阻碍跨国投资等。据商务部统计，上半年我国遭遇15个国家和地区的贸易救济调查举措共60起，涉及金额82.67亿美元，高出2008年全年33.3%。

3. 全球低碳经济战略与"智慧地球"概念带来的挑战

一是以低碳为代表的新技术、新标准、新专利等将逐步出现，给我国企业提出新问题。一方面碳关税的出台，将给我国产品出口增加难度；另一方面对我国产品的节能减排压力将增大。二是"智慧地球"概念的实施，给我们提出的新思考。"智慧地球"概念所反映的是传统 ICT 技术和产业发展格局正在被打破，发达国家已把新一代信息技术开发和应用作为国家经济社会发展的制高点，跨国公司力图在新一轮技术创新和产业发展中继续保持领先和主导地位。因此，这一概念的实施，在给我们带来新机遇的同时，也在技术和服务整合的新趋势上，给我国技术、产业、安全带来新的挑战。

（二）从国内看

1. 对推进产业持续高速增长带来的挑战

①出口导向的发展方式短时间不会改变，外需不足导致产能过剩矛盾突出。②通胀预期仍然存在，宏观政策面临考验。目前，我国产业出现的回升态势，主要是通过强有力的经济刺激政策实现的，经济回升属于政策性回升，而不是基本面的回升，一旦政策效应出现递减，有可能出现资产价值泡沫。③企业回升基础仍不牢固。一方面产业下降局面依然存在，生产大面积下滑仍未全面缓解，上半年，出口降幅继续维持在 20% 以上；另一方面，企业盈利基础依然较弱，全行业销售利润率仅为 0.5%，比上年减少 0.8 个百分点，亏损企业增长 8.4%，亏损面达 35.5%，尤其是外资亏损企业增长 40%，外资企业亏损面达 56%。

2. 市场竞争环境困难带来的挑战

当前国内市场环境仍未得到全面改善，既有来自外资企业的挤压，又有产业链上的相互制约，还有市场中竞争无序的矛盾。如：外资将加大对中国市场开发力度，国外品牌将加大对中国市场的控制，下游企业的挤压进一步加剧，山寨机、价格战等的冲击。

3. 中小企业贷款、担保困难带来的挑战

电子信息产业 95% 以上都是中小企业，而中小企业资金需求的 80% 以上靠银行贷款，直接融资不足 20%，企业融资难的问题没有得到根本性解决。目前接近半数的企业，生产困难，效益仍处于亏损边缘，大部分中小企业还未走出低位运行态势。

4. 企业深层次问题带来的挑战

产业的深层次矛盾依然存在，盲目扩产现象时有发生，产能过剩状况难以改观；淘汰落后、兼并重组难度大，进展缓慢；自主创新能力弱，核心技术受制于

人的状况并未缓解；市场缺乏规范管理等。

总体来看，下半年保证工业平稳运行的任务十分艰巨。电子信息产业对外依存度较大，内需市场的增长不足以拉动全行业快速发展，预计全年增速在 8% 左右，其中软件增长 22% ~25%。

New Changes, Opportunities and Challenges of Electronic Information Industry at "Post-Financial Crisis" Stage

Gao Sumei

Abstract：Since 2008, the global financial crisis caused by the American subprime mortgage crisis has caused the world economics growth speed downslide large, which has by brought big impact to China's electronic information industry. Internationally, the external demand is insufficient, the trade friction sharpens, the global low-carbon economic strategy and the concept of "wisdom Earth" were put forward, the traditional technology and the industrial development pattern have been broken, the developed countries as well as the multinational corporations try hard to keep the leading position in the new round of technological innovation and the industrial development. But China's information industry is also gestating the new development opportunity, and the positive factors of industrial operation are being gathered. On the one hand, the software and hardware enterprises make reverse development, on the other hand, the resources integration strength is strengthening day by day, the structural change tendency is more prominent, and simultaneously the network application is speeding up. Each national policy keeps implementation, the macroscopic environment goes better, the fusion of enterprise informatization and equipment intellectualization quickens development, and the investment environment is improved unceasingly, which new opportunities have presented in our country.

Key Words：Electronic Information；"Two Fusions" and Opportunity

2009 年房地产市场分析与 2010 年展望

梁 爽*

摘 要： 2009 年，受房价下调以及一系列鼓励住房消费的政策作用，加之通货膨胀预期的影响，自住型、改善型、投资投机型购房依次入市，房地产市场出现"量价齐升"局面。房地产投资增速逐步加快，新开工面积快速回升，土地市场开始活跃。作为国民经济的支柱产业，房地产业仍是当前扩大内需的重要方面。由于我国住房需求潜力巨大，房地产业长期发展趋势看好，但受国际国内经济形势影响，房地产市场的短期波动不可避免。解决低收入家庭的住房困难，加大保障性住房建设，仍将是 2010 年住房工作的重点。

关键词： 量价齐升 地王频现 长期向好 短期波动

一 2009 年房地产市场运行特点

2009 年，尽管世界主要经济体走势不确定、国内经济稳定上行的基础不牢固，但得益于国家积极的财政政策和宽松的货币政策，我国房地产市场奇迹般的经历了从低迷到复苏，进而快速繁荣的过程。国房景气指数从 2009 年 3 月的最低值 94.74 已累计回升了 5.34 个点，达到 2009 年 8 月的 100.08。2009 年，房地产业在"保增长、扩内需"中起到积极作用，对国民经济企稳回升做出了较大贡献。

1. 强劲需求带动下，房地产交易量快速增长，但环比增速波动较大

交易量是衡量市场景气与否的重要指标之一。在国家宏观经济调控政策及全

---

* 梁爽，住房和城乡建设部政策研究中心博士，副研究员，主要研究领域：住房制度、房地产市场、农村住房问题等。

球金融危机的影响下，2008～2009 年初，房地产市场交易量急剧萎缩。2009 年上半年，国家宽松的货币政策以及一系列鼓励合理住房消费的政策开始发挥作用，市场预期逐渐好转，信心逐步恢复，加之通胀预期的作用，自住需求、改善需求、投资投机需求依次入市，交易量显著回升。

1～8 月，全国商品房销售面积 49416 万平方米，同比增长 42.9%。其中，商品住宅销售面积增长 44.5%；办公楼销售面积增长 18.5%；商业营业用房销售面积增长 29.4%。分区域看，东部、西部地区增长较快，分别为 53% 和 40.5%，而北京市商品房销售面积同比增长达到了 134.8%。伴随着销售面积的提高，商品房销售额在 1～8 月间也达到了 23464 亿元，同比增长 69.9%。其中，商品住宅销售额增长 74.6%，办公楼和商业营业用房销售额分别增长 35.6% 和 43.5%。

1～8 月，商品房的累计销售面积和销售金额处在近几年的高位，但各月环比增长出现明显波动。6 月份商品房销售面积和销售金额环比分别上涨了 34.84% 和 29.99%；7 月份环比分别下降为 19.21% 和 13.84%；8 月份环比又出现上涨，但上涨幅度很低，分别为 0.19% 和 1.69%。销售市场表现为增长大大减弱和波动加大，这种波动增加了后期市场发展的不确定性。

2. 房地产投资增速逐步加快，新开工面积快速回升，商品房的开发和供应恢复稳定增长

1～8 月，全国完成房地产开发投资 21147 亿元，同比增长 14.7%，增幅比 1～7 月提高 3.1 个百分点。其中，商品住宅完成投资 14848 亿元，同比增长 10.9%，比 1～7 月提高 2.7 个百分点。

从 8 月份的数据中可以看出，房屋新开工面积增长在加速，同比下降 5.9%，降幅比 1～7 月缩小 3.2 个百分点。新开工面积增长一方面表现了开发企业对市场的乐观和信心，另一方面保障了市场的可持续发展。

1～8 月，房地产房屋施工面积 26.29 亿平方米，同比增长 13.5%；房屋竣工面积 2.92 亿平方米，同比增长 25.1%。这表明房地产企业的开发处在一个正常的水平，近期商品房的开发和供应保持稳定增长。

3. 诸多因素推动下，房地产价格快速回升

2008 年上半年以前，全国房价总体走势一直处于上升通道。受国际经济危机和国内经济增速放缓的影响，2008 年下半年，房地产市场价格出现了回调。从珠三角开始，逐步蔓延到全国的是"降价"、"打折优惠"等风潮。

2009 年，在金融机构存款准备金率和存贷款基准利率连续下调、住房交易税费降低、第二套房贷条件实际放松等一系列政策的持续作用下，房地产价格从 3 月份环比开始出现正增长，全国 70 个大中城市房屋销售价格环比上涨 0.2%。6 月，全国 70 个大中城市房屋销售价格年内首次同比上涨 0.2%。8 月份，全国 70 个大中城市房屋销售价格同比上涨 2.0%，涨幅比 7 月份扩大 1.0 个百分点；环比上涨 0.9%。

4. 土地市场开始活跃，开发商拿地意愿高涨，"地王"频现

在房地产市场逐渐回暖、政府加大推地力度、融资环境日益宽松条件下，开发商拿地信心开始回复，由 2008 年"土地流拍"转为 2009 年的"地王频现"。北京、上海、广州、天津、武汉等大城市表现尤其突出。北京市仅 6 月份一个月，非工业用地成交金额超过 129 亿元，超过前 5 个月总额的 88 亿元。广渠门 10 号地、朝阳奥运村乡地块、广渠门 15 号地等不断刷新"地王"纪录。1 ~ 8 月，全国房地产开发企业完成土地购置面积 18631 万平方米，同比下降 25.3%，降幅比 1 ~ 3 月缩小 14.8 个百分点；完成土地开发面积 14920 万平方米，同比下降 9.7%，降幅比 1 ~ 3 月缩小 1.6 个百分点。

此轮拿地高潮的显著特点之一，是国有背景企业成为"地王"的创造者。成都中泽、中化方兴、保利地产等近期创造"地王"的企业，均有国企背景。可见资金雄厚的国企在进行资本运作时一样选择把资金投向了逐步回暖的房地产市场。特点之二，是万科、世茂、绿地等大的开发企业全面参与土地竞争。三个月内，万科在无锡、佛山等 9 个城市摘走 14 块地，新增土地储备面积 391 万平方米，投资土地成本 70 亿元。

在土地市场繁荣的背景下，一些违规行为的存在，将会严重影响房地产市场健康稳定发展。如土地"招拍挂"中房地产商和地方政府的暗箱操作行为，房地产商拿地后延迟开发的"囤地"行为，土地"招拍挂"后地价款的分期支付行为等。土地市场的这些违规行为，容易造成有效供给不足，引起房价非正常上涨，从而影响居民购买普通自住房、改善型自住房的合理需求的实现。政府应严格防犯并给予打击。

5. 保障性住房建设力度加大，住房保障体系不断完善

随着房价的快速上涨，低收入家庭的住房困难更加突出。从 2007 年开始，国家不断加强住房保障力度。为落实国家保增长、扩内需的政策部署，

2009 年是加快保障性住房建设的关键一年，主要以实物方式结合发放租赁补贴，新增解决 260 万户城市低收入住房困难家庭的住房问题；解决 80 万户林区、垦区、煤矿等棚户区居民住房的搬迁维修改造问题。各地保障性住房建设量增大。

另外，一些地方政府出台了很多因地制宜的住房政策，促使住房保障体系不断完善。北京市出台新规定，允许提取住房公积金用于支付购买政策性住房的首付款，将解决部分政策性住房购房人因首付款支付困难而无法购房的问题；昆明市开始尝试廉租房租售并举；厦门、深圳、北京等地已开始建设公共租赁房，用于解决无经济能力购买经济适用房的住房困难家庭以及新就业的大学生等"夹心层"的住房问题；全国第一部保障性住房地方法规《厦门市社会保障性住房管理条例》也于 2009 年 6 月 1 日起正式施行，使厦门市住房保障制度迈出了由建立到健全的重要一步。

二 影响 2009 年房地产市场的因素分析

1. 在政策鼓励和房价下降的双重作用下，自住需求、改善型需求率先启动

在国际经济衰退、国内经济增长放慢、股市持续低迷的形势下，国家实施了增加投资、鼓励消费、扩大内需的一系列政策措施。作为国民经济的重要支柱产业，房地产业对于拉动经济增长的意义更为重大。2008 年下半年开始，国家出台了一系列鼓励普通住房消费的政策措施：降低了住房交易税费，支持自住型和改善型住房消费；扩大了普通自住房贷款利率下浮幅度，调整最低首付款比例，支持居民购房；鼓励和引导各金融机构优先保证符合条件的中低收入家庭购买自住性住房的需要；放宽购买第二套用于改善居住条件的普通自住房的贷款政策；对住房转让环节营业税暂定一年实行减免政策，等等。

与此同时，2008 年，迫于成交量大幅下降、资金链紧张的压力，房地产开发企业开始下调房价，房地产价值逐步显现。在以上两种因素的刺激之下，自住需求改变持币观望的态度，率先入市，需求品种以小户型为主；随后改善性需求也在自住需求的带动下逐步进入市场。

2. 通货膨胀预期的影响下，投资投机需求逐步活跃

在两年四万亿元的经济刺激方案以及空前宽松的货币政策的共同促进下，

投资成为经济强大的推动力。仅 6 月份金融机构人民币新增贷款就达 1.53 万亿元,半年新增贷款近 7.4 万亿元。随着信贷投放量的持续放大,"通胀预期"开始在全社会蔓延,在实体经济尚未转暖、投资渠道狭窄的情况下,人们对楼市、股市等资产的需求大大增加。从第二季度末,除自住需求、改善性需求外,投资型需求、投机型需求迅速入市,共同促成了房地产市场量价齐升的局面。一段时间,在一些大城市,豪宅项目、二手房市场都表现出少见的火热。

3. 随着销售转暖、资本金比例降低、融资环境宽松,房地产开发企业资金压力大大缓解

2009 年,央行始终坚定不移地落实宽松的货币政策,商业银行也纷纷增加房地产开发企业授信额度。5 月 27 日,国务院又发布通知,保障性住房和普通商品住房的最低资本金比例从 35% 调低至 20%。其他房地产项目资本金比例由 35% 降至 30%。这也是 2004 年以来,房地产开发商项目资本金比例 35% 大限的首次松动。此次自有资本金比例下调,降低了项目开发门槛,提高了企业自有资金杠杆率。另外,房地产企业增发、配股等资本市场融资活动也在第二季度全面复苏,房地产企业同时也运用公司债融通资金。

1~8 月,房地产开发企业资金来源约 33689 亿元,同比增长 34.2%。其中,国内贷款 7384 亿元,增长 46.3%;利用外资 298 亿元,下降 33.6%;企业自筹资金 11045 亿元,增长 12.6%;其他资金 14961 亿元,增长 52.7%。在其他资金中,定金及预收款 8712 亿元,增长 43.2%;个人按揭贷款 4507 亿元,增长 94.1%。在销售转暖、资本金比例降低、融资环境宽松的条件下,房地产企业资金压力得到缓解,市场信心十足,拿地热情高涨。

三　2010 年房地产市场展望

1. 住房需求潜力巨大,支撑房地产业长期持续发展的因素仍未改变

改革开放 30 年,城镇居民在住房方面实现了"脱困",人均住房面积由 1978 年的不足 7 平方米,到 2009 年超过 28 平方米。长期来看,我国房地产市场需求潜力仍然很大。一方面,我国正处于城镇化快速发展阶段,持续增加的城镇人口创造出大量的住房需求。另一方面,随着城镇居民收入不断增长和恩格尔系数不断下降，住房逐渐成为城镇居民的主要需求品和重要资产，越来越多的家庭有能力购买商品住房，而且，购置住房资产和改善居住条件的愿望十分强烈。如此巨大的住房需求，是房地产业持续发展的重要支撑。

2. 作为国民经济的支柱产业，保持房地产业的健康发展仍是当前扩大内需的重要方面

作为国民经济的支柱产业，保持房地产市场稳定健康发展，有利于拉动投资、增加就业、带动相关产业发展，对于维护国民经济平稳运行具有重要意义。近年来，房地产开发投资呈逐步上升态势，全国房地产开发投资占城镇固定资产投资总额超过 20%，房地产业对经济增长的贡献率一直保持在两个百分点以上。房地产业的产业关联度很高，与房地产业关联密切的行业超过 50 个。近些年，我国每年城镇住宅竣工面积约 6 亿平方米左右。如此大的建设总量，有效拉动了钢铁、建材、家电、家居用品、服务业等上下游产业的发展。房地产业的持续健康发展，是当前保增长、扩内需的重要方面。

3. 国际经济形势不明朗，国内经济企稳回升，但基础仍不牢固，房地产市场的短期波动不可避免

国际经济复苏仍需时日。受金融危机影响，美国、欧洲各国和日本等主要经济体陷入衰退，出现战后首次整体性负增长。2009 年第二季度，美国、欧元区、日本经济下降速度放缓，但失业率居高不下，消费仍难以启动，仅靠增加流动性带动世界经济增长的模式不可为继。

至 8 月份，国内反映宏观经济运行状况的多项指标都出现了更加积极的变化，固定资产投资高位快速增长，工业增速明显加快，但民间投资增长依然缓慢，出口增长面临较大的不确定性，经济增长主要靠政策刺激，尚未完全进入自主增长状态。

在国际、国内经济尚未全面复苏的背景下，房地产市场的繁荣缺乏相应的经济基础；随着房价的不断走高，自住需求的实现将会遇到阻碍，买卖双方将走入新一轮的博弈；二套房房贷政策的收紧，影响到改善性需求和投资投机需求的实现；房地产市场的短期波动不可避免。另外，当前，各城市尤其是一线城市，住房供应多集中在城市核心区以外，如北京市，四环内住房供应相当少，主要供应在四环以外，这与住房需求多集中于城市核心区存在错位，因此结构性供需失衡的存在，将使城市核心区房价面临很大的上涨压力。

4. 完善住房保障制度，加大保障性住房建设，仍将是明年住房工作的重中之重

随着城镇住房制度改革不断深化和房地产市场的快速发展，大多数城镇居民住房条件得到明显改善，但部分低收入家庭的住房仍然困难。加大保障性住房建设力度，既可以解决这些家庭的住房困难、改善民生，又有利于增加投资、拉动内需。按照国家部署，2009～2011 年保障性住房建设的目标是：到 2011 年，基本解决 747 万户城市现有低收入住房困难家庭的住房问题，基本解决 240 万户现有林区、垦区、煤矿等棚户区居民住房的搬迁维修改造问题。2010 年，住房保障工作仍将取得较大进展，低收入家庭住房困难问题将逐步得到解决。此外，随着廉租房、经济适用房、公共租赁房等政策不断完善，住房保障体系将更加健全。

The Analysis and Outlook on the Market
of Real Estate in 2009 – 2010

Liang Shuang

Abstract：In 2009, Affected by the downward adjustment of house price and a series of policy to encourage house consumption, plus the expectation of inflation, and different house purchase types such as self-occupation, improvement, investment or speculation entering market, a price and quantity hike emerged in real estate market. The real estate investment gradually accelerated, the newly started area restored rapidly, the land market began to warm up. As the pillar industry of the national economy, the real-estate sector is still the important aspect in expanding domestic demand. Because of the large potential of our house demand, the development trend for the real-estate sector in the long term is well, meanwhile, influenced by international and domestic economic situation, the fluctuation in short term is inevitable. It would be the important points for housing work to resolve the dwelling difficulty of low income family and strengthen the construction of welfare housing in 2010.

Key Words：Price and Quantity Hike; Land Market Activity; Ascending in the Long Term; Fluctuant in Short Term

房地产 2009 年形势与 2010 年展望

周天勇 *

摘　要：在经历了土地、住宅销售和其价格的轮番上涨之后，2008 年第四季度到 2009 年第一季度开始陷入低谷；但从第二季度开始，土地及住宅价格又开始上涨，而到第二季度末，销售增长放慢。中国高房价的形成，主要原因是供给相对小和需求相对大，这与对住宅建设用地供应的行政和计划控制，土地供给市场的政府寡头垄断，地方政府将几十年土地收益一次性收支的房地产财政，以及对住宅不征收房产税有着密切的因果关系。房价上涨的具体原因主要有：住宅用地供给不足，寡头垄断"招、拍、挂"土地和开发商圈地导致涨价，地方政府房地产财政推动房价上涨，以及房产低持有成本需求导致的房价上涨等。

关键词：房地产　价格波动　房价上涨原因

房地产业是国民经济的支柱产业，其上涨与回落，对经济增长、就业、货币供应、价格水平都有着非常密切的影响。而另一方面，房地产价格的波动，又与政府、居民、房地产商、银行和农民的利益密切相关。2008 年土地、住宅销售和其价格在经历了一个上涨的景气周期之后，从第四季度开始，陷入低迷，并持续到 2009 年第一季度；从第二季度开始，土地及住宅价格又开始上涨，而到第二季度末，销售增长放慢。其中，有一些什么样的原因，怎样看待 2009 年房地产形势的复杂多变，2010 年的形势会如何变化，有什么样推动变化的因素，居民、地方政府和房地产商如何应对，国家应当怎样调控和改革，这是我们需要探讨的。

---

* 周天勇，中共中央党校教授。

一　2009 年房地产形势

2009 年房地产经济形势从年初的低迷，走向 5 月以后的高涨，8 月底以后，销售增幅又开始下降。从销售量大增的原因看，一是居民长期观望的一部分购买意愿集中体现，特别是结婚、股市转移投资等需求集中暴发；二是房地产商利用这一时期，抬高房价，想狠赚一下；三是因经济增幅下滑，地方政府财政困难，想利用土地出让的高价格，充实财政，土地出让的天价，抬高了房价；四是上半年银行贷款的大量投放，相当一部分进入了房市和股市，导致住宅需求上升。结果是，全国房价快速上涨，房价与居民收入比快速攀升。

1. 1~8 月房价上涨速度较快

2008 年全国房地产投资完成额 30579.8 亿元，占当年全社会投资额的 20.64%；房屋竣工面积为 58502 万平方米，其中住宅为 47749.7 万平方米；商品房销售总面积为 62088 万平方米，销售总额为 24071.4 亿元，销售总额除以销售面积，每平方米全国均价为 3877 元。

房价是反映房屋供求的一个重要指标。2008 年 70 个大中城市房屋销售价格比上年上涨 6.5%，12 月同比下降 0.4%，全年涨幅比上年回落 1.1 个百分点。从 70 个大中城市房价的走势来看，房屋销售价格 2006 年 7 月至 2007 年 4 月的平均上涨不超过 5.7%，2007 年 5 月开始上涨速度加快，最高攀升到 2008 年 2 月的 11.3% 左右，之后在 2008 年一路下滑，到 2009 年 4 月处于负增长 1.3% 左右。

2009 年 1~8 月，全国完成房地产开发投资 2.11 万亿元，比上年同期增长 14.7%，其中 7 月同比增长 19.6%，8 月同比增长 35%；房屋竣工面积 2.92 亿平方米，同比增长 25.1%；商品房销售面积 49416.04 万平方米，同比增长 42.9%，销售总额 23463.74 亿元，同比增长 69.9%；从销售总额除以销售面积看，全国商品房销售均价为每平方米 4748.20 元，比上年全年均价上涨 22.47%。从国家统计局公布的 70 个大中城市房价的走势看，1~8 月份，房价比上年同期只上涨了 2%，其中新建商品房上涨 1.5%，二手交易房上涨 3.6%。不知为何，以销售面积去除销售总额看，全国商品房销售价格相对于上年全年上涨幅度远高于国家统计局公布的 70 个大中城市房价上涨幅度。如果 70 个大中城市房价涨幅统计真实，则只能以二、三线城市房价涨幅远高于 70 个大中城市房价涨幅来进行解释。

2009 年全年，房地产投资完成额将达到 35000 亿元，比上年增长 15% 左右，占当年全社会固定资产投资额的 15% 左右，增长率和占全社会投资额的比率都比上年下降 5 个百分点，主要是因为国家刺激经济加大其他方面的投资和房地产商在年初和第四季度对房地产形势谨慎所致。由于房屋销售在第四季度可能出现增长幅度回落，商品房销售面积可预计为 80000 万平方米左右，价格可能保持在每平方米 4700 ~ 4800 元，销售规模可能在 38000 亿 ~ 39000 亿元。

2. 城镇居民房价收入比攀升

中国的房价是不是很高，有的研究认为，房价和居民收入比应当在 3 ~ 6 的范围内，6 以上居民购买住房就非常困难了，7 以上房地产市场价格也有泡沫了。[①] 有的研究认为居民房价收入比在合理的 6 ~ 7 区间。[②] 从 2009 年城镇居民的收入房价比看，将达到 8.3，大大超过了合理的承受范围。我认为，还需要说明和注意两个问题，一是中国与一些城市化率比较高和人口城乡结构已经稳定的发达国家不同的是，正处于城市化的阶段，大量的需要在城镇购买房屋的是从农村向城镇转移的农民工家庭，而中国目前的城镇人均可支配收入不统计他们的收入，房价与他们的收入相比，2007 年在 22 倍以上。这样高的房价，使农民工永远也进入不了城市，成不了新市民。二是中国城镇居民间的收入差距远比一些发达国家大，平均起来看，似乎房价收入比为 6 ~ 7，但是，从 2008 年的情况看，对于 60% 的中低收入者来讲，房价收入比在 8 ~ 24（见图）。

包括中等收入居民在内的中低收入居民占全体居民的 60%，加上每年需要向城镇转移的农民人口，85% 的家庭没有购买住宅的能力。从下表可以看出，2009 年对于农民工的房价收入比为 22.08，而对于农民的城镇房价收入比则为

---

① 蔡建民：《当前的房价收入比真的合理吗？》，深圳房地产信息网，2002 年 11 月 18 日。
② 杨红旭、张露：《我国房价收入比》，上海易居房地产研究院综合研究部，《新浪房产》，2009 年 4 月 18 日。

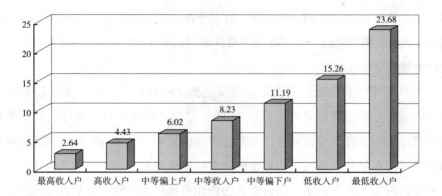

图　2008 年全国不同收入阶层房价收入比

29.44。这样高的房价收入比、居住的高成本，实际上已经成了比户籍制度还要难的阻碍农民永久进入城市和城镇的高门槛。

表　中国 1990 年以来的房价收入比变动趋势

单位：元

年份	城镇住宅套房价值	城镇人均年可支配收入	房款为三口人年收入的倍数	农民工人均年收入	房款为两口人年收入的倍数	农民人均年纯收入	房款为三口人年收入的倍数
1990	25302	1510.2	5.58	2400.0	5.27	686.3	12.29
1995	76951	4283.0	5.99	3816.0	10.08	1577.7	16.26
2000	128596	6280.0	6.83	5592.0	11.50	2253.4	19.02
2005	237893	10493.0	7.56	8232.0	14.45	3254.9	24.36
2006	262017	11759.5	7.43	8880.0	14.75	3587.0	24.35
2007	317130	13785.8	7.67	9600.0	16.52	4140.4	25.53
2008	348930	15780.8	7.37	10000.0	17.47	4760.6	24.43
2009*	441564	8856.0*	8.31	10000.0	22.08	5000.0	29.44

注：城镇住宅价值为 1990、1995、2000、2005、2006、2007、2008、2009 各年人均建筑面积按 12、17、22、27、28、29、30、31 平方米乘以 3 口人，再乘以当年住宅价格计算；农民工收入为 1990 年月收入 200 元并按年增长 8% 计算而得；城镇人均可支配收入和农民人均纯收入来自于《中国统计年鉴 2008》。* 2009 年城镇人均可支配收入为上半年数据，因此对房价进行了对折处理；预计 2009 年农民人均纯收入为 5000 元。

2009 年一些大城市中，房价收入比普遍在 10～18。若要实现 2040 年城市化水平达到 80%，城镇人口将增加 5.6 亿人，其中从农村向城市转移的将达 5 亿人。这样高的房价，将成为中国城市化的最大障碍。

二 2009 年房地价上涨的深层次和综合性原因

近几年，特别是 2009 年中国的房价为什么这样高，舆论上大部分人指责房地产开发商，包括一些经济学家也批评房地产商谋取暴利，我认为这是有偏颇的。[①] 中国高房价的形成，主要原因是供给相对小和需求相对大，这与对住宅建设用地供应的行政和计划控制、土地供给市场的政府寡头垄断、地方政府将几十年土地收益一次性收支的房地产财政，以及对住宅不征收房产税有着密切的因果关系。

1. 住宅用地供给不足

由于土地偏重于保证粮食安全，政府对城市化所用的土地进行了严格的行政限制，这与城市建设，特别是住宅用地的供给与城市化进程中城市和城镇人口增长的需要不相适应，使住房价格存在着土地供给过少导致的上涨压力。我们先来看土地供求格局和地价上涨的趋势。

从 20 世纪 90 年代至今对城镇建设的土地供应来看，一是建成区面积与城市化形成的城市人口用地需要不相适应。如从 2007 年城镇人口每万人 1 平方公里的土地需要角度看，缺口为 7630 万亩。二是从城镇人口总量与城镇住宅面积来看，按照每一时期的住宅面积和密度较大的 3∶1 的住宅容积率计算，1990～2007年各年的住宅用地存量缺口最保守估计在 250 万～850 万亩，如果以 2∶1 的容积率，缺口则在 415 万～1411 万亩，而 2009 年城镇住宅用地的缺口在 1550 万亩左右。三是上述计算是在各年住宅平均每套 36～90 平方米的标准下计算的缺口，实际上很多住宅面积要大于 90 平方米，而且还有许多土地是别墅用地，考虑这些因素，实际上城市化进程与住宅用地之间的缺口更大。

2. 寡头垄断招拍挂土地和开发商囤地性涨价

中国土地的供给市场，除了政府行政限制土地的供应量外，另一特征就是政府寡头垄断。即政府一家寡头垄断性出让供应土地，许多个房地产商和其他用地商是较为充分竞争地购买土地。地价形成机制为：需求竞争者出最高价者为中标，一般也即成交价，而对于政府定的最高价土地没有其他的土地供应者与其竞

---

① 张建高：《企业染上盖房瘾 房地产再遭暴利质疑》，2007 年 5 月 28 日《华夏时报》。

争，没有使地价有下行的其他土地供给者的竞争压力。

政府一家寡头垄断型卖地和多个竞争者买地的土地市场格局，是除了土地供应小于土地需求外，推动房地产价格持续上升的最重要的原因。需要指出的是，舆论上指责房地产商的暴利推高了房价。但是，如果土地供应是一个竞争性的市场，土地和房屋的供求缺口不大，基本平衡，房地产商不可能获得需求远大于供给和垄断土地房屋的暴利。房地产商的利润就会平均化，回归于合理的范围。

当然，导致土地供应紧张和房价上涨的另一重要原因，就是开发商拿地后的二次囤积和垄断。据国土资源部门的数据显示，2006～2008年，全国至少有3.3亿平方米，近50万亩已购置土地尚未被开发，处于囤积状态。① 由于能够买地囤积的房地产商大多都有很深的背景，以往多次清理未开发两年以上闲置土地，都不了了之了，这次国务院和国土资源部的措施能否在地方贯彻，还是一个疑问。

3. 地方政府房地产财政推动的房价上涨

卖地财政是我国目前所有建设用地强制征用和国家高度垄断土地制度形成的：先将农业用地低价强制征收到政府手中，城镇原有国有土地的再出让，也在政府土地部门手中，大部分土地再向用地商招拍挂或者其他形式出让50到70年不等的使用权。2007年全国土地出让收入近13000亿元，其中招标拍卖挂牌出让土地收入超过9000亿元；2008年土地出让收入9600亿元；2009年仅北京和上海两地预计，到年底土地出让收入可达到1500亿元。2007年全部土地收入占到地方政府三项收入（税收和税收分成＋卖地收入＋收费和罚款）约35000亿元的近40%，2009年预计可能要占到45%。需要说明的是，卖地收入和收费罚款收入基本上没有进入政府财政预算内管理。从房价构成来看，根据国土资源部6月上旬公布的数据，我国房价构成中土地成本所占比例平均为23.2%，房地产市场地价占房价的比例为15%～30%。对此各界争议很大，有资料显示，土地价格在房价中所占的比重还要因城市而异，比如上海3万/平方米售价的楼盘中，如果考虑成本因素，除去建安成本等，土地成本是绝对大头的支出，甚至远超过50%。在一些小城市中，地价在房价中的比例相应较低，就成都等二线城市来

---

① 按照2:1的容积率，每人建筑面积30平方米，90平方米一套，这些土地可以解决2200万人的居住用地需要。

说，比值应该在 30% ~ 40% 之间。从 2009 年招拍挂土地价格持续走强的格局看，全国土地成本占房价的比例可能会上升到 40% 左右。

日益走高的土地出让金，还有政府税务部门和各有关部门对房地产项目征收的其他税费，以及要求房地产商承担公共配套项目，也是推动房价上升的最重要的因素。有研究表明，政府的出让金、税收和各种收费，占城镇住宅房价的一半。全国工商联在 2008 年的全国政协会上，递交了一份《我国房价为何居高不下》的材料，其房地产商会就全国 9 城市"房地产企业的开发费用"的调查显示，在总费用支出中，流向政府的部分（即土地成本 + 总税收）所占比例为 49.42%。其中，三个一线城市中，上海的开发项目流向政府的份额最高，达 64.5%；北京为 48.28%；广州为 46.94%。其调查显示，房地产项目开发中，土地成本占直接成本的比例最高，达到 58.2%，为最主要的组成部分。除土地成本支出外，目前我国房地产企业需缴纳的税费占总成本的 26.06%，占总支出的 19.06%，占总销售收入的 14.21%。而在市政工程和公共配套设施中，除了企业为项目本身进行的投入外，这些建设还作为市政工程的一部分参与到城市的功能服务中。开发项目中流向政府的份额占总销售收入的 37.36%，企业的剩余所占份额只有 26.14%。而如果将各种非税收费以及总成本中的市政建设和公共配套设施投入也加入到政府收入份额中，那么政府的收入份额就要超过 40%。

4. 房产低持有成本需求推动的房价上涨

从 2009 年上半年的房屋需求看，一部分是结婚、自住等刚性需求；一部分是由于股市波动和煤矿重组等原因转向房市的投资需求。2009 年，民间游资越来越多地进入到房地产行业。温州一位募集民间资金炒房的企业家估计，2009 年仅在温州的民间流动社会资金大致就有 6000 亿元，投资在房地产上的资本约 2000 多亿元；产煤大省山西进行企业重组，涉及的省内国有、民营、私人煤炭企业超过 2200 家。据中国代理商联合会筹委会的了解，大约有 600 亿元资金会用到投资房地产方向。① 还有一部分是信贷政策宽松和信贷资金放量引起的资产性投资需求。

在许多国家，居民持有房地财产，每年需要向政府按照房屋价值的一定比例交税，如美国各地为房屋价值的 1.2% ~ 1.9% 不等，加上房屋管理的保安、卫

---

① 董映颉：《煤企资金对接开发商两千亿民资暗涌房市》，2009 年 9 月 25 日《华夏时报》。

生、小区照明、绿化等等支出，再加上房屋的维修等费用，成为居民房屋财产的持有成本。住宅经济学的一个常识是，除了住宅的价格水平外，居民购买房屋后的持有成本越低，对住宅的多套和大面积需求就越大；反之，持有成本越高，对住宅的多套和大面积需求就越小。因此，房产税实际是一个控制房屋超居住需要需求，特别是抑制不居住房屋而投资和投机性需求、抑制房地和房屋资源闲置，增加房屋有效供给，进而抑制房屋价格水平上涨的调节机制。

相对于美国、加拿大、澳大利亚、俄罗斯、巴西等人口稀少的国土大国，中国人多地少，并且山地占了 2/3。超豪华大面积住房、土地利用率低的别墅、一家有多套住宅，实事求是地讲，是中国国情所不容许的。如果 2040 年中国人每户有两套房、三套房，则仅居住用地将会多占用 2 亿 ~ 3.5 亿亩耕地。但是，从中国目前的住宅存量、供给和居民持有情况看，一是住房地产开发商愿意建造大面积的住宅，其一个重要的原因是，住宅需求者因购买住宅后的持有成本很低而愿意购买大面积的住宅。目前，城镇居民拥有多套住宅的比例较高，许多城市房屋的闲置率也很高。二是许多土地用于别墅建设，一栋别墅多则占用 1 亩土地，少也占用 0.5 亩。2004 年以前的别墅用地查不到数据，2004 ~ 2007 各年，仅就国土资源部统计公布的数据看，别墅用地合计 4795 亩。按照别墅人口容纳能力，只解决了 28775 人的居住需要；而如果用来建造普通多层住宅，按照 3 的容积率，每套 90 平方米，则可以满足 32 万人的居住需要；按照 2 的容积率，也可以满足 20 万人的居住需要。

可以得出结论，2009 年中国的房价太高，其深层次的原因是政府的土地供应行政制度、垄断性的卖地体制、对开发商囤地涨价谋利行为打击不力、地方政府的房地产财政和房屋的持有成本很低造成的，是这些体制问题的一次集中暴发。

三　2010 年的土地调控和应该开始的改革

2010 年，中国房地产的宏观调控要与土地、财税等体制的改革互动，理顺有关的房地产体制，才能从机制上使房地产经济健康和稳定运行。

1. 增加土地供应，抑制土地和房屋涨价

可以看出，即使国务院和国土资源部严厉打击囤地行为，比起缺口在 1550

万亩左右的城镇住宅用地,能增加的土地供应也是有限的。我认为,在原计划的基础上,城镇住宅用地,从 2010 年开始,应当每年增加 100 万亩左右,并规定住宅用地专项使用,严格限制地方政府挪作他用。经过 10 年左右的时间,除了满足新增城镇人口,包括迁移人口的住宅需要,还可将以往城镇住宅用地供需缺口补齐。

需要指出的是,2010 年开始要严格控制农村住宅扩大占用土地面积,积极推进城镇化,增加城镇居民住宅用地。1978～2007 年,村庄用地由 6972 万亩增加到 27281 万亩,29 年增加了 20309 亿亩,而农村人口却减少了 6264 万人;城镇用地从 2587 万亩增加到 7630 万亩,29 年增加用地 5043 万亩,却容纳了 4.1 多亿转移人口。因此,总体上解决中国居民住宅问题的方向,应当是严格控制农村居住用地,增加城镇住宅用地,并且积极推动撤小村并大村、撤村并镇,以整理出更多的土地资源来适应农业现代化和城市化的需要。

2. 改革招拍挂制度,形成竞争性的土地供应市场

2010 年开始,无论如何,也要开始改革目前土地政府寡头垄断供应的招拍挂制度。按照党的十七届三中全会的精神,将目前政府寡头垄断型的土地供应市场结构,改革为竞争型的土地供应市场。主要改革内容有:①缩小非公益用地的征用范围,集体土地,只要符合建设规划,不经过政府征用,就可以直接进入建设市场;②城镇用地单位,因各种原因要转让自己使用的土地的,不再交由土地部门,而是自主在交易中心挂拍,寻求买家;③在时间上改变挂招拍不定时并集中上市供应的形式,为土地出让方长期在土地交易所登记信息,随时随地经常性交易;④土地房产宅基等在县级政府一部门登记、一部门确权、一部门发证,建立县级房地中心,出让土地的在县市级房地交易所登记信息;⑤应当建立分层的县级房地交易中心、中心城市房地交易中心、省级房地交易中心、全国大区房地交易中心,乃至全国房地交易中心,各层次房地交易中心间联网,使土地房屋供应者与需求者之间随时报价撮合,这样会降低信息搜寻成本,供求信息灵敏对称,供给与需求两方都具有竞争性的房地市场。

3. 改革政府现行土地收入流程为房产税等来源

改革财政税收体制,调整中央与地方的财政税收关系,扩大地方政府筹资权限,改变目前政府收入不可持续的土地财政格局。①调整中央与地方对税收的分成比例,提高地方财政在税收中的比重,改变中央财政主要依靠税,地方财政主要依靠买地和收费罚款的格局；②清理对房地产和建筑行业的各种收费，改变土地一次将几十年出让金收上来的体制，设立土地交易增值税、房产税、土地使用税（对别墅用地）等，使土地有关的地方财政收入可持续；③修改目前的预算法，允许地方政府的建设项目发债，开辟住宅道路、供排水、医院学校等的配套资金来源渠道，还本付息在一般财政预算中列支。为什么要进行以上三项联动的改革？因为如果不进行大的和综合性的调整，仅仅推进土地出让金制度的改革，地方政府的财政会陷入困境，实际上无法推进改革。

只有正确处理有限土地资源在居住和吃饭两项用途上的配置关系，顺应城市化的大趋势，合理地向城镇住宅建设分配土地，彻底改革土地由政府垄断的招拍挂体制，将在房地产领域的乱收费和50～70年的土地出让金一次收取的流程改革为房产税、土地交易增值税和土地使用税，才能从根本上使房地产经济健康发展，使房价水平与居民的收入水平相适应，使人民群众能买得起价格合理的住房。

四 2010年房地产行业形势和改革展望

2010年的房地产行业格局需要从形势、改革和风险三个方面去展望。

1. 房地产形势展望

2010年销售面积和房价水平，主要取决于政府稳定房价的决心和出台的调控和改革措施，包括可能出台改革的信息等影响因素。如果严厉限制投资性和投机性住宅需求，并改革出让金为房产税，房价企稳和微微下调，并且房地产的成本有所下降，预计住宅使用需求会有一定幅度的上升，而投资性和投机性需求会相应萎缩。如果二手房的供应增加投入全部房屋的供应，可能会使新建成商品房80000万平方米的供给规模保持不变，全国新建商品房销售额与销售面积的比价，平均应当为4000～4500元范围，则销售规模为32000万～36000万元范围。如果不开征房产税，或者没有开征房产税的确定信息，商品房销售增长20%，则销售面积为96000万平方米，销售的市场规模在38400万～43200万元。

如果国家对价格控制不从供应土地、改革体制方面采取措施，2009年商品房价格有可能会上涨5%～10%，每平方米价格为4935～5280元，则销售规模会在40320万～47520万元。

2. 应出台什么样的改革措施

我认为，2010 和 2011 年应当试点和全面废除土地的招拍挂体制，改革为竞争性的土地供应市场。并且，配合土地出让金和政府各部门和各行政事业性机构各种收费改变为两三种税收，理顺政府从土地和房产方面收入的来源渠道。为了接续政府的收入来源，并将其可持续化，2011 和 2012 年，进行收取房产税的试点改革，并在全国加以实施。对于住在已经交了出让金住宅中的居民，仍然统一标准收取房产税，其购房支出中的出让金部分，可以实行即征即返，也即在征收时逐年扣除返还的办法。

3. 房地产经济的不确定性和风险

房地产及其财政体制不改革肯定不行，但是，改革除了阻力外，在各个方面都有着不确定性和风险。对于政府，对于居民，对于房地产企业，对于给房地产开发商和房屋按揭居民贷款的银行，都可能因改革而遭遇种种问题，出现利益的损失。

总之，中国的房地产，在 2010 年已经到了一个十字路口，何去何从，在于如何平衡未来利益群体与既得利益群体之间的关系，如何平衡政府利益与居民利益之间的关系，如何平衡政府短期利益与长期利益之间的关系，如何平衡居民、开发商、银行、政府利益之间的关系。不改革调整利益关系，将会积累更大的问题；而改革调整阻力和风险也很大。2010 年，及其后房地产的走势会怎么样，主要还是看各方利益博弈的结果，特别是看国家和政府各部门联动配套改革的决心有无和大小。

Situation of Real Estate in 2009 and
Its Prospects for 2010

Zhou Tianyong

Abstract：After having experienced the rise of land, housing sale and its price by turns, the realty industry started to fall into valley from the fourth quarter of 2008 to the first quarter of 2009; But, from the second quarter of 2009, the price of land and housing started to rise, until the end of second quarter, the sales growth slowed down.

The primary causes which formed China's high house price are that the supplies were relatively smaller than the demands, this was concerned in the administration and planned control of housing construction land supply, in the government oligopoly in land supply market, in the local government's real estate finance which the land incomes for several dozens years were made one-off settlement of revenue and expenditure, as well as the housing was not levied the property tax. The concrete reasons of house price rise mainly have: The housing land supplies were insufficient, the oligopoly made "bidding, auction, shingle hanging" lands and the developers' land regrate caused to rise in prices, the local government's real estate finance impelled to rise in the house price, as well as the demands of low holding cost of real estate caused to rise in the house price, and so on.

Key Words: Real Estate; Price Fluctuations and Reasons of House Price Rise

2009 年环境形势与 2010 年环保展望

舒 庆*

摘 要：2009 年，环保部门把危机作为调整经济结构、转变发展方式的机遇，又当成推进环境保护事业的机遇，对"两高一资"、能力过剩和重复建设的项目设立"防火墙"，对符合产业政策和环保要求的项目开辟"绿色通道"。随着环保力度继续加大，二氧化硫和化学需氧量上半年继续呈现下降趋势，各项污染物减排措施促进了环境质量的改善，环保工作取得积极进展。2010 年有希望实现各项污染减排目标，全面完成"十一五"环保规划确定的任务。

关键词：环境形势 环境保护 污染减排

一 2009 年环保工作取得积极成效

2009 年是新中国成立 60 周年，也是应对国际金融危机、保持国内经济平稳较快发展、促进社会和谐稳定和顺利实施"十一五"规划的关键一年。党中央、国务院对于如何加强环境保护工作的指导思想非常明确。胡锦涛总书记、温家宝总理、李克强副总理等中央领导同志对环境保护做出了一系列重要指示，要求在当前应对金融危机的过程中，坚决不要搞简单的重复建设，不要搞"两高一资"的项目，不要搞能力过剩的项目；提出既要把应对这场危机作为调整经济结构、转变发展方式的机遇，又要当成推进环境保护事业的机遇，强调保持经济增长绝不能以牺牲环境为代价；明确指出要把当前发展环保事业、振兴环保产业当做克服金融危机的重要举措，把生态环境建设培育成新的经济增长点。在应对金融危

---

* 舒庆，环境保护部规划财务司。

机的过程中，不管是扩内需、保增长，还是保护环境，都要不折不扣地贯彻落实党中央、国务院的重大决策和重要部署。

在党中央、国务院的正确领导下，各地区、各部门深入贯彻落实科学发展观，采取一系列措施不断加大防治污染和保护生态的力度，在经济保持快速增长的同时，环境污染加重和生态破坏加剧的趋势有所减缓，部分地区和城市环境质量有所改善。把污染减排作为当前环境保护的中心工作，着力推进结构减排、工程减排、管理减排和"三大体系"建设。污染防治由被动应对转向主动防控，节能减排和环境保护从认识到实践都发生了重要转变，环保工作取得了积极成效。

（一）环保工作的成效

1. 在污染减排方面

2008 年，全国化学需氧量排放量为 1320.7 万吨，比 2007 年下降 4.42%；二氧化硫排放量为 2321.2 万吨，比 2007 年下降 5.95%。与 2005 年相比，化学需氧量和二氧化硫排放总量分别下降 6.61% 和 8.95%，不仅继续保持了双下降的良好态势，而且首次实现了任务完成进度赶上时间进度。2009 年上半年，全国化学需氧量排放总量为 657.6 万吨，二氧化硫排放总量为 1147.8 万吨，与 2008 年同期相比分别下降 2.46% 和 5.40%，二氧化硫"十一五"减排目标有望提前一年实现，化学需氧量减排目标可以如期实现。

2. 在促进经济结构调整方面

通过提高环保准入门槛，严格执行环评制度，遏制"两高一资"行业过快增长的势头。通过狠抓节能减排，加大淘汰电力、钢铁、建材、电解铝、铁合金、电石、焦炭、煤炭、平板玻璃等行业落后产能的力度。2006～2008 年，淘汰落后的炼铁产能 6059 万吨、炼钢产能 4347 万吨、水泥产能 1.4 亿吨、造纸产能 500 多万吨、炼焦产能 3000 多万吨、酒精产能 50 多万吨，关闭小煤矿超过 1 万处，截至 2009 年上半年，已淘汰小火电 5407 万千瓦，提前一年半完成"十一五"规划目标。2009 年，要分别淘汰炼铁、炼钢、造纸、电力落后生产能力 1000 万吨、600 万吨、50 万吨和 1500 万千瓦，这项工作将取得更为明显的成效。

3. 在环境基础设施建设方面

2008 年，全国城市污水处理能力达 9092 万吨/日，比 2005 年新增处理能力

3872 万吨/日，完成了"十一五"期间新增城市污水日处理能力的 86%。新增污水处理管网达到 4.9 万公里，1300 多座污水处理厂安装了在线监测设备。全国脱硫机组装机容量达到 3.63 亿千瓦，是 2005 年前 10 年脱硫机组装机总量的近 8 倍，装备脱硫设施的火电机组占全部火电机组的比例达 60%，比 2005 年提高了 48 个百分点。全国共建成 16 台钢铁烧结机烟气脱硫装置，形成二氧化硫脱除能力 1.68 万吨/年。2009 年 1～6 月，全国又有 4235 万千瓦燃煤脱硫机组建成投产，新增城市污水处理能力 568 万吨/日。

4. 在环境政策方面

对于环境经济政策在节能减排、环境保护和结构调整、增长方式转变方面的重要作用，各方面逐步形成共识。制定《"高污染高环境风险"产品目录（2009 年）》，在调高部分产品出口退税率、安全生产许可、绿色贸易政策实施等有关政策中得到应用。积极开展稀缺资源税费政策研究，制定了《环境保护节能节水项目企业所得税优惠目录（试行）》。继续深入推进绿色信贷、污染责任保险试点工作，环境信访信息、绿色采购标准和目录、实用环保技术、环评审批、验收等信息都纳入银行征信系统。

5. 在增强环境监管和农村污染防治能力方面

中央财政连续三年投入近 60 亿元，重点支持减排指标、监测和考核三大体系能力建设，带动地方加大投入支持环保能力建设，环境监测水平偏低、仪器装备落后、基础能力薄弱的状况有所改观。继 2008 年农村环保专项资金设立后，2009 年安排 10 亿元中央财政专项资金，重点支持位于水污染防治重点流域、区域以及国家扶贫开发工作重点县范围内，群众反映强烈、环境问题突出的村庄开展环境综合整治，有 1200 多个环境问题突出的村庄得到治理，170 多个生态示范创建村镇得到奖励，900 万群众直接受益。

6. 在推进三大基础性战略性工程方面

作为新中国成立以来第一次在全国范围内开展的污染源普查，基本掌握和摸清了全国污染物排放的基本情况，建立了国家与地方各类污染源档案和各级污染源信息数据库。由中国工程院和环保部共同开展的中国环境宏观战略研究，汇集了上百名院士和科学家联合攻关，提出了"以人为本、优化发展、环境安全、生态文明"的战略思想和"预防为主、防治结合；系统管理、综合整治；民生为本、分级负责；政府主导、公众参与"的战略方针，明确了环保发展的长远思路。水体污染治理与控制重大科技专项作为国家十六个重大科技专项之一,在九个民生重大专项中率先通过了综合论证和国务院常务会议审议,目前已全面启动。三大工程的全面实施,将为"十二五"环保发展奠定坚实的基础。

污染减排的成效正在环境质量方面逐步显现。监测表明,2009年上半年,全国地表水国控断面水体高锰酸盐指数平均浓度为5.3mg/L,比2008年全年高锰酸盐指数平均浓度(5.7mg/L)下降7%;全国113个环保重点城市空气中二氧化硫平均浓度0.045mg/Nm³,比2008年全年二氧化硫平均浓度(0.048mg/Nm³)下降6.2%。

(二)环保工作存在的问题

在看到成绩的同时,也要更加清醒地认识到,我国面临的环境形势依然十分严峻。长期积累的环境问题尚未解决,新的环境问题又不断出现,有的问题直接危害群众健康、影响可持续发展,保护环境的任务十分艰巨。

1. 水环境状况堪忧

2008年,全国地表水746个国控断面Ⅰ~Ⅲ类水质比例为47.7%,可以满足饮用水源地的水质要求,但劣Ⅴ类水质比例仍然高达23.1%,基本丧失使用功能;湖泊富营养化仍突出;113个环保重点城市饮用水源地取水量仍有23.6%超过Ⅲ类标准。有近3亿农村人口喝不上符合标准的饮用水。全国近岸海域总体水质为轻度污染,渤海湾、杭州湾、长江口、闽江口、珠江口为重度污染。

2. 空气环境污染依然严重

城市空气质量优良天数超过292天的比例为95.6%,可吸入颗粒物是影响城市空气质量的主要污染物;全国酸雨污染仍然较重,酸雨发生面积约150万平方公里,集中分布于长江以南,四川、云南以东地区;珠江三角洲、长江三角洲、京津塘地区灰霾天气严重,区域性环境问题突出。

3. 固体废物和噪声污染较为突出

我国固体废物减量化、资源化、无害化水平较低。2006年,城市垃圾清运量1.70亿吨,垃圾填埋场二次污染较为普遍,全国47个环保重点城市垃圾填埋场渗滤液及地下水污染物超标率分别达到71%和89%。对七个垃圾焚烧厂的二恶英进行抽样监测,其中四家超标。二恶英具有强致癌性、生殖毒性、免疫毒性和内分泌毒性。2007年,全国工业固体废物产生量为17.58亿吨,排放量为

1197 万吨，综合利用率为 62.8%。危险废物年产生量为 1079 万吨，排放量为 736 吨。没有安全处置的工业危险废物产生的废气、渗滤液、淋溶水成为重要污染源，严重危害人体健康。

在看到水、气、声、渣四大环境要素严峻形势的同时，还要看到，土壤污染程度还在加剧，电子垃圾产生的高峰期已经来临，一些新的环境问题不断显现。

从全球来看，我国二氧化硫、消耗臭氧层物质和 COD 等污染物排放居世界第一，二氧化碳排放居世界第二。我国边界长，邻国众多，跨界环境问题类型多样，情况复杂。没有国界的环境问题日益成为国际社会关注的热点之一，这场金融危机导致世界经济结构孕育深刻转型，循环经济、绿色经济、低碳经济方兴未艾，为我国环境保护带来了新的机遇与挑战。

二　2010 年环境保护展望

2010 年是完成"十一五"规划、衔接"十二五"规划的关键一年，也是实现"十一五"污染减排目标的决胜之年。对照"十二五"环境保护规划的要求，应该继续推进环境保护历史性转变，积极探索中国环保新道路，大力建设生态文明，从以下几个方面继续加大工作力度。

1. 加强污染减排工作，确保完成"十一五"减排目标

工程措施对污染减排贡献很大。到 2010 年，全国脱硫机组装机容量超过 4 亿千瓦，城市污水处理能力将在 1 亿吨/日，保证其正常运行，切实发挥效益至关重要。在继续推进工程建设的同时，要把重点放到保运行上来。结构调整既是污染减排的重要途径，也是解决结构性污染的重要措施，要进一步利用污染减排的"倒逼"机制，推进产业结构加快调整。要充分发挥污染源自动监控系统的作用，进一步加强监督、核查和监测工作，进一步挖掘管理减排的潜力。

2. 强化环境准入，促进环境与经济协调发展

对不符合环保准入要求的项目严格把关，坚决杜绝被淘汰的项目以技术改造、投资拉动等名义恢复生产，或转移他地。鼓励发展循环经济、绿色经济、低碳经济，促进一批能够带动行业技术进步、促进结构和布局调整的重点项目加快开工建设。继续深化环评制度改革，实现从过去单纯注重环境问题向综合关注环境、健康、安全和社会影响转变，处理好服务与把关、当前与长远、效率与质

量、宏观与微观的关系，拓宽领域，加强调控，强化验收，全程监管。

3. 把环保基础设施建设作为扩大内需的重要领域，大力发展环保产业

按照让不堪重负的江河湖海休养生息的要求，加大对重点流域水污染防治规划内项目的支持力度，已经建成的要尽快形成治污能力，已经开工建设的要尽快完工，没有开工的要尽快开工。加快城镇污水处理厂及配套管网、燃煤机组脱硫设施、重点污染源在线监控系统等环保基础设施建设步伐，更大规模地开展农村环境综合整治工作，组织一批重金属污染治理项目和燃煤电厂脱硫、城市污水处理厂污泥处理和土壤污染治理示范工程，加大对环境监测、监察、信息、科技、宣教等环境管理基础能力建设的投入，大力增强环境管理基础能力。以环境大治理带动环保产业大发展，通过制订规划，完善政策，采取有效手段，推进环保产业全面升级，尽快形成一个门类齐全、装备先进、富有活力的环保产业体系。

4. 加快完善环境经济政策，建立健全环境保护工作的长效机制

要充分发挥经济的市场手段在环境保护工作中的重要作用，按照环境成本内部化的目标，总体设计、全面优化环境经济政策，择机分步实施。完善反映市场供求关系、资源稀缺程度、环境损害成本的生产要素和资源价格形成机制，积极推动出台有关环境经济政策，综合运用财政、税收等多种经济手段，充分发挥市场经济规律的作用，逐步建立企业保护环境的激励机制和约束机制，使企业污染治理成本内部化，减少环境保护对行政手段的过度依赖。努力构建政府、企业、社会相互合作和共同行动的环境保护新格局，强化政府责任，明确企业是污染防治主体，鼓励和引导全社会共同参与，探索建立生态补偿和环境污染损害赔偿等制度。有序推进资源节约型、环境友好型社会建设。以"两型"社会综合配套改革试验区建设为契机，推动环境问题在重点领域和关键环节率先突破，走出一条低投入、高产出、低消耗、少排放、能循环、可持续的发展道路。

5. 强化环境监督执法，维护人民群众环境权益

要坚持以人为本，以解决危害群众健康和影响可持续发展的突出环境问题为重点，继续深入开展环保专项行动，严厉打击危害群众利益的环境违法行为。积极开展后督察工作，对挂牌督办的企业，以及重大环境案件和严重违法地区进行跟踪督察，对严重环境违法行为依法坚决予以查处，妥善处置突发环境污染事件。坚持认真负责、谨慎稳妥和实事求是的原则，从速彻查事故原因，及时公布调查结果，依法查处负有责任的企业、单位和有关人员，及时化解社会矛盾。通过严厉查处典型案件，有力震慑各类环境违法行为，保障环境安全，维护群众健康。抓紧推进重金属污染防治工作；加大城市烟尘、粉尘、细颗粒物和汽车尾气治理力度；实行区域联防联控，逐步解决大城市灰霾天气问题。

Environmental Situation in 2009 and Expectation on the Environmental Protection in 2010

Shu Qing

Abstract：In 2009, the environmental protection department regards the crisis as the opportunity to adjust the economic structure and to transform the development way, and to advance the environmental protection undertaking, sets up "the firewall" to the projects of "high energy consumption, high pollution and resources" and of ability surplus and the construction of redundant projects, and opens up "the green channel" to the projects which conform to the industrial policies and the requirements of environmental protection. With the increase of environmental protection strength, the sulfur dioxide and the chemical oxygen demand unceasingly presented downtrend in the first half of year, and each measure of pollution discharge reduction has promoted the environmental quality improvement, which the environmental protection work has made the positive progress. In 2010, it is hopeful to finish each objective of pollution discharge reduction, and to complete the tasks confirmed in the environmental protection planning of "The Eleventh Five-year Plan" comprehensively.

Key Words：Environmental Situation；Environmental Protection and Reduction of Pollution Discharge

消费需求大幅增长　市场价格震荡上行

——2009 年中国生产资料市场形势分析及 2010 年展望

陈克新*

摘　要：2009 年以来，中国生产资料消费有较大幅度增长，由此推动资源供应水平显著提高，市场价格震荡上行。据中商流通生产力促进中心测算，2009 年 1~8 月累计，全国 10 种重要生产资料表观消费量为 364853 万吨，比去年同期增长 15%。预计全年 10 种生产资料表观消费量 54 亿吨左右，比上年增长 10% 以上。展望 2010 年中国生产资料市场趋势，需求持续旺盛，产能进一步释放，价格继续扬升。

关键词：生产资料消费　市场价格　分析预测

2009 年以来，中国生产资料消费有较大幅度增长，由此推动资源供应水平显著提高，市场价格震荡上行。展望 2010 年中国生产资料市场趋势，需求持续旺盛、产能进一步释放、价格继续扬升，将成为其主要特点。

一　2009 年中国生产资料市场运行情况分析

统计数据显示，2009 年中国生产资料市场明显升温，总体运行情况呈现三大特点。

1. 表观消费量有较大幅度增长

据中商流通生产力促进中心测算，2009 年 1~8 月累计，全国 10 种重要生产资料表观消费量为 364853 万吨，比上年同期增长 15%。预计全年 10 种生产资料

---

* 陈克新，中商流通生产力促进中心。

表观消费量 54 亿吨左右，比上年增长 10% 以上。

重要生产资料产品中，金属类、建材类、农资类产品增长水平较高。其中前8 个月钢材表观消费量为 43832 万吨，增长 19.2%；铜表观消费达到 510 万吨，同比增长 47.8%；水泥表观消费量为 101745 万吨，增长 18.5%；煤炭表观消费量为 193410 万吨，增长 13.5%（见表 1）。

表 1　2009 年 1～8 月 10 种生产资料表观消费情况表

单位：万吨，%

名　称	消费量	比上年同期	名　称	消费量	比上年同期
原　煤	193409.86	13.51	水　泥	101744.78	18.48
成品油	15783.31	1.16	化　肥	4251.86	21.12
钢　材	43831.51	19.16	橡　胶	435.52	3.30
铜	509.85	47.79	塑　料	3635.90	15.24
铝	916.54	11.03	合　计	364852.88	15.03
锌	333.73	20.63			

拉动 2009 年中国生产资料消费较大幅度增长的主要因素，在于中央和各级政府迅速出台并积极实施扩大需求措施，取得了显著成效。从一些可以反映生产资料消费的主要经济指标来看，2009 年 1～8 月累计，全国城镇固定资产投资同比增长 33%，大大高出上年同期水平；社会消费品零售总额增长 15.1%，也恢复到历史较高水平。重要工业产品产量中，汽车增长 27.1%，船舶增长 31.8%，大中型拖拉机产量增长 30% 左右，冰箱也增长 10% 以上。各项经济数据好于预期。由此促进了生产资料商品需求的较多增加。

生产资料需求结构中，由于世界金融危机的影响，中国出口情况不太理想（包括直接出口和间接出口两个方面）。据中商流通生产力促进中心测算，2009年 1～8 月累计，全国 10 种生产资料商品出口量比 2008 年同期下降 25.6%（参见表 2）。其中金属类产品出口降幅最大，普遍在 6 成以上。另据海关统计，今年前 8 个月，全国出口总值同比下降 22.2%，这就使得生产资料商品的间接出口显著减少。

值得关注的是，进入下半年后，中国商品出口大幅滑坡局面得到初步遏制。测算数据显示，在中国大宗商品出口总值同比大幅下降的同时，环比指标却出现

表2   2009 年 1~8 月 10 种生产资料出口情况

单位：万吨，%

品　种	出口量	比上年同期
原　煤	1482.67	-55.93
成品油	1496.01	36.27
钢　材	1323.65	-68.37
铜	1.96	-78.39
铝	13.46	-78.32
锌	0.69	-86.54
水　泥	1070.44	-42.62
化　肥	447.84	-47.48
轮　胎	19052.00	-13.60
塑　料	186.34	-33.14

持续增长。7 月份全国 10 种重要大宗商品出口量比较 5 月份最低值回升了 20%，8 月份又环比增长 2.3%。其中钢材出口量 6、7、8 三个月份环比分别增长为 5.9%、26.6% 和 14.9%。7、8 两个月甚至再次出现全国粗钢净出口情况。与此同时，反映大宗商品间接出口状况的出口总值也是第二季度后连续 4 个月回升。这就表明，中国生产资料出口最坏时期已经过去，出口增长势头正在缓慢起步。

预计 2009 年中国生产资料的直接出口量比上年下降 20% 左右。其中钢材出口量约为 2000 万吨，比上年下降 6 成以上，折算成粗钢后，不到同期国内粗钢产量的 5%。

由此可见，2009 年中国生产资料消费增长的动力完全来自于国内需求的增长。中国需求正在成为拉动世界初级产品增长的最重要发动机。

（二）新增资源水平显著提速

2009 年，由于市场需求逐步转暖，全国生产资料商品新增资源增长水平显著提速。据中商流通生产力促进中心测算，1~8 月份累计，全国 10 种重要生产资料商品新增资源量为 370881 万吨，比上年同期增长 12.3%，比 2008 年的 8.4% 的增长水平提速 4 个百分点。重要生产资料商品中，煤炭、金属、水泥增速较高，成品油、塑料、橡胶、化肥等增速较低，大大低于生产资料的平均增幅（参见表 3）。

表3　2009年1～8月10种大宗商品新增资源情况

单位：万吨，%

名　　称	产量	同比	进口量	同比	新增资源量	同比
原　　煤	187499.3	9.7	7393.2	160.9	194892.53	12.17
成品油	14669.9	6.2	2609.4	-9.8	17279.32	3.46
钢　　材	44008.3	10.4	1146.9	3.7	45155.16	10.22
铜	265.5	5.4	246.3	141.2	511.81	44.56
铝	786.7	-9.5	143.3	684.1	930.00	4.78
锌	269.6	4.2	64.8	181.5	334.42	18.69
水　　泥	102777.4	17.2	37.8	-16.8	102815.22	17.18
农用化肥	4381.4	10.6	318.3	-20.8	4699.70	7.71
橡　　胶	230.6	4.1	210.3	2.4	440.86	3.30
塑　　料	2231.3	1.8	1590.9	28.1	3822.24	11.32

环比来看，下半年资源供应水平高于上半年。据测算，7、8两月10种重要生产资料的同比增幅分别为22.6%和20%，钢材新增资源更是达到了19.5%和28.9%。预计全年10种重要生产资料的新增资源量将达到55亿吨，比上年增长10%左右。

1. 进口强劲增长

2009年中国生产资料商品新增资源明显提速的重要原因，在于进口的强劲增长。根据海关统计数据进行测算，2009年1～8月累计，全国10种重要生产资料商品的进口量为13761万吨，比上年同期增长55.2%，增长水平比2008年下降9.8%提高了65个百分点。其中钢材出现了2006年以来的首次增长。预计全年中国10种重要生产资料进口量将达到两亿吨，比上年增长5成左右。中国生产资料商品进口量的强劲增长，不仅显示了中国国内需求的显著增加，还表明世界大宗商品贸易格局中，中国购买因素逐步增强，并成为拉动全球经济增长的重要力量。预计这将成为全球经济贸易建立新的平衡的一个新动向，或者逐步成为一个发展趋势。

2. 国内产量稳定增长

新增资源构成中，国内产量增势相对平稳。据统计，2009年1～8月累计，全国10种重要生产资料商品生产量为357120万吨，比上年同期增长11.6%。其中水泥产量同比增幅为17.2%。进入下半年后，全国钢铁产能大量释放，月度增幅迅速上升到两位数，8月份粗钢产量增幅上涨达到22%。预计全年10种重要生产资料商品产量53亿吨左右，比上年大约增长9%。

(三) 市场价格宽幅震荡上行

总体来看，2009 年中国生产资料商品价格行情呈现宽幅震荡上行局面。据有关部门监测数据，到 2009 年 8 月份，全国生产资料市场价格总指数比年初上涨了 10.8%。重要生产资料商品中，有色金属、天然橡胶价格上涨水平较高，涨幅分别为 51.4% 和 41.6%；汽车和水泥价格小幅下降。与年初相比，钢材价格虽然涨幅不大，但却出现剧烈震荡。另据市场监测数据，8 月末全国 30 个主要城市、五大品种的钢材平均价格为 4031 元/吨，比上年 12 月末上涨 4%，尤其是 7 月末环比上涨 11.9%，创下了今年以来的最大月度环比涨幅。在价格上行过程中，伴随着先后两次宽幅震荡，最大震荡幅度超过 20%。尤其以螺纹钢、线材等建筑用钢材震荡幅度较大，短短几个月时间内，高、低差接近或达到 30%。每次震荡的主要原因，都是前期价格涨幅过大，涨势过猛，投机泡沫凸现，一定程度上脱离了实体经济需求的支撑基础，由此引发市场行情的报复性下跌。其中 8 月末钢材平均价格比 7 月末下跌 8.8%。

从月度价格水平来看，进入 4 月份后，环比价格扭转了下降局面，出现了持续扬升势头（见表 4）。

表 4 2009 年 1~8 月全国中心城市钢材平均价格

单位：元/吨

月份	6.5 高线	25mm 螺纹	5.5mm 热卷	1mm 冷板	20mm 中板	平均价格
上年 12 月	3671	3696	3773	4516	3720	3875
1 月	3799	3799	3948	4647	3905	4020
2 月	3524	3561	3476	4381	3570	3702
3 月	3321	3361	3347	4279	3343	3530
4 月	3391	3428	3324	4191	3273	3521
5 月	3542	3557	3497	4392	3397	3677
6 月	3787	3770	3704	4746	3633	3928
7 月	4321	4358	4102	5267	3937	4397
8 月	3692	3777	3716	5116	3754	4011

注：各月价格均未月末价格。

表5　2009年各月生产资料价格总指数升降情况表

单位：%

月度	比上月	比去年同期	月度	比上月	比上年同期
1月	—	—	5月	1.44	-19.3
2月	-0.2	-15.4	6月	1.67	-20.5
3月	-1.7	-19.3	7月	2.03	-20.2
4月	2.75	-18.2	8月	3.3	-16.6

虽然从表5可以看出，生产资料价格指数环比震荡上行，但与上年同期相比，仍然有较大幅度下降。据有关部门测算，2009年1～8月累计，全国生产资料价格指数同比下降8.3%。由于今年以来生产资料市场价格的环比持续上涨，预计进入第四季度后，同比价格降幅将进一步收窄。

二　2010年中国生产资料市场趋势展望

市场需求持续旺盛、钢铁产能的进一步释放以及市场价格的震荡向上，将成为2010年中国生产资料市场趋势的主要特点。

（一）市场需求持续旺盛

总体来看，下一阶段中国生产资料市场需求继续旺盛。初步测算，2010年中国10种重要生产资料商品的表观消费量在60亿吨左右，增长幅度在10%以上。其中钢材表观消费量逼近7亿吨关口，折算成粗钢，表观消费量肯定超过6亿吨；煤炭表观消费量有可能突破30亿吨，增幅10%左右；水泥突破16亿吨，增幅在10%以上；铜、铝、锌3种有色金属突破3000万吨，增幅在15%左右；橡胶达到650万吨，增幅大约为5%。

今后中国钢材需求持续旺盛的主要原因有以下几个方面。

从近期因素来看，国家继续实施积极的财政政策和适度宽松的货币政策，国家发改委制定八大措施，巩固经济企稳回升势头，新一年内金融机构还不会大规模收紧货币供应；并且一些重点工程项目一般具有3年左右的施工周期，亦不是说收紧就能够收紧的。因此，决策部门不会改变政策方向，将继续实行积极的财政政策和适度宽松的货币政策。国家对货币政策的调整，主要方向是防范及切断银行贷款向投机市场的流动，保证资金进入实体经济，如真正用于固定资产投资项目等。这对于生产资料消费而言，实际上更多的是利多影响。8月份的全国制造业采购经理指数（PMI）为54.0%，高于上月0.7个百分点，连续六个月位于临界点——50%以上，反映出生产资料商品需求继续扩张的态势。

从中长期因素来看，中国工业化、城镇化的"两化进程"方兴未艾，并且长期发生作用。未来中国有可能会出现十数个5000万常住人口的"超级城市"，由此汇集全国人口总数的一半以上。不仅如此，随着中国工业化水平的提高、严重环境污染的出现，极为旺盛的环境治理需求将会催生一个强大的环保装备制造和建筑安装行业的兴起。

如此大规模的城市化建设和环保治理需求，以及所派生的生活用品的升级换代所引发的大规模的物资和人员流动，所产生的生产资料需求无疑是十分巨大的，而且不是短时期内就可以结束的。这个巨大的生产资料需求，完全可以抵消欧美国家由于经济衰退所出现的需求萎缩。

从外部因素来看，世界经济触底回升，出口需求增加。一些分析认为，东亚地区日本和韩国制造业景气开始回升，初步走出了衰退；欧元区两大经济体——德国和法国，经济已经摆脱了经济衰退困扰。多数经济学家认为，美国经济将于今年第四季度摆脱衰退，甚至有观点说美国经济已经在今年第二季度恢复了增长；前不久伯南克在美联储一次会议上的报告更加乐观。总之，尽管世界经济复苏的进程艰巨，速度缓慢，基础也不稳固，但世界各国主流观点普遍认为，全球经济不大可能出现第二次金融危机，陷入大萧条的可能性越来越小。

世界各国经济的相继触底回升，经济复苏即将或者已经缓慢起步。这无疑会引发国际市场初级产品和投资品需求的增加。欧佩克在近期一份报告中，已经将2010年全球石油日需求预测量提高了15万桶，对2009年全球石油日需求的预测提高了14万桶，分别达到了8456万桶和8405万桶。国际市场需求的增加，当然会改善中国的生产资料商品出口环境，包括直接出口和间接出口两个方面。最近几个月中国外贸出口数据的持续环比增加，已经显示了这一迹象。

尽管2010年中国生产资料产品的出口（含间接出口，下同）将好于2009年，但受到多方面因素影响，今后整体增速难以恢复到以往20%左右的高增长水平，将进入一个平缓增长时代。

（二）国内产能进一步释放

较为旺盛的市场需求，为中国巨大的生产资料尤其是投资品产能的继续释放提供了坚实基础。预计 2010 年全国 10 种重要生产资料生产总量 55 亿吨左右，比上年增长 5% 以上。其中钢材产量（含重复计算）将突破 7 亿吨；粗钢产量将接近或达到 6 亿吨，比上年增长幅度也都在 5% 以上；煤炭产量 30 亿吨左右，增长 10% 以上；水泥产量不少于 16 亿吨，增长 10% 左右；铜、铝、锌 3 种有色金属产量接近 2000 万吨，增幅在 3% 以下。

近些年来，虽然生产资料行业，主要是钢铁、有色金属冶炼加工、水泥、轮胎、机械制造加工等投资品出现了程度不同的产能过剩情况，预计随着世界经济的逐步企稳回升，国内外需求的增加，2010 年上述行业的产能过剩状况会有较多改善。实际上，2009 年中国钢材产能利用率已经达到 80%，大体属于正常水平。随着新一年内钢铁产能的进一步释放，全国钢材产能利用率还会提高到 90%，因而其整体钢铁产能的过剩情况并不严重。

另一方面，近年来国家加大了对落后产能、安全隐患产能和环境污染产能的整治力度，如国家下达的"十一五"后三年（2008 ~ 2010 年）整顿关闭小煤矿的工作任务。特设关闭小煤矿专项资金，要求三年之内，全国共关停小煤矿 2501 座，产能总量超过 3 亿吨。与此同时，有关部门还下达了钢铁、有色金属、化工等行业落后产能的淘汰任务。所有这些，对于改善整体供求关系，扭转产能过剩具有一定帮助。

（三）市场价格震荡上行

2010 年全国生产资料价格依然呈震荡向上格局。实体经济需求与金融性购买需求、期货价格与现货价格、产品价格与原料价格、出厂价格与市场价格等互相影响，彼此推动，进入利多循环。受其影响，预计一些生产资料商品，主要是进口依赖性较大资源类商品价格有可能见到或者超出 2008 年高点，虽然其中依然伴随着阶段性行情调整。

中国生产资料价格所以震荡上行，除了实体经济需求旺盛这个重要因素之外，还在于由美元的大幅贬值趋势所引发的金融性购买需求的急剧膨胀。在仍以美元为主要计价单位的市场体系中，美元的大幅贬值，势必推高国际市场石油、煤炭、矿石、基本金属等的行情，进而带动国内相关产品生产成本的增加和市场价格的上升。比如美元贬值对于国内生产资料商品价格的向上推动，还不仅仅是直接作用于商品价格本身，更多地是来自于对国际市场原材料和海运费用的影响，进而大幅推高中国生产资料产品的生产成本。比如，2010 年财政年度的长期协议铁矿石价格很有可能提高，上涨幅度在 10% 左右；明年国际市场石油平均价格在 80 美元/桶以上，高于 2009 年水平。其他初级产品价格也都会有程度不同的上涨。

如果上面所提到的落后产能、污染产能的整治关闭任务能够完成，供求关系的改善，也有助于生产资料商品价格的回升。

Large Growth of Consumer Demand, Concussive Rise of Market Price

——Analysis on China's Capital Goods Market in 2009 and Its Expectation in 2010

Chen Kexin

Abstract: Since 2009, China's capital goods consumption has had large growth so that the resource supply level has been enhanced obviously, and the market price rises in concussive. According to the measurement and calculation of Distribution Productivity Promotion Center of China Commerce, the apparent consumption of 10 kinds of important capital goods added up to 3648.53 million tons in January-August of 2009, which had a growth of 15% over ones in previous year. It is estimated that the apparent consumption of 10 kinds of capital goods will reach about 5.4 billion tons in the whole year, which will have a growth of above 10% over ones in previous year. Through the forecast on China' capital goods market trend in 2010, the demand will continue blooming, the capacity will be released further, and the price will rise unceasingly.

Key Words: Capital Goods Consumption; Market Price and Analysis & Forecast

企稳·复苏·回升

——2009 年首都经济形势分析与 2010 年主要工作前瞻

胡雪峰　石明磊　金旭毅*

摘　要： 在全市上下的共同努力下，首都经济企稳回升，2009 年有望
实现 10% 左右的增长。但由于当前的经济复苏主要是依靠政策刺激和国有
投资，经济运行中仍然存在不少不稳定、不平衡、不巩固因素，2010 年保
增长的压力仍然较大，调结构、上水平的任务仍然繁重。建设"人文北京、
科技北京、绿色北京"，适应国内外形势变化及首都自身发展实际，2010 年
首都经济发展将坚持走科学发展的道路，做强做大实体经济，着力优化经
济结构、着力推动自主创新、着力推动城乡一体、着力统筹区域发展、着
力深化各项改革，推动首都经济平稳健康发展，为实现长远可持续发展奠
定基础。

关键词： 首都经济　结构调整　可持续发展

今年以来，北京市上下积极应对国际金融危机，在完成好维护首都稳定、筹
办国庆 60 周年庆祝活动等艰巨任务的同时，认真实施一揽子政策措施，全力
"调结构、上水平，保增长、保民生、保稳定"，政策效果逐步显现。但由于当
前的经济复苏主要是依靠政策刺激和政府投资，经济运行中仍然存在不少不稳
定、不平衡、不巩固因素，需要进一步加大工作力度。

---

* 胡雪峰，中共北京市委研究室副主任，经济学博士；石明磊，中共北京市委研究室经济处副处
　长，经济学博士；金旭毅，中共北京市委研究室经济处，经济学硕士。

一 2009 年首都经济形势分析

总体看，2009 年首都经济运行呈 "V" 型轨迹，企稳回升的势头不断增强，有望超额完成年初预定的力争增长 9% 的目标。

1. 总体经济稳步回暖

初步核算，前三季度，北京市实现地区生产总值 8161.4 亿元，比上年同期增长 9.5%。分季度看，第一、二、三季度分别增长 6.1%、9.4% 和 12.8%，呈现稳步回暖的运行态势。分指标看，继上半年货运量、生产用电量、投资、房地产开发投资等指标由负转正后，第三季度工业增加值、入境旅游人数、财政收入等重要指标也实现了由负转正，经济企稳回暖的领域和范围不断扩大。随着世界经济复苏迹象日益明显，我国经济运行中的积极因素不断增多，第四季度首都经济增速将进一步提高，预计全年增速可能达到 10% 左右，重回两位数增长的轨道。

2. 扩大内需成效显著

国内需求表现强劲，有力拉动了首都经济增长。投资增速迅速上扬，前三季度，全市完成全社会固定资产投资 3508.9 亿元，同比增长 54.4%。分季度看，投资增速在 2008 年第三季度达到低点以后波动上行，今年前三季度分别下降 6.5%、增长 33.5% 和增长 1.4 倍，最近 3 个月投资规模均保持在 530 亿元以上。消费需求持续旺盛，"小排量汽车购置税减半"、"家电下乡"、"家电以旧换新"等系列消费促进政策效果突出，前三季度实现全社会消费品零售额 3861.7 亿元，同比增长 15.1%，扣除价格因素后实际增长 17.3%。分季度看，前三季度分别增长 12.6%、13.7% 和 18.7%，增速不断加快。

3. 重点产业支撑突出

第三产业稳定增长、工业稳步复苏，促进首都经济快速回升。前三季度，第二产业实现增加值 2073.1 亿元，同比增长 6.5%，比上半年加快 6 个百分点；第三产业实现增加值 6010.9 亿元，同比增长 10.7%，比上半年加快 0.2 个百分点。其中，现代制造业、高技术产业迅速回升，实现增加值同比分别增长 4.4% 和下降 1.4%，分别比上半年加快 9.8 和 7 个百分点；生产性服务业实现增加值 3887.3 亿元，同比增长 11.1%；文化创意产业实现增加值 965 亿元，同比增长

9.7%；现代服务业实现增加值4291.7亿元，同比增长10.4%，占第三产业的比重超过70%。

4. 金融运行总体平稳

前三季度，北京地区存贷款均大幅增长，中长期贷款增速继续加快，融资结构趋于多元化，有力支持了首都经济平稳较快发展。9月末，辖内金融机构本外币贷款余额29460.9亿元，比年初增加6291亿元，同比多增3335.4亿元。其中，人民币贷款余额比年初增加4672.2亿元，同比多增2834亿元。新增人民币贷款主要投向房地产业、租赁和商务服务业、制造业等，对重点领域和经济薄弱环节支持力度不断加大。其中，政府土地储备贷款余额1107.9亿元，比年初增加1044.9亿元，为土地储备投资计划的顺利完成提供了资金保障；中小企业人民币贷款新增926.6亿元，占全市人民币企业贷款新增额（不含票据融资）的39.9%。

5. 经济效益稳中有升

从财政收入看，前三季度，全市完成地方一般预算收入1519.5亿元，由上半年的同比下降3.5%转为增长5.1%，各季度分别下降8.2%、增长0.2%和增长29.7%，全年有望实现增长10%左右的目标。从企业效益看，呈逐步好转态势，规模以上工业企业实现利润自去年1～11月以来首次实现正增长，1～8月同比增长2.3%；服务业利润降幅缩小，限额以上服务业企业实现利润同比下降7.3%，降幅比1～5月缩小35.5个百分点。从居民收入看，前三季度城镇居民人均可支配收入20041元，同比增长7.9%；农村居民人均现金收入10561元，同比增长12.5%；扣除价格因素，城乡居民收入分别实际增长9.6%和14.7%，高于GDP增速。

6. 价格水平见底回升

消费和生产价格虽然同比仍下降，但环比已呈现持续上涨的趋势。前三季度，居民消费价格同比下降1.6%，9月份环比上升0.4%，已连续三个月环比上涨；工业品出厂价格同比下降6.3%，9月环比上涨0.9%，也已连续三个月环比上涨；原材料、燃料及动力购进价格同比下降14.2%，9月份环比上涨1.8%，已连续六个月上涨。随着"负翘尾因素"作用的显现，消费和生产价格将在第四季度由降转升，但仍不会出现大的价格涨幅。

在看到前一阶段工作成绩的同时，也要对面临的困难有充分的估计，保持清醒的认识。首先，经济复苏更多的是依靠政策刺激。突出表现在两方面：其一是宽松货币政策的作用。1~9月人民币贷款余额比年初增加4672.2亿元，为扩大投资提供了充足的资金来源，其中土地储备机构贷款余额是上年同期的24倍，拉动房地产开发贷款余额同比增长53.2%；也推动金融业增加值同比增长17.1%，增幅高出第三产业平均水平6.4个百分点。其二是房地产市场政策的作用。3月份以来，在多方面利好政策以及刚性需求的带动下，房地产市场快速升温，成为带动经济回升的重要力量。随着政策刺激强度的弱化和政策效应的递减，经济回升的力度必将减弱。其次，部分领域增长质量不高、动力不足。工业竞争力不强，部分行业处于高端产业的产业链低端，附加值较低，产品结构不适应市场变化的要求。规模以上工业出口交货值同比下降21.6%，特别是高技术制造业仍呈降势、比重降低。固定资产投资中技术改造项目明显不足，工业大项目中涉及技改的项目数不足5%。研发投入增势放缓，中关村科技园区企业研究与试验经费支出占总收入的比重降为3.5%，同比下滑0.6个百分点。服务外包收入由1~5月的增长19.5%变为1~8月的下降3.4%。汽车保有量增长较快，9月底全市民用汽车保有量已达356.5万辆，可能对经济运行效率、城市投资环境、土地资源合理配置和环境保护等产生负面影响。高房价负面效应再次凸显。同时，汽车、住房消费占比过高，制约了居民消费的进一步扩大。再次，当前经济仍面临许多复杂因素。国际市场需求下降的趋势短期内难以扭转，并且仍存在许多不确定因素。消费价格和生产价格指数同比仍然为负，市场需求不足和阶段性产能过剩问题短期内难以明显改善，企业生产经营难以较快摆脱困境。在政策刺激作用下，投资、消费、经济等结构发生一定扭曲，刺激政策持续的时间越长，未来结构调整的压力可能更大。同时，部分保增长、扩内需的政策措施缺乏可持续性，部分领域政策微调对我市的影响不能低估。土地储备、基础设施建设、汽车消费进一步增长的空间有限。

二 2010年首都经济发展面临的形势和基本思路

在新的发展阶段，按照科学发展观的要求，在总结奥运经验的基础上，北京市提出了建设"人文北京、科技北京、绿色北京"的战略任务。这是适应形势变化做出的重大战略部署。从明年和今后一个时期的发展形势看，深入落实科学发展观，加快建设"人文北京、科技北京、绿色北京"，面临着许多新的机遇和挑战。

从国际环境来看，总体上，外部环境趋于恶化的可能性不大，但外部需求回升将进入一个比较缓慢曲折的过程，首都经济发展的外部环境仍然严峻。从国内经济看，经济复苏的动力将持续到 2010 年全年，但经济回升的基础还不稳定、不巩固、不平衡，一些深层次矛盾特别是结构性矛盾仍然比较突出。10 月 21 日召开的国务院常务会议明确指出，要把正确处理好保持经济平稳较快发展、调整经济结构和管理好通胀预期的关系作为宏观调控的重点，继续实施积极的财政政策和适度宽松的货币政策，保持宏观经济政策的连续性、稳定性。这意味着，随着经济进入复苏轨道，保增长政策将继续维持，但扩张速度将由加速逐渐转为平稳，供给面结构调整力度将逐渐加大。

从首都自身发展实际来看，初步预计，2009 年北京经济总量将突破 11000 亿元，人均地区生产总值将超过 10000 美元。按照发展经济学的观点，人均 GDP 在 2000~10000 美元为加速成长阶段，10000 美元以上为稳定增长阶段。根据哈佛大学波特教授的经济发展波段理论，人均 GDP 在 1000 美元以下的城市发展属于资源驱动型，人均 GDP 在 1000~10000 美元的属于资本驱动型，人均 GDP 超过 10000 美元的城市发展则由资源、资本驱动转向知识和创新驱动。参照国际经验，首都经济社会发展已经进入了由中等发达城市向发达的国际大都市迈进的阶段。

首都经济发展的内外环境以及中央的宏观调控基调，决定了 2010 年首都经济必须坚持走科学发展的道路。在保持宏观政策连续性和稳定性的基础上，更加注重经济增长的质量和效益，更加注重协调好短期政策和中长期政策、总量政策和结构政策的关系，更加注重结构调整和优化升级，更加注重解决复杂问题和深层次矛盾，依靠市场力量，提高企业的自生能力，推动首都经济平稳健康发展，为实现长远可持续发展奠定基础。

三　2010 年首都经济发展的主要任务

2010 年是"人文北京、科技北京、绿色北京"建设更加深化的一年，也是"十一五"规划的收官之年。做好 2010 年全年的工作，意义十分重大。我们认为，应当着力在以下六个方面做出努力。

1. 做强做大实体经济

这次国际金融危机暴露出，首都经济发展的薄弱环节在于首都经济总量不够大、实体经济的竞争力不强、高端产业发展不够、自主创新能力亟待提高。其中，实体经济不强、工业增加值较低，已经成为北京与国内发达城市经济总量差距的主要来源。北京市委十届六次全会提出，作为国际大都市，北京虚拟经济与实体经济的发展都不够充分，都需要加大力度。2010 年首都经济工作应把做强做大实体经济作为首要发展目标，着力做强工业、做大服务业。做强工业，就是要追求高端、高增加值率，低污染、低排放，集中力量打攻坚战、重点战，把首都的资源优势转化为经济优势、产业优势。电子信息、新能源、装备制造、生物和医药、汽车、都市型工业这六大产业，是首都现代制造业最具活力、最具竞争优势的部分，要按照调整和振兴规划实施方案的部署和要求，认真抓好落实，实现现代制造业的跨越式发展。做大服务产业，就是要树立"大服务观"，寓发展于服务之中，大力发展生产性服务业，提高首都高端优质资源为周边区域乃至全国服务的能力，通过服务全国加快北京发展，依托北京发展更好地服务全国，实现服务对象由对内服务向对外服务拓展。

2. 着力优化经济结构

世界经济形势的重大变化往往会引发产业结构的深刻调整，形成新的发展平台。顺应世界发展潮流，北京市产业结构调整的重点是在进一步巩固、完善和发展以服务业为主导的产业结构，在解决好二、三产业发展关系的前提下，深入调整二、三产业内部结构。一是坚持科技导航、研发引路，把高新技术成果的研发和产业化应用作为重点，大力开发应用数字化、网络化、智能化、虚拟化的设计制造平台，集中力量推广和应用一批新技术、新产品、新工艺，进一步加快淘汰落后生产能力，提升产业的整体素质和经营效益。二是坚持高端定位，注重在技术研发、标准制定、产品设计、品牌建设等产业链高端环节占据主导地位，进一步提升生产性服务业在制造业价值链中的作用，通过产业链和价值链的升级实现产业振兴。三是着力培育和发展新兴战略性产业，积极谋划好绿色经济、低碳经济，特别是新能源产业等战略性新兴产业的发展，着力在信息网络产业、新材料和智能绿色制造领域、生物和医药产业、空间技术等方面取得突破，努力形成国际金融危机后首都发展的新亮点和战略支撑点，夺取未来国际经济竞争的战略制高点。

3. 着力推动自主创新

占领产业发展的制高点，提升首都经济的核心竞争力，最根本的是要提高自主创新能力。2010 年要着力推进中关村创新先行先试，着力整合首都创新资源，着力加快科技成果转化，全面提升首都自主创新能力。一是全力推动中关村国家自主创新示范区建设。按照国务院批复的要求，进一步加大先行先试力度，深入推进股权激励、科技金融、科技重大专项经费使用、新型产业组织参与国家重大项目、工商管理、社会组织管理等改革试点工作，完善鼓励自主创新的政策环境。加快制订实施中关村国家自主创新示范区条例，优化示范区创新创业的法治环境。进一步完善吸引、培养和激励高端人才的体制机制，促进人才成长、企业壮大。二是全力整合首都科技创新资源。积极承接国家重大科技专项和重大科技基础设施建设，认真做好重大科技专项跟踪调查和服务，及时推动重大科技专项创新成果在京就地转化。积极推动公益性科技平台建设，建立"中关村开放实验室"，支持破除隶属关系组织企业、高校、科研院所等开展联合攻关、技术合作。加快中国技术交易所发展，积极争取中央批准建设"全国技术交易中心"和"全国专利交易中心"，促进创新要素流动、聚集。三是全力推动科技成果产业化。抓紧建立促进重大科技成果就地转化的保障机制，成立重大科技成果转化和产业化股权投资资金，专项支持重大科技成果转化和产业化项目。鼓励科研院所向企业开放，支持科研院所与企业结成战略联盟，共建技术创新和成果转化中心，联合研发技术、开发产品，促进科技智力资源转化成现实生产力。加强对科技型中小企业的帮扶，设立以社会资本为主的中关村产业投资基金、创业投资基金，加大对创新型、成长型企业的信贷支持。抓住国家推出创业板机遇，鼓励和支持中关村轻资产、高成长的科技型企业直接融资。

4. 着力推动城乡一体

按照十七届三中全会的要求，北京市已经明确提出了率先形成城乡经济社会发展一体化新格局的战略任务，并提出要重新认识首都的"三农"问题：首都的农村是北京郊区的一部分，是北京新的战略发展空间；首都的农民是推动郊区发展的动力，是拥有集体资产的市民；首都的农业是都市型现代农业，是一二三产相互融合的产业。2010 年，推动城乡一体将在这样的认识基础上拓宽富裕农民的思路，加快推动郊区的发展。一是不断完善推动城乡一体化的体制机制。统筹推进农村金融服务体系改革，规范发展小额贷款公司、村镇银行等新型农村金融机构，构建"农投、农担、农基"三位一体的农村投融资平台，健全政策性农业保险制度，加快建立现代农村金融制度。统筹城乡社会事业发展，完善农村公共服务体系，推动教育、医疗、文化等优质资源向郊区农村转移。稳步推进户籍制度的改革，逐步实现城乡社会保障全覆盖。二是大力推进城乡结合部地区改革发展。以城乡结合部为推动城乡一体化的切入点，总结北坞村、大望京村城乡结合部综合配套改革试点经验，探索建立适应城乡结合部地区发展需求的新型管理体制。三是加快推进郊区农村城镇化进程。加快推进郊区农村城镇化进程，是扩大内需、发展经济的潜力所在。坚持城镇化和新农村建设双轮驱动，以重点新城和重点小城镇建设为龙头，着力加快郊区城镇化进程。把产业发展作为推动郊区城镇化的重要途径，加快消除农民进城的体制障碍，积极探索有利于城镇化的农村土地流转制度，采取多元化机制筹集城镇建设资金。

5. 着力统筹区域发展

2009年，北京市先后出台了《关于促进生态涵养发展区协调发展的意见》和《2010～2012年促进城市南部地区加快发展行动计划》。促进生态涵养发展区协调发展，要以提升生态涵养功能、促进富民就业为核心，全面提升生态资源质量，加快产业结构优化升级，不断提高城镇化水平。一是完善生态补偿和后期管护机制，强化生态修复与水源保护，加快建设重点森林体系和重要生态流域，不断完善生态屏障和生态服务功能。二是坚持以保护生态为前提，大力发展生态服务型经济和循环经济，推进区县合作产业共建基地建设。三是加强山区交通路网、生态宜居新城、生态特色小城镇和生态田园村庄建设，推动城市公用设施和服务向生态涵养发展区延伸。加快城市南部地区发展，建设一批重大交通设施，实施一批环境精品工程，发展一批重点能源项目，为加快地区发展提供强有力的支撑条件。实施一批重大民生工程，增强社会公共服务设施的带动能力，加大危改区、棚户区的改造力度，为加快地区发展提供良好的社会环境。

6. 着力深化各项改革

随着经济社会发展程度提高和多元化利益格局的形成，政府对社会发展的责任比以前更高、更大，在发展过程中统筹协调好各方利益关系的难度加大。应当借助应对国际金融危机的契机，深入推进各项改革。一是有序推进所有制结构调整。在经济企稳回升不断巩固的条件下，有序推进所有制结构调整，拓展民间投资的空间，加大对民间投资的引导和支持，充分激活民间投资，为首都经济发展提供后续动力。建立国退民进的有效机制，推动国有企业资产证券化、有序让渡部分股权、退出传统领域进入高新技术领域。二是着手准备收入分配结构调整改革方案。三是深入推进其他领域的改革。重点是深化行政管理体制改革，包括绿色审批通道机制的固化、集中审批制度的探索与建立等；深化投融资体制改革，增强区县融资平台融资能力，重启公用事业领域特许经营，减轻政府投资压力；深化资源性价格改革、社会管理综合改革等。

Stabilize，Recover and Rebound

—Situation of Capital's Economy in 2009 and Key Tasks in 2010

Hu Xuefeng，Shi Minglei and Jin Xuyi

Abstract：Through the joint efforts of all，Capital's Economy has stabilized and begins to recover，and is expected to achieve a growth of about 10% in 2009. However，as the current recovery is mainly relied on the policy incentives and state-owned investment，there are still many unstable，unbalanced and unconsolidated factors，bringing difficulties for maintaining the growth and the structure adjustment in 2010. To build "People's Beijing, High-tech Beijing and Green Beijing"，and to adapt to the changing political and economic situation at home and abroad，the development of Capital's Economy in 2010 will stick to the road of scientific development，to achieve a healthy，sustainable and long-term development. The key tasks will be strengthening and expanding the real economy，optimizing the economic structure，promoting innovation，integrating urban and rural areas，coordinating regional development，and deepening reform.

Key Words：Capital's Economy；Structure Adjustment；Sustainable Development

2010 年世博会对上海经济总量及结构影响的定量分析

王贻志　朱平芳　谢识予*

摘　要：上海世博会集中体现了会展经济、旅游经济、进出口贸易等多种经济活动，会产生巨大的需求，对上海乃至全国的经济发展将产生有力的推动。据测算上海世博会的会展投资净需求总额约 470 亿元。上海市在世博会预期下（2003～2010 年）相关领域的投资额总和约为 3200 亿元左右，由世博会引起的相关净投资额约 800 亿元。投资对 GDP 拉动的即期和滞后效应在 2003～2010 年期间累计可达 996 亿元。

关键词：上海世博会　经济总量　经济结构

上海世博会既是我国第一次举办综合类世博会，也是国际上第一次在发展中国家举办这类会展。世博会集中体现了会展经济、旅游经济、进出口贸易等多种经济活动，涉及建筑业、制造业、运输业、商业、服务业等诸多行业，会产生巨大的需求，对上海乃至全国的经济发展将产生有力的推动。因此，研究 2010 年世博会对上海经济的影响具有重要的意义。

一　范围和假设

（1）世博会对经济的影响包括三个阶段：世博会筹备期、会展期和会展后，本研究仅讨论前两个阶段对经济的影响。

（2）中国经济目前已进入需求相对不足的发展阶段，假定世博会产生的各

---

*　王贻志、朱平芳，上海社会科学院；谢识予，复旦大学经济学院。

种有效需求都能获得有效的供给，本项研究着重讨论世博会对需求的影响。

（3）举办世博会对经济的影响涉及许多方面，包括增加就业机会和外汇收入、促进新技术开发、引发投资浪潮、产生资本重组效应、缩小地区差距等，也可能产生"挤出效应"①。对于这些广泛而复杂的因素，本项研究不做定量的讨论。

二 世博会经济效应的系统分析

借鉴国外有关的资料以及对世博会经济的系统分析，世博会的经济效应系统由两个子系统组成：直接净需求子系统和波及效应子系统，两个子系统又可作进一步的细分。该系统由以下关系式组成。

1. 世博会的经济效应

世博会筹办和举办期间产生的需求（扣除不举办世博会也会产生的需求），包括世博会产生的直接净需求以及世博会的波及效应。

2. 世博会产生的直接净需求

其由展馆投资净需求、会展相关的投资净需求、会展直接消费需求、会展导致的出口贸易和国内贸易五个部分组成。

3. 会展投资净需求

其由征地费用、展馆建设费用、运营费用、国内参展费用、国外参展费用②五个部分组成。

4. 会展相关的投资需求③

其由相关的公共事业项目预算、民间企业对旅馆和相关设施的投资组成。

5. 世博会消费需求

其包括国内参观者的消费和国外参观者的消费，两项均可分为直接消费需求

---

① 包括"反感效应"和"转换效应"。"反感效应"指主办城市居民希望避免节事活动及其带来的大量旅游者的干扰而外出旅游。"转换效应"指由于节事活动引起的较高物价水平和正常旅行受到干扰，可能促使度假者和商务旅行者等旅游者转移到其他地区。

② 国外出展费用必须扣除国外自带建筑材料进行会场布置的部分。

③ 根据国外经验，世博会常常会引发生活方式和时尚等的变化，对以后的社会消费产生很大影响。对这些因素进行预测存在着较大的困难，因此，这里的消费需求仅限于与世博会相关的观光所产生的消费需求。

和间接消费需求。

6. 会展导致的国内（出口）贸易

其主要根据国外世博会和上海国际商品展的单位展示面积的国内（出口）贸易合同进行推算。

7. 波及效应

指世博会直接需求（世博会直接投资需求、相关投资需求和世博会带来的消费需求）产生的波及效应。

三 世博会产生的直接净需求的估计

（一）展馆投资净需求的估计

展馆投资净需求包括展馆建设费用和会展费用两项。

1. 展馆建设费用的估计

展馆建设费用包括动迁费用、工程投资和其他费用。本项研究主要根据上海市申博报告中提出的展馆直接投资的估计，考虑到今后可能的不确定因素，在进行专家咨询的基础上，对数据进行了一定调整。估计展馆投资净需求约为235亿元。

2. 会展费用的估计

会展费用包括运营费用（主要包括管理、宣传、广告、人工费用等）和参展费用。应当说，在展馆建设费和运营、参展费之间存在一定的比例关系。由于中国还没有举办如此规模的会展的经验，本项研究以大阪世博会的有关数据为参考，作一大致的估算。当然，大阪的经验只能在一定程度上作为一个参照。上海与大阪有不同的特点：第一，征地费用相对昂贵。大阪世博会的征地费与展馆建设费的比率约为1∶2，但上海的征地费则超过展馆建设费1.6倍以上，这与土地制度及城市化过程的特殊性有关。第二，上海的劳动力价格，以及广告业等的价格相对偏低，因此估计运营费用所占比例可能低于大阪。

考虑到以上两个因素，本研究将上海世博会会展投资净需求的构成设定为：征地费和展馆建设费用占会展直接投资净需求的比例约为50%，运营费约占10%，参展费约占40%。

由此估计，上海世博会的会展投资净需求总额约 470 亿元，其中征地费和展馆建设费约 235 亿元，运营费约 47 亿元，参展费约 188 亿元。

（二）世博会相关净投资的估计

世博会相关投资，主要指举办世博会除园区展馆投资以外的相关配套设施投资，主要包括公用事业投资（公共交通、自来水、煤气等设施的投资）、电力建设投资、市政建设投资，以及旅游设施投资等。

假如不举办世博会，上海的城市建设的总体发展规划也会有增长趋势。本项研究对世博会相关净投资的测算主要步骤：首先，对相关领域的投资进行趋势预测，可以认为所得到的预测值是无世博会预期的投资趋势；其次，估算由于世博会因素产生的相关净投资率；再次，应用相关净投资率与无世博会预期的预测投资额来计算世博会相关投资额；最后，采用专家咨询进行估算的结果，对上述预测进行验证。

1. 无世博会预期的相关投资预测

对世博会可能影响到的相关投资领域（电力建设、市内交通、自来水、煤气、园林绿化、环境卫生、市政工程等）的投资，采用时间序列模型进行趋势预测。预测结果详见表 1。

表 1 无世博会预期 2003～2010 年上海相关领域投资预测（1992 年不变价）

单位：亿元

年　份	电力建设	公用设施	公用事业	市政建设
2003	52. 22108	194. 700	77. 5948	134. 8709
2004	55. 26652	207. 304	83. 1687	144. 3784
2005	58. 31196	219. 908	88. 7426	153. 8860
2006	61. 3574	232. 511	94. 3164	163. 3935
2007	64. 40284	245. 115	99. 8903	172. 9010
2008	67. 44828	257. 719	105. 4640	182. 4085
2009	70. 49371	270. 323	111. 0380	191. 9160
2010	73. 53915	282. 927	116. 6120	201. 4236
合　计	503. 04094	1910. 507	776. 8268	1345. 1779

2. 世博会预期下上海宾馆新增投资的估计

由于本项研究仅收集到近 3 年上海宾馆投资的样本数据，样本数据序列太短，因此无法按应用时间序列的方法进行预测。根据上海旅游业关于上海拥有星级宾馆（包括高、中、低三个档次）的客房数、床位数的统计资料以及一定数量的经济型旅馆资料进行分析推算。

2010 年世博会的半年期间，参观世博会人数将达到 7000 万人次，其中国内参观者 6630 万人次，略高于大阪世博会的 6150 万的国内参观人次；国外参观者 370 万人次，比大阪世博会的 170 万高 1. 18 倍。

估计上海世博会对宾馆投资的影响时我们注意了以下几个因素。①6630 万国内参观者中，1000 万来自上海本地，不会构成对宾馆的需求；②来自本地区即与上海相邻的长江三角洲地区的为 2630 万人次，其中一部分人可当天往返；③由于城际交通设施的改善，以及世博会期间宾馆价格的上升，部分参观者可以选择到邻近上海的城市如嘉兴、昆山、苏州等地住宿；④上海还有相当数量的经济型旅馆。大阪世博会期间，国内参观者中当天往返的约占 48%。2010 年上海世博会的参观者中没有在上海住宿需求的可能也不会低于这个比例，即约有 3500 万左右的参观者不会在上海住宿，有相当一部分国内参观者可能入住经济型旅馆或家庭旅馆。

根据上海市申博报告，从 2001 ~ 2010 年，上海的星级宾馆客房数将从 5 万间增加到 7 万 ~ 8 万间，新增 2 万 ~ 3 万间；世博会举办期间客房入住率由目前的 70% 左右提高到 98%。从上述数据分析，申博报告提出的客房数量能够满足世博会举办期间的需求。

近年来，上海宾馆客房间数年增长率约 4. 84%。按这一自然增长率，到 2010 年，上海星级宾馆客房数将达到 7. 83 万间，已经能够达到上海市申博报告中的水平。因此，在考虑上海世博会相关净投资时，宾馆建设投资可以不予考虑。

3. 世博会相关净投资率的估计

本报告通过估计相关净投资率来测算由世博会预期导致的相关净投资额。

相关净投资率表示世博会引致的相关净投资额占实际投资额的比重。即：

相关净投资率 =（真实投资额 - 无预期投资额）/ 真实投资额

由于缺乏国内外相关净投资率的资料，我们对北京亚运会和昆明世博会的有关数据进行了分析，估计北京亚运会的相关净投资率约在 0. 216（采用二次指数平滑估计）~0. 245（采用 Holter-Winter 非季节模型估计）之间；昆明世博会的相关净投资率则为 0.51。

考虑到北京亚运会的规模小于上海世博会，而昆明属于西部城市，城市基础设施建设较不充分，综合以上两项以及其他相关因素，估计上海世博会的相关净投资率应在 0.25 左右。

4. 测算世博会相关净投资额

根据以上的估计结果，可以计算：在世博会预期下上海市（2003～2010 年）相关领域的投资额总和约为 3200 亿元左右，由世博会引起的相关净投资额约800 亿元。

（三）会展消费需求估计

会展消费需求可以分为国外参观者消费和国内参观者消费，两者均可进一步区分为直接消费（场内消费）和间接消费（场外消费）。2003 年上海投资咨询公司预测国内外参观人数为 7000 万人次，其中国内参观者为 6630 万人次，国外参观者为 370 万人次；根据上海市政府的申博报告，展馆门票价格为 20 美元。据此，售出门票估计数为 6500 万张，其中国内参观者 6130 万张，国外参观者 370万张。申博报告预测国内参观者场内消费人均 200～350 元，根据专家意见，扣除门票外，场内消费定为人均 150 元。考虑到上海人口为 1600 多万，我们将本市参观者调整为 1000 万人次；考虑到轨道交通和城际高速公路网络的完善，将本地区（指长江三角洲地区）参观者调整为 2630 万人次，将全国参观者调整为3000 万人次。国外参观者中，20% 为专程来上海的专业人士，80% 为国外旅游者。场内消费额按人均 500 元计算，根据大阪世博会的经验，假定国外旅游者中50% 为专程参观上海世博会的，其人均场外消费额为 450 美元，50% 为即使没有世博会也会来上海的，其人均场外消费为 300 美元，见表 2。

（四）会展导致的出口贸易

估算会展导致的净出口的依据来自上海申博组委会提供的数据。

全部会展面积为 19.8 万平方米；每平方米参展面积可以引起的出口约为5000 美元，同时每平方米参展面积可以引起的进口为 250 美元，由此引起的出口和进口增加分别约为 1 亿美元和 5000 万美元，由此，会展导致净进口增加为5000 万美元即约 4 亿元人民币。

表2 会展消费需求估算表

单位：亿元

消费类别	总　　额
1. 直接（场内）消费	219.7
国内参观者①	201.2
国外参观者②	18.5
2. 间接（场外消费）	674.8
国内参观者③	542.8
国外参观者④	132
总　　计	894.5

注：①国内参观者场内消费按 6310 张门票×20 美元×8.27，加上 6630 人次×150 元其他消费计算。②按 370 万人次×500 元计算。③按上海参观者 1000 万人次×250 元人均消费，加上本地区参观者 2630 万人次×600 元人均消费，再加上全国参观者 3000 万人次×1000 元人均消费计算。④按 370 万人次×20%（专业人士）×650 美元（人均消费）×8.27，加上 370 万×40%（专程参观的一般旅游者）×450 美元（人均消费）×8.27，再加上 370 万×40%（顺道参观的一般旅游者）×300 美元（人均消费）×8.27 计算。美元与人民币的汇率按 1∶8.27 计算。

（五）世博会产生的直接净需求

根据上述估算，世博会展馆投资净需求约为 470 亿元，会展相关的投资净需求约为 800 亿元，会展消费需求约为 900 亿元，会展导致的出口贸易约为 4 亿元；上海世博会所产生的直接净需求，总额约为 2174 亿元。

四　世博会所产生的波及效应的估计

研究世博会直接需求（包括投资与消费）对上海经济的波及效应是一个比较复杂的问题。本研究拟采用投入产出分析来进行估算，并通过计量经济模型分析来进行印证。

（一）以投入产出分析推算"世博会"对上海经济的波及效应

1. 方法的理论说明

由于确定动态投入产出模型的投资系数矩阵所需要的数据难以获得，时间滞后不容易确定，本研究分别用若干年份①的静态投入产出表来计算生产诱发系数，然后通过适当调整来估计世博会对上海经济未来的波及效应。

2. 波及效应的投入产出估计

（1）各项最终需求的生产诱发额。是指满足一定量的最终需求时通过直接与间接消耗某部门所需的总产出额。最终需求对生产的诱发额，可以通过下式计算：

$$X = (I - A)^{-1}F$$

其中：X 为最终需求对产出的诱发额向量，F 为最终需求向量。

（2）最终需求的诱发系数。是指增加一个单位最终需求所诱发的各个部门的产值（即反映最终需求对不同部门产出的波及程度）。生产诱发系数则解释了最终需求对制造业生产的波及和影响，并且它还能够说明是由哪类需求诱发的。也就是说，通过产出诱发系数可以说明刺激消费或其他诸如投资、出口的需求将对产业结构产生影响的基本取向。其计算公式为：

$$最终需求对各行业的生产诱发系数 = \frac{最终需求对各行业的生产诱发额}{最终需求对各行业的生产诱发额的合计}$$

（3）最终需求诱发的增加值率。由产出诱发系数的定义可知，单位最终需求对某一部门的产出诱发额是一个产值的概念，而不是增加值的概念。为此，我们需要根据历年投入产出表给出的数据计算各个部门的增加值率，进而推算出单位最终需求对某一部门按增加值计量的产出诱发额。

（4）单位最终需求诱发的增加值。由最终需求的产出诱发系数和各个部门的增加值率，我们可以推算出单位最终需求诱发的增加值：

$$单位最终需求诱发的某部门增加值 = 该部门的产出诱发系数 \times 该部门的增加值率$$

（5）2010 年世博会波及效应的测算。2000～2007 年期间，上海单位居民消费诱发的增加值缓慢下降，而单位政府消费所诱发的增加值则缓慢上升，单位投资诱发的增加值略有波动，总体来看，消费和投资对增加值的诱发效应是比较稳

---

① 根据国外经验，世博会常常会引发生活方式和时尚等的变化，对以后的社会消费产生很大影响。对这些因素进行预测存在着较大的困难，因此，这里的消费需求仅限于与世博会相关的观光所产生的消费需求。

定的；然而，单位净流出诱发的增加值不稳定①，为此，这里以 2007 年的诱发系数进行以后的测算，即消费需求对增加值的诱发系数为 0.927，投资需求对增加值的诱发系数为 0.944，净流出对增加值的诱发系数为 1.471。

根据前文对世博会产生的各项直接净需求的估算结果，可以计算出，这些需求诱增的增加值总计为 2037 亿元，详见表 3。

表 3　世博会直接需求诱发的增加值

单位：亿元

类　　别	数　　额	诱发系数	诱发的增加值**
直接消费需求	1041	0.927	965
征地*	141	—	—
消费	900	—	—
直接投资需求	1129	0.944	1066
展馆投资	329	—	—
相关投资	800	—	—
贸易净流出	4	1.471	6
合　　计	2174		2037

注：*由于征地费用主要用于下一期消费，在计算波及效应时将征地费用归入消费。**诱发的增加值＝数额×诱发系数。

（6）世博会波及效应的结构分析。假定 2000～2010 年期间上海各行业单位最终需求所诱发的增加值是稳定的，运用 2007 年上海市投入产出表，可以计算得到各行业最终需求对增加值的诱发系数；从计算结果看，世博会对工业部门的影响最大，所诱发的增加值约占总数的 46.5%，其次是非物质生产部门，约占 27.5%，详见表 4。

（二）世博会对上海经济波及效应的计量经济分析

1. 世博会投资对上海经济拉动的计量分析（略）

2. 世博会消费对上海经济拉动的计量分析（略）

通过以上分析我们可以得出，2010 年上海世博会带来的投资和消费对上海

---

① 但本研究所涉及的单位净流出数额很低，这项估算出现偏差不会对测算世博会总的波及效应产生影响。

表4　世博会投资和消费对上海市六大部门的影响

单位：亿元

部　　门	消　费	投　资	小　　计
农业	70.44	4.53	74.97
工业	364.67	579.47	944.14
建筑业	2.07	109.99	112.06
货物邮电业	67.34	63.50	130.84
商业饮食业	111.88	99.79	211.67
非物质生产部门	343.95	213.19	557.14
合　　计	960.35	1070.47	2030.82

注：①以 2007 年的单位最终需求诱发的增加值为准；②消费额为"消费需求"＋"征地费用"；③投资额为"场馆投资净需求"＋"相关投资"－"征地费用"。

经济的影响较大，其中拉动 GDP 增长累计约达 2185 亿元（996 + 1189），与使用投入产出表分析得到的结果（2037 亿元）非常接近。

五　结论

2010 年上海世博会将产生约 2174 亿元的直接净需求，其中投资净需求约 1270 亿元，消费净需求约 904 亿元；这些直接净需求的诱发效果，又将产生约 2037 亿元的第一次波及效应，波及效应与直接需求之间的比例为 0.94。

由于世博会投资在 2010 年前须完工并交付使用，这些投资可以作为这一时期内的 GDP。据此，到 2010 年，上海世博会拉动上海 GDP 增长累计将达到 4211 亿元。假定无世博会因素的情况下，上海 GDP 的年均增长率为 10% 左右，同时假定世博会拉动效应从 2004 年开始产生，从 2004～2009 年的 6 年间，世博会对上海 GDP 增长的拉动平均每年将达到 4 个百分点；由于世博会产生的消费需求集中在 2010 年实现，当年对上海 GDP 增长的拉动将达到 12 个百分点。

从结构上分析，世博会对工业部门的影响最大，所诱发的增加值约占总数的 46.5%，其次是非物质生产部门，约占 27.5%。

致谢：本文作者深深感谢对本研究做出贡献的李建研究员、郭洁敏研究员与陈江岚副研究员。

Quantitative Analysis of Shanghai's Economic Aggregate and Structural Influence through 2010 World Expo

Wang Yizhi , Zhu Pingfang and Xie Shiyu

Abstract: The Shanghai World Expo will wholly manifest the exhibition economy, the traveling economy and the import-export trade and other diversified economic activities, which will have the huge demands, and will have the powerful impetus to Shanghai and even the economic development of the whole country. It is estimated that, gross net demands of exhibition investments for the Shanghai World Expo are approximately 47 billion Yuan. Shanghai City's total investments for related domains under anticipated World Expo (from 2003 to 2010) are about 320 billion Yuan, and the related net investments due to the World Expo are approximately 80 billion Yuan. The immediate and lagging effects of the investments to GDP will make Shanghai GDP influence to add up to 99. 6 billion Yuan from 2003 to 2010.

Key Words: Shanghai World Expo ; Economic Aggregate and Economic Structure

基于 CASS 指数的重庆季度
经济运行情况分析

王崇举 陈新力 黄应绘*

摘　要： 作为西部开发的重镇，在《国务院关于推进重庆市统筹城乡改革和发展的若干意见》以及中央"扩内需、保增长"等政策的刺激下，重庆市经济加快复苏，增长速度明显回升。但增长质量处于较低水平，重庆经济运行的结构的合理性不够，还需要加快产业结构调整的步伐，促进产业结构向合理化、高级化的方向发展。受国际金融危机影响的现实运行状况是增速放缓，下行压力依然存在；出口不畅导致对外经济形势严峻；国有投资增长迅猛但非国有投资能力下降；产业结构不合理，增长结构尚需优化；价格持续走低但需求不旺。预计 2009 年下半年及 2010 年重庆经济仍将保持中位及偏高位运行和增长的态势。

关键词： 重庆经济　结构调整　高位运行

受美国次贷危机的多米诺骨牌效应的影响，世界经济持续低迷。尽管重庆地处内陆，其经济依然不同程度地受影响。在中央"扩内需、保增长"一系列政策，特别是《国务院关于推进重庆市统筹城乡改革和发展的若干意见》的政策刺激下，重庆市经济加快复苏，增长速度明显回升，但形势依然严峻。

一　2007～2009 年上半年总体情况

表1、图1显示，2007～2009 年上半年 CASS 指数有明显波动，但呈现先上

---

* 王崇举、陈新力、黄应绘，重庆工商大学长江上游经济研究中心。

升后下降，后又企稳回升的态势，从 2007 年第一季度的 84.65 增加到 2008 年第三季度的 91.27，然后下降到 2009 年第一季度的 76.30，2009 年第二季度有所回升。这表明重庆经济一直在较"良好"的范围内运行，但要防止未来经济的大起大落。

表 1　2007 年第一季度至 2009 年第二季度重庆 CASS 经济指数

时　　间	I_{11} 生产子系统	I_{12} 投资子系统	I_{13} 外贸子系统	增长速度子系统	I_{21} 增长结构子系统
2007 年第一季度	89.18	80.08	84.44	84.57	66.21
2007 年第二季度	100.59	101.72	83.53	95.28	59.2
2007 年第三季度	106.92	101.16	84.08	97.37	60.92
2007 年第四季度	108.24	100.86	87.64	98.91	57.25
2008 年第一季度	98.13	73.37	94.76	88.75	56.23
2008 年第二季度	134.39	95.05	91.27	106.91	54.23
2008 年第三季度	132.83	101.14	89.24	107.74	58.32
2008 年第四季度	121.83	100.97	83.65	102.15	60.32
2009 年第一季度	44.14	103.63	54.73	67.58	74.32
2009 年第二季度	65.30	112.61	57.29	78.40	68.32

时　　间	I_{22} 增长效益子系统	I_{23} 增长潜力子系统	I_{24} 价格子系统	增长质量子系统	CASS 指数
2007 年第一季度	90.61	88.43	93.69	84.73	84.65
2007 年第二季度	90.61	93.15	87.27	82.55	88.92
2007 年第三季度	90.61	85.32	76.59	78.36	87.87
2007 年第四季度	90.61	93.02	67.5	77.09	88.00
2008 年第一季度	98.02	91.59	26.69	68.13	78.44
2008 年第二季度	98.02	89.88	34.23	69.09	88.00
2008 年第三季度	94.99	81.14	64.77	74.81	91.27
2008 年第四季度	94.99	78.26	74.93	77.13	89.64
2009 年第一季度	97.62	88.18	80.25	85.09	76.30
2009 年第二季度	97.62	84.23	56.21	76.59	77.50

注：①利用历年重庆统计年鉴及重庆统计信息网上的原始数据，根据中国社科院数量经济与技术经济研究所设计编制的 CASS 经济指数计算而得表中数据。②因缺乏季度数据，扩改建投资额增长率增长效益子系统中社会劳动生产率、扩改建投资额增长率、万元 GDP 能耗、工业固体废物综合利用率和价格子系统中的投资品价格指数 5 个指标的值均是年度数据；2008 年第三季度开始的非政府投资占全部投资比重也是季度数据。故 2007 年四个季度的增长效益子系统的功效系数的值全部一样，2008 年四个季度的增长效益子系统的功效系数的值全部一样，2009 年两个季度的增长效益子系统的功效系数的值全部一样。③因数据公布和获取原因，从 2008 年第二季度开始，重工业增加值增长率和轻工业增加值增长率分别用相应的总产值增长率代替。

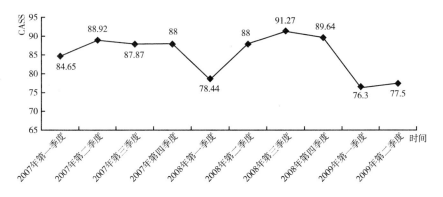

图 1　2007～2009 年上半年重庆 CASS 指数变化

二　经济运行速度和经济运行质量分析

1. 经济运行速度分析

表 1、图 2 显示，2007 年以来，重庆经济增长速度的功效系数值经历了两轮波动，从 2009 年第一季度开始又进入了新一轮运行周期。增长速度的功效系数值呈现出较明显的季节变动特点。

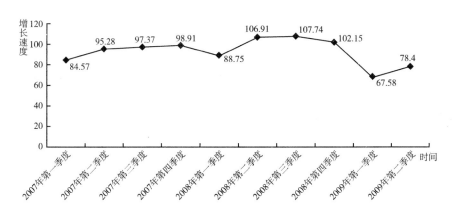

图 2　2007～2009 年上半年重庆经济增长速度子系统运行趋势

从增长速度系统内部看，图 2 和图 1 显示，2007 年以来，生产子系统的变化与增长速度系统的变化轨迹基本一致，说明生产子系统对增长速度系统的影响相当大；投资子系统的功效系数值大多数季度都超过了 100，虽然在 2008 年有两个季度回落到了 100 以下，但 2009 年又重上 100，特别是第二季度达到了 112.61，表明投资偏热，值得关注（表 1）；外贸子系统的功效系数值自 2009 年开始一直低于 60，表明国际金融形势对重庆经济增长产生了较大的影响（表 1）。

2. 经济运行质量分析

自 2007 年以来，重庆经济运行质量总体呈先下滑后上升的态势，功效系数的值从 2007 年第一季度的 84.73 下降到 2008 年第一季度的 68.13，2008 年第二季度开始有所回升。

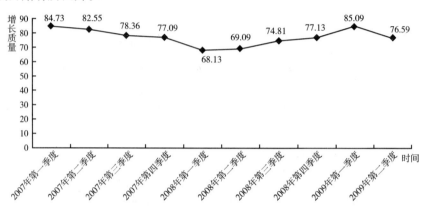

图 3　2007～2009 年上半年重庆经济增长质量子系统运行趋势

从增长质量系统内部看，表 1 显示，增长结构子系统的功效系数一直处于较低水平，有 5 个季度的值还下降到 60 以下，表明重庆经济运行的结构的合理性不够，还需要加快产业结构调整的步伐，促进产业结构向合理化、高级化的方向发展；增长潜力子系统的运行呈波动性变化，但是整体还是处于良好稳定的运行中；价格子系统的功效系数值波动很大，但是与 2008 年比，2009 年通货膨胀的压力有所缓解。

三　当前重庆经济快速发展中存在的问题

CASS 指数的计算结果基本反映了重庆受国际金融危机影响的现实运行状况。

1. 增速放缓，重庆经济下行压力依然存在

尽管重庆地处内陆，经济外向度较低，但在全球金融危机冲击下，重庆总体经济受到较大影响。从 CASS 指数计算结果来看，进入 2009 年，重庆经济下行压力不断增大。

2. 出口不畅，对外经济形势严峻

国际金融危机对重庆出口的影响逐步加深，对外经济形势日趋严峻。2008年，重庆市实现进出口总值95.21亿美元，比上年增长28.0%，增幅下降8.0个百分点。其中，实现出口57.22亿美元，比上年增长26.9%，增幅下降7.6个百分点；实现进口37.99亿美元，比上年增长29.6%，增幅下降8.7个百分点。到2009年上半年止，重庆市实现进出口34.50亿美元，比上年同期下降28.0%。其中，实现出口18.60亿美元，比上年同期下降33.2%；实现进口15.90亿美元，比上年同期下降20.7%。对外经贸萎缩幅度呈不断加深态势。

3. 国有投资增长迅猛，非国有投资能力下降

目前的财政政策和货币政策为国有投资增长创造了条件。2009年上半年国有投资累计完成1034.57亿元，同比增长54.6%，比上年同期增速高34.0个百分点。占全社会投资的比重由上年同期的37.6%提高到43.5%，上升5.9个百分点。在非国有投资中，民间投资能力和投资意愿明显降低，2009年上半年民间投资总量为1194.28亿元，同比增长21.8%，增速比上年同期低14.8个百分点。这说明中小民营企业融资难的问题还没有彻底的解决。贷款条件难以满足，资金价格高、期限短等已经成为制约中小企业贷款的瓶颈。因此，在适度放宽的宏观调控大背景下，如何加强对企业，特别是民营中小企业等薄弱环节的信贷支持，将成为经济持续健康发展的重要因素之一。

4. 产业结构不合理，增长结构尚需优化

从2007年至今，增长结构子系统一直处于偏差的状态运行。但是随着国有投资的迅速增长，增长结构子系统的功效系数仍然偏低，最主要原因应来自重庆市不尽合理的产业结构，第二、三产业增加值增长率比值过低。至2009上半年，重庆市工业经济仍然徘徊在低速区间运行，重庆市规模以上工业增加值同比增长12.3%，比上年同期回落11.8个百分点，是多年以来同期最低水平。因而在未来的一段时间，在国家及重庆市各项"保增长、扩内需、调结构"政策措施的实施过程中，一定要对第二、三产业经济发展加大重视，以促进重庆市经济结构的进一步合理化。

5. 价格持续走低，需求不旺

2009上半年，居民消费价格指数（CPI）和工业品出厂价格指数（PPI）分别回落2.2和4.2个百分点，降幅比1～5月分别扩大了0.1和0.5个百分点，表明市场对消费资料的需求不足，企业对生产资料的需求在缩减。

经济蓝皮书

四 未来经济发展展望

2009 年上半年，重庆市 GDP 增速排位跃居全国第六位、西部第四位，上半年，重庆市 GDP 达到 2320.47 亿元，同比增长 12.5%，与成为直辖市以来同期数据相比，今年上半年 GDP 增速已经恢复到平均水平之上。上半年，实现地方财政收入 486.81 亿元，财政收入止跌企稳，同比增长 7.7%。

重庆工业今年 4 月逐月回升，表明重庆工业最困难时期已经度过。随着世界经济的复苏，国内工业品出厂价格将触底反弹，工业市场需求不足的现状有望改善。重庆工业生产在连续数月持续回升的基础上，增速进一步加快。

随着经济复苏以及各种刺激房地产市场优惠政策的陆续出台，房地产开发商的资金状况不断优化以及开发信心的逐渐恢复，从下半年开始，房地产开发市场将进入全面复苏的状态，后市预期向好。

汽车、摩托车是重庆市工业的支柱产业，同样也是重庆市出口贸易的支柱。此次国际金融危机中汽车、摩托车产业是受冲击较大的行业之一，出口产品集中度过高是导致出口下滑较大的原因。而对于高新技术产品，出口总量小、出口产品技术含量总体偏低，也是难以抵御金融危机的一个重大原因。经过这次金融危机，重庆应该改变出口倚重于"汽摩"产业的局面，加快实现出口产品多元化和提高重庆市出口产品的核心竞争力。

综上所述，预计下半年及明年，重庆经济仍将保持中位及偏高位运行和增长的态势。针对国内外经济形势，应因势利导、改善环境、稳定预期、加强调控，注重结构，刺激需求，保持经济平稳增长，避免出现大起大落现象。

Analysis of Chongqing's Quarterly Economic Operation Based on the Cass Index

Wang Chongju, *Chen Xinli and Huang Yinghui*

Abstract: As a strategic place in the development of West China, under the stimulation of "Certain Opinions of the State Council on Advancing Chongqing's Unified Urban and Rural Reform and Development" as well as the policy of "expanding the domestic demand, guaranteeing the growth" of the Central Committee etc., the economy Chongqing City has quickened to recover, and the growth speed has risen obviously. But the growth quality is still in a low level, Chongqing's rationality of economic operation structure is insufficient, therefore it also needs to mend the pace of industrial restructuring, and to promote the industrial structure to go to rationalization and high-quality. Under the impact of international financial crisis, the growth speed has slowed down, and the downward pressure still exists; The obstructed export makes the foreign economic situation stern; The state-owned investment grows swiftly and violently, but the non-state-owned investment ability drops; The industrial structure is unreasonable, and the growth structure needs to optimize; The price stays at a low level unceasingly, but the demand is not intense. It is estimated that Chongqing's economy will still maintain mid- and somewhat high-level operation and growth in the second half of 2009 and in 2010.

Key Words: Chongqing's Economy; Structural Readjustment and High-level Operation

台港澳经济篇

Hong Kong, Macao and Taiwan's Economy

台湾地区经济形势分析与展望
(2009～2010 年)

张冠华*

摘　要： 台湾经济在此次全球金融危机中成为亚太各经济体中受创最严重者之一，在此冲击下，2009 年台湾经济经济增长出现21 世纪以来第二次严重衰退。但数据显示，随着世界经济逐步回暖，以及两岸经贸交流与合作加快等正面因素的影响，台湾经济在第一季度深幅探底后逐步企稳，下半年回暖势头有加快趋势，第四季度有望摆脱经济衰退实现经济正增长。台湾经济在世界经济复苏及两岸经贸交流与合作加快发展带动下，有望在2010 年出现加快复苏势头。

关键词： 台湾经济　重创　两岸贸易　复苏

---

* 张冠华，中国社会科学院台湾所。

2009 年台湾地区经济在全球金融危机冲击下，经济增长出现 21 世纪以来的第二次严重衰退。但随着世界经济逐步回暖，以及两岸经贸交流与合作加快等因素影响，台湾经济在第一季度深幅探底后逐步企稳，下半年回暖势头有加快趋势，第四季度有望摆脱经济衰退实现经济正增长。展望 2010 年，台湾经济在世界经济复苏及两岸经贸交流与合作加快发展带动下，有望出现加快复苏势头。

一 2009 年经济表现

2009 年台湾经济呈现快速探底、企稳然后逐步复苏特点，第四季度经济增长率有望摆脱衰退实现正增长。

1. 经济增长

席卷全球的国际金融危机，使台湾地区经济成为亚太各重要经济体中受冲击最严重者之一。继 2008 年第四季度台湾地区经济增长率创下 – 8.61% 的大幅衰退后，2009 年第一季度又加速探底创下 – 10.13% 的衰退纪录，此后逐步回暖，第二季度和第三季度衰退幅度分别缩减为 – 7.54% 和 – 3.59%；预计第四季度在全球经济复苏及同比基数较低等因素影响下，台湾经济将摆脱衰退而实现正增长，台湾统计主管部门"主计处"预计第四季度将实现 5.49% 的正增长；而全年经济增长率预计为 – 4.04%，虽好于年中预测，但仍创下自 20 世纪 50 年代以来最大的衰退幅度。

从"经建会"发布的景气对策灯号指标看，台湾经济已由 1～5 月的表示景气低迷的蓝灯，转为 6～8 月代表景气转向的黄蓝灯；灯号分数由 1 月份最低值 9分，逐步回升到 7～8 月的 18 分，8 月份灯号分值已达到 2008 年 8 月份衰退之前的水平。

全球市场特别是亚洲新兴经济体下半年率先复苏，是带动台湾地区经济逐步盘出谷底的重要因素。尤其从第二季度开始在欧美市场仍衰退情况下，亚洲新兴经济体尤其是大陆经济率先触底反弹，使台湾出口衰退幅度由第一季度的 – 36.7% 缩小为第二季度的 – 32.0%，7～8 月出口衰退幅度再分别缩小为 – 24.4% 和 – 24.6%。相对而言，台湾岛内需求尤其是投资需求的大幅衰退，对台湾经济衰退影响较大。民间消费第一、二季度分别衰退 – 2.98% 和 – 1.62%，第三、四季度预计分别为 – 1.47% 和 1.45%，全年估计衰退 – 1.21%。民间投资受出口大幅衰退及产能过剩影响,岛内厂商大量减少投资,第一、二季度岛内民间固定资产投资分别衰退38.19%和33.0%,第三、四季度预计仍分别衰退 -25.47%和-4.81%,全年预计同比大幅衰退26.76%。

从岛内外需求对经济增长的贡献度看,在2009年预计的-4.04%经济增长率中,民间消费占0.12个百分点,"政府消费"占0.37个百分点,固定资产投资占-2.96个百分点,存货变动占-0.91个百分点;外部需求中,出口和进口贡献率预估分别为-8.14和-7.48个百分点,合计外部净需求为-0.66个百分点。显然,岛内投资需求衰退对经济负增长的贡献最大,虽然台湾当局加大公共投资力度以拉动内需,使年内"政府投资"和公营事业投资预计分别逆势增长16.13%和2.15%,但两者投资额仅为民间投资额的一半左右,仍不抵民间投资的大幅衰退。民间消费需求受失业率升高、薪资减少等因素影响也出现少见的衰退,但由于年内台股指数快速探底回升以及台湾当局发送消费券等政策拉动,衰退幅度相对较小,成为年内台湾经济增长的正面贡献因素。

2. 对外贸易与投资

1~8月出口总值1247.6亿美元,同比衰退31.7%;进口总值1052.5亿美元,同比衰退39.8%,贸易顺差195.0亿美元,同比增加117.1亿美元。从主要出口货品看,1~8月,电子产品增长由-45.3%缩小至-13.4%,化学品由-53.1%缩小至-20.9%,电机产品由-62.3%缩小至-25.0%,塑橡胶及其制品、纺织品等出口衰退幅度也缩小到20%以内。从主要进口货品看,8月份资本设备进口衰退幅度减慢,已连续三个月超过20亿美元,环比增长7.8%;8月份农工原料进口环比增长12.3%,进口额创10个月以来的新高;消费品进口在8月份恢复到金融危机前的水平,同比增长0.2%。从外贸数据观察,下半年开始无论出口额还是进口额的衰退幅度,都有加快缩小之势,显示在外围市场逐步回暖影响下,台湾对外贸易正加快走出谷底。

从对外贸易的地区看,新兴市场的率先回暖,是带动台湾对外贸易衰退幅度不断缩小的重要因素。1~8月,台湾对美国出口衰退28.6%,进口衰退45.2%;对日本出口衰退23.0%,进口衰退35.1%;对香港出口衰退23.7%,进口衰退46.7%;对东盟出口衰退33.9%,进口衰退33.2%;对欧洲出口衰退34.2%,进口衰退33.9%。另据台湾估算,1~7月对大陆出口衰退34.6%,进口衰退36%,贸易顺差189.7亿美元,同比减少32.7%;8月份出口大陆及香港金额达

82.9亿美元，为近一年来最高，占出口比重达43.6%；自大陆及香港进口22.6亿美元，较上月增加1.5亿美元。需要指出的是，年内台对大陆出口衰退幅度超过对美、日等地，主要是两岸贸易结构特点所致。由于两岸贸易特别是台湾对大陆出口金额中加工贸易比重占60%以上，而加工贸易货品的最终出口市场仍在欧美地区，台对大陆出口衰退幅度较高主要是欧美市场萎缩通过两岸贸易对台湾产生影响。实际上，上半年大陆内需市场的启动特别是家电下乡及大陆有关省市和部门对台湾的大规模采购，使两岸一般贸易对台湾出口拉动效果相当明显。

国际金融危机同样对台湾对外投资与吸引外资产生很大冲击。1~8月台湾对外直接投资（不含大陆）17.62亿美元，同比下滑31.67%；其中1~4月衰退幅度均在30%~80%，5~8月随着经济探底企稳，对外投资恢复增长。在吸引外资方面，1~8月吸引外商直接投资33.89亿美元，同比衰退31.98%。在证券投资方面，2009年第二季度岛内居民投资净流出及海外证券投资净流入相抵，总计净流出11.1亿美元；但若加上岛内民间汇回海外投资收益及存款，再加上海外投资衍生性金融商品净流入，同期台湾金融账净流入46.5亿美元。

3. 产业状况

农业生产方面，受经济大环境因素影响，农业产值上半年增幅为-3.3%，其中种植业、畜牧业、渔业及林业增幅分别为-2.2%、-2.7%、-8.6%及-13.2%。下半年受中南部"88水灾"影响，农业损失惨重，对全年农业产值的负作用不容低估。

工业生产呈现快速探底企稳态势。工业生产值在第一季度大幅衰退26.51%，其中采掘业增长-36.41%、制造业增长-28.09%、水电燃气业增长-9.7%、营造业增长-18.95%；第二季度因制造业库存回补效应、消费性电子产品需求反弹等因素影响，跌幅缩小，工业生产值增幅缩小为-18.89%，其中采掘业、制造业、水电燃气业和营造业增幅分别为-22.63%、-19.84%、-8.33和-14.87%。而从生产指数看，工业生产和制造业生产指数增幅分别由1月份的-43.31%和-44.94%，逐月缩减至8月份的-9.62%与-9.38%，累计1~8月分别增长-20.35%与-20.79%。制造业生产指数按四大类产业划分，1月份金属机械工业、信息电子工业、化学工业与民生工业增幅分别为-50.56%、-52.27%、-31.42%与-29.47%，至8月份增幅分别为-24.33%、-6.35%、0.97%与-6.87%。化学工业在8月份首次出现正增长，其中化学材料业增长达 9.05%，主要原因是大陆需求带动岛内石化原料出口增加，以及石化材料价格回升等原因导致。信息电子工业在 7 月和 8 月下降幅度缩小至个位数，其中电子零组件业增幅为 - 0.73% 与 - 2.32%。大陆"家电下乡"效应以及大规模赴台采购带动的半导体、液晶面板及相关电子零组件出口快速回升是其重要因素。在大陆需求带动下，台湾面板厂商产能利用率由 2008 年底的 3 ~ 4 成，快速回升至 7 月份的 7 ~ 9 成。

服务业生产衰退幅度相对较小。服务业产值 2009 年第一季度增长为 - 2.81%，较 2008 年第四季度的 - 3.16% 有所减少，第二季度增幅缩减为 - 2.31%。其中批发零售业、运输仓储及通信业、金融保险及不动产租赁业和政府服务业产值变动，增长幅度第一季度分别为 - 6.15%、- 2.31%、- 1.74% 与 1.90%；第二季度分别为 - 4.89%、- 3.36%、- 1.60% 与 1.14%。其中金融服务业在各主要服务业中衰退幅度较小，一方面是因为银行业贷款下降、保费减少等因素导致金融业产值整体衰退；另一方面则由于资本市场率先探底快速回升，股市交易活跃，从而减缓了金融业的衰退幅度。从产业特性看，台湾服务业仍以内需为导向，虽然在金融危机冲击下衰退幅度相对较小，但回升态势同样相对缓慢。如何增强台湾服务业特别是生产性服务业的对外竞争力和扩大服务半径，是未来台湾经济转型面临的重要课题。

4. 金融与财政

为应对国际金融危机，台湾地区货币当局自 2008 年 9 月以来先后 7 次降息，累计降息幅度达到 2.375 个百分点。至 2009 年 10 月份，仍分别维持重贴现率 1.25%、担保放款融通利率 1.625% 及短期融通利率 3.5% 的低利率政策不变，预计年内货币宽松政策不会改变。货币供应量维持宽松局面，2009 年第一季度和第二季度，货币供应量 M1B 分别增长 3.3% 和 13.1%，M2 增长率分别为 6.5% 和 7.4%，均大大高于 2008 年同期；8 月份，M1B 和 M2 增长率分别提高至 22.14% 和 8.17%。但同时金融机构贷款额增长缓慢，第一季度仅增长 2.4%，第二季度增长 1%，7 月份和 8 月份分别增长 - 0.5% 和 - 0.84%，反映银行贷款仍受民间投资需求不振的制约。在汇率方面，随着台湾经济触底企稳，新台币兑美元出现逐步升值走势，1 美元兑换新台币由第一季度末的 33.92 元升至第二季度末的 32.82 元，随着海外资金净流入增多及炒汇热钱活跃，至 10 月 7 日又快速升值至 32.18 元。

台湾股市年内呈现快速回升态势。1 月底和 2 月底，台股指数在金融危机冲击下探至 4475 点的底点，随后快速回升，5～8 月回升至 6500～6800 点，至 10 月 8 日再升至 7503 点，较 1 月底涨幅达 68%。成交量稳步放大，由 1 月底的日均 564 亿元新台币上升至 8 月底的 1048 亿新台币，10 月 8 日成交量再达 1591 亿元新台币。台湾股市先于经济快速回升，是全球股指特别是大陆股市上涨、岛内货币供应宽松、外资大量流入以及两岸经济关系加快走向正常化等诸多因素促成的结果。国际资金持续流入是台湾股市持续上涨的重要因素，外资净汇入台湾股市累计金额由 1 月份的 1227 亿美元升至 8 月份的 1364 亿美元，增加 137 亿美元；外资持股市值点总市值比重也由 1 月份的 28.42% 上升至 8 月份的 30.91%。同时，两岸经贸交流与合作势头加快对台湾股市的推动作用日益明显，年内两岸经贸政策的每次重要开放均对台湾股市指数产生明显刺激，而大陆家电下乡、汽车下乡等对台湾信息电子类上市公司业绩拉动显著，对推动台湾股市指数上涨功不可没。

在财政方面，由于经济衰退导致财政收入下降以及台湾当局扩大公共投资与开支以拉动内需，使上半年财政赤字进一步扩大。2009 年第二季度，台湾当局财政收入（不含公债收入、赊借收入及移用年度剩余）7128 亿元新台币，同比减少 14.1%，其中经常项收入减少 14.1%，资本项收入减少 12.3%。财政支出方面，经常项支出（不含债务还本）4854 亿元，同比增长 21.7%；资本项支出 1479 亿元，增长 20.7%；总计财政支出 6333 亿元，同比增长 21.5%。收支相抵，第二季度结余 795 亿元新台币。但加上第一季度赤字 2900 亿元，上半年赤字额为 2105 亿元新台币，已远超过 2008 年全年 1010 亿元新台币的赤字额。

5. 物价与就业

年内岛内物价仍处于紧缩状态，趸售物价指数 1 月份增幅为 -10.85%，至 7 月份最高至 -13.99%，此后逐步缩小到 9 月份的 -9.59%。消费者物价指数 1 月份尚为 1.48%，此后逐步下降，至 7 月份最高降幅为 2.33%，8 月份受"88 风灾"农产品涨价等因素影响降幅缩小为 0.8%。

岛内失业人数年内仍持续攀升，失业人数由 1 月份的 57.8 万人上升至 8 月份的 67.2 万人，失业率同期由 5.31% 上升至 6.13%，均创近年来新高。岛内受雇员工平均薪资下降，1～7 月同比下降 13.34%。失业率持续上升与薪资下降，对岛内经济复苏构成不确定因素。

6. 两岸经济关系

2009 年两岸经贸交流与合作步伐大大加快，两岸经济关系正常化初步实现。2008 年 12 月 15 日，两岸实现海上直航、常态包机直航与直接通邮，"大三通"正式启动；2009 年 8 月 31 日两岸定期航班开通，空中直航完全实现。2008 年 12 月 31 日，胡锦涛在纪念《告台湾同胞书》发表 30 周年座谈会上发表重要讲话，阐述了两岸关系和平发展重要思想，提出了促进两岸经贸交流与合作的重要主张。按照大陆海协会与台湾海基会领导人 4 月份在南京第三次会谈达成的共识，2009 年 6 月 30 日台湾方面以"正面表列"方式，对大陆资金开放 192 个产业项目，两岸双向投资开始实现。"大三通"与陆资入岛，标志着两岸经济关系结束了过去"间接、单向"的不正常局面，初步实现了"直接、双向"的正常化。同时，两岸金融交流与合作正加快进行，签订两岸经济合作协议已提上两岸议事日程，两岸经济关系正加快向制度化、更紧密化方向迈进，步入一个全新发展时期。

两岸贸易与投资呈现企稳回升态势。按照商务部统计，1～8 月两岸贸易额为 622.9 亿美元，同比下降 33.1%。其中，大陆对台出口 118.5 亿美元，同比下降 34.5%；自台湾进口 504.4 亿美元，同比下降 32.8%。按照台湾方面统计，1～7 月两岸贸易额为 434.74 亿美元，同比下降 34.6%；其中台对大陆出口 312.23 亿美元，下降 34.0%；自大陆进口 122.51 亿美元，下降 36.0%；从逐月统计指标看，两岸贸易额降幅由 1 月份的 56.8% 缩小到 7 月份的 25.3%。在投资方面，1～8 月大陆实际使用台资金额 11.4 亿美元，同比减少 12.8%。截至 2009 年 8 月底，大陆累计批准台资项目 79029 个，实际利用台资 488 亿美元。按实际使用外资统计，台资在大陆累计吸收境外投资中占 5.4%。按照台湾方面统计，1～8 月核准台商赴大陆投资 31.2 亿美元，同比下降 49.1%。大陆赴台投资实现突破，福建新大陆集团以及大陆有关航空公司等十余家企业，获准在台投资，迈出大陆资金入岛的关键一步。

二 2010 年经济展望

综合 2009 年前 8 个月台湾各主要经济指标看，在经过第一季度的深度探底后，台湾经济逐步回暖，且第三季度有加快摆脱衰退之势。9 月份的部分最新数据表明，第四季度台湾经济恢复正增长应无疑问。从最新发布的 9 月份对外贸易数据看，台湾海关出口总值达到 190.7 亿美元，同比衰退 12.7%，衰退幅度较 8 月份大幅缩小，出口值创 11 个月来新高；其中对大陆与香港出口金额达到 82.2 亿美元，同比增长 0.3%，实现了连续衰退 12 个月后的首次正增长。据估计，台湾出口有望在 11 月摆脱衰退实现个位数增长，而 12 月可望实现双位数增长。另外，台湾"中央"大学公布的 9 月份消费者信心指数（CCI）达到 56.45 点，其包含的 6 项指标全面回升，虽然仍处在"悲观区域"，但已创 15 个月来新高。这两项数据的积极变化，显示岛内经济年内探底并复苏的态势已成定局。但岛内失业率仍持续升高，发达经济体复苏存在不确定性，以及"88 风灾"重大损失和甲型 H1N1 流感疫情秋冬季节的加快蔓延，将是影响台湾经济复苏的不确定因素。总体看，年内台湾经济 4% 左右的负增长，已超出年中各重要机构对台湾经济负增长 5%～8% 的悲观预测。

展望 2010 年，在全球经济复苏、两岸经济合作势头加快等因素带动下，台湾经济复苏势头将进一步加快。从全球经济复苏态势看，据 IMF 在 10 月发布的预测，2010 年全球经济增长率将达到 3.1%，较之前预测的 2.5% 更为乐观。而大陆作为台湾最大的贸易、投资伙伴，大陆经济扩大内需政策也将对台湾经济复苏产生更大的推动作用。同时 2010 年两岸经贸交流与合作势头将进一步加快，尤其两岸金融合作势头加快、两岸经济合作协议的加快推动，对岛内金融服务业、相关货品的出口将产生更为积极的政策开放效应。但台湾经济能否更加有效地利用大陆市场拉动经济复苏，很大程度上还要依靠自身加快经济转型与经济策略调整。台湾经济在此次全球金融危机中成为亚太各经济体中受创最严重的地区之一，与其过去过度依赖出口、出口过度依赖半导体和面板等少数 IT 产业、出口地区过度依赖美欧市场等密切相关，虽然对大陆出口已占其总出口比重的 40% 以上，但其中以加工贸易出口为主，最终市场仍在欧美地区。两岸一般贸易比重偏低，致使大陆 4 万亿元规模投资带动的内需市场份额中，台湾产品机会有限，只是在家电下乡、汽车下乡等计划中受益较多。而为应对全球金融危机后国际经济将发生的深刻变化与转型，以及更充分适应大陆经济转型与扩大内需的长期经济战略，台湾经济也须在经济转型、产业升级、外需市场结构转换和政策开放上做出更大的调整。总体看，2010 年台湾有望加快复苏，台湾"主计处"预测 2010 年台湾经济增长率将实现 3.9% 的正增长。而摩根大通证券与汇丰银行

的预测更为乐观，对 2010 年台湾经济的预测值分别为 5.5% 与 4.4% 。但伴随经济的复苏，台湾也应加快经济转型与产业升级，复苏势头才能更为稳固。

Analysis and Forecast of the Economy of Taiwan Region

Zhang Guanhua

Abstract：Taiwan economy becomes one of most sufferers in various Asian and Pacific economic bodies in the global world financial crisis；under this impact，in 2009 Taiwan economic growth has presented the second slump of disastrous proportions since the 21st century. But the data showed that，along with the gradual recovery of world economy，as well as the speeding-up of Cross-Taiwan Straits trade exchange and operation，and so on，Taiwan economy has stabilized gradually after deeply touching ground in the first quarter，the recovery tendency goes quick in the second half of the year，and it is hopeful to get rid of the economic depression and to realize the positive economic growth in the fourth quarter. Under the drive of the world economic recovery and of the speeding-up of Cross-straits trade exchange and operation，it is hopeful for Taiwan economy to present the tendency of quickening recovery in 2010.

Key Words：Taiwan Economy；Inflicting Heavy Losses；Cross-Taiwan Straits Trade and Recovery

台湾经济动向（2009～2010年）

王俪容　彭素玲 *

摘　要：2009年上半年台湾经济形势依然严峻，未经季节调整第一、二季度经济增长率仍有10.13%及7.54%的衰退。自6月起根据经济主管部门发布的数据显示，国际贸易逐渐畅旺、物价波动趋缓，但民间消费支出保守、投资持续低迷，公共支出是经济增长的主力支撑。评估两岸签署ECFA对台湾经济之影响，依据中华经济研究院以GTAP模型研究显示，签署后对台湾GDP、出进口、贸易条件、社会福利均呈现正成长，整体经济成长率将增加1.65%～1.72%、总就业人数将增加25.7万～26.3万人，对总体经济有明显正面效益。

关键词：台湾经济　衰退　ECFA

一　经济情势已逐渐摆脱衰退阴霾

虽然2009年上半年台湾经济情势依然严峻，未经季节调整之经济增长率于第一、二季度仍是－10.13%以及－7.54%，但却已渐露复苏曙光，如经季节调整后（SAAR）之经济增长率，于2009年第二季度环比出现20.69%的成长。且根据经建会发布之景气对策信号自6月起已转呈黄蓝灯，且得分持续上升，同时指标（不含趋势指数）更是自1月之谷底连续8个月攀升；领先指标（6个月平滑不含趋势年变动率）之变化趋势亦然。显示台湾经济已走出阴霾，逐步迈向复苏之路。

就工业生产指数年增率观察，7、8月之年增率衰退幅度缩小为个位数，尤其四大产业指数年增率中，化学工业之年增率于8月份已由负值转为正数

---

* 王俪容，中华经济研究院经济展望中心研究员兼主任；彭素玲，中华经济研究院经济展望中心研究员。

（0.97%）；信息电子工业 7、8 月年增率为 -5.25%、-6.35%，虽然仍为负值，但已较上半年之两位数负增长明显缓和；仅金属机械工业 8 月份之年增率仍达 -24.33%，未完全摆脱产品循环之谷底。

此外，外贸部门的表现也略有改善，如 2009 年第三季度出口年增率仍然为 -20.8%，但 9 月份之年增率为 -12.7%，已由年初以来动辄衰退四成、三成或 1/4 以上的跌幅，趋于改善。至于进口部门，9 月（或第三季度平均）之年增率仍在 -21%（-29.5%）以上。虽然 8 月份外销订单年增率仍为 -10.23%，但接单金额突破 280 亿美元（282.87 亿元①），且接单中来自大陆地区的已有 7.27% 的正增长，显示随着国际经济情况转佳，对台湾商品之需求，将逐渐复苏。

虽然台湾劳动市场景况似乎持续恶化，但因全球经济已呈现复苏迹象，故海外引申需求已有止跌回升迹象。而且，虽然 8、9 月台湾遭受风灾侵袭，造成生命财产损失，但后续之重建工作也将陆续推展。此外，有关两岸关系之进展，如 MOU、ECFA 等之会谈进程，以及科技产业之产品周期反转，有关接单、生产已有转佳情况，都可能为台湾经济成长注入新活力。

二 国际贸易逐渐畅旺

由于国际景气低迷，2009 年 1~9 月台湾商品贸易萧条，商品出口年增率较上年同期为 -29.6%，进口部分为 -37.8%。就出口结构观察，重化工业产品占出口比重已然持续上扬，2009 年第三季度之份额为 83.3%，较 10 年前（1998 年）之 63.1%，增加逾 20 个百分点。其中，精密仪器、钟表、乐器以及石料、水泥等产品之出口，更是止跌回升，9 月之年增率分别为 2.2% 以及 14.0%，反映国际景气复苏，相关产品之境外需求已渐增长。

至于出口地区部分，对大陆占台湾商品输出比重于 2009 年第三季度达到 42.7%，显见台湾商品贸易对大陆地区之依赖与重要性，尤其 9 月份对大陆出口 82.2 亿美元，增长率为 0.3%，为主要地区中难得之正增长。至于其他地区仍多呈现负增长，如美国、欧洲以及东盟六国等，在 2009 年第三季度之年增率分别为 -30.5%、-25.9% 以及 -20.2%，衰退幅度都仍在二成以上。

---

① 该文中未特别注明的货币单位均为新台币元。

就进口结构方面，2009年第三季度农工原料进口年增率为－33.3%，下降幅度仍在1/3。虽然年增率仍然下降，但此类产品占进口比重依然持续上扬，2009年第三季度之份额为77.4%，较10年前（1998年）之63.5%，仍增加将近15个百分点，其中原油、黄豆以及玉米之国际价格走跌，故而1～9月之平均年增率分别呈现－49.0%、－26.1%、－19.9%之跌幅。资本财之进口则由于投资信心不振，第三季度年增率为－17.6%，唯已较上半年动辄－40%以上之衰退情形改善。由于电子产品之景气周期似已反转，市场需求增加，相关产品之引申需求上扬，9月份有关电子产品以及信息与通信产品进口之年增率已呈现4.7%、1.9%小幅正增长。

展望台湾对外贸易前景，虽然外销订单接单金额衰退幅度仍在两位数，但随着国际经济的复苏，台湾的主要出口地区，如大陆等之经济稳健上升，对台湾商品出口之需求，预料将逐渐攀升。尤其，影响未来台湾经济发展影响至巨之ECFA进展，更将对未来台湾之投资以及出口贸易产生重大影响。

三　民间消费支出仍将保守

虽然第一季度之民间消费有消费券之发放，但年增率依然为－1.59%，第二季度民间消费在连续3个季度负增长之后，终于止跌回升为0.36%，唯因台湾经济依然疲弱，失业率持续走高，消费市场景况依然不佳。仅医疗保健之实质年增率仍能维持正数（2009年第二季度为3.30%），一方面除反映老龄化社会而医疗保健之需求攀升之外，新型流感（甲型H1N1）等传染病席卷全球，也是造成民众对于生活保健支出需求增加之主因。

根据中央大学"消费者信心指数调查（CCI）"资料显示，2009年9月CCI点数为56.45点，较上月上升3.45点，且六项指标包括如投资股票时机、经济景气、家庭经济状况、耐久性财货时机、物价水准及就业机会等全部上升。唯若以绝对水准来看，六项指标仍皆小于100，仍然"偏向悲观"，显示民众对于未来前景仍有疑虑。

不过，随着国际经济景况转佳，有关商业活动似有转趋活跃迹象，如整体商业营业额8月已较上月微增0.30%，且批发业、零售业以及餐饮业亦皆上扬。

虽然8月与9月之天灾连续重创台湾，造成生命与财产之损失，以及物价短期剧烈波动，唯展望未来民间消费趋势变化，伴随国际经济转佳，科技产业之产品国际需求增强，台湾股市因MOU、ECFA题材等因素发酵持续上扬，且年底有

县市长选举，根据以往经验，这些因素都对民间消费有正面助益。但目前失业率突破6%，且可能持续维持高档，民众消费信心恐仍脆弱，民间消费要大幅增长，恐需有长期且持续之利多因素，才能有较为稳健之成长。

四　投资持续低迷

2009年上半年台湾投资累计年增率为－28.3%，其中政府投资在政府大力提振之情况下，较上年同期增加19.3%。但因民间企业投资信心严重匮乏，上半年较上年同期增长为－36.7%，幅度达1/3以上，显见萎缩情况之严重，而公营事业投资的增长为－11.1%。

就投资标的类别观察，虽然至2009年第二季度止，营建工程类投资已连续8个季度呈现衰退（2008年第一季度为零成长），营建工程业生产指数以及建造执照总楼板面积1～8月之年增率仍为－22.54%、－38.93%，（8月单月年增率之衰退幅度也都在两位数），显见目前台湾营建工程类投资仍处低迷。

事实上，根据政治大学台湾房地产研究中心与国泰建设合编之国泰全台湾房地产指数，2009年第二季度之走势较上一季度呈现价跌量增，即本季度推案量、销售率与成交规模呈现增长，但是价格则持续下跌。亦即，就推案量、销售率与成交量等数量指标较上季度明显回升，为市场对未来乐观预期的基础，但成交价格持续下跌，仍为未来市场发展隐忧。

唯由于8月风灾重创南台湾，造成台湾有关危桥以及水利设施之重建需求紧迫，故而政府部门对于营建工程之投资挹注，应可扩增营建工程之投资规模。

运输工具投资2009上半年增长率为－35.0%，衰退幅度达1/3强，主因台湾运输需求持续低迷。机器及设备投资年增率为－43.5%，其中民间企业投资减少49.8%，将近腰斩。相对之下，无形固定资产为所有类别中波动最不明显者，上半年年增率为－4.0%。

民间企业投资不振之主因乃国际经济前景依然混沌，故而业者放缓资本支出步调。

五　公共支出为经济衰退下之主力支撑

根据"主计处"编列预算及相关数据显示，由于政府积极的反景气循环政策（即扩张政府投资），致使 2009 年公共部门合计占 GDP 比重约 16.76%，较 2008 年之 15.16% 稍高。其中，政府消费增长 3.31%，公营事业投资增长 0.20%，呈现增长停滞；政府固定投资则增加 21.48%，增长达到二成以上。

各项支出中，教育科学文化支出比重将突破 20%，达到 20.4%，较前年度之 18.7% 增加近两个百分点，排名第一；其次为社会福利支出比重为 18.8%，国防支出比重约 16.7%。至于岁入方面，税课收入虽仍占有 72.6% 之来源，但已较 2008 年减少 11.1%。受到经济景况持续低迷影响，有关所得税、营业税以及货物税各较 2008 年度预算减少 13.8%、14.0% 以及 4.8%，仅财产收入可望增加 29.9%。

根据"财政部"资料，至 2009 年 8 月底，1 年以上债务未偿余额为 3 兆 8869 亿元，债务余额占前 3 年度平均 GNP 百分比率为 32.21%，平均每人负债 16.9 万元。与国际债务比较，台湾未偿债务占 GDP 比率仍比其他国家和地区低，例如日本 170.5%（2008）、美国 47.1%（2007）、法国 66.6%（2007）、德国 40.8%（2007）、新加坡 86.7%（2007），财政状况仍为稳健。

六　物价波动趋缓

2009 年 9 月台湾消费者物价指数（CPI）为 105.49，CPI 年增率较上年同期下跌 0.86%，已连续第 8 个月呈现下滑。扣除蔬果、水产与能源的核心物价，9 月年增率较上年同期下跌 0.93%，较上月下跌 0.29%。"主计处"指出，2009 年 2 月以来 CPI 皆为走跌，主因景气不好，以及上年基期比较高，但近来国际景气衰退幅度趋缓，CPI 年减幅也会逐渐缩小，尚未有通货紧缩的问题。

另外，衡量厂商间交易价格的趸售物价指数（WPI），较上年同期下跌 9.59%，自 2008 年 11 月以来，已连续第 11 个月呈负增长，但跌幅较上月略为缩小。下跌主因基本金属、化学材料、石油及煤制品等行情仍处于较低水准，其中，台湾产内销品下跌 10.45%、进口品下跌 10.46%、出口品下跌 7.83%。

有关国际能源价格，主要为石油价格走势，根据国际能源总署（IEA）发表的 9 月份预测报告，2010 年的全球石油需求将大幅提高，主因为中国与美国的经济表现皆比原先预估来得强劲。IEA 首席经济学家比罗尔（Fatih Birol）2009 年 8 月曾提出警告，灾难性的能源危机正步步逼近。一项对全球 800 多个主要油田的调查发现，世界主要油田大多已过了产能高峰期，且产量下滑的速度比两年前估算的还要快将近两倍。比罗尔表示，许多国家政府似乎还未察觉，原油消耗速度比先前的预测还要快，全球产能可能约在 10 年内触顶，比之前大部分的预测至少提早了 10 年。石油需求快速增加及供应量增加停滞（或供油量减低）将导致油价高涨，并可能会扰乱未来经济复苏的脚步。

七　持续宽松之货币政策

惠誉信评表示，金融海啸发生后，因"央行"实行低利率救市政策，负利差的影响使台湾保险业面临经营困难，至上半年为止，台湾五大保险公司平均仍有 100 亿 ~ 400 亿元不等的增资计划，亦即五大保险公司总计约有 1000 亿元的增资压力。至于台湾银行业的表现则比预期好很多，银行业者在 2008 年及 2009 年致力于减少坏账，且持续增提坏账损失准备。惠誉预期台湾银行业在 2009 年及 2010 年间仍可维持财务健全，但因市场信用需求疲软，而且在大型公股银行主导下市场价格竞争激烈，台湾银行业获利仍将持续低微。在金融业的评级展望中，保险业与以保险公司为主体的金控之评级展望皆为负向，银行业评级展望介于稳定与负向之间，证券业评级展望则为稳定。

另外，根据"央行" 9 月 24 日公布之 8 月日平均货币总计数，被视为股市资金动能观察指标之一的 M1B 年增率达 22.14%，续创 2004 年 6 月以来的新高，主因是银行定期性存款陆续流向活期性存款，月增率为 2.07%；被"央行"作为货币政策中间目标的 M2 年增率则受上年比较基期较高影响，下降为 8.17%，月增率为 0.27%。累计本年 1 ~ 8 月 M1B 及 M2 平均年增率分别为 11.40% 及 7.30%，与上年同期比较，本年 1 ~ 8 月货币数量 M2 平均年增率略高于本年货币增长目标区（2.5% ~ 6.5%）。银行授信因企业资金需求不强，1 ~ 8 月平均年增率降为 1.16%，唯仍高于上半年经济增长率 - 8.84%，显示银行授信仍足以支持经济活动所需。目前，金融市场长短期利率维持在历史低点，有助企业及个人减轻资金成本，以增加投资及消费。

9 月 24 日"央行"理事会决议如下："央行"重贴现率、担保放款融通利率及短期融通利率分别维持于年息 1.25%、1.625% 及 3.5%，保持不变。"央行"认为当前政策利率尚属合宜，货币数量亦维持合理增长，有助于支撑经济复苏，且不致形成通胀压力。未来"央行"将视台湾外经济金融情势，适时采取妥适之货币政策。

八　台湾股市走势看俏

由于资金面及政策面的带动，2009 年初以来，台湾股市仍有 63.55% 的涨幅，并于 9 月 21 日站上 7558 的高点。就第三季度股市表现来看，台湾股市 9 月份在国际股市普遍创下反弹高点，同时在政府重组内阁以及政策持续做多之情况下，加权指数伴随国际股市脚步也同步创下今年反弹新高。

综观美股第三季度表现优异，道琼斯工业平均指数和标准普尔 500 指数涨幅皆达 15%，同创 1998 年第四季度以来最大单季涨幅，道指更出现 1939 年以来表现最佳的第三季度；纳斯达克指数第三季度涨幅则为 15.7%。在这波多头行情中，领先带头的多为先前不被市场看好的类股，例如金融股第三季度大涨 25%，在标普 500 指数成分股中傲视群股。

台湾股市方面，根据台湾证券交易所统计，9 月底集中交易市场上市股票平均本益比为 100.17 倍。各产业类股本益比最高者为塑料类之 2561.52 倍；除有七个类股纯益为负数不计算本益比外，最低者为通信网路类之 14.30 倍。9 月底全体上市股票平均殖利率由 8 月底的 3.34% 降为 3.05%，平均股价净值比则由 1.66 倍升为 1.83 倍。

近来因政府解除台商返台上市藩篱，又推出调降遗赠税等利多，再加上美元资产诱因不再，已吸引一批海外台商返乡。今年以来，已有旺旺和巨腾返台发行台湾存托凭证（TDR），无论在股价或周转率上都有亮眼表现，带动台商回台第二上市风潮，之后精熙与新焦点也于 10 月以 TDR 挂牌上市。另一指标性的台商食品大厂——康师傅控股也确定将由顶新集团出售旧股返台发行 TDR，估计发行金额将超过 4 亿美元（约台币 129 亿元），将成为创下 TDR 发行金额最多的业者。

在第一上市（IPO）部分，迄今申报辅导回来上市的台商企业已有 29 家，主要以大陆、香港地区的台商为主，包括克莉斯汀饼屋、两岸咖啡、仙踪林休闲餐厅等动辄开设数百家分店的餐饮业者。台湾知名自创咖啡饮料连锁店 85 度 C 计划以海外控股公司 Gourmet Master Co. Ltd. 为名，由元大证券辅导，选择挂在观光类股而非食品类股中，将于 2010 年第三季度以第一上市的方式挂牌，成为台湾首家连锁加盟餐饮业直接挂牌上市的企业。另外，科技产业则有奇美集团的驱动 IC 设计公司——奇景、全球闪存控制 IC 大厂——慧荣、素有小联发科之称的晨星、具有触控式面板技术的宸鸿、全球最大监视器厂——冠捷等重量级台商企业，皆有意回台挂牌第一上市。

九　新台币汇率呈现升值趋势

根据国际货币基金（IMF）在季度报告中表示，在大约 4 万亿美元的外汇储备中，以美元为储备货币的金额大约为 2.65 兆美元，不过 2009 年第二季度美元占全球外汇储备比例，已由第一季度的 65% 降至 62.8%。由于各国央行拥有美元之意愿已渐动摇，假若美元持续走贬，是否会重蹈去年上半年引发国际油价剧烈上扬之覆辙，值得密切观察。

在台币方面，因国际美元走弱，资金涌向包括台湾在内之新兴市场，促使台币兑美元汇率一路挺升，今年 9 月以来，台币累计已升值 5.54 角，10 月 8 日以 32.143 元收盘，写下今年新高。预料在接下来两岸签订金融 MOU 关键的第四季度，外资大举汇入的热钱，将在台湾股市大赚景气复苏财。

在亚洲货币方面，澳洲央行于 10 月 6 日决议升息 1 码至 3.25%，是去年 9 月金融危机后，G20 集团第一个升高利率的国家，澳洲还暗示未来几个月将继续升息。澳元汇价因而受到激励，单日涨幅劲升逾 1%，汇价创 16 年来新高。澳洲升息效应也进一步带动亚洲货币劲升：澳洲央行宣布升息当天，包括台币、韩元、新加坡元、泰铢、印度尼西亚盾、马币等收盘，纷创一年多新高纪录。

不过，以出口为导向的台湾、韩国、新加坡等国家和地区，为降低货币升值对出口的伤害，近期开始干预汇市的动作都越来越大。台湾"央行"以大量买汇、致电银行的强硬手段干预，接着又发布参考资料：包括诺贝尔经济奖得主史提格利兹强调热钱很危险，各国不该欢迎热钱；联合国关于"各国必要时应采取资本管制，且可选用一种或多种方式灵活运用"的论点；及 G7 公报"汇率过度波动可能冲击经济金融稳定"的说法。"央行"上述动作颇有警告热钱的意味，证实近期台币升势已逼近"央行"底线，"央行"阻升作为越来越积极。"央行"重申，热钱无法带动经济成长，大量流入之资金若非反映经济强劲征兆，则可能导致经济失衡；因此，"央行"表达欢迎长期资金、拒绝短线投机热钱的态度，且必要时将采取资本管制，以维持汇率稳定。市场预期"央行"的态度还是维持动态稳定的汇率政策，也就是让新台币汇率升值幅度小于韩元；而短期国际美元、升值预期心理，以及韩元走向等，都将牵动新台币汇率的走势。

十　台湾经济预测

初步预估 2009 年全年经济增长率为 –3.72%，较 2008 年差距约 3.78 个百分点，主因国际经济发展趋缓造成台湾外需不足以及内需不振所致。虽然自年初以来政府推出多项振兴经济方案，如消费券、减税、照顾近贫工作所得补助方案、中短期促进就业等，且对于两岸关系进展投出利多信息，如：两岸直航、开放大陆客观光以及 ECFA 等议题，唯此波因金融海啸而致之景气衰退既广且深，再加上政策仍需时间发酵，或刺激强度不如预期，以及台湾遭逢风灾，造成观光旅游业受创等因素，全年经济增长率为 – 3.72%，实质 GDP 规模约为 12.6 兆元，约与 2006 年之规模相当，需至明年方能回到 2007 年 13 兆元以上之水准。其中，民间消费增长 0.46%，为史上增长率之次低纪录（最低为 2008 年之负增长 0.3%）。台湾投资增长 –15.76%，亦为史上增长率之次低纪录（最低为 2001 年之 –19.9%）；由于历经 2001 年之网络泡沫以及 2008 年之金融风暴，2009 年之投资规模仅略高于 1996 年时的规模。其中民间投资年增率 –24.77%，已为连续两年呈现两位数的负值，有待政策面积极投入加以扭转。财货与服务之实质输出增长为 –11.38%，财货与服务之实质输入增长率为 –13.65%。虽然输出与输入皆呈大幅衰退，但净输出仍达 2.16 兆元，对经济增长提供有力支持。

有关金融物价方面，预估 2009 年全年 WPI 平均年增率约 – 8.61%，CPI 年增率为 –0.63%，双双因景气趋疲，需求不振而呈现负增长。台币对美元汇率全年平均价位为 33.0 元新台币兑换 1 美元，相较于 2008 年全年平均价位 31.53 元，贬值幅度约达 4.66%，变动幅度仍在 5% 以内。至于台湾失业率方面，2009 年全年平均失业率 5.88%，较 2008 年之 4.14% 明显升高。

预估 2010 年全年经济增长率 4.65%，突破 4.5% 关卡。国际景气复苏海外需求转旺，持续拉抬内需之增长。其中，民间消费增长 1.91%，投资增长 5.16%，将为近 6 年（2005～2010 年）之新高，其中民间投资增长 8.16%，实质财货与服务之输出、输入增长率分别为 9.72%、8.47%；净输出金额约 2.44

兆元，年增率约 13.0%，对经济增长仍有相当之贡献。2010 年全年 WPI 年增率约为 3.03%，CPI 年增率为 0.78%，皆较 2009 年止跌回升。2010 年台币对美元之平均汇价为 31.83 元新台币兑换 1 美元，升值幅度为 3.57%。2010 年失业率全年平均约为 5.76%，较 2009 年有些微改善。

十一 主要不确定因素

随着全球经济复苏有望，原油价格也蠢蠢欲动，根据 EIA 于 2009 年 10 月初发布之短期西德州原油（WTI）预测数，2010 年全年平均油价约为 72.42 美元/桶，但在 95% 信赖区间之上界（upper bound）可能达到 142.01 美元/桶。

根据 Hamilton（2009）研究，虽然石油的短期需求弹性很小，假定需求弹性是 0.06，则油价必须上升到 142 元，才会使得供需相等。因此，国际能源总署的报告（IEA，2008a），及 Hamilton（2008，2009）、Krugman（2008）都认为高油价的关键因素：①需求面：新兴经济体的经济大幅增长，目前中国和其他新兴经济体的石油总消费量还是很少（2006 年中国人均消费两桶原油、墨西哥 6.6 桶、美国 25 桶）；而在经济复苏之后，经济增长所诱发的能源需求会再出现。②供给面：许多油田的生产高峰已过，前置作业时间长，短期内石油的增产能力因而不足。且产油国看到了石油"相对耗竭"的信号，对未来的价格看好，故刻意放慢生产的速度；故在 2013 年之前，产能的增幅将偏低。

油价高涨将带动生物质能源价格乃至于转为生物质能源之粮食作物之价格高涨，以及运输成本大涨后再继而带动其他国际商品乃至于一般物价之大涨，即 2008 年全球面对之物价高涨梦魇，很有可能重演。

此外，依据中华经济研究院以 GTAP 模型研究，评估两岸签署 ECFA 对台湾经济之影响研究结果，显示签署后对台湾 GDP、出进口、贸易条件、社会福利均呈现正增长，整体经济增长率将增加 1.65% ~ 1.72%、总就业人数将增加 25.7 万 ~ 26.3 万人，对总体经济有明显正面效益。不过，ECFA 因系在于建立一个经济合作之框架，乃采取阶段式、多步到位之方式，亦即整体大框架中所包含大项目确立后，尚需经过两方立法机关通过，两岸方可就时间表及各个议题进行更加详细之咨商，或立即实施已完成咨商之项目，如"早期收获（early harvest）"条款部分。因此，是否或何时真正落实全部内涵，仍有相当多之变量。

附表　台湾经济基准预测

新台币十亿元 （2001年基期）	2009年				2008年	2009年	2010年
	第一季度	第二季度	第三季度	第四季度			
	实际值	实际值	预测值	预测值	实际值	预测值	预测值
实质GDP	2995.63	3033.79	3261.98	3310.93	13089.72	12602.33	13188.01
年增率（%）	-10.13	-7.54	-2.08	5.31	0.06	-3.72	4.65
实质GNP	3118.73	3113.04	3317.25	3382.92	13395.90	12931.94	13509.18
年增率（%）	-10.46	-6.48	-1.83	5.55	-0.01	-3.46	4.46
每人平均GNP(US$)[①]	4058.46	3869.80	4232.17	4382.47	17558.12	16542.90	17909.11
年增率（%）	-13.70	-11.47	-4.99	8.75	1.47	-5.78	8.26
民间消费	1903.13	1675.75	1848.33	1732.24	7126.49	7159.45	7296.33
年增率（%）	-1.59	0.36	1.40	1.90	-0.30	0.46	1.91
政府消费[②]	329.33	359.99	398.75	433.90	1473.16	1521.97	1507.81
年增率（%）	3.68	1.49	3.39	4.52	1.14	3.31	-0.93
固定资本形成	343.93	444.42	507.18	541.65	2180.92	1837.17	1931.88
年增率（%）	-33.44	-23.67	-10.55	5.19	-10.61	-15.76	5.16
民间投资	247.99	313.32	355.45	337.66	1667.36	1254.41	1356.72
年增率（%）	-40.58	-33.35	-20.03	0.65	-13.28	-24.77	8.16
政府投资[②]	64.52	88.43	106.57	129.63	320.34	389.16	374.65
年增率（%）	13.31	24.01	34.40	14.93	0.37	21.48	-3.73
公营事业投资[②]	31.42	42.67	45.16	74.36	193.21	193.61	200.52
年增率（%）	-25.97	4.41	4.40	11.56	-2.32	0.20	3.57
存货变动[②]	-68.68	-9.61	0.97	0.67	42.74	-76.64	10.38
年增率（%）	-595.53	-227.62	-97.75	103.07	-7.92	-279.33	113.54
财货与服务输出	1652.23	1968.78	2150.61	2158.91	8949.15	7930.53	8701.13
年增率（%）	-27.86	-18.36	-6.38	10.71	-0.03	-11.38	9.72
财货与服务输入	1164.31	1405.55	1643.96	1556.77	6682.73	5770.59	6259.54
年增率（%）	-33.06	-19.44	-7.89	10.10	-3.98	-13.65	8.47
WPI(2006=100)	99.88	100.05	103.78	105.52	111.95	102.31	105.41
年增率（%）	-9.84	-12.80	-11.58	0.59	5.15	-8.61	3.03
CPI(2006=100)	103.41	104.00	105.32	106.17	105.39	104.72	105.54
年增率（%）	-0.01	-0.85	-1.33	-0.32	3.53	-0.63	0.78
M2货币存量（日平均）	28239.49	28739.39	28854.55	28663.90	26820.14	28624.33	30294.95
年增率（%）	6.54	7.42	8.28	4.71	2.67	6.73	5.84
台币兑美元汇率	33.98	33.13	32.80	32.10	31.53	33.00	31.83
年增率（%）[③]	-7.78	-8.84	-5.18	2.68	3.98	-4.66	3.57
31~90天期商业本票利率	0.32	0.17	0.32	0.61	1.92	0.35	0.95
失业率%	5.62	5.84	6.12	5.94	4.14	5.88	5.76

说明：①有关每人平均GNP在此以美元表示。②表示为外生变量，数据取自"主计处"国民经济动向统计季报。③有关汇率年增率（%），正值表示升值，负数表示贬值比率。

资料来源：中华经济研究院，经济展望中心，2009年10月16日。

Taiwan Economic Trend

Wang Lirong, Peng Suling

Abstract: In the first half of 2009, Taiwan economic situation was still stern, without seasonal adjustment, the economic growth rate still had depression of 10.13% and 7.54% respectively in the first and second quarters. But since June, the data issued by the competent department of economy showed that, the international trade has gone prosperous and the price fluctuation has slowed down gradually, but the private consumption expenditure is still conservative, the investment keeps downturn, and the public expenditure is still the main support of economic growth. Through the assessment of the influence of ECFA signed Cross-Taiwan straits to the Taiwan economy, the studies of Chung-Hua Institution for Economic Research based on the GTAP model showed that, after signing ECFA, Taiwan's GDP, import and export, terms of trade and social welfare all have presented positive growth, the whole economic growth rate will increase 1.65% − 1.72%, total employed population will increase 257000 − 263000, which have obvious positive benefit to the overall economy.

Key Words: Taiwan Economy; Depression and ECFA

香港经济近况和展望（2009～2010年）

陈李蔼伦*

摘　要：2009年整体经济状况显示，香港第一季度按年大幅倒退7.8%。这是香港经济自1998年第三季度饱受亚洲金融危机严重打击以来最大的跌幅。但受惠于内地经济增长加快，以及各先进经济体系的下行压力有所缓减，香港经济在第二季度出现反弹，跌幅3.8%。经季节性调整与对上季度的比较，扭转环比连续四个季度的收缩。随着环球经济渐渐触底，以及内地重回较快增长，香港经济的外部环节料会在2009年下半年续有改善。考虑到政府在5月公布的新一轮缓解措施的提振效应，全年的实质本地生产总值现时估计将会收缩3.5%～4.5%。

关键词：香港经济　衰退　提振效应

一　整体经济近况

随着美国房地产市场泡沫爆破，美国次按问题在2007年逐渐浮现，而所引发的全球金融危机在2008年明显恶化，特别是在去年9月美国第四大投资银行雷曼兄弟倒闭后，情况更急转直下。在全球日趋一体化之下，这次金融危机迅速蔓延至各类金融资产和信贷市场以及各个经济体系。虽然各国政府纷纷采取多项史无前例的措施，使全球金融系统崩溃的忧虑得以减退，但金融海啸对全球经济体系的实质影响，在去年下半年已开始已十分明显。至2008年底，大部分先进经济体系均已深陷衰退，亚洲经济体系的情况也急速恶化，全球经济步入同步下滑的严峻局面。

---

* 陈李蔼伦，香港特区政府财经事务局经济分析组。

环球金融危机令全球经济陷入 60 多年来最严重的衰退。香港作为一个细小的开放型经济体系，经济无可避免受到严重打击。本地生产总值的按年增长率逐季显著放缓，由 2008 年第一季度的 7.3%，跌至第二季度的 4.1% 及第三季度的 1.5%，并在第四季度出现 2.6% 的负增长。2008 年全年本地生产总值增长为 2.4%，低于过去十年的趋势增长，但仍稍优于邻近较发达地区的表现：日本（-0.7%）、新加坡（1.1%）、韩国（2.2%）和台湾地区（0.1%）。

踏入 2009 年，环球金融危机以及全球经济严重衰退，继续对亚洲包括香港在内的经济造成严重打击。香港的本地生产总值在 2009 年第一季度按年大幅倒退 7.8%。这是香港经济自 1998 年第三季饱受亚洲金融危机严重打击以来最大的跌幅。但受惠于内地经济增长加快，以及各先进经济体系的下行压力有所缓减，香港经济在第二季度出现反弹。实质本地生产总值在第二季度录得 3.8% 的较少跌幅。经季节性调整与对上季度比较，本地生产总值在第二季度重拾增长，升幅为 3.3%，扭转对上连续四个季度的收缩（见图 1）。

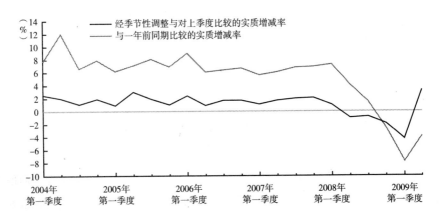

图 1　香港经济在 2009 年第二季度有所改善

1. 对外贸易

香港和区内很多其他经济体系一样，面对着外围需求大幅萎缩、区内出口因先进国家需求剧降而全面下滑的双重打击。货物出口在 2008 年逐步放缓，全年仅录得 2.9% 实质升幅。而在 2009 年第一季度则录得按年剧减 22.2%，这是自 1954 年第二季度以来录得的最大跌幅。但随着外围环境相对改善，香港的货物出口在第二季度的按年实质跌幅显著收窄至 10.8%。经季节性调整后，货物出口在连续三个季度下跌后，于第二季度呈现强劲反弹，较第一季度上升13.0%。事实上，香港第二季度的出口表现继续比其他许多亚洲经济体为佳。踏入7月和8月，由于先进经济体仍然疲弱，亚洲的出口表现未能扭转颓势（见表1）。

表1　各主要东亚经济体系的出口（以美元计算的按年增幅）

单位：%

国家或地区	2008年		2009年			
	第三季度	第四季度	第一季度	第二季度	7月	8月
香港特区	5.6	-1.8	-21.5	-12.4	-19.4	-13.3
中国内地	23.3	4.4	-19.8	-23.5	-23.0	-23.4
日本	12.9	-9.9	-40.6	-33.9	-28.1	-26.3
新加坡	21.2	-13.9	-32.7	-30.8	-27.3	-20.8
韩国	27.0	-9.9	-25.2	-20.5	-21.9	-20.9
中国台湾	8.0	-24.7	-36.7	-32.0	-24.4	-24.6
印尼	27.9	-5.6	-31.8	-26.2	-23.0	n. a.
马来西亚	21.3	-12.6	-28.9	-33.2	-29.2	n. a.
菲律宾	4.1	-22.3	-36.8	-28.9	-25.4	n. a.
泰国	26.1	-10.7	-20.5	-26.2	-25.7	-18.4
东亚地区合计	18.6	-5.9	-28.1	-26.1	-24.4	—

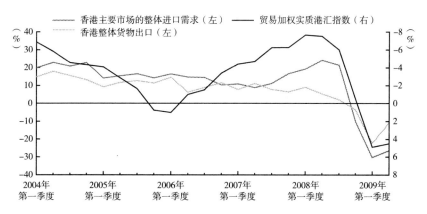

图2　整体货物出口在2009年第二季度的按年跌幅显著收窄
（与一年前同期比较的增减率）

内地、美国和欧盟是香港整体货物出口（包括香港产品出口及转口）的三大市场，在2008年，分别占48.5%、12.7%和13.7%。其他主要市场包括日本（4.3%）、新加坡（2%）、中国台湾（1.9%）及韩国（1.8%）。

货物进口同样受环球金融危机以及全球经济衰退严重打击，继在2008年实质增长放缓至只有2.6%后，在2009年第一季度出现急剧下跌，实质按年下跌22.2%。随着全球经济衰退有所减慢，第二季度的跌幅亦有所放缓。而留用进口的实质下跌则从2008年的－1.4%，扩大至在2009年上半年的－21.3%（见图3）。

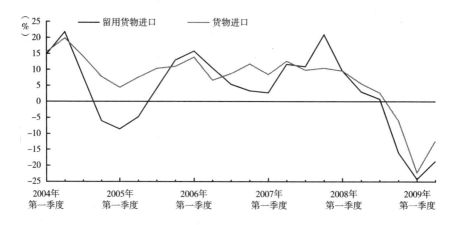

图3 整体货物进口的跌幅亦有所收窄（与一年前同期比较的实质增减率）

无形贸易方面，服务输出同样受到打击，但程度较小。服务输出在2008年全年增加5.7%，较2007年的14.1%增幅明显减慢。服务输出于2009年第一季度更录得6.3%的明显跌幅。这是由于集资及其他金融市场活动不振，金融服务输出继续显著放缓。受地区贸易往来下挫影响，这段期间与贸易相关的服务输出以致运输服务输出均出现显著收缩，在2009年第二季度，按年跌幅已收窄至5.7%；受惠于货物贸易回升，与贸易相关的服务和运输服务的服务输出跌幅收窄。此外，金融市场自3月起转趋活跃，也令金融服务的输出回升。不过，甲型H1N1流感蔓延，令访港旅客在5月和6月录得双位数字跌幅，严重影响访港旅游业，因而拖累服务输出在第二季度的整体表现。

服务输入在2008年录得3.3%的温和实质增长，低于2007年的12.1%。各行业的增长均放缓。旅游服务输入在2008年首季度急升，其后随着消费意愿降低而下跌。运输服务输入的增幅同样地在2008年间放缓。金融、商用及其他服务输入由于金融市场活动受全球金融危机打击，在2008年的增长大幅减慢。由于2008年最后数月亚洲地区的贸易往来减少，与贸易有关的服务输入亦在第四季度明显放缓。服务输入在2009年第一季度的跌幅扩大，较去年同期实质锐减9.6%，

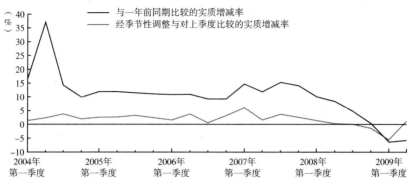

图4　由于外围环境改善，服务出口的跌幅收窄

而各个环节均录得跌幅。在第二季度则下跌5.6%。旅游服务输入在第二季度回升，但运输服务输入则因进口商品及旅游业需求减少而继续处于跌势。与此同时，金融市场及其他商业活动渐趋稳定，令金融、商用及其他服务输入的跌幅收窄。至于与贸易有关的服务输入，随着外围贸易环境回稳，这方面的服务输入也相对有轻微改善（参见图5）。

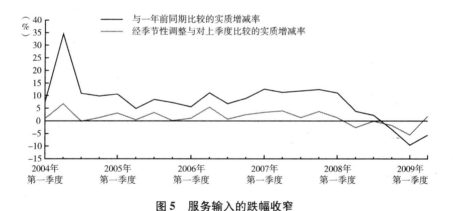

图5　服务输入的跌幅收窄

香港在有形及无形贸易账目上持续录得大额综合盈余，反映香港经济整体强劲的对外竞争力。在2009年上半年香港的有形及无形贸易综合盈余为708亿港元，而2008年全年则为1817亿港元。

2. 本地内部需求

2008年第一季度的内部需求表现相对仍佳，唯其后三个季度明显放缓。私人消费于下半年尤其明显减弱，这是由于本地资产市场大幅调整而造成负面财富效应以及就业前景转差所致。2008年整体而言，私人消费开支实质上升1.5%，2007年则有8.5%的增长。

私人消费开支在2009年第一季度进一步按年实质下跌6.0%，不过，本地股票和物业市场在季度内转趋稳定，以及政府推出了多项纾困措施，都为消费意愿带来一定支持。在就业情况回稳、资产市场反弹，以及在政府多轮解困措施的支持下，本地消费气氛在第二季度内有所恢复。故此，私人消费开支的按年跌幅在第二季度大幅收窄至−1%，与上季度比较更显著上升4%（见图6）。零售业整体销售货量在7月和8月合计按年下跌3.1%，较第二季度按年下跌5.3%的情况有进一步改善。

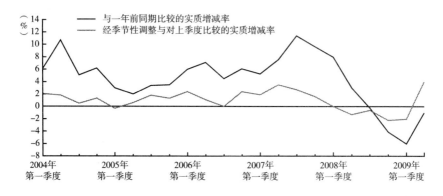

图6 私人消费的表现较第一季明显好转

整体投资方面，2008年全年的本地固定资本形成总额实质微跌0.5%，2007年则有3.4%增长。机器、设备及软件投资在2008年大部分时间均录得可观的增长，到第四季度增长才明显减慢。2009年第一季度整体投资开支与一年前同期比较减少13.7%。这是因为全球经济前景黯淡，导致不少公司延迟投资计划。由于全球经济前景仍未明朗，营商气氛仍然审慎，整体投资在第二季度与一年前同期比较进一步急跌14.0%。其中机器及设备的投资在第二季度更显著下跌18.0%（见图7）。

3. 劳工市场

金融危机自2008年9月突然升级后，营商情况急速转坏，导致劳工需求在接近年底时转弱，失业率在2008年中跌至3.2%的十年低位后便掉头回升。

失业率在2009年第一季度急升至5.2%，但于第二季度开始转趋企稳，反

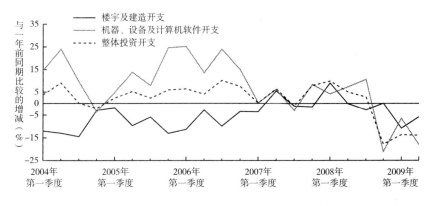

图7　整体投资因营商气氛依然审慎而进一步下跌

映经济相对回暖而特区政府的"保就业"政策亦取得效绩。职位流失的情况在第二季度显著缓和下来，从而减慢了失业率的升势。第二季度经季节性调整的失业率为5.4%。在6~8月，失业率仍站稳在5.4%的水平（见图8）。

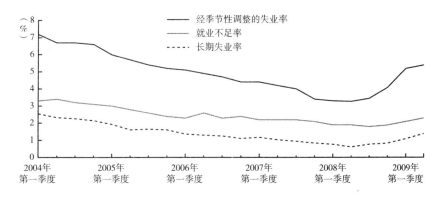

图8　失业率的升幅在 2009 年第二季度显著减慢

4. 价格走势

本地通胀在2008 年大部分时间受到世界食品价格急涨的影响而上升，由于当时经济仍处于上升周期，内部环节需求强劲亦带来一些通胀压力。不过，在2008 年9 月全球金融和经济危机爆发令世界食品和能源价格迅速回落，加上消费需求大幅放缓以及特区政府缓解通胀的措施，均令本港面对的通胀压力在年底明显减退。2008 年整体消费物价通胀平均为4.3%。

踏入2009 年，通胀压力随着经济下滑而进一步消减。反映通胀趋势的基本消费物价通胀在第一季度按年计回落至 3.1%，再由第一季度的 3.1% 降至第二季度的 1.2%，7、8 月更下降至 −0.3%。而整体消费物价通胀则受各项一次性解困措施所带动而降至更低水平，首两季度数字为 1.7% 和 −0.1%，8 月跌至 −1.5%。

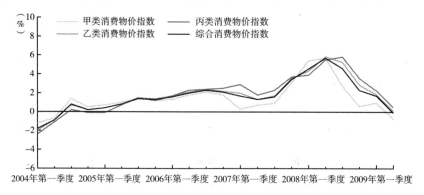

图 9　消费物价通胀在 2009 年第二季度进一步回落
（与一年前同期比较的增减率）

二　应对环球金融危机的政策及成效

2007 年爆发环球金融海啸时，其深度和广度都是数十年来未见的。为应对全球金融危机，特区政府推行反经济周期财政政策及"稳金融、撑企业、保就业"的方针。一方面，特区政府推出包括适时的百分百存款保障以稳定金融体系，加上银行体系本身相当稳健，因此香港并未出现如欧美地区般的金融动荡。另一方面，为解决金融海啸带来的信贷紧缩问题，特区政府亦推出特别信贷保证计划，协助企业渡过难关，这些信贷保证措施至今取得良好进展。至 8 月中，已有过万间中小企业受惠，相关的贷款总额已超过 500 亿港元，亦间接地保障了这些企业雇用的超过 23 万名员工的工作机会。

各主要经济体，在全力解决金融体系和信贷市场的问题之余，都按本身能力采取扩张性的财政政策，以复苏经济。事实上，特区政府在 2008~2009 年度的财政预算案已察觉环球经济发展开始放缓所带来的风险，并公布首轮利民解困的措施，行政长官其后在去年 7 月亦公布次轮措施。随着金融危机在 9 月雷曼倒闭后进一步升级，令本港经济情况迅速恶化，所以特区政府在 2009~2010 年度的财政预算案中清楚表明会以反经济周期的财政政策去缓解经济收缩的压力，以及增加内需和就业机会。2009年第一季度的经济数据显示经济急转直下，财政司司长随即在2009年5月公布去年以来第四轮的解困措施，以帮助市民及企业对抗金融危机，并为经济复苏做好准备。

在全球经济如此严峻的背景下，利用财政措施来刺激经济在短期内是必须的，2009～2010年度的财政预算案的扩张力度，可从三方面作分析。

第一，在公共开支方面。2009年的公共开支预算达3194亿港元，相当于本地生产总值的19.4%。公共开支占本地生产总值的比重由去年的16.5%显著上升至今年预算案的19.4%，说明2009～2010年度预算案对经济是具有扩张性的影响。

第二，在政府收入方面。2009～2010年度财政预算案的总收入估计为2617亿港元，比2008～2009年度收入的临时数字减少548亿港元，比2007～2008年度的收入减少967亿港元。由于政府收入减少和支出增加，2009～2010年度的财政赤字预算为399亿港元，相当于本地生产总值的2.4%；而2008～2009年度则大致收支平衡。财政结余转为赤字亦显示出2009～2010年度的财政预算案对经济的影响基本上是扩张性的，表示今年度的财政预算案是具有刺激经济、对抗衰退的作用。

第三，对比其他经济体的财政方案，香港政府在去年及今年所推出的财政刺激措施力度，一点也不逊色。政府自2008年起推出多轮财政舒缓措施，所投放的资源合计约为876亿港元，相当于本地生产总值的5.2%。粗略估计，这些措施单在2009年已可提升本地生产总值约两个百分点。

特区政府在"稳金融、撑企业、保就业"方针下的反经济周期财政政策对稳定香港内部经济确实取得一定成效。这可从消费情绪在近期保持坚稳，以及失业率趋向稳定等发展情况反映出来。

在顾及短期需要的同时，特区政府亦强调要保持中长期财政稳健。国际货币基金组织在2009年3月发表的报告指出，各地政府为应对当前危机，在运用刺激措施支持需求之余，亦必须确保长远的财政健康，因此建议刺激措施不应对财政赤字有长期性影响。鉴于这一轮经济衰退可能会时间较长及影响较深，国际货币基金组织亦建议各地政府应偏重于以公共建设和基建来刺激经济，因为相比减税及其他短期措施，公共建设和基建对经济活动的影响较持久，而带来的经济效益亦会较大。2009年财政预算案所采用的刺激经济措施，主轴是加大中小工程，加快基建，针对性地为建造业这一失业重灾区创造大量职位；为青少年提供实习机会；但同时亦要确保政府有足够能力应付未来经济仍有变数的风险。

在中期预算方面，特区政府会贯彻审慎理财原则。今年财政预算案预计政府的经营账目虽然在未来三年会出现赤字，但在2012～2013年度会恢复盈余。此外，随着基建工程陆续上马，在未来数年，基本工程每年开支将会处于非常高的水平，预计可达500亿港元。即使外围情况未完全恢复，这些基建工程量也能为香港经济复苏注入大量动力。总的来说，政府在对抗金融海啸之余，亦会兼顾公共财政的长远状况和社会的长期需要。

三 比较香港经济在亚洲金融风暴及这一轮环球金融海啸的表现

就香港经济衰退的时间长短与程度深浅而言，可与今轮金融危机比较的，是1997～1998年的亚洲金融风暴。就亚洲金融风暴而言，起因是亚洲大部分地区的资产价格泡沫破裂，以及区内许多经济体系的国际收支严重失衡，危机的波及范围主要集中在亚洲。而这一轮金融危机的起因是先进经济体系过度借贷，导致金融海啸和需求急挫，国际贸易因而剧减。而这场金融海啸爆发以来，香港内部经济一直相对平稳。

亚洲金融风暴期间，除亚洲经济体系外，全球经济仍表现良好。然而，在今轮危机下，全球经济出现逆转，经济衰退由先进经济体系蔓延至新兴经济体系。概括而言，全球正面对60年来最严重的经济衰退，情况远较十年前的地区经济危机严重。

受先进经济体系需求急降影响，国际贸易在本轮危机下录得更大跌幅。亚洲许多经济体系的商品出口在2009年前几个月均大幅下跌20%～40%，这是受到先进经济体系需求急降及亚洲区内贸易剧减的双重打击所影响。香港在本轮危机中商品出口的跌幅，也较为严重（图10）。

两轮危机中，全球股市均大幅下挫。本地股票市场方面，2009年9月恒生指数较2007年的高位低约31%；与在亚洲金融风暴期间的跌幅相当。然而，在本轮外围危机中，本地房屋市场在供楼负担能力较佳的支持下，表现明显较为稳定；2009年7月住宅楼宇价格低于危机前的高位不足4%，但亚洲金融风暴期

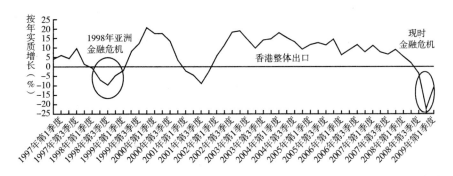

图 10   香港货物出口在今轮全球经济危机下亦出现急剧下跌

间，住宅楼宇价格在 1998 年 11 月却累计下跌 42%。物业市场相对较稳，有助减轻财富效应的负面影响。再者，在本轮危机中，货币环境十分宽松，与亚洲金融风暴期间本地货币受到投机者的狙击截然不同。此外，本轮危机中，香港银行同业拆息一直处于低水平，但亚洲金融风暴期间，利率却多次飙升。目前信贷情况亦相对较佳。凡此种种，加上政府自去年推行的一系列解困措施，均为内部经济带来稳定作用。

内部经济在目前危机下的表现相对企稳。零售量较危机前的高位下跌不足1%，但在亚洲金融风暴时的相当时段内，跌幅却超过 20%。食肆收入亦出现类似情况。

由于内部经济较为稳固，本地劳工市场在这次危机中灵活应变，职位流失数目相对减少。连番措施，都能够起到提振经济和信心的作用，也对劳工市场起到稳定作用。故金融海啸发生至 2009 年 8 月为止，香港整体职位流失只有三万多个，远少于十年前亚洲金融风暴时同期流失的十万个职位，失业率上升的势头在近期也得以缓和下来。经季节性调整的就业人数在截至 2009 年 8 月止的三个月内较十个月前环球金融危机前的高位下跌 1%。亚洲金融风暴期间就业人数的相应跌幅为 3.7%。

总括而言，在这次危机下，香港经济至今的表现远胜亚洲金融危机期间的表现，尽管这次所受到的外围冲击明显较大，尤以国际贸易剧减所带来的冲击为然。本地物业市场相对稳定，政府在刺激经济方面所做出的努力确实有不少帮助。而这次危机下香港经济表现胜过亚洲金融风暴期间的表现，也反映香港在应付外来冲击时，具备了更强的经济底子和基调。

四 2009 年全年经济预测

随着世界各地政府采取强力的政策措施，全球经济在经历第一季度的恶劣情况后终于稍为喘定，经济渐渐呈现"绿苗"，欧美地区的经济收缩情况有所缓解。内地经济在国家强而有力的刺激措施带动下，内部需求更呈蓬勃，令经济增长重拾较快的势头，因而在亚洲区内起了定锚作用，其他许多亚洲经济体系亦有不同程度的改善。随着环球经济渐渐触底，以及内地经济重回较快增长，香港经济的外部环境预料会在 2009 年下半年续有改善。

本地方面，消费可望继续受惠于职位流失趋缓、息率维持低企，以及政府多轮的缓解措施对本地经济的提振作用。然而，营商气氛仍然审慎，即使相较年初时已略有改善。私营机构的投资在短期内仍会继续受压。不过，在政府采取的反经济周期策略下，公营部门的建造工程料会继续升势，可望抵消部分私营机构投资不振的负面影响，以期缓和全球经济衰退的压力。

考虑到第二季度经济反弹的幅度较预期强劲，全球经济正见底回稳，以及政府在 5 月公布的新一轮缓解措施的提振效应，2009 年全年的实质本地生产总值现时估计将会收缩 3.5% ~4.5% 。

第二季度出现的反弹，说明香港经济充满韧力。虽然香港应已度过了经济最坏的时候，但经济前景仍存在很大的不确定性：欧美金融机构的"毒资产"仍有待彻底解决、金融市场和实体经济相互之间的负面因素仍然存在、环球股市在一轮急升后能否持续、资金流向变化对经济运行可能产生的不稳定性等，香港作为一个细小而开放的经济体系，能否持续及稳固复苏仍有待外围环境出现明显的改善。未来环球经济复苏的步伐不稳或较预期为慢，也可能令资产市场反复波动。此外，失业率是滞后指标，经济一日未恢复正增长，失业率仍面对上升压力。然而，随着明年大型基建工程逐渐进入施工阶段，即使届时外部需求仍然呆滞，这些基建工程将会为本港经济复苏注入新的动力。本地经济的复苏力度亦要视未来的就业和收入情况。简单来说，未来的复苏之路可能仍会反复。

物价前景方面，鉴于进口价格正处于跌势而本地成本亦在退减，基本消费物价通胀（作为通胀基本趋势的主要指标）或会在未来数月维持轻微负数。但这是全球现象，反映全球金融海啸及其后的全球衰退所引发的成本物价的必然调整过程。考虑到2009年至今的实际数字，2009年全年的基本消费物价通胀率预测为0.9%。在纳入2009年5月公布的缓解措施的影响后，整体消费物价指数的升幅预测为0.5%。

五　促进长远发展及推动六项优势产业

香港特区政府在2009～2010年度财政预算案亦制定了香港经济的长远发展策略，为下一代奠定稳固的基础。香港有需要在国家的规划之中，找寻适当的位置和角色。以往企业先行、政府跟进的模式，已经不能全面适应形势发展。需要更深入地参与新的规划，无论是区域经济层次的规划，或者是国家层次的战略定位。政府作为"先行者"的角色都会越来越重要。特区政府将会更主动地发掘经济机遇，更积极地推动经济发展。香港经济持续发展的主要策略如下。

（一）区域经济

1. 进一步加强粤港澳合作

为配合国家发展和改革委员会今年1月公布的《珠江三角洲地区改革发展规划纲要》（下简称《纲要》），粤港双方同意优先集中推动四个合作领域，包括金融业、服务业、基础设施和城市规划、创新和科技，以便更有效和快速推进《纲要》的落实和跟进工作。与此同时，香港将继续加强与内地的基建联系，加快研究及推动各项重大跨境基础设施，包括港珠澳大桥、广深港高速铁路、港深机场轨道联络线及莲塘/香园围口岸。香港亦会加强与澳门在经济及其他领域方面的联系，谋求在不同领域结合两地的优势，创造互补双赢的局面。

2. "三通"及与台湾交流

"三通"将会令两岸四地的经贸往来更自由，而香港仍会继续占有策略性的地位，从"三通"中获得更大的经济利益。特区政府已成立跨部门督导委员会，研究和统筹促进香港与台湾经贸关系的整体策略和工作计划。

（二）促进经济持续发展

香港在抵御全球金融危机所展现的韧力和弹性显示，香港经济基调良好，应变能力高，仍具竞争优势，即完善的制度、优秀的人才、雄厚的商业基础及优良

的地理位置。香港会继续加强这些优势，并会致力于强化金融、物流、旅游、工商业支援及专业服务四大支柱行业，推动整体经济发展。

1. 巩固金融中心地位

正当环球金融面临重大变革的时刻，香港要立足于现有的优势，提高金融业的市场效率、监管和透明度，不断优化监管制度，为加强与内地的金融合作做好准备。以务实的态度，高瞻远瞩的眼光，走出一条可行并有利于香港和国家长远发展的道路。香港会进一步拓展和深化与新兴市场的金融合作，以巩固香港作为国际金融中心的地位。特区政府会因应香港本身的独特背景和需要、环球金融发展趋势、国际金融机构（包括 G20 及金融稳定论坛）的建议，认真和务实地进行检讨及落实改善措施。

在推动债券市场发展的工作上，除了提供所需的金融基础设施及有关的税务优惠外，特区政府亦因应市场情况及其他因素，以较具系统性的模式，逐步发行政府债券。透过发行不同性质的债券，为投资者提供更多选择，这将有助促进本地债券市场的持续发展。特区政府亦会与业界研究现行的金融基础设施及机制是否有需要作进一步改善，以促进债券产品的发展。此外，与世界主要经济体系签订避免双重征税协议，会有助减轻企业和个人税务负担及消除课税的不明朗因素，并可提升香港作为国际商贸及金融中心的地位。特区政府准备在今年提出具体的修例建议，以配合需要。

2. 旅游经济

面对当前严峻的经济环境和其他地区的竞争，特区政府将采取更进取的方式促进旅游业持续发展，为香港的服务业，包括零售餐饮和酒店等行业，创造更多就业机会。特区政府亦决定出资兴建邮轮码头，预期可在今年内动工，在未来数年可创造超过 3000 个职位。特区政府亦已经与华特迪斯尼公司达成扩建香港迪斯尼乐园的方案。另外，亦通过旅发局于 2009 年 10 月与著名酿酒区合作，推出香港国际佳肴美食节，加强宣传香港为亚洲美酒美食中心，吸引更多旅客访港，刺激消费。为加强发展会展旅游的软件和硬件，旅发局于去年 11 月成立"香港会议及展览拓展部"，专责推展海外宣传活动及提供一站式支援服务。此外，香港会议展览中心的中庭通道扩建计划已于今年上半年完成，令专用展览面积增加四成。

（三） 拓展经济新领域及推动六项优势产业

在巩固香港四大支柱产业的同时，香港亦必须致力建立新的增长点，进一步令香港的产业更多元化、更具备持续增长和发展的能力，以及向知识型和高增值的策略性方向迈进。为此，特区政府积极加大力度，促进经济的长远增长及发展。全力支持经济机遇委员会的建议，采取针对性政策及措施协助发展以下六项具有良好潜力及竞争优势的知识型产业。

1. 检测和认证

香港已有一套严谨的认证制度，本地的测试及认证企业亦有良好声誉，加上庞大的内地市场，香港有条件应付来自国际其他测试及认证品牌的竞争。

2. 医疗服务

香港有优质的医疗人员和设备，高水平的医疗技术，以及严谨的中医药规管制度，有能力吸引周边地区居民使用本港的医疗服务。特区政府会继续提供土地，推动私营医院的发展，并鼓励公私营医疗机构合作。

3. 创新科技

香港具备优良的软件和硬件，以及健全的法制，能支持应用研发工作的开展。香港亦可利用珠三角地区的生产优势和内地庞大的市场，为科研成果提供规模效益。

4. 文化及创意产业

香港中西文化汇聚，创意人才济济，加上完善的知识产权法例保护创作，内地亦可成为香港文化创作的庞大市场。香港已在设计、电影、数码娱乐等方面取得成绩。

5. 环保产业

香港企业在污染防控方面经验丰富，也善于将环保技术商业化。内地近年致力对付环境污染问题，为本港的环保科技提供无数商机。

6. 教育服务

香港提供两文三语的环境及国际认可课程，对高等教育进行巨额投资，研究经费及学术设施亦达国际水准，加上内地对本港高等教育需求殷切，教育作为产业，应有很大的发展空间。

（四）落实发展投资未来

1. 推动公营建设

基建带动经济发展是特区政府的重点策略。行政长官在 2007 年施政报告提出可提升香港整体竞争力的十大建设以及其他的重大工程，都取得良好进展。所以，2009～2010 年度的基本工程开支预算高达 393 亿元。

2. 促进私营发展

政府斥资的基建绝不可能支撑建造业全部的经济活动和就业机会。为更有效协调牵涉多个政府部门的发展项目，今年特区政府在发展局内成立一个"发展机遇办事处"，为有利香港发展的项目提供有效的平台，让相关的政策局和部门可联合研究建议项目带来的效益和提供经协调的查询服务。

3. 协助社区基建

"发展机遇办事处"会同样为一些社区基建项目提供一站式咨询及协调服务。政府亦会视个别项目的需要，考虑提供非经常资助。

六　香港经济中期展望

为应对这次金融海啸，各主要经济体的政府均做出庞大及史无前例的政策以作回应。这些政策能否令全球经济持续复苏仍是未知之数。即使全球经济可望在 2010 年期间复苏，但在反弹初期的增长步伐仍会是缓慢和偏低的，这表示香港经济届时的增长也会在低于趋势的水平。不过，当全球经济增长回复至正常轨道时，香港经济亦可望全面复苏。大型基建的建造工程加快进行也为复苏进程注入动力。考虑到在中期初段的增长会低于过往趋势增长，预计 2010～2013 年本地生产总值的平均实质增长率为每年 3.5%。

本地通胀压力正急促减退，这趋势会持续一段时期。虽然食品及能源价格在供应突然受到冲击时仍可能不时波动，但在现时全球经济下滑的情况下，源自外围的价格压力也会得到缓解。根据以上推断，中期的基本综合消费物价指数趋势增长应会颇为温和，预期为每年 2%。

在当前全球金融危机完全消退后，香港的中长期经济前景仍然乐观。政府与私营机构会继续加大力度，透过致力使本港向知识型及高增值活动的经济转型、加强香港作为国际金融中心及主要商业枢纽的地位，以及进一步加强与内地的融合，尤其是在珠三角的策略性定位，从而提升经济竞争力。此外，进一步扩大CEPA、中央政府的支援措施，加强与广东及澳门方面的合作，以及推动六项优势产业的发展等，均应可为香港创造大量经济增长机会，使香港可持续稳健发展。

除了有关全球经济何时复苏及届时的复苏力度的问题外，中期的外围环境还有其他几个方面的挑战。金融海啸会引发全球金融架构的改革，而香港亦须迅速地做出调整和适应。由全球贸易失衡所引发的调整已经开始，令全球经济复苏过程更加复杂多变。美国政府推行史无前例的政策以应付金融海啸，结果可对日后的美元走势带来许多不明朗因素，导致金融及外汇市场的波动加剧。此外，由于现时经济下滑，先进经济体系的失业持续恶化所造成的政治影响亦不能忽略，原因是美国及欧盟对内地产品的保护主义情绪可能增强，致使香港的贸易风险增加。本港方面，香港的经济结构向高增值及知识型活动转型会导致收入及财富的分布出现更大的变数。此外，中长期而言，人口老化亦对香港的医疗及社会福利制度和公共财政有重大影响。考虑到这些可能面对的挑战，奉行审慎的财政政策是十分重要的。

经过这次金融海啸的挑战，港人更明白提升竞争力的重要性。为确保经济持续增长，目光必须远大，为香港的中长期经济进行筹划，除了进一步巩固原有的四大支柱行业，亦要发展既有优势又有前景的六项产业，使香港迈向全面性的知识型经济。

这次金融海啸跟亚洲金融风暴时相比，香港的经济制度表现了强劲的抵御能力，企业发挥了更强的适应力，劳工市场的调节能力也更为迅速，反映出香港的经济基础更为巩固。凭着香港市民不屈不挠的精神，以及社会各界齐心协力，香港经济定能走出金融风暴的困境，并以更强的实力继续向前迈进，开创更光辉的未来。

Recent Situation and Forecast of Hong Kong Economy

Chen Li Ailun

Abstract：In 2009, the whole economic position showed that Hong Kong largely regressed 7. 8% in the first quarter. This was the biggest drop range since Hong Kong's economy fully suffered the serious impact of Asian financial crisis in the third quarter of 1998. But benefiting from the speeding-up of interior economic growth as well as the reduction of the downward pressure of various advanced economic systems, Hong Kong economy had bounce in the second quarter, and the drop range was 3. 8% . After the seasonal adjustment and in comparison with previous quarter, the continual contraction for four quarters of month-on-month growth has been turned back. Along with the world economy touches ground gradually, as well as the interior economy returns quick growth, it is expected that the exterior links of Hong Kong economy will continue to improve in the second half of 2009. Considering the inspiring effect of new round of mitigation measure issued by the government in May, it is estimated that all-year real local total output value will have constrict of 3. 5% −4. 5% .

Key Words: Hong Kong Economy; Recession and Inspiring Effect

澳门经济分析与展望（2009～2010年）

华侨大学"澳门经济分析与预测"课题组*

摘　要：2009 年是澳门回归祖国及特区政府成立的十周年。自回归以来，澳门的经济实力稳步增强，居民生活素质得到有效提高。受金融危机的影响，来澳内地游旅客减少逐渐浮现，博彩旅游业增长开始放缓，整体投资持续下跌，致使经济明显收缩。2009 年外部经济总体呈现下滑，上半年澳门经济实质负增长为 12.8%。预计第三季度负增长幅度收窄，下半年澳门经济呈现回暖迹象，争取全年单位数负增长预期不变，并有希望 2010 年有所增长，希望澳门经济"适度多元化"带来发展新机遇。

关键词：澳门经济　收缩　新机遇

　　2009 年是澳门回归祖国、澳门特别行政区成立的十周年。自回归以来，在"一国两制"、"澳人治澳"、"高度自治"的实践过程中，澳门的经济实力稳步增强，居民生活素质得到有效提高。澳门过去 9 年的经济年平均增长率达到双位数字，2008 年澳门本地生产总值（GDP）为 1718 亿澳门元，实质增长率为 13.2%；2008 年的公共财政总收入超过 510 亿澳门元，较 1999 年的 169 亿澳门元增加了两倍；外汇储备资产总额由回归当年的 229 亿澳门元，持续增长至目前超过 1370 亿澳门元。居民的每月工作收入中位数也不断增加，当前达到了 8600 澳门元，约为 1999 年的 1.8 倍；居民存款总额增加至超过 1920 亿澳门元，是回归当年的 2.2 倍；人文发展指数也由回归当年的 0.867 提升至 0.943（2006 年数字），基尼系数也由回归当年的 0.43 下降至 0.37（2008 年数字）。

＊　课题负责人：吴承业；课题参加单位：华侨大学数量经济研究院、澳门发展策略研究中心。

2009 年《城市竞争力蓝皮书》对全国 294 个地级以上城市综合竞争力进行比较发现：澳门位居经济效率竞争力第 6 名，产业层次竞争力第 9 名，生活质量竞争力第 3 名。对全国 51 个重点城市的 12 个分项竞争力进行比较发现：澳门位居人才竞争力第 6 名，资本竞争力第 9 名，结构竞争力第 9 名，基础设施竞争力第 8 名，综合区位竞争力第 9 名，制度竞争力第 10 名，政府管理竞争力第 4 名。"2009 年中国城市分类优势排行榜"报告，澳门以第 9 名跻身"中国省、区综合竞争力排行榜"十大之列，连续第二年在"中国国际化城市排行榜"中名列第 3 名。2009 年"全球经济自由度指数"报告，澳门首次登榜，在全球 179 个经济体中排名第 21 位，亚太地区则位列第 6 位，属于"较为自由"级别，反映澳门积极吸纳外资，对外信息交往越来越紧密，透明度越来越高。2008 年 7 月 30 日签署的《〈内地与澳门关于建立更紧密经贸关系的安排〉补充协议五》（简称"《〈安排〉补充协议五》"）协议于 2009 年 1 月 1 日起正式实施，在医疗、分销等领域采取了开放幅度较大的措施。2009 年 5 月 11 日《〈安排〉补充协议六》签署，7 月 1 日起澳门 CEPA 项下新增 475 项商品享受零关税，10 月 1 日起，在旅游、银行、证券、会展、法律、创意产业、研究和开发等领域进一步放宽市场准入的条件，有利于促进澳门经济适度多元化发展。

一 澳门地区总体经济状况

2008 年澳门 GDP 呈逐季下跌态势，第 1～3 季度分别为 32%、22%、10%，第四季度 GDP 受到博彩服务出口、投资及货物出口同时下跌的影响，出现 7.6% 的实质跌幅，是近五年来首次的季度负增长。2008 年爆发全球性金融海啸，到下半年更引起实体经济下滑。受金融危机以及来澳内地个人游旅客减少的影响逐渐浮现，博彩旅游业增长开始放缓，整体投资持续下跌，致使经济明显收缩。2009 年上半年澳门经济实质负增长为 12.8%。预计第三季度负增长幅度收窄，且争取全年单位数负增长预期不变。

1. 上半年澳门总体经济出现负增长

在金融海啸影响下，继 2008 年第四季度 GDP 负增长后，2009 年第一季度延续跌势，季度 GDP 为 320.85 亿澳门元，比 2008 年同期下跌 11.9%，连续两季度负增长，正式宣告澳门经济步入衰退。澳门自回归以来，季度 GDP 首度出现双位数跌幅。第二季度 GDP 出现 13.7% 的实质负增长，跌幅较第一季度进一步扩大，是编制季度 GDP 以来最大的跌幅。2009 年上半年澳门经济实质负增长为 12.8%。

2009 年第一季度私人消费支出增加 3.4%，低于 2008 年第四季度的 9.4%。住户在澳门市场的最终消费支出上升 1.8%，在外地的消费支出也上升 4.4%，其中在内地的消费为 7.66 亿澳门元。第二季度私人消费支出上升 0.7%，低于第一季度的 5.8%。住户在本地市场的最终消费支出减少 0.8%，在外地的消费支出则上升 5.3%，其中在内地的消费为 7.63 亿澳门元。

第一季度特区政府最终消费支出增加 7.1%，扭转 2008 年第三及第四季度的跌势，其中雇员报酬和货物及服务的购入净值分别上升 5.5% 和 22.4%。第二季度特区政府最终消费支出增加 6.2%，低于第一季度的 15.8%；其中雇员报酬和货物及服务的购入净值分别上升 3.0% 和 15.8%。

第一季度反映投资固定资本形成总额因为部分大型工程暂停或减慢兴建而收缩 32.1%，第二季度固定资本形成总额收缩 27.4%，较第一季度 31.2% 的跌幅略为收窄。私人投资因为部分大型工程暂停或减慢兴建而下跌 30.6%，其中建筑及设备投资分别减少 32.7% 及 23.2%。政府投资增加 163.5%，其中建筑投资大幅上升 286.9%，而设备投资则减少 23.1%。综合私人及公共部门的数据，第二季度的整体建筑投资减少 28.7%，减幅小于第一季度；而整体设备投资的跌幅为 22.6%，较第一季度轻微收窄。

在有形贸易方面，货物出口总值跌势加剧，由第一季度名义下跌 49.2% 持续下滑至第二季度的 58.3%，实质跌幅扩大至 58.3%。按出口市场分析，出口至美国、欧盟、中国内地及香港的货值名义下跌 84.1%、57.1%、48.2% 及 9.4%。货物进口亦显著减少，名义跌幅为 24.4%，较第一季度有所扩大；而实质跌幅为 22.4%，与第一季度持平。在无形贸易（服务出口）方面，博彩服务出口下跌 12.7%，旅客总消费亦有 20.6% 的跌幅，主要是旅客入境及旅客人均消费分别减少 13.1% 及 5.3% 所致。综合主要的服务出口方面，整体无形贸易出口下跌 14.6%，与第一季度持平；而服务进口的减幅则由第一季度 21.5% 稍微扩大至 22.9%。

2. 财政收入有所下跌

2008 年澳门特区政府的财政盈余 251.33 亿澳门元，特区政府 2009 年上半年公共财政收入为 255. 254 亿澳门元，较 2008 年同期跌 0. 3%，已超过全年预算的 62%。1~6 月的特区政府经常收入为 220. 502 亿澳门元，较 2008 年同期跌 13%。其中，上半年博彩税收入 185. 135 亿澳门元，同比下跌 10. 3%。受金融海啸来袭及流感等因素持续影响，旅客量持续下跌，消费气氛疲弱，上半年间接税 5. 908 亿澳门元，大减 44%，上半年财产收益有 6. 132 亿澳门元，跌 49. 1%，因特区政府之前批出的酒店或赌场用地溢价金基本收回，加上市况低迷，投资放缓。其他经常收入跌 8. 2%，为 16. 392 亿澳门元。但"其他直接税"则升 6. 8%，为 6. 936 亿澳门元。开支方面，上半年特区政府总开支为 132. 361 亿澳门元，较 2008 年同期大增 46. 7%。特区政府兑现施政承诺于 4 月开始动用大笔公款投入公共工程项目，由于公共收入减少，上半年结余为 122. 892 亿澳门元，较 2008 年同期下跌 25. 9%。

3. 博彩收益恢复较快

2008 年博彩业总收入达 1098. 3 亿澳门元（137. 3 亿美元）。2009 年第一季度澳门博彩业总收入达 260. 52 亿澳门元（32. 56 亿美元），比 2008 年收入同比下跌了 12. 7%，但是，较 2008 年第四季度增长了 7. 7%。第二季度博彩收益为 256. 19 亿澳门元，跌幅大大收窄。上半年各类博彩项目总收益为 518. 71 亿澳门元，较 2008 年同期减少 73. 93 亿澳门元，博彩业仍然是支撑澳门财政收入的主力。

4. 失业率基本维持稳定

澳门 2008 年总体失业率为 3%，较 2007 年下降 0. 1%；本地居民年度失业率为 3. 6%。2009 年 1~3 月，失业率为 3. 8%，比 2008 年同期上升 0. 9%；当期劳动人口为 33. 3 万人，其中就业人口为 32 万人，失业人口为 1. 3 万人；按行业分析，建筑业和零售业的失业人数增加较多；若扣除外地雇员，而本地居民失业率为 4. 8%，较 2008 年第四季度上升 0. 8%。2009 年 4~6 月，澳门失业率为 3. 6%，就业不足率为 1. 8%。当期的劳动人口共 33. 3 万人，就业人口占 32. 1 万人，失业人口约 1. 2 万人；按行业分析，建筑业和博彩业的就业人数较上一期减少，而酒店及饮食业的就业人数则有所增加。与 2008 年同期比较，2009 年 4~6 月的失业率与就业不足率分别上升 0. 8% 及 0. 2%，而劳动力参与率则下降 0. 2%。本地居民失业率为 4. 5%，较第一季度下跌 0. 3%。金融海啸对澳门直接冲击平缓，最明显影响的是博彩业，但经过博彩企业主与雇员沟通协商采取减薪方案后，对就业市场未造成冲击。预期 2009 年澳门总体失业率可以控制在 3.5% 左右。

5. 旅游人数有所回落，旅游物价仍呈上升趋势

近几年澳门多家大型综合酒店落成，吸引众多国际游客慕名而来，尽管 2008 年下半年受多种因素影响增长速度放缓，2008 全年澳门旅游业仍实现了平稳增长。2008 年入境的旅客及非澳门居民共 3018 万人次，其中旅客总数为 2290 万人次，旅客人均消费为 1729 澳门元，较 2007 年上升 6%，2008 年游客结构出现了多元化趋势，国际游客数量约占整体游客数量的 10% 以上，增加速度较快。2009 年上半年入境旅客总数为 1037 万人次，较 2008 年同期减少 11.4%。受甲型 H1N1 流感疫情的持续影响，6 月访澳门旅客总数较 2008 年同期减少近 16%，为 145 万人次，其中中国内地旅客 68 万人次，较 2008 年同月减少 20%；其中以个人游方式来澳的内地旅客为 23 万人次，大幅减少 50%。

2009 年第一季度澳门旅游物价指数为 147.91，同比微升 1.45%。其中升幅显著的大类包括衣履、食品及烟酒、餐饮，分别上升 12.11%、9.71% 和 7.55%。主要是男女服装和酒精饮品售价上升，以及餐饮服务收费普遍上调，唯住宿价格指数同比下跌 5.95%。澳门旅游早已脱离"平价"行列，追求的不再是价格上的优势，而是服务优势。2009 年第二季度的旅游物价指数为 146.09，较 2008 年同季度上升 1.77%；升幅较显著的大类为餐饮、食品及烟酒，分别上升 6.29% 和 6.10%，主要是餐饮服务收费及食品售价普遍上调所致。另一方面，酒店客房价格下调，导致住宿价格指数同比下跌 4.75%。2009 年第二季度的旅游物价指数比第一季度下跌 1.23%，其中以住宿及衣履的价格指数跌幅较大，分别下跌 14.95% 及 5.72%。另一方面，杂项物品和娱乐、文化活动价格指数则分别上升 2.39% 及 1.94%。2009 年上半年的旅游物价指数较去年同期上升 1.61%。截至第二季度，最近四个季度的旅游物价平均指数较前一期上升 5.33%。

6. 综合物价指数升幅较大

澳门 2008 年的通货膨胀率达 8.61%，比 2007 年的 5.57% 高出 3.04 个百分点。2009 年第一季度澳门的综合消费物价指数较去年同期上升 3.3%。截至 3 月为止的 12 个月，澳门的综合消费物价平均指数较前一期上升了 7.11%。第二季度综合消费物价指数较 2008 年同季上升 1.79%，以衣履、烟酒和"食物及非酒精饮品"价格指数升幅较显著，分别上升 10.75%、9.76% 及 6.11%。2009 年上半年，澳门平均综合消费物价指数较 2008 年同期上升 2.53%；截至 6 月为止的 12 个月平均综合消费物价指数较前一期上升 5.31%。

7. 零售业总体上升

2008 年，澳门零售业销售总额为 189.9 亿澳门元，较 2007 年大幅上升 34%。升幅较显著的为钟表金饰和百货货品，分别增长 65% 和 45%。2009 年第一季度零售业销售额为 49.7 亿澳门元，较上季度下调 2%，与 2008 年同季度相比增长 9%。升幅较显著的零售项目，分别为百货货品、钟表金饰及成人服装；汽车、车用燃料及家用燃料的销售额则分别下跌 35%、28% 及 26%。2009 年第二季度零售业销售额为 51.3 亿澳门元，较 2008 年同季度的 46.3 亿澳门元上升 11%，升幅较显著的零售项目仍然为百货货品及钟表金饰，分别上升 34% 和 22%；而车用燃料、汽车和家用燃料的销售额则分别下跌 24%、19% 及 18%。第二季度零售业销售额比第一季度上升 3%，2009 年上半年的零售业销售额为 101.0 亿澳门元，较 2008 年同期上升 10%。

8. 会展业发展形势较好

2008 年澳门举办商贸展览 41 个，展览面积比 2007 年提高 69%，是历史上最好的一年，成为亚洲区内会展业发展最快三大地区之一，而此前两年每年举办的商贸展览都在 30 个以下，而且，现在每年在澳门举办的国际会议有 200 个左右。2009 年澳门特区政府向会展业提供的资金近 1 亿澳门元，澳门特区政府扶持会展业的金额高于亚洲其他地区。2009 年起澳门特区政府统计局首次公布会展资料。2009 年第一季度共有 387 个会议展览活动在澳门举行，其中展览活动 17 项，会议为 370 项，与会及入场总数共 154034 人次，平均会期为 2.2 日。其中每个展览平均召开的时间为 4.2 天，入场观众共 116218 人次；会议平均为 2.1 天，与会者为 37816 人次。按会展主题前三项划分，商贸及管理、教育、培训和信息科技分别为 113 项、62 项、48 项。按类型前三项划分，以公司会议（183 项）较多，协会与组织和政府的会议分别有 96 项及 42 项。2009 年第二季度共有 347 项会展活动，其中展览活动 19 项，会议 328 项，与会及入场总数共 57423 人次，较上一季度减少 63%。平均会期下跌至 1.8 日。其中展览活动的平均展期为 3.4 日，入场观众共 25376 人次；而会议会期平均为 1.8 日，与会者有 32047 人次。按会展主题划分，商贸及管理有 105 项，旅游及文化和教育及培训分别有 60 项及 52 项。按类型划分，以公司会议（131 项）较多，由协会或组织举办和政府主办的会议分别有 94 项及 47 项。2009 年上半年在澳门举行的会议展览活动共有 730 项，与会及入场总数为 211287 人次，平均会期为2.0 日。

9. 不动产交易逐季回升

2009 年第一季度澳门不动产成交持续冷清，缴纳物业转移印花税的单位共1664 个，成交金额合计 21.3 亿澳门元，较 2008 年第四季度分别减少 16.9% 及20.5%；其中新楼单位占 28.0%（466 个），金额为 9.3 亿澳门元，较 2008 年第四季度分别减少 37.8% 及 39.2%。第二季度不动产成交较第一季度有所回升，缴纳物业转移印花税的单位共 3713 个，成交金额合计 45.7 亿澳门元，较第一季度均显著增加 1.2 倍；其中新楼单位有 1103 个（占总数的 29.7%），成交额为24.9 亿澳门元，较上一季度分别增加 1.4 倍及 1.7 倍。

2009 年第一季度住宅单位每平方米实用面积的平均成交价为 17112 澳门元，较上一季度下跌 5.3%；其中澳门半岛的平均成交价为每平方米 14436 澳门元，跌幅为 7.0%；而氹仔的则与 2008 年第四季度相若，每平方米 24871 澳门元。属中间移转的住宅平均成交价为每平方米 29123 澳门元，较上一季度下跌 1.3%。办公室及工业单位的平均成交价分别为每平方米 22228 澳门元及 6421 澳门元，升幅为 16.8% 及 21.5%。2009 年第二季度住宅单位平均成交价为每平方米实用面积 18928 澳门元，较上一季度上升 10.6%；其中澳门半岛单位的平均成交价为每平方米 17794 澳门元，上升 23.3%；而氹仔的为每平方米 22366 澳门元，下跌10.0%。属中间移转的住宅平均成交价为每平方米 31184 澳门元，较上一季度上升 7.1%。办公室及工业单位的平均成交价为每平方米 19556 澳门元及 5815 澳门元，分别下跌 12.0% 及 9.4%。

10. 贸易投资额大幅下跌

2009 年 1~6 月，内地与澳门贸易额为 9.9 亿美元，同比下降 29.1%。其中，内地对澳门出口为 7.8 亿美元，同比下降 38.1%；自澳门进口为 2.1 亿美元，同比上升 51.9%。2009 年 1~6 月内地共批准澳商投资项目 142 个，同比减少 35.2%，实际使用澳资金额 3.1 亿美元，同比减少 6.1%。截至 2009 年 6 月底，内地累计批准澳资项目 12130 个，实际利用澳资 85.4 亿美元。2009 年 1~6月，内地在澳门承包工程劳务合作共计 3391 份，合同金额 2.3 亿美元，完成营

业额 4.6 亿美元，6 月底在澳劳务人数 53278 人。截至 2009 年 6 月底，内地在澳累计完成营业额 95.6 亿美元。

二 下半年澳门地区经济回暖迹象明显，全年单位数负增长预期不变

1. 2009 年外部经济总体呈现下滑，2010 年有所增长

国际货币基金组织预测（IMF）在 2009 年 10 月 1 日发表的《世界经济展望》中，预测全球经济在 2009 年收缩 1.1% 之后，2010 年将增长 3.1%。在主要发达经济体中，美国经济预计在 2009 年收缩 2.7% 之后，2010 年将扩张 1.5%；欧元区经济预计在 2009 年收缩 4.2% 后，2010 年将增长 0.3%；英国经济 2009 年预计将收缩 4.4%，2010 年有望增长 0.9%；日本经济 2009 年预计将下滑 5.4%，2010 年则将增长 1.7%。在主要新兴经济体中，中国经济预计在 2009 和 2010 年两年将分别增长 8.5% 和 9.0%；印度的经济增长率将分别达到 5.4% 和 6.4%；俄罗斯经济在 2009 年收缩 7.5% 之后，2010 年有望增长 1.5%；巴西经济 2009 年将下滑 0.7%，2010 年则将增长 3.5%。

2. 下半年澳门经济呈现回暖迹象

澳门 7 月博彩收入 95 亿澳门元，按年增 3.1%，扭转跌势。一方面是新濠天地开幕后，透过合适市场策略，成功拓展贵宾厅及中场客源，抢夺市占率，赌收贡献增多。另一方面，新场开幕，博彩业竞争加剧，博彩企业推出各样优惠及市场策略吸引游客，直接推高收入。澳门博彩业 8 月份毛收入超过 112 亿澳门元，较 2008 年同期增长 15.28%，澳门 9 月份博彩业收入较 2008 年同期增长 52.4%，至 108 亿澳门元。2009 年 9 月内地放宽广东省居民到澳门自由行，由"两月一签"放宽至"一月一签"，该政策会刺激更多的内地游客到澳门旅游，会带动澳门楼价的回升，也会带动相关行业的收益提升，进而促进澳门经济的好转。高盛证券发表研究报告将 2009 年澳门博彩收入增长预测由原来估计的 - 5% 调升至 - 2%，而 2010 年预测数字亦调升至 10%。

2009 年 7 月澳门入境的旅客及非澳门居民共 2329381 人次，旅客总数为 1755103 人次，较 2008 年 7 月减少 14.9%。8 月澳门入境的旅客及非澳门居民共 2621326 人次，旅客总数有 2065336 人次，较 2008 年 8 月增加 6.4%。9 月份正

式放宽的"自由行"政策将进一步促进旅游人数的回升。与此同时，第三季度的旅游物价指数较2008年同季上升2.76%。比第二季度上升1.08%，上升趋势保持不变。

博彩旅游业的回暖必将带动下半年澳门相关产业的经济好转，澳门经济财政司司长谭伯源预计"第三季度负增长幅度收窄，且争取全年单位数负增长预期不变。"

3. 澳门经济"适度多元化"带来发展新机遇

2009年对澳门来讲是"具有关键意义的一年"，适逢澳门特区成立十周年、第三任行政长官选举和第四届立法会的选举。2009年初国务院正式颁布《珠江三角洲地区改革发展规划纲要》，到2020年把珠江三角洲地区建成粤港澳三地分工合作、优势互补、全球最具核心竞争力的大都市圈之一，明确澳门作为世界旅游休闲中心的定位。2009年8月14日，国务院批准通过《横琴总体发展规划》，横琴开发已上升到国家战略高度，使其成为继上海浦东新区、天津滨海新区之后，第三个由国务院批准的国家级新区。新规划的核心突出为澳门拓展发展空间和经济适度多元发展提供支持，首先将在横琴建立澳门大学新校区，横琴的开发对澳门经济适度多元化可以起带动作用。2009年底港珠澳大桥将动工，并在五年内建成；珠三角城轨逐步衔接，整个城市圈的数千万居民能实现短时间内大规模快速流动，珠三角交通网及基建衔接后，澳门将有翻天覆地的变化。

Analysis and Forecast of Macao Economy

Task Group

Abstract：In 2009, it is the tenth anniversary when Macao returned to the motherland and the special region government was founded. Since the return, Macao's economic potentiality has strengthened steadily, and the residents' quality of life has had effective improvement. Under the influence of financial crisis, the inland tourists Macao has reduced gradually, the gambling tourism growth starts to slow down, and the whole investment continues to fall, which the economy has obvious contraction. In 2009, the

355

external economy presents downslide in overall, and real Macao negative economic growth was 12. 8% in the first half of the year. It is estimated that, the negative growth range has contraction in the third quarter, Macao economy has recovery trend in the second half of the year, all-year anticipated unit negative growth is trying for invariable, and it is hopeful to have growth in 2010, and we hoped that Macao economic "moderate variety" can bring new development opportunity.

Key Words: Macao Economy; Contraction and New Opportunity

国际背景篇

International Background

2009 年世界经济形势分析及
对 2010 年的展望

张宇燕　田　丰*

摘　要： 2009 年全球经济出现了自 1960 年以来首次负增长，而且幅度很可能超过 1%。到目前为止，美国次贷危机及金融危机已大体上得到控制。但是鉴于目前还存在着诸多不确定性，故断言 2010 年世界经济全面摆脱衰退进入复苏还为时尚早，全球经历强劲复苏还需要满足一系列条件。本文将分别讨论全球增长、就业、贸易、投资、金融、石油及其他初级产品等 6 个领域，并在结论部分给出对 2009 年世界经济形势的总体判断和对 2010 年的综合展望。

关键词： 世界经济　金融危机　不确定性

---

* 张宇燕，中国社会科学院世界经济与政治研究所所长，博士生导师，研究员；田丰，中国社会科学院世界经济与政治研究所，博士，副研究员。

2009 年将是被历史铭记的一年。在这一年中，全球经济出现了自 1960 年以来首次负增长，而且幅度很可能超过 1%。幸而作为导致本次全球衰退起因的美国次贷危机及金融危机，到目前为止已大体上得到控制。受其波及和拖累的世界经济，下半年以来已经显露出各种复苏的迹象。鉴于目前还存在着诸多不确定性，故断言 2009 年全球经济全面摆脱衰退进入复苏还为时尚早，2010 年全球经历强劲复苏还需要满足一系列条件。本文将分别讨论全球经济增长、失业率、国际贸易、外国直接投资、国际金融、石油及其他初级产品价格波动六个领域，并在结论部分给出对 2009 年世界经济形势的总体判断和对 2010 年的综合展望。

一 经济增长

此次全球衰退有如下七个特点：其一，全球经济将出现近半个世纪以来首次负增长。根据国际货币基金组织（IMF）10 月最新发布的《世界经济展望》，2009 年全球经济增长率预计为 - 1.1%，其中发达经济体为 - 3.4%，发展中经济体为 1.7%。美国民间机构彼得森国际经济研究所（IIE）对 2009 年的估计数与之几乎完全吻合（参见表 1）。而即使在 1980 年代初的那次较为严重的经济衰退中，全球经济还维持了将近 1% 的正增长。这也足以表明本次危机破坏力之巨大。其二，发达经济体在危机中受到极大打击，其中以日本和欧洲尤甚。日本和欧元区的经济预计今年将分别萎缩 5.4% 和 4.2%。其三，作为危机始作俑者的美国，其表现还不是最差的，增长率为 - 2.7%。其四，发展中经济体内部，中国和印度表现突出，分别将实现 8.5% 和 5.4% 的增长，而巴西和俄罗斯则表现欠佳。其五，在地理上和制度上与发达经济体关系密切的发展中经济体，如墨西哥和中东欧国家，其经济增长受到金融危机的负面影响要远远高于发展中经济体的平均水平。其六，中东和非洲的经济增长虽然因为金融危机的暴发而有所下滑，但总体上看受负面影响不是很大，这多少和其经济整体开放度相对不高、石油价格经过巨幅波动后大体稳定下来有关。其七，发展中经济体和发达经济体增长率虽然同步，但速度波动幅度差别巨大，这一自本世纪初以来的趋势在此次危机中得到了延续。

具体到国别，美国经济在经历连续两个季度大幅下滑后，2009 年第二季度曙光微现，降幅明显收窄至 1%。与负增长 6.4% 的第一季度相比，美国经济状况改

表1 2009～2010 年世界实际 GDP 增长前景预测

单位：%

国家/地区	2008 年	IMF2009 年	IMF2010 年	IIE2009 年	IIE2010 年
世界	3.0	-1.1	3.1	-1.1	4.2
发达经济体	0.6	-3.4	1.3	-3.3	3.3
美国	0.4	-2.7	1.5	-2.4	4.0
日本	-0.7	-5.4	1.7	-5.2	2.5
英国	0.7	-4.4	0.9	-4.0	2.5
加拿大	0.4	-2.5	2.1	-2.0	3.4
欧元区	0.7	-4.2	0.3	-3.7	2.3
发展中经济体	6.0	1.7	5.1	1.9	5.4
亚洲	7.6	6.2	7.3	6.0	7.8
中国	9.0	8.5	9.0	8.3	9.0
印度	7.3	5.4	6.4	6.4	7.5
巴西	5.1	-0.7	3.5	nil	3.6
墨西哥	1.3	-7.3	3.3	-5.8	3.0
中东欧	3.0	-5.0	1.8	-3.5	2.6
独联体	5.5	-6.7	2.1	-4.8	2.6
中东	5.4	2.0	4.2	2.0	4.0
非洲	5.2	1.7	4.0	2.0	4.0

资料来源：IMF，2009，*World Economic Outlook*：*Update*，October；Michael Mussa，2009，*Global Economic Prospects as of September 2009*：*Onward to Global Recovery*，September 17，2009，Peter G. Peterson Institute for International Economics。

善的动力主要来自私人投资下滑速度放缓和政府开支增长。第二季度私人总投资（含存货）下降 24.4%，降幅比上季度缩小 26.1 个百分点，相应对经济增长的影响由 -8.98% 降低至 -3.2%。同期政府开支增长 6.4%，对 GDP 的贡献也从第一季度的 -0.52% 改善为第二季度的 1.27%。另一方面，净出口虽然拉动经济增长 1.6%，但是其贡献程度比上一季度减少近一个百分点，原因是进口增加削弱了出口改善对经济增长的贡献。此外，美国居民对耐用品和非耐用品消费的减少使消费支出对 GDP 影响的方向逆转为 -0.69%。

欧元区经济几乎讲述着与美国同样的故事，只不过这个故事的基调似乎更加灰暗。到 2009 年第二季度，欧元区不仅从环比数据看已经连续 5 个季度出现经济负增长，而且就在该季度 GDP 环比折年率仍然下降 4.7%。投资波动是反映欧元区经济周期和经济活力的最可靠指标。与美国一样，欧元区投资也出现了积极变化，表现为 2009 年第二季度固定资产投资降幅缩小和存货投资进入上升阶段，但是极低的产能利用率将是欧元区未来投资增长的制约因素。不同于美国的是，欧元区在 2009 年第二季度实现了 194 亿欧元的净出口，比第一季度多 110 亿欧元，扭转了 2007 年第三季度以来净出口不断缩小的趋势。欧元区的私人消费状况也有所改善，由 2009 年第一季度负增长 1.4% 回升到第二季度的 -0.8%（年率）。阻碍欧元区经济复苏的关键问题包括高企的失业率和充满变数的宏观经济状况。成员政府的财政刺激方案曾有效地遏制了欧元区经济的快速衰退，可是普遍存在的财政困难和联盟条约对财政赤字的约束意味着进一步的刺激政策难以指望。

日本经济与欧元区相似，在 2009 年第二季度之前经历了连续 4 个季度的负增长，不同的是该季度日本经济有所反弹，环比增长 0.9%，动力主要来自于出口和国内私人消费这两个方面。出口一直是拉动日本经济增长的最主要因素之一，本次反弹中净出口贡献了 1.6 个百分点，其中出口的上升与进口的下降，两者各贡献 0.8 个百分点。国内私人消费由下降转为增长，为经济增长贡献了 0.5 个百分点。另外，资本形成尽管有所改善，但仍然延续着经济衰退以来的负增长态势，当季贡献 -1.1 个百分点。世界经济的回升、日本出口区域的主动调整（主要是加大对亚洲的出口力度）和亚洲经济相对强劲的增长将为日本经济恢复提供了支撑。而严重下滑的国内机械设备投资、恶化的就业状况、亚洲区域内日益加剧的经济竞争使我们对于未来日本经济的走势并不乐观，全球经济复苏基础不牢以及世界金融资本市场的可能动荡还将进一步加大日本经济增长的不确定性。

中国经济表现亮眼，一是保持了相对较高的经济增长速度，二是经济回升态势日益强劲。今年第一、第二季度，中国 GDP 增长率分别为 6.1% 和 7.1%，其中投资是经济增长最主要的拉动力量，上半年拉动 GDP 增长 6.2%，消费拉动 GDP 增长 3.8%，净出口对 GDP 的贡献是 -2.9%；下半年中国经济增长态势更为强劲，1~8 月，城镇固定资产投资 112985 亿元，同比增长 33.0%，社会消费品零售总额 78763 亿元，同比增长 15.1%，两者均比 1~7 月加快 0.1 个百分点。9 月份出口环比大幅上升 11.8%，同比下降 15.2%，降幅较 8 月份的 23% 显著缩窄。2009 年中国 GDP 增长率超过 8% 已经确定无疑，而如何在经济增长中实现结构调整将是中国经济实现可持续增长必须解决的主要问题。

二　失业率

失业是当前世界经济走出危机、恢复增长必须解决的突出问题。从美欧日等主要经济体 2009 年第一、第二季度的一系列指标来看，经济都在触底反弹期，其中消费、投资、政府支出和净出口等领域各有亮点，然而决策者们共同的难题是节节高升的失业率。

美国 9 月份的失业率水平创出 26 年来的新高，上升至 9.8%，当月失业人数为 26.3 万。自 2007 年 12 月美国经济陷入衰退以来，就业岗位累计减少 740 万个。欧元区 7 月份失业率达到 9.5%，创下欧元区成立以来的最高纪录，目前欧元区总失业人口已高达 1474.5 万人。日本 8 月份失业率为 5.5%，比 7 月下降 0.2 个百分点，出现了 7 个月以来的首次下降。但是民主党政府 9 月执政以来发布的首份政府月报，在就业方面仍然做出"就业局势依然严峻且仍在恶化"的评估。这一评估表明，日本失业率在 2009 年晚些时候还可能上升。

比目前主要发达经济体创纪录失业率更糟糕的是，这个纪录还将不断被刷新。IMF 的预测显示（参见表 2），2009 年美国的失业率预计为 9.3%，2010 年将跃至 10.1%；欧元区 2010 年的失业率将在 2009 年的基础上提高 1.8 个百分点，

表 2　2009～2010 年发达经济体经济失业率

单位：%

国家/地区	失业率(失业人口占劳动人口比率)		
	2008 年	2009 年	2010 年
发达经济体	5.8	8.2	9.3
美国	5.8	9.3	10.1
欧元区	7.6	9.9	11.7
日本	4.0	5.4	6.1
英国	5.5	7.6	9.3
加拿大	6.2	8.3	8.6
韩国	3.2	3.8	3.6
澳大利亚	4.2	6.0	7.0
新加坡	2.2	3.6	3.7
主要发达经济体	5.9	8.2	9.4
新兴工业化亚洲经济体	3.4	4.5	4.4

资料来源：IMF（2009）World Economic Outlook：Update. October 2009。

达到 11.7%，其中德国、法国和意大利等主要成员都将面临 10% 以上的高失业率；日本 2009 年全年的失业率估计为 5.4%，2010 年将为 6.1%。总体上，发达经济体 2010 年的失业率将为 9.3%，高出 2009 年 1.1 个百分点，从另一个角度看这意味着失业率将同比上升 13.4%。

失业高企不仅将导致严重的社会问题，它还将侵蚀本已十分脆弱的经济反弹基础，阻碍世界经济的复苏。首先，在消费领域，一方面高失业率将直接影响居民可支配收入的增长，抑制居民的消费倾向，增加其储蓄倾向；另一方面对于未来就业状况的悲观看法将影响到居民的就业预期和工资增长预期，导致当期消费的进一步削减。其次，在投资领域，对于美欧等国内消费驱动型的经济体而言，私人消费的稳定与增长是企业投资决策的重要考虑因素。高失业率将通过影响企业关于消费、经济增长和盈利的预期，阻碍商业支出的增加。而如果没有企业投资的增长，糟糕的就业状况至少是难以改善。再次，在进出口领域，高失业率通过国内政治制度的传导将提高一些国家的贸易保护主义倾向。对这一点中国无疑感触最深。2009 年前三季度，共有 19 个国家和地区对中国产品发起 88 起贸易救济调查，包括 57 起反倾销、9 起反补贴，总金额约有 102 亿美元。从涉案金额看，美国占到 57%。

对于未来劳动力市场悲观的预期还来自于我们尚未看到解决就业问题的良策。直觉上，通过工资的调整劳动力市场将在新价格基础上实现均衡。但是企业用工模式的变化阻碍了这一调整的实现。在衰退期大量裁员和大幅削减开支之后，企业在经济回升的初期更倾向于通过延长劳动时间和使用临时雇员的方式来扩大生产。在美国 2001~2003 年的经济复苏中，这种状况持续了相当长的时间。况且目前欧洲和美国等产能利用率仍处于低水平，企业增雇人员的动力不足。周期性因素与经济结构调整带来的失业叠加进一步加大了问题解决的难度。在金融危机冲击下，美国一些传统产业逐渐失去竞争力，新的能够带动经济增长的主导产业尚未形成，新能源或绿色经济占 GDP 比例低且周期长、风险大，并且严重依赖于传统能源的供应与价格，远不足以担当支撑重任。如何创造新的就业机会以及如何帮助失业者适应新的就业岗位将是决策者面临的长期问题。

三 国际贸易

金融危机导致国际贸易大幅收缩。据 IMF 10 月发布的《世界经济展望》估

计，2009 年全球贸易量将萎缩 11.9%，发达经济体进口和出口分别降低 13.7%
和 13.6%，发展中经济体相应的数字为 9.5% 和 7.2%（见表 3）。

表 3　2007～2014 年世界贸易形势及中期展望

单位：%

年　　份	2007	2008	2009	2010	2011～2014 平均
世界贸易量(年变化率)	7.3	3.0	-11.9	2.5	6.4
进口					
发达经济体	4.7	0.5	-13.7	1.2	5.3
发展中经济体	13.8	9.4	-9.5	4.6	8.1
出口					
发达经济体	6.3	1.9	-13.6	2.0	5.7
发展中经济体	9.8	4.6	-7.2	3.6	7.7
贸易条件					
发达经济体	0.3	-1.8	2.0	-0.2	-0.3
发展中经济体	0.7	4.1	-6.3	4.6	-0.1
经常账户平衡状况(与 GDP 的比率)					
发达经济体	-0.9	-1.3	-0.7	-0.4	-0.4
发展中经济体	4.3	3.9	2.0	2.8	3.5

资料来源：IMF（2009）World Economic Outlook：Update. October 2009。

现就 2009 年上半年主要发达经济体和发展中经济体的贸易状况做些简单说
明。据美国商务部的统计，美国 2009 年上半年货物进出口总额为 12134.7 亿美
元，比上年同期下降 29.2%。其中出口减少 23.8%，进口减少 32.5%，贸易逆
差 2169.9 亿美元，下降了 46.6%。欧盟委员会 9 月 17 日公布的 2009 年 1～7 月
欧盟外贸数据显示，欧盟 27 国和欧元区 16 国的外贸进出口总额与上年同期相比
分别下降了 25% 和 20%。据日本海关统计，2009 年 1～7 月日本货物进出口额为
6011.5 亿美元，比上年同期下降 34.2%，其中出口下降 35.9%，进口下降
32.4%，逆差 33.6 亿美元，下降 88.5%。据巴西发展工业外贸部统计，1～8 月
巴西进出口总额为 1759.02 亿美元，同比下降 27.7%，其中出口减少 24.7%，
进口减少 31.1%，顺差 199.68 亿美元，同比增长 18.7%。印度财年的第一个季
度（4～6 月）的出口总额为 354.32 亿美元，进口总额为 509.36 亿美元，同比分
别下降 31.3% 和 36.5%。俄联邦统计局公布的最新数据显示，1～7 月份俄罗斯
对外贸易额为 2507 亿美元，同比下降 44.1%，其中出口下降 46.4%，进口下降

40.1%，贸易顺差为 537 亿美元，与去年同期 1198 亿美元的顺差相去甚远。中国 2009 年上半年虽然成为世界最大的出口国，但据海关统计，2009 年 1～8 月中国进出口总值为 13386.5 亿美元，同比下降 22.4%，其中出口下降 22.2%，进口下降 22.7%。

除了贸易量大幅度下挫之外，2009 年国际贸易领域内还有几点值得关注。首先，发展中经济体的贸易条件严重恶化，从 2008 年的 4.1% 到 2009 年的 −6.3%,而发达经济体相应的数字为 − 1.8% 和 2.0%。这在相当程度上反映了两者抗危机能力的高下。其次，无论是出口还是进口，发达经济体下滑的幅度均大于发展中经济体，同时，发展中经济体内部受影响的程度差异巨大，"金砖四国"对外贸易下降幅度大大超过整个发展中经济体的平均水平。最后，2009 年前半年的实际数据显示，发达经济体和主要发展中经济体贸易量下滑速度，远远快于世界贸易组织和国际货币基金组织对 2009 年全年的预测数值。这意味着今年下半年世界贸易需要止跌回升。现实似乎正在朝着复苏的方向发展。根据荷兰经济政策研究局（BEPA）统计，6 月全球贸易量已止跌回升，6 月较 5 月增加 2.5%，这是 2008 年 7 月以来最大的单月增幅。尽管 5 月贸易量较 4 月下滑 1.4%，但随着 6 月份贸易量回升，4～6 月贸易量较上季度仅仅下滑了 0.7%，远远小于今年第一季度相对于 2008 年第四季度的 −11.2% 和 2008 年第四季度相对于第三季度 −7.1% 的跌幅。全球贸易止跌回升应该是全球经济走出衰退的一个信号。

四 外国直接投资

全球外国直接投资（FDI）流入额在 2007 年达到了 1.98 万亿美元的历史最高纪录。2008 年，全球 FDI 流入规模仅为 1.7 万亿美元，比上年减少了 14%，连续 4 年的增长势头开始出现逆转。进入 2009 年后，全球金融危机对 FDI 的负面影响愈发显著。2009 年第一季度，根据联合国贸发会议（UNCTAD）对 96 个国家的统计数据的跟踪，这些国家的 FDI 流入量比 2008 年同期下降了 44%。在这种背景下，无论是 UNCTAD 还是 OECD 均大幅度调低了 2009 年 FDI 的预测，并预计今年全球 FDI 流入总规模将低于 1.2 万亿美元。

发达经济体的 FDI 流量减少是导致全球 FDI 规模下降的直接原因。联合国贸发会议提供数据显示，2008 年第四季度和 2009 年第一季度，从 FDI 三项主要组成部分的股本投资、公司内借贷和收益再投资看，发达经济体的 FDI 均大幅度下降，其中 2009 年第一季度发达国家 FDI 流出量下降 46%。2008 年第四季度，流入美国的 FDI 规模尚为 920 亿美元，而到 2009 年第一季度则骤然降到 333 亿美元（参见表 4）。预计 2009 年经合组织成员国的 FDI 流入额和流出额，将分别从 2008 年的 1 万亿美元和 1.65 万亿美元，下降到 2009 年的 5000 亿美元和 1 万亿美元。

表 4 发达经济体 FDI 流量

单位：百万美元

国家/地区	FDI 流入			FDI 流出		
	2008Q3	2008Q4	2009Q1	2008Q3	2008Q4	2009Q1
发达经济体	205920	207271	157435	328888	337086	248386
欧盟	111411	71357	109556	193944	166628	176684
法国	38629	9469	9243	56657	28917	44345
德国	4548	5692	2550	13504	29761	17898
荷兰	79	− 34847	4950	− 2457	27914	11155
英国	− 4531	28244	63177	31661	12364	59945
北美	79793	100358	33543	80819	75517	28918
美国	64244	92048	33312	55819	61980	25022
澳大利亚	10156	19634	4118	− 8089	− 6128	11959
日本	1744	5934	2347	21887	58164	17196

资料来源：UNCTAD（2009）World Investment Report 2009。

2009 年流入发展中经济体的 FDI 亦会不同程度地缩减。2009 年上半年，中国实际利用 FDI 金额 430 亿美元，同比下降 17.8%。中国实际吸引的 FDI 直到 8 月才首次实现年内单月增长，达到 75 亿美元。2009 年 1～7 月，流入巴西的 FDI 仅为 140 亿美元，比上年同期减少 60%。按照巴西中央银行的估计，2009 年全年巴西可能将吸收 250 亿美元的 FDI，比上一年创下的 450 亿美元历史纪录减少 44.5%。俄罗斯 2009 年上半年引入的 FDI 大幅度下降了 45%，仅为 61 亿美元。印度 2009 年 1～7 月 FDI 流入规模仅为 35.2 亿美元，比上年同期下降了 56.5%。越南在 2009 年前 8 个月吸引的 FDI 为 104 亿美元，同比锐减 81.6%。

与全球 FDI 下降相伴随的，是跨国并购的冷清。2009 年 1～8 月，全球宣布的并购交易额下滑到 1.4 万亿美元，较上年同期减少 32%。其中，作为全球最重要的并购市场，发生在美国的企业并购交易规模呈现明显的萎缩态势。据

Dealogic 的数据，2009 年 1～8 月，美国的交易额下降 35%，仅为 4482 亿美元。日本虽然在 2008 年海外并购额达到创纪录的 760 亿美元，但这一增长趋势在 2009 年迅速逆转，其 1～7 月的海外并购额较上年同期下降 66%。

2009 年有两件与 FDI 相关的事值得关注。一件是伴随着 2009 年第三季度的全球经济形势趋好和投资者信心的部分恢复，美国和欧洲企业并购活动也出现了明显的活跃迹象，超过 10 亿美元的大宗并购交易有所增多。另一件是以资源寻求型为主的中国企业海外并购在 2009 年也进入了一个新的高潮，并日益引起国际社会的极大关注。在这一年中，尽管中国铝业公司在年初以 195 亿美元的报价收购力拓部分股权的方案未得实现，但以中石油、中石化、五矿集团为主的中国能源企业在国际市场频频出手并完成一些收购活动，例如，2009 年 8 月，中石化成功地完成了对加拿大 Addax 公司的要约收购，其交易总金额高达 75 亿美元。本宗并购案不仅是迄今为止我国公司进行海外资产收购最大一笔成功交易，而且该并购案也是 2009 年第二季度全球国际能源领域的最大并购案。

联合国贸发会议对数百家跨国公司的调查显示，被调查的跨国公司大都对 2010 年的国际直接投资环境表现乐观的态度。再考虑到美、欧、日等主要经济体都已显现出停止下滑并逐步回暖的势头，人们大体可以预计，在经历了 2008～2009 年全球 FDI 规模骤减之后，FDI 在 2010 年开始温和复苏的可能性大大提高，全球 FDI 流入规模将会超过 2009 年的 1.2 万亿美元左右的总规模。在国际资本的地区流向上，中国及其他亚洲新兴经济体依然将成为最具有吸引力的国家和地区。

五　国际金融

全球范围内金融市场正常化情况和金融领域国际规则体系的改革进展是 2009 年国际金融领域两大热点。危机给全球金融市场带来巨大冲击，市场信心一度处于崩溃边缘。促使金融市场正常化是一切救助措施的重中之重。事实上，如果没有一个正常运转的金融市场，任何刺激经济增长的措施都将是低效甚至无效的。金融危机还凸现金融领域现有国际规则体系的两个重大缺陷，一是美元本位制下缺乏对储备货币发行的约束，二是以 IMF 为代表的国际金融机构被边缘化。痛定思痛，国际金融规则体系的改革成为当前国际合作的焦点。

在各国中央银行、财政部和国际金融机构的联合干预下，金融市场已经基本企稳。银行机构问题贷款规模增速放缓，流动性短缺问题得到缓解，系统性金融风险降低，投资者信心逐渐恢复。在美国，银行机构的股本充足率 2009 年第二季度达到 10.56%，处于次贷危机以来的最高水平。企业和政府间的信贷价差进一步显著下降，信用违约掉期等反映违约风险的指标大都较此前的峰值有明显回落。三大股指自 3 月份以来在震荡中上行。企业债券发行量达到创纪录水平。

国际融资状况改善是全球金融市场趋于稳定的另一个重要表征。国际银行信贷规模减幅缩小，2009 年第一季度，国际银行对非银行的债权仅比上个季度下降 2580 亿美元，而 2008 年第四季度的这一数字是 1 万亿美元。在国际债券市场上，国际金融组织国际负债证券净发行在 2009 年上半年增加了一倍，成为带动国际负债证券市场复苏的重要动力。衍生品市场在连续大幅萎缩两个季度后，到 2009 年第二季度有所恢复，周转额达到 2411 万亿美元（参见图 1）。

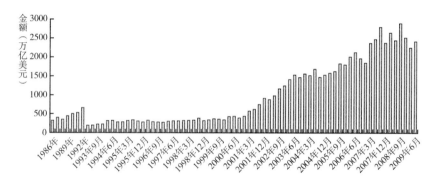

图 1　衍生品市场周转额（期货、期权和商品合约）

资料来源：国际清算银行数据库。

如同实体经济一样，金融市场正常化过程仍然处于萌芽状态，基础极其脆弱。美国问题银行的数量在 2009 年第二季度增加了 111 家，至 416 家，创下自 1994 年 6 月以来的最高水平。此外，一系列因素将进一步恶化银行等金融机构的资产质量，这些因素包括：为处置有毒资产，美欧金融机构未来一两年资产减记总额将达 2 万亿美元；美国总额 1.914 万亿美元的消费者债务中预计有 14% 将成为坏账；美国 2009 年第二季度商业房贷违约率达 7.9%，为 15 年来的最高点。在欧洲，货币金融机构对其他金融机构和非金融企业融资的增长率不断下降，对住户贷款仅有微弱的增加，同时加速持有政府债券，这说明欧洲中央银行

的货币扩张并没有通过货币金融机构的业务活动充分传导至实体经济部门。

在全球储备货币体系改革方面，目前基本的选择主要有两个：创建超主权储备货币和强化多极储备货币体系。前者的主要优点是切断储备货币发行与一国货币政策之间的联系，解决单一信用储备货币体系下信心与清偿力难以兼顾的难题。IMF 创设的特别提款权（Special Drawing Right，SDR）具有成长为超主权储备货币的特征与潜力，但要真正成为全球储备货币，SDR 还需要：①扩大定值货币篮，以充分反映全球经济增长的相对格局；②扩大 SDR 的适用范围，使之不局限于 IMF 成员之间，以及 IMF 成员国与 IMF 之间的清算；③扩大 SDR 的发行规模；④对 SDR 的发行与管理机构 IMF 进行必要的改革，以使其具有更广泛的代表性与合法性。相较于在 SDR 基础上创建超主权储备货币，国际储备货币多极化更加现实可行。在未来的国际货币体系下，可能出现美元、欧元与某种亚洲货币（人民币或亚洲主要货币组成的一个货币篮）三足鼎立的局面，美元、欧元与亚洲货币之间最初实施汇率自由浮动，时机成熟后三大货币区之间改用固定汇率连接，从而最终构成全球统一货币的雏形。

可以看出，在国际货币体系演进中，IMF 的改革和人民币国际化是无法忽略的两个关键点。2009 年，IMF 改革的进展主要体现在增加可利用资源和改善贷款职能两个方面，这些改革提升了 IMF 应对全球性危机的实力，加快了对危机的反应速度，增强了制定针对性贷款条件的能力。但在更为关键的份额改革与监测职能改革方面，由于既得利益集团的激烈反对，迄今为止成果乏善可陈。

全球金融危机的爆发不仅让我们切实体会到推进人民币国际化进程的迫切性，也为我们推进这一进程提供了难得机遇。迫切性来自于：①对以美元为中心的现有国际货币体系稳定性与合理性的质疑。②对巨额外汇资产安全性的担忧。③对既往经济增长模式的反思和继续推进国内各方面改革的要求。同时全球范围内对现行国际货币体系进行改革的共识、一些国家希望拥有美元之外的外汇资产以保持国际收支稳定的强烈需求和中国良好的经济增长势头，为人民币国际化提供了重要的机会。通过签订双边互换协议、开展跨境贸易的人民币结算试点、推动国外个人人民币业务发展、参与国际货币体系合作、在香港发行人民币国债和国内资本市场的配套措施，2009 年人民币国际化取得积极进展。但受金融市场发展水平的制约，人民币国际化注定是一项长期、渐进的系统工程。

六 石油及其他初级产品的价格波动

进入 2009 年后，国际初级产品价格延续着 2008 年的跌势，但降幅已经显著缩小。2008 年国际初级产品价格先扬后抑。根据 IMF 编制的初级商品价格指数（参见图 2），几乎所有主要初级产品价格都在 2008 年第二季度达到高位。之后受金融危机的影响，其价格又在第三季度同时快速下跌，第四季度更是进入了恐慌性跳水阶段。在 2009 年第一季度跌至谷底后，能源、金属、食品、饮料和农业原材料的价格开始全面回升。从峰值到谷底，国际初级产品价格平均降幅高达 55.6%。其中石油降幅最大，高至 68.7%，带动能源产品价格整体下降 64.1%。非能源产品价格跌幅相对较小，但也达到了 35.5%。

图 2　初级商品价格指数（2005 年 =100）

注：该指数经美国 CPI 平减。

资料来源：IMF，IFS。

在经历快速大幅下降之后，2009 年第二、第三季度国际初级产品价格全面回升。在六个月时间里，国际初级产品价格上涨了 27%，其中石油上涨了 54%，能源上涨 12%，金属上涨 37.3%，农业原材料上涨 14%，饮料上涨 12%，食品上涨 7%。从整体上看，国际初级产品价格大致回复到 2007 年第二季度危机前的水平。

最近几个月国际初级产品价格的快速回升带有恢复性成分，但更大的动力来自于对未来世界经济增长的信心。问题的关键在于，这种信心主要建立在诸多政府共同实施与维持其宽松货币政策和数量庞大财政刺激计划的基础上，一旦主要

国家萌生退意而"虚弱"的世界经济数据尚不足以支撑这种信心时,国际初级产品价格还可能出现短期回调。

美元贬值是国际初级产品价格,尤其是石油价格上涨的另一个重要因素。10月13日,"美元指数"一度跌至75.836,创14个月来最低点。美元贬值意味着以美元计价的石油等初级产品价格相对便宜,在短期供给较为稳定的情况下,需求的大量增加会反过来推高石油的美元价格。此外,美元的"跌跌不休"也使其持有者更加愿意将纸币换成石油这样的"硬通货"以规避风险。

七　结论

综合上述六方面的情况,我们对当前世界经济形势的总体判断是:全球经济已进入反弹期,但世界经济全面复苏则动力不足。相对于 IMF 2010 年世界经济增长 3.1%、2011~2014 年平均增长 4.4% 的预期,我们的估计较为保守,认为未来 1~3 年内世界经济步入低速增长期(3%左右)的可能性更大。

2009 年世界经济的反弹主要体现在:①各主要发达经济体一系列指标均显示衰退已经停止,经济开始明显回升,这一趋势可能持续到 2010 年第一季度甚至于第二季度;②中国和印度等新型经济体的增长态势无疑对全球经济的恢复起到了非常积极的作用。

在关注反弹迹象的同时我们强调,目前的反弹仅仅是技术性的或恢复性的,因而并不必然意味着全球经济进入周期性复苏阶段。整体看,我们认为,世界经济全面复苏动力不足,因为:①尚有许多抑制全面复苏的中短期因素存在,这些因素包括美国和欧洲等主要发达经济体失业率居高不下,美国家庭净资产大幅度下降和储蓄率上升而影响消费,主要发达经济体银行系统仍在收缩导致投资增长缓慢,欧洲和美国等产能利用率仍处于低水平,世界主要发达经济体宏观政策上的顾此失彼。②周期性增长的长期条件尚不具备。柏林墙倒塌、中国和印度的改革开放等引发参与世界分工劳动力数量激增及全球市场规模迅速扩大的局面不再,相反劳动力成本在缓慢上升。缺乏 IT 业这样带动经济增长的新兴主导产业。从目前情况看新能源或绿色经济尚难担此重任,并且我们也没有看到技术上的重大突破能够通过对传统产业的改造与革新而带来新的经济增长点。由于金融部门可能尚存未披露的巨大亏损,全球范围内金融监管将会加强以及在产能大量闲置、增加商业支出风险大和利润低的情况下，过剩的流动性更有可能进入石油、金属等初级产品市场，及股票、房地产等资产市场，我们难以指望大量资本发挥支撑作用推动实体经济复苏或孵化新的主导产业。

近期美元颓势不减，10 月 20 日美元指数探至 75.14 的低点，为 2008 年 8 月 8 日以来的最低。其中，欧元兑美元触及 1.499 美元的 14 个月新高，逼近 1.50 美元关口。促使美元贬值的因素包括：处于历史最低点的联邦基金利率（0 ~ 0.25%），创纪录的、总额高达 1.417 万亿美元 2009 年财年预算赤字，为鼓励出口、应对通缩美国政府对美元汇率的放任政策，全球经济企稳后美元资产避风港作用的降低。尽管我们认为中期美元仍将维持贬值的趋势，但考虑到美元存在低估可能，未来几个月中将有所反弹。

我们对于世界经济中期发展相对不那么乐观的估计表明，中国经济的增长无法再像以前那样严重依赖强劲的外需，转变经济增长模式虽然代价巨大，但是刻不容缓，因为我们别无选择。

参考文献

倪月菊：《国际贸易增长大幅下挫》，中国社会科学院世界经济与政治研究所工作论文，2009。

张金杰：《国际直接投资形势回顾与展望》，中国社会科学院世界经济与政治研究所工作论文，2009。

高海红、黄薇：《2009 年国际金融市场回顾和展望》，中国社会科学院世界经济与政治研究所工作论文，2009。

谭小芬：《美国经济：缓慢复苏》，中国社会科学院世界经济与政治研究所工作论文，2009。

姚枝仲：《欧元区经济：结束衰退》，中国社会科学院世界经济与政治研究所工作论文，2009。

李众敏：《日本经济：外需与政府支出带动下的微弱回升》，中国社会科学院世界经济与政治研究所工作论文，2009。

张明：《金融危机背景下的国际金融体系改革》，中国社会科学院世界经济与政治研究所工作论文，2009。

徐奇渊、张明：《全球金融危机下的人民币国际化》，中国社会科学院世界经济与政治研究所工作论文，2009。

Analysis of World Economic Situation
in 2009 and Its Expectation in 2010

Zhang Yuyan, Tian Feng

Abstract: In 2009, the global economy has the negative growth for the first time since 1960, and the range is possible to be over 1%. So far, the American subprime mortgage crisis and the financial crisis have been under the control on the whole. But, in view of the fact that there are also many uncertainties at present, we considered that, it is still too early for the world economy to comprehensively get rid of the depression and to recover in 2010, and the whole world still needs a series of conditions to experience the strong recovery. This paper will discuss global growth, employment, trade, investment, finance, petroleum and other primary products and so on, and makes an overall judgment on the world economic situation in 2009 and a comprehensive forecast in 2010 in the conclusion part.

Key Words: World Economy; Financial Crisis and Uncertainty

我国经济发展的外部环境与增长趋势预测

余 斌 李建伟[*]

摘 要：影响我国经济发展的因素主要有三个方面：我国经济运行的内在增长趋势、国际金融危机的发展方向及其对我国经济发展外部环境的影响、国内宏观调控政策力度的稳定性与连续性。从美、欧、日等主要经济体的发展趋势看，国际金融危机产生的负面冲击最严重的时期已经过去，美欧日经济趋稳，但实现复苏仍然存在很大问题，因此影响 2010 年我国进出口的外部环境依然不能乐观。如果美欧日经济继续轻度衰退，国内调控政策力度收缩，2010 年我国经济仍存在出现二次探底的可能。

关键词：中国经济 外部环境 宏观调控

2007 年上半年以后，我国经济进入中长期回调阶段，经济增速持续小幅度回调。受国际金融危机负面冲击扩大影响，2008 年第四季度和 2009 年第一季度我国 GDP 增速深度下滑，经济增速严重偏离正常的周期性回调轨道。随着国内应对国际金融危机负面冲击的扩张性政策措施的落实，2009 年 3 月份以后我国经济增速止跌回升，但实际增速仍大幅度低于中长期增长趋势。未来经济增速能否持续回升并回归 9% 左右的内在增长轨道，取决于外部发展环境能否好转和国内调控政策的力度及其可持续性。利用季度模型进行模拟预测的结果显示，2009 年全年 GDP 增速能够达到 8.2%，只要 2010 年美欧日经济能够企稳、国内继续保持适度扩张的财政政策和较为宽松的货币政策，2010 年我国经济将达到 9% 的较快增长状态，且 2010 年不会出现物价涨幅高于 3% 的严重通货膨胀现象。但

---

[*] 余斌、李建伟，国务院发展研究中心宏观经济研究部。

如果美欧日经济继续轻度衰退，国内调控政策力度收缩，2010 年我国经济仍存在出现二次探底的可能。政府应密切关注美欧日经济发展动态，把握好宏观调控政策的节奏与力度，调整优化财政支出结构，加大对科教文卫和社会保障方面的支出力度，以保持消费需求持续快速增长的势头，通过提高消费增速弥补出口增速较低产生的需求缺口，实现经济的持续、稳定、健康发展。

一 我国经济运行的内在增长趋势与外部发展环境

影响我国经济发展的因素主要有三个方面：我国经济运行的内在增长趋势、国际金融危机的发展方向及其对我国经济发展外部环境的影响、国内宏观调控政策力度的稳定性与连续性。从经济增速的中长期发展趋势看，我国经济目前正处于中长期回调阶段。GDP 增速的中长期趋势值回调，但仍保持在 9% 左右的较高水平。从美欧日经济发展趋势看，国际金融危机产生的负面冲击最大的时期已经过去，美欧日经济趋稳，但能否实现复苏还存在很大问题，2010 年我国出口的外部环境依然不乐观。

（一）我国经济运行的内在增长趋势

从我国经济运行的自身发展趋势看，我国 GDP 增速已进入中长期回调阶段，未来几年经济增速总体将呈下降趋势，但国内持续的扩张性政策会抑制 GDP 增速中长期趋势值的回调幅度，2010 年经济的内在增速仍可保持在 9%。

我国 GDP 增速的中长期趋势在经过 5 年（2000 年第二季度到 2007 年第一季度）的持续攀升之后，从 2007 年第二季度开始进入中长期回调阶段。中长期趋势值从 2007 年第一季度 11.36% 的高峰回调到 2009 年上半年的 9.68%。GDP 增速中长期趋势值不断下降，是 2007 年第二季度以后 GDP 增速持续下降的主要因素，显示我国经济已进入中长期回调阶段。从三次产业看，2007 年第二季度以后三次产业增加值增速中长期趋势均进入回调阶段：第一产业和第二产业增加值增速的中长期趋势在 2006 年第四季度已达到周期性波动的高峰，从 2007 年第一季度开始进入持续回调状态，趋势值分别从 2006 年第四季度的 4.6% 和 12.59% 下降到 2009 年上半年的 4.13% 和 9.88%；第三产业增加值增速中长期趋势滞后于第一产业和第二产业两个季度，在 2007 年第二季度达到周期性波动的高峰，此后进入持续回调状态，从 2007 年上半年的 11.49% 下降到 2009 年上半年的 10.57% 。

重大的外部冲击会改变经济运行的方向。2008 年第三季度以后国际金融危机对我国经济产生重大负面冲击，第二产业与国际市场关联程度很高，工业品出口大幅度下降，不仅导致第二产业增加值增速的周期性波动回调幅度加大，也使 2008 年第四季度和 2009 年第一季度第二产业增加值增速的中长期趋势值回调幅度加大，这说明本次美国金融危机的重大冲击对我国经济的发展趋势也有重要影响。第三产业与国际市场的关联度较低，国际金融危机对我国第三产业的直接影响较小，但 2008 年 10 月份以后国内采取的力度空前的扩张性政策，对第三产业特别是基础设施建设有重大影响，第三产业的发展趋势也会因此发生改变。

为了更好地反映国际金融危机和国内扩张性政策等重大意外冲击对我国经济未来发展趋势的影响，我们在假定国内政策保持 2009 年前三季度力度不变、我国主要贸易伙伴进出口贸易维持目前发展趋势（已含金融危机的负面影响）的情况下，利用"季度经济增长周期模型"，对我国经济的中长期发展趋势进行模拟预测，结果显示：2009 年第三季度以后第一产业和第二产业增加值增速的中长期趋势继续回调，但国内扩张性政策将缩小趋势值的回调幅度，预计 2009 年第四季度第一产业和第二产业增加值的中长期趋势回调到 2.97% 和 8.82% ，2010 年第四季度将回调到 1.67% 和 8.04% 。与第一产业和第二产业增加值增速中长期趋势的持续回调不同，在持续的国内扩张性政策作用下，第三产业增加值增速的中长期趋势值在回调到 2009 年第四季度的 10.25% 后，趋于回升，预计 2010 年第四季度回升到 12.16% 。受第二产业增加值增速中长期趋势持续下降的影响，2010 年上半年之前 GDP 增速的中长期趋势将持续回调，2010 年第一季度将回调到 9.06% ，但在第三产业增加值中长期趋势回升的影响下，2010 年下半年 GDP 增速的中长期趋势有可能恢复小幅度回升态势，2010 年第四季度有可能回升到 9.37% （见图 1）。

综合看，2010 年上半年之前经济增速中长期趋势的回调，将对经济增速的提升起到抑制作用，但 GDP 增速的中长期趋势始终在 9% 以上，远高于 2009 年第一季度和上半年的实际增速，只要外部发展环境改善，GDP 增速从 2009 年第一季度的过度回调状态恢复到 9% 左右的内在增长速度是可能的。

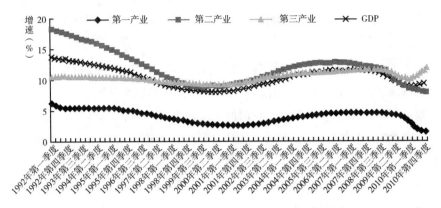

图1 我国 GDP 和三次产业增加值潜在增长率的内在发展趋势

（二）美欧日经济的发展趋势

我国经济增长的外贸依存度很高，出口对经济增长的影响很大，未来经济增长回调的幅度，除受国内经济运行的内在增长趋势和政策性影响外，最重要的因素是美国、欧盟和日本等我国主要贸易伙伴的进口状况。而我国主要贸易伙伴的进口需求发展状况，取决于国际金融危机的演变趋势及美国、欧盟和日本应对金融危机的政策力度及其有效性。

美欧日（美国、欧元区和日本，下同）作为全球主要贸易国家，各国均保持出口增速大幅度高于进口增速的贸易格局是难以长期持续的（表1）。因此，美欧日经济衰退即使能够在 2009 年底或 2010 年上半年触底，经济也只能保持低速增长状态，经济增速出现较快复苏回升的可能性很小。

表1 2009 年 1~8 月美国、日本、欧元区 15 国进出口贸易增速变化情况

单位：%

时 期	日 本		欧元区		美 国	
	出口	进口	出口	进口	出口	进口
Jan – 09	−45.7	−31.7	−23.3	−20.3	−16.9	−23.6
Feb – 09	−49.4	−42.7	−23.4	−20.8	−17.4	−28.8
Mar – 09	−45.5	−36.5	−19.2	−20.6	−18.3	−27.7
Apr – 09	−39.1	−35.6	−24.0	−24.6	−22.1	−31.0
May – 09	−41.0	−42.3	−22.1	−25.3	−21.9	−31.5
Jun – 09	−35.7	−41.8	−21.7	−26.4	−22.7	−31.3
Jul – 09	−36.5	−40.8	−20.1	−28.7	−22.4	−30.4
Aug – 09	−36.1	−41.4	—	—	−20.7	−28.6

二 国内调控政策力度扩大情景下的经济发展前景

在国际经济形势确定的情况下，国内调控政策的方向与力度，是决定短期经济发展趋势的关键因素。据此，我们假定 2009 年第三、第四季度仍保持当前的政策调控力度，2010 年进一步加大政策扩张力度，在此前提条件下，利用我们的"季度经济增长周期模型"，对美欧日经济轻度衰退、企稳、复苏三种情景下我国经济发展前景进行模拟预测，结果显示：在国内政策扩张力度加大的作用下，即使 8 月份以后美欧日经济继续保持轻度衰退状态，2009 年实现全年经济增长 8% 的目标是没有问题的，2010 年经济增速也能够达到 8.7%。如果美欧日经济企稳或轻度复苏，我国出口将恢复快速增长状态，在信贷规模扩张力度收缩、内需增速回调的情况下，2010 年我国经济增速仍能够达到 10% 左右的高水平。由于内需增速回调、货币供给增速下降和货币流动性降低，即使经济恢复 10% 左右的高增长状态，2010 年年内也不会出现严重通货膨胀风险，全年物价涨幅可控制在 3% 以内，但 2010 年以后通货膨胀压力会加大。

（一）预测前提条件

本文在各种情景下进行模拟预测的共同前提条件是：①利率和法定存款准备金率保持 2009 年上半年水平不变，即一年期存款利率、贷款利率和法定存款准备金率一直保持在 2.25%、5.31% 和 13.5% 的水平。②平均出口退税率（出口退税额占一般贸易出口的比率）和平均关税税率（进口关税占一般贸易进口额的比率）保持 2009 年上半年水平不变，分别为 19.63% 和 4.22%。③鉴于美元有较大幅度贬值可能，但人民币难以出现大幅度贬值情况，假定人民币名义有效汇率适度贬值，2009 年末比 2009 年上半年贬值 2.2%，2010 年末比 2009 年末再度贬值 1.9%。

本段落假定国内扩张性调控政策力度扩大，具体假定内容为：①信贷政策适度收缩，不对贷款实行规模管理，贷款规模与增速由经济自身走势与需求决定。②2009 年财政支出实际增速能够达到 22.1%，2010 年财政支出实际增速能够达到 27% 左右，财政支出结构保持增加社会保障、科教文卫（科教、教育、文化、医疗卫生支出，下同）、环境保护（环境保护与城市建设支出，下同）等民生与建设支出。

（二）预测结果

在上述假定条件下，我们分别对在美欧日经济轻度衰退、企稳、复苏三种情景下我国经济发展前景进行模拟预测，结果显示：2009 年完全可以实现全年GDP 增长 8% 的目标，预计增速可以达到 8.2%。在国内扩张性政策的作用下，即使美欧日经济继续保持轻度衰退，2010 年我国 GDP 增速也能够达到 8.7% 的较高水平；如果美欧日经济能够企稳复苏，2010 年我国经济将恢复快速增长状态，全年 GDP 有可能超过 10%。但无论何种情景，2010 年都不会出现严重通货膨胀现象，只要信贷政策适度收缩、金融平稳运行，2010 年全年物价涨幅可以控制在 3% 以内。

情景 1：国内政策扩张、美欧日经济轻度衰退情景下我国经济的发展前景

在国内扩张性调控政策特别是财政政策力度持续加大的情况下，即使 2009 年第三季度以后美欧日经济继续保持轻度衰退状态（美欧日和中国香港地区 2009 年全年进口下降 30.9%，2010 年进口下降 16%，下同），2009 年第三季度以后我国经济也将保持持续回升态势，2009 年和 2010 年 GDP 增速将分别达到 8.1% 和 8.7%，且 2010 年不会出现通货膨胀风险。

总体呈现：①经济增速回升；②消费增速趋于回调；③投资增速回调；④出口恢复增长；⑤金融运行趋稳；⑥物价降幅缩小，无通胀风险。

情景 2：国内政策扩张、美欧日经济企稳情景下我国经济的发展前景

如果 2009 年第三季度以后美欧日经济能够企稳，即使美欧日经济不出现复苏、2010 年进出口降幅缩小到 0（美欧日和中国香港地区 2009 年全年进口下降 29.5%，2010 年进口下降 2.2%，下同），在国内扩张性调控政策、特别是财政政策力度持续加大以及出口快速增长的拉动下，2009 年第三季度以后我国经济也将进入较快增长状态，2009 年 GDP 增速将达到 8.2%，2010 年 GDP 增速将快速提升，从第一季度的 8.2% 提高到全年的 9.8%。受经济增速加快影响，2010 年下半年物价会较快上涨，但全年物价涨幅仍可控制在 2% 以内。

总体呈现：①经济增速大幅度提高。②消费增速趋于回调。③投资增速短期回调后快速回升。④出口快速增长。⑤金融运行趋稳。⑥物价趋于上涨，仍无通胀风险。

情景3：国内政策扩张、美欧日经济适度复苏情景下我国经济的发展前景

如果 2009 年第三季度以后美欧日经济能够企稳且进入复苏回升状态，2010 年美欧日和中国香港地区全年进口增速能够达到 9.9%，我国出口将恢复快速增长。在此情景下，国内扩张性调控政策特别是财政政策力度持续加大，将推动 2009 年第三季度以后我国经济进入快速增长状态，2009 年 GDP 增速将达到 8.2%，2010 年 GDP 增速大幅度提高到 10.6%。受经济快速增长影响，2010 年下半年会出现轻度通货膨胀现象，但全年物价涨幅仍可控制在 3% 以内。

总体呈现：①经济增速大幅度提高。②消费增速趋于回调。③投资增速短期回调后快速回升。④出口快速增长。⑤金融运行趋稳。⑥2010 年下半年出现轻度通货膨胀现象。

三 国内调控政策力度保持稳定情景下我国经济的发展前景

保持宏观调控政策的稳定性与连续性，是保障经济持续稳定快速增长的重要条件。目前，国际金融危机的最坏时期已经过去，美欧日经济正在向企稳转化，为避免短期内宏观调控政策力度过大引发的经济大幅度波动，增强扩张性政策的可持续性，提高经济运行的质量与稳定性，我们假定 2009 年第三、第四季度仍保持当前的政策调控力度，2010 年的调控政策在保持当前调控政策的力度的基础上，优化财政支出结构。在此前提条件下，利用我们的"季度经济增长周期模型"，对美欧日经济轻度衰退、企稳、复苏三种情景下我国经济发展前景进行模拟预测，结果显示：只要国内政策保持稳定和连续性，即使 2009 年 8 月份以后美欧日经济继续保持轻度衰退状态，2009 年中国实现全年经济增长 8% 的目标是没有问题的，2010 年经济增长也能够达到 8% 左右的增速。如果美欧日经济企稳或轻度复苏，2010 年我国经济仍将进入快速增长状态，经济增速能够达到 9.1% 或 10.1%，且 2010 年年内不会出现严重通货膨胀风险，全年物价涨幅可控制在 3% 以内。

（一）预测前提条件

假定国内控政策力度保持稳定的具体政策措施是：①利率、法定存款准备金率、平均出口退税率和平均关税税率保持 2009 年上半年水平不变，人民币名义

有效汇率适度贬值。②信贷政策适度收缩,不对贷款实行规模管理,贷款规模与增速由经济自身走势与需求决定。③保持财政支出力度,优化财政支出结构。2009 年财政支出实际增速能够达到 22%,2010 年各季度财政支出实际增速保持 20.7% 增速不变,其中公共服务、环境保护与城市建设、科教文卫、社会保障支出实际增速分别保持 3.3%、27.3%、21.4%、27.8% 的增速不变,即与 2008 年财政分类支出相比,适度加大环境保护与城市建设等投资性支出力度,大幅度提高科教文卫和社会保障等民生财政支出力度。

(二) 预测结果

在上述假定条件下,我们分别对美欧日经济轻度衰退、企稳、复苏三种情景下我国经济发展前景进行模拟预测,结果显示:2009 年中国完全可以实现全年 GDP 增长 8% 的目标,预计增速可以达到 8.2%。在国内扩张性政策的作用下,即使美欧日经济继续保持轻度衰退,2010 年我国 GDP 增速也能够达到 8.7% 的较高水平,如果美欧日经济能够企稳复苏,2010 年我国经济将恢复快速增长状态,全年 GDP 有可能超过 10%。但无论何种情景,2010 年都不会出现严重通货膨胀现象,只要信贷政策适度收缩、金融平稳运行,2010 年全年物价涨幅可以控制在 3% 以内。

情景 1:国内政策扩张力度稳定、美欧日经济轻度衰退情景下我国经济的发展前景

在国内调控政策扩张力度保持稳定、财政支出结构优化的情况下,即使 2009 年第三季度以后美欧日经济继续保持轻度衰退状态,2009 年第三季度以后我国经济也将保持稳定增长状态,2009 年和 2010 年 GDP 增速将分别达到 8.1% 和 7.8%,2010 年物价涨幅稳定在 -1% ~1%,年内不会出现通胀或通缩风险。

总体呈现:①经济稳定增长。②消费增速短期回调后企稳。③投资增速持续回调。④出口恢复增长。⑤金融运行趋稳。⑥物价涨幅保持小幅度下降状态,无通胀或通缩风险。

情景 2:国内政策扩张力度稳定、美欧日经济企稳情景下我国经济的发展前景

在国内调控政策扩张力度保持稳定、财政支出结构优化的情况下,如果 2009 年第三季度以后美欧日经济能够企稳,2009 年第三季度以后我国经济将保持稳定快速增长状态，2009 年和 2010 年 GDP 增速将分别达到 8.2% 和 9.1%。2010 年物价涨幅能够控制在 2% 以内，不会出现严重通胀风险。

总体呈现：①经济稳定增长。②消费增速短期回调后企稳。③投资增速持续回调。④出口恢复增长。⑤金融运行趋稳。⑥物价跌幅持续缩小，无通胀风险。

情景 3：国内政策扩张力度稳定、美欧日经济复苏情景下我国经济的发展前景

在国内调控政策扩张力度保持稳定、财政支出结构优化的情况下，如果 2009 年第三季度以后美欧日经济能够企稳复苏，2009 年第三季度以后我国经济将恢复快速增长状态，2009 年和 2010 年 GDP 增速将分别达到 8.2% 和 10.1%。2010 年物价涨幅能够控制在 3% 以内，不会出现严重通胀风险。

总体呈现：①经济恢复快速增长。②消费增速短期回调后企稳。③投资保持快速增长。④出口恢复快速增长。⑤金融运行趋稳。⑥物价恢复上涨态势，但无严重通胀风险。

四 国内调控政策力度适度收缩情景下的经济发展前景

我们假定 2009 年第三、第四度仍保持当前的政策调控力度，2010 年的调控政策适度紧缩，财政支出增速与结构恢复到 2008 年的水平。在此前提条件下，利用我们的"季度经济增长周期模型"，对美欧日经济轻度衰退、企稳、复苏三种情景下我国经济发展前景进行模拟预测，结果显示：国内调控政策力度下降，有可能导致我国经济出现二次探底，如果 2010 年美欧日经济继续保持轻度衰退状态，2009 年实现全年经济增长 8% 的目标是没有问题的，但 2010 年经济增速可能再度回调到 7% 左右。只有在美欧日经济企稳或轻度复苏的情况下，2010 年我国经济才能保持较快增长状态，经济增速才可能达到 8.2% 或 9.3% 的较高增长水平。在经济增速二次探底的情况下，2010 年年内也不会出现严重通货紧缩风险，全年物价跌幅在 1% 以内。

（一）预测前提条件

假定国内调控政策力度适度紧缩的具体政策措施是：①利率、法定存款准备金率、平均出口退税率和平均关税税率保持 2009 年上半年水平不变，人民币名义有效汇率适度贬值。②信贷政策适度收缩，不对贷款实行规模管理，贷款规模与增速由经济自身走势与需求决定。③2009 年财政支出实际增速能够达到 22%，2010 年财政支出增速与结构恢复到 2008 年的水平，各季度财政支出实际增速保持在 18% 增速不变，其中公共服务、环境保护与城市建设、科教文卫、社会保障支出实际增速分别保持 7.7%、23.8%、17.9%、15.9% 的增速不变，即与 2009 年财政支出及其分类支出相比，2009 年财政支出力度下降 18% 左右。

（二）预测结果

在上述假定条件下，我们分别对美欧日经济轻度衰退、企稳、复苏三种情景下我国经济发展前景进行模拟预测，结果显示：2009 年仍可实现全年 GDP 增长 8% 的目标，预计增速可以达到 8.2%。在国内调控政策收缩的影响下，2010 年我国经济有可能出现二次探底，如果美欧日经济继续保持轻度衰退，2010 年我国 GDP 增速只能达到 6.9%；但如果美欧日经济能够企稳或复苏，2010 年我国经济仍可保持较快增长状态，全年 GDP 可能达到 8.2% 或 9.3% 的较高水平。但即使经济增速再度回调，2010 年也不会出现严重通货紧缩现象，2010 年全年物价涨幅可以控制在 -1% ~2%。

情景 1：国内政策扩张力适度收缩、美欧日经济轻度衰退情景下我国经济的发展前景

在国内调控政策适度紧缩、2009 年第三季度以后美欧日经济继续保持轻度衰退状态情景下，2009 年我国经济增速仍将达到 8% 的目标，但 2010 年各季度 GDP 增速将持续回调，第四季度 GDP 增速将回调到 6% 左右，全年 GDP 增速将回调到 6.9%。在此情景下，2010 年物价处于下跌状态，但幅度在 2% 以内，年内不会出现严重通货紧缩风险。

总体呈现：①经济增速持续回调。②消费增速持续下降。③投资增速大幅度下降。④出口恢复增长。⑤金融运行趋稳。⑥物价处于下跌状态，但无严重通缩风险。

情景 2：国内政策扩张力适度收缩、美欧日经济企稳情景下我国经济的发展前景

在国内调控政策适度紧缩情况下，如果 2009 年第三季度以后美欧日经济能够企稳，2009 年我国经济增速仍将达到 8% 的目标；2010 年我国经济仍能保持较快增长，全年 GDP 增速能够达到 8.2%。在此情景下，2009 年第四季度以后物价跌幅不断缩小，2010 年第四季度恢复上涨态势，全年涨幅只有 0.2%。

总体呈现：①经济平稳增长。②消费增速趋稳。③投资增速回落后趋稳。④出口恢复增长。⑤金融运行趋稳。⑥物价跌幅缩小。

情景 3：国内政策扩张力适度收缩、美欧日经济复苏情景下我国经济的发展前景

在国内调控政策适度紧缩情况下，如果 2009 年第三季度以后美欧日经济能够复苏，2009 年第三季度以后我国经济将进入较快增长状态，2009 年经济增速将达到 8.2%，2010 年全年 GDP 增速能够达到 9.3%。在此情景下，2009 年第四季度以后物价恢复较快上涨，但涨幅在 2% 以内，不会出现严重通货膨胀现象。

总体呈现：①经济恢复快速增长。②消费恢复平稳增速状态。③投资增速回落后趋稳。④出口快速增长。⑤金融运行趋稳。⑥物价止跌回升。

五 结论与政策建议

综上所述，2009 年我国经济增速达到预期 8% 的目标是没有问题的，2010 年经济增长前景取决于国际经济形势能否好转和国内扩张性政策的连续性与稳定性。如果美欧日经济继续轻度衰退、国内调控政策紧缩，2010 年我国经济增速有二次探底的可能。如果美欧日经济企稳、国内政策扩张力度稳定，2010 年我国经济增速将达到 9.1% 的较高水平。鉴于 2010 年美欧日经济企稳，但经济低速增长的可能性较大，2010 年我国出口的外部环境不会出现大的好转，出口恢复增长但增速低于 10%，要实现 2010 年经济平稳较快增长，仍需要保持一定力度的扩张性财政政策和适度宽松的货币政策。从提高经济增长质量和调控政策效率的角度看，为防止投资增长过快加剧未来产能过剩态势，减缓未来经济回调的压力，应调整优化 2010 年的财政支出结构，加大对科教文卫和社会保障方面的支出力度，适度下调对基础设施等投资性支出比重，以保持消费需求持续快速增长的势头，通过提高消费增速弥补出口增速较低产生的需求缺口，实现经济的持续、稳定、健康发展。

Forecast of China's External Environment and Growth Trend of Economic Development

Yu Bin , Li Jianwei

Abstract: Three main factors affect China's economic development, namely China's intrinsic growth trend of economic operation, the development direction of international financial crisis and its influence to the external environment of China's economic development, and the stability and continuity of domestic macroeconomic control policy strength. From the development trend of main economic bodies such as US, Europe and Japan etc. , the period when the negative impact of international financial crisis is the most serious has passed by, US, European and Japanese economy has gone stable, but the big problems still affect the economic recovery, therefore the external environment which affects China's of import and export in 2010 is not optimistic yet. If US, European and Japanese economy continues depression mildly, and the strength of domestic regulative policy has a contraction, it is possible for Chinese economy to have secondary touching ground in 2010.

Key Words: Chinese Economy; External Environment and Macroeconomic Control Policy

2009 年上半年世界经济形势回顾与全年展望

王子先*

摘　要：2009 年第二季度世界经济出现明显企稳反弹趋势，发达国家和发展中国家经济普遍止跌回升，国际贸易环比也出现回暖趋势，先行指标显示下半年世界经济和世界贸易都将继续向好。但世界经济风险依然不容小觑，复苏基础并不稳固，而且中期世界经济可能出现温和调整。中国宜坚持宏观调控政策取向不动摇，同时也要积极抓住国际市场回暖的机遇。

关键词：世界经济　企稳反弹　温和调整

一　今年第二季度世界经济企稳反弹趋势明显

1. 主要发达经济体经济指标明显回稳

美国经济严重衰退接近尾声。第二季度美国 GDP 下降 1%，衰退幅度大大低于第一季度的 5.5%。房地产市场回暖，第二季度美国 Case-Shiller 房价指数环比上涨 2.9%，6 月新屋开工量环比增长 6.5%。7 月份美国制造业采购经理人指数为 48.9，连续 7 个月回升，为 2008 年 9 月以来最高值。企业投资 6 月份增长 1.4%。零售销售 5 月、6 月环比分别增长 0.5% 和 0.6%。7 月份名义失业率 9.4%，环比下降 0.1 个百分点。

欧元区衰退幅度明显减缓。第二季度 GDP 下降 0.1%，明显好于第一季度的降幅 2.5%；德、法自 2008 年第一季度以来 GDP 首次正增长 0.3%，希腊、葡萄牙、斯洛伐克也分别增长 0.3%、0.3% 和 2.2%，其中斯洛伐克在第一季度还下

---

* 王子先，商务部政研室副主任。

降11%。1~6月欧元区工业生产环比分别增长 -2.7%、 -2.5%、 -1.2%、 -1.5%、0.6%和 -0.6%，6月份工业新订单环比增长 3.1%，可以看出工业生产降幅趋缓，但基础尚不稳固。欧洲央行认为衰退可能已见底。

日本经济率先突围。在第一季度负增长 11.7%基础上，第二季度日本 GDP 实现 0.9%的正增长，6月内阁府经济同比指标和领先指标分别上升 0.7 和 2.9 点，至 87.8 和 79.8 点。6月份，日本工业产出环比增长 2.3%，7月继续增长 1.9%，已连续 5 个月增长，第二季度日本工业生产环比反弹高达 7.7%；8月制造业采购经理人指数升至 53.6，连续第二个月大于 50，创 3 年新高，显示制造业活动达到近 3 年来的最高。

2. 新兴经济体成为拉动世界经济复苏的重要动力

新兴经济体尤其是亚洲新兴经济体强势反弹，对世界经济的支撑作用进一步放大。中国、印度和印尼是金融危机以来少数经济一直保持正增长的国家，第二季度以中国为代表的亚洲新兴经济体反弹力度加强。据英国《经济学家》报告，第二季度经济环比增幅：中国为 15%，韩国接近 10%，新加坡 21%，印尼 5%，香港特区 3.3%，马来西亚 4.8%，泰国 2.0%，东亚其他国家也都不同程度增长。7月份韩国工业生产环比增长 2.0%，为连续 7 个月增长，同比则首次增长 0.7%。发达经济体第二季度经济回升的最重要动力来自对新兴市场出口的增加，如欧元区第二季度对东亚出口增长 6.3%，第一季度为下降 6.2%，法国第二季度对东亚和中国出口增幅达 18.7%，而第一季度为下降 16.2%。

3. 世界贸易出现环比增长

第一，全球贸易量回升。据荷兰经济政策分析局（简称 CPB）国际贸易监测数据，2009 年 6 月世界贸易量环比增长 2.5%，为 2008 年 7 月以来最强劲增长。第二季度世界贸易量环比下降 0.7%，相比前两季度（ -11.2% 和 -7.1%），降幅大大缩小。受贸易回升影响，6月份全球工业生产环比增长 2.0%，是 1991 年以来最强月度增长，第二季度全球工业生产环比也上升 2.1%。

第二，国际贸易价格回升。据 CPB 监测数据，6月份美元计价的世界贸易价格环比上涨 1.8%，5月份环比上涨 2.3%，而 4月份价格上涨最为强劲，其中，能源贸易价格强劲上涨 18.1%，非能源大宗商品价格也大涨 4.3%。第二季度国际价格环比上涨 1.6%，其反弹主要得益于能源涨价（29.4%）和其他大宗商品涨价（10.6%）。

第三，主要国家出口环比出现正增长。5 月、6 月美国出口环比分别增长3.5％和3.6％；6 月份德国出口环比增长7％；法国第二季度出口环比增长1％；6 月份日本出口环比增长14.4％。周边国家中，6 月份韩国出口环比增长16.1％、澳大利亚 2％、马来西亚 5.1％、越南 7.7％、香港 3.3％、俄罗斯7.9％，其中香港、俄罗斯第二季度出口环比分别增长22％和19.4％；5、6 月泰国分别环比增长 14.5％和 4.1％；6 月份巴西出口环比增长21％。

二 先行指标显示世界经济将继续转好，
但仍面临不确定性风险

1. 先行指标显示，世界经济已经触底"反弹"

首先，金融市场初步稳定。一是金融机构业绩好转，美四大商业银行净利润普遍超过市场预期，19 家接受注资的大银行均通过"压力测试"，全球证券市场普遍回升30％以上。二是信贷紧缩状况好转，近期 3 个月美元 LIBOR（伦敦银行间同业拆息）与 OIS（隔夜指数掉期）利差不断缩窄，表明流动性状况持续改善。反映美国金融市场稳定情况的 BFCIUS 指数近期也明显回升。

其次，先行指标和信心回升。全球经济景气已经有所回升。6 月份，OECD统计的各国综合领先指标（CLI 指标）普遍上升，其中 OECD 国家 CLI 指标上升1.2 点，已连续 4 个月上升；美国 CLI 指标上升 1.3 点，已连续 4 个月回升；欧元区上升 1.5 点，连续 5 个月回升；日本首次上升 0.3 点。金砖四国中，中国的CLI 指标上升 1.4 点，印度上升 1.2 点，均连续 5 个月回升；俄罗斯上升 1.2 点，巴西上升 0.4 点，均连续 3 个月回升。消费者信心增强，8 月份，美国大企业联合会消费者信心指数 54.1，环比大幅上涨 6.7 点，站上 50 分界线；8 月欧元区消费者信心指数为 -22，但已经连续 5 个月上升，日本虽然消费继续萎缩，但 7月份家庭消费信心连续 7 个月上升至 39.4。8 月份韩国消费者信心指数 114，为7 年新高，已连续 5 个月上升。

2. 目前世界经济仍面临几个不确定性风险

第一，财政刺激效果将逐步减弱，需求可能重回疲软。当前经济回暖企稳得益于各国大规模的经济刺激计划。按彭博社估算，全球共投入两万亿美元，第二季度美政府开支就为 GDP 贡献了正的 1.12 个百分点，德法日经济也都部分依赖

政府开支增加。

第二，美国金融风险依然存在。美国房屋空置率还在上升，美商业地产抵押贷款已出现数千亿美元违约。今年美倒闭银行累积84家，超过去年的25家，是1992年以来的最高。部分专家甚至认为，近期美银行良好业绩只是新会计制度引致的表面现象。美联储最新调查也显示，多数美商业银行表示今年下半年贷款发放仍会保持谨慎。

第三，资产市场再度泡沫化。今年3月以来，全球股市普遍显著回升，美道琼斯指数突破9000点，新兴市场平均上涨超过50%，全球股市总市值增加超过10万亿美元。全球债市也快速复苏，今年累计公司债已超过万亿美元，超过历史最高纪录。一方面，资产市场快速回升有利于改善金融业状况；但另一方面由于缺乏实体经济支撑，可能加重全球衰退。

第四，全球通缩风险与通胀预期并存。一方面，通缩仍在加剧，7月美国CPI同比下降2.1%，7、8月欧元区CPI分别下降0.7%和0.2%，7月份日本CPI下降1.6%，预计日本通缩状况将持续至2011年左右。另一方面，由于各国普遍实现量化宽松货币政策，全球通胀预期不断上升。突出表现在大宗商品价格迅速回升，以及大量热钱在实体经济之外循环。

第五，新兴市场复苏的基础还很脆弱。特别是拉美、非洲和中东等地区受全球贸易下滑的不利影响比早先预想的更严重。东欧国家则面临"货币危机"，波、匈等国对主要贸易国货币严重走软，财务状况岌岌可危。东亚经济虽有起色，但中国、印度、印尼主要得益于扩内需政策，韩、泰、新等得益于财政刺激及中、印等国的外需拉动，未来东亚经济仍将依赖财政刺激，内外需严重不足将制约可持续复苏。因此，金融危机还不能下已经结束的结论，不能完全排除危机有进一步蔓延的可能性，虽然这种可能性较小。

三　关于2009年世界经济贸易的预测

1. 下半年世界经济将继续回升

据美商务部统计，6月份美商业库存投资下降，为二战后最大降幅，库存下降速度大大超过销售的降速，目前已经到了必须补充库存、否则就会缺货的水平。在美消费需求不振的情况下，如果美企业把库存量提高到与最终消费相匹配的水平，仅此一项就会使第三、第四季度实际 GDP 增长率提高 2.5%。美国是全球经济复苏的中心，美库存周期调整将加强全球经济复苏势头。据英国共识公司 8 月份预测，2009 年世界经济下降 2.5%，降幅低于 7 月预测的 2.6%。另据 OECD 最新预测，其成员 GDP 2009 年将下降 4.1%，2010 年将增长 0.7%，这是 OECD 自金融危机以来首次上调对成员国经济增长的预期，近期 OECD 预测 OECD 国家可能提前恢复增长。

表　主要国际组织对世界经济增长的最新预测

单位：%

国际组织	2009 年	2010 年
世界银行	− 2.9	2.0
IMF	− 1.4	2.5
OECD	− 2.2	2.3
Consensus Forecasts 英国公识公司	− 2.5	2.3

2. 世界经济将在调整中缓慢复苏

本轮危机最严重时期已经过去，但全球复苏依然面临动力不足的问题。

第一，私人消费需求不足。据估计金融危机使美国家庭损失约 14 万亿美元财富，美储蓄率开始大幅攀升，预计将由危机前的零上升到 9% ~ 10%。另外，去杠杆化也将导致消费和投资需求迅速下降。

第二，全球产能结构性过剩。世界银行认为，目前全球生产能力普遍过剩。在消费需求不足和长期资本筹措困难情况下，企业投资将在较长时期内处于较低水平。

第三，失业高企抑制需求增长。欧元区就业人数连续 3 个月下降，当前欧元区平均失业率为 9.2%，西班牙甚至高达 18%。就业复苏通常滞后经济复苏 4 ~ 5 年，加上全球年新增劳动人口 0.45 亿，全球就业形势严峻局面将持续 6 ~ 8 年。

第四，新的经济增长点尚未形成。要实现经济全面复苏，不仅要解决金融问题，更要找到能够支撑下一商业周期经济可持续发展的新的增长点。目前新能源等已成为许多国家的努力方向，但要培育成新的经济增长点，还有一个过程。

3. 下半年世界贸易降幅将大幅收窄

由于去库存化、去恐慌化接近尾声，可以预见，世界贸易自由落体式坠落也已基本结束。主要国家出口环比实现正增长，表明国际贸易逐步走出谷底。事实上，今年第一、第二季度，美国净出口对 GDP 的贡献为 2.64% 和 1.38%，日本第二季度出口增长 6.3%，净出口对 GDP 的贡献为 1.6%，德、法第二季度恢复增长也在很大程度上得益于外需拉动。综合各方面情况，可以预期下半年世界贸易将经历：降幅大幅收窄→反弹趋稳→再现正增长的动态轨迹。WTO 预测 2009 年全球贸易量下降 10%，IMF 最新预测下降 12.2%，OECD 预测下降 13%，荷兰经济政策分析局（CPB）预测下降 16%。按 IMF 预测国际贸易量下降 12.2%，全球零通胀，全年世界贸易额将下降 13% 左右。按 CPB 预测的国际贸易量下降 16%、国际贸易价格下降 4% 计算，全年世界贸易额将下降 20% 左右。综合全年贸易额下降 16% 左右。

4. 世界经济短期复苏势头明显，但中期将趋于低速增长

据有关专家计算，美国经济规模是中国的 3.3 倍，美国消费减少 5%，数量就相当于中国 GDP 比例的 17%。美国人"去杠杆化"可能导致外部需求持续减少，对世界需求的恢复会有较大的影响。本次危机过后的筑底阶段可能会花上 3～5 年的时间，全球经济增速将会非常缓慢，其后才能真正开始新一轮繁荣。根据当前世界经济形势，预计世界经济增长将从 2007 年的 5.0%（按 PPP 计算）放缓，IMF 估算，在今后 3 年甚至更长时间内，世界经济增长率可能低于 2%，低于或大体保持近 30 年来世界的平均增长水平。主要经济体都在艰难探索后危机时代新的增长方式和增长动力，发达经济体经济复苏将是一个渐进的过程，新兴市场和发展中经济体增长速度虽然也会显著放缓，但仍将是世界经济增长的重要支撑。

当前发达经济体贸易复苏主要动力来源于新兴经济体需求的回升，未来世界贸易走势可能形成如下链条：新兴经济体需求回升→拉动发达国家出口→发达经济体回暖带动需求回升→共同带动世界贸易回暖→进一步拉动发展中国家和整体世界经济回暖。所以，世界贸易的复苏还需要一个渐进的过程，东亚和中国的出口总体上企稳向好，但一段时间内仍较严峻，困难不少。我们要坚持宏观调控政策取向不动摇，避免刹车过猛。在对外经济方面，一是抓住国际市场回暖的机遇想方设法保市场、保份额，同时在转变外贸发展方式上下工夫；二是抓住世界产业大重组、大洗牌的时机，积极扩大对外投资，提升我国企业核心能力和国际化服务水平，同时努力争取国际能源和原材料定价权与话语权；三是加强绿色经济领域的国际合作。在世界经济回暖下，各国将加大对低碳经济和新能源等产业的投资，国际竞争将日趋激烈，合作空间也将异常开阔；四是进一步推进自贸区和沿边开放建设，充分利用中国巨大的国内需求和经济高速增长机遇，扩大中国经济辐射范围。

Review of World Economic Situation in the First Half of 2009 and All-Year Expectation

Wang Zixian

Abstract：The world economy has obvious tendency to bounce in the second quarter of 2009, the economy of developed and developing countries bounce back universally, the international trade of month-on-month growth also has recovery tendency, and the leading indicators have also showed that the world economy and the world trade will continue to go for the better in the second half of the year. But the world economic risk still does not allow to be belittled, the recovery foundation is still unstable, and the world economy possibly presents the temperate adjustment in the interim period. It is feasible for China to insist in the macroeconomic control policy, and to hold the opportunity of international market recovery simultaneously.

Key Words：World Economy；Bounce Back and Temperate Adjustment

附录 统计资料

单位：%

年 份	GDP 增长率	第一产业 增加值增长率	第二产业 增加值增长率	重 工 业 增加值增长率	轻 工 业 增加值增长率
1978	11.7	4.1	15.0	18.4	13.1
1979	7.6	6.1	8.2	8.6	8.8
1980	7.8	-1.4	13.6	7.9	20.6
1981	5.3	7.0	1.9	-5.2	12.2
1982	9.0	11.5	5.5	7.4	3.8
1983	10.9	8.3	10.4	11.4	7.5
1984	15.2	13.0	14.5	15.9	13.5
1985	13.5	1.8	18.6	15.7	21.7
1986	8.9	3.3	10.3	7.5	12.6
1987	11.6	4.7	13.7	12.5	14.1
1988	11.3	2.5	14.5	13.0	18.1
1989	4.1	3.1	3.8	4.9	5.2
1990	3.8	7.4	3.2	2.8	4.0
1991	9.2	2.4	13.9	13.6	15.4
1992	14.2	4.7	21.1	21.1	21.3
1993	13.9	4.7	19.9	21.1	18.9
1994	13.1	4.0	18.4	17.5	20.6
1995	10.9	5.0	13.9	11.9	16.5
1996	10.0	5.1	12.1	12.2	12.9
1997	9.3	3.5	10.5	10.7	11.9
1998	7.8	3.5	8.9	8.6	9.2
1999	7.6	2.8	8.1	8.9	8.1
2000	8.4	2.4	9.4	11.1	8.3
2001	8.3	2.8	8.4	7.6	9.8
2002	9.1	2.9	9.8	10.3	9.6
2003	10.0	2.5	12.7	14.4	11.0
2004	10.1	6.3	11.1	13.1	9.7
2005	10.4	5.2	11.7	12.5	10.5
2006	11.6	5.0	13.0	14.5	10.9
2007	13.0	3.7	14.7	16.0	13.6
2008	9.0	5.5	9.3	9.7	9.2
2009	8.3	5.6	8.6	8.9	8.5
2010	9.1	5.1	9.4	9.7	9.3

附表二

单位：亿元，%

年　份	第三产业增加值增长率	交通运输邮电业增加值增长率	商业服务业增加值增长率	全社会固定资产投资规模（现价）	全社会固定资产投资名义增长率
1978	13.7	9.8	23.1	899.0	19.9
1979	7.9	8.3	8.7	977.0	8.7
1980	5.9	4.2	−1.8	910.8	−6.8
1981	10.4	1.9	29.5	961.0	5.5
1982	13.0	11.4	−0.7	1230.4	28.0
1983	15.2	9.4	21.2	1430.1	16.2
1984	19.3	14.9	24.7	1832.9	28.2
1985	18.2	13.8	33.6	2543.2	38.8
1986	12.0	13.9	9.5	3120.7	22.7
1987	14.3	9.6	14.7	3791.2	21.5
1988	13.2	12.5	11.8	4746.8	25.2
1989	5.4	4.2	−10.7	4410.3	−7.1
1990	2.3	8.3	−5.3	4517.6	2.4
1991	8.9	10.6	5.2	5594.6	23.8
1992	12.4	10.0	12.3	8080.4	44.4
1993	12.2	12.6	6.9	13072.3	61.8
1994	11.1	8.5	8.2	17042.9	30.4
1995	9.8	15.1	8.2	20019.3	17.5
1996	9.4	7.0	7.6	22974.0	14.8
1997	10.7	9.2	8.8	24941.1	8.6
1998	8.4	10.6	6.5	28406.2	13.9
1999	9.3	12.2	8.7	29854.7	5.1
2000	9.7	8.6	9.4	32917.7	10.3
2001	10.3	8.8	9.1	37213.5	13.1
2002	10.4	7.1	8.8	43499.9	16.9
2003	9.5	6.1	9.9	55566.6	27.7
2004	10.1	14.5	6.6	70477.4	26.8
2005	10.5	11.3	7.8	88773.6	26.0
2006	12.1	11.1	11.9	109998.2	23.9
2007	13.8	13.0	16.3	137323.9	24.8
2008	9.5	7.6	15.1	172291.1	25.5
2009	8.7	5.1	12.8	227402.4	32.0
2010	9.5	8.1	13.6	281744.4	23.9

附表三

单位：%

年　份	全社会固定资产投资实际增长率	全社会固定资产投资占 GDP	商品零售价格指数上涨率	投资品价格指数上涨率	居民消费价格指数上涨率
1978	19.5	24.7	0.7	0.3	1.5
1979	4.7	24.0	2.0	3.8	2.1
1980	-8.5	20.0	6.0	1.9	7.0
1981	2.9	19.6	2.4	2.5	2.6
1982	25.1	23.1	1.9	2.4	1.9
1983	13.3	24.0	1.5	2.6	1.2
1984	23.9	25.4	2.8	3.4	1.7
1985	30.1	28.2	8.8	6.7	7.6
1986	15.8	30.4	6.0	6.0	6.5
1987	14.1	31.4	7.3	6.4	7.3
1988	10.0	31.6	18.5	13.9	18.8
1989	-12.9	26.0	17.8	6.7	18.0
1990	-3.0	24.2	2.1	5.6	3.1
1991	15.0	25.7	2.9	7.6	3.4
1992	25.3	30.0	5.4	15.3	6.4
1993	27.8	37.0	13.2	26.6	14.7
1994	18.1	35.4	21.7	10.4	24.1
1995	10.9	32.9	14.8	5.9	17.1
1996	10.3	32.3	6.1	4.0	8.3
1997	6.7	31.6	0.8	1.7	2.8
1998	14.1	33.7	-2.6	-0.2	-0.8
1999	5.5	33.3	-3.0	-0.4	-1.4
2000	9.1	33.2	-1.5	1.1	0.4
2001	12.6	33.9	-0.8	0.4	0.7
2002	16.7	36.1	-1.3	0.2	-0.8
2003	25.0	40.9	-0.1	2.2	1.2
2004	20.1	44.1	2.8	5.6	3.9
2005	24.0	48.5	0.8	1.6	1.8
2006	22.1	51.9	1.0	1.5	1.5
2007	20.2	53.4	3.8	3.9	4.8
2008	15.2	57.3	5.9	8.9	5.9
2009	34.4	69.6	-0.8	-1.8	-0.5
2010	22.3	77.5	1.8	1.3	2.1

附表四

单位：%

年 份	城镇居民实际人均可支配收入增长率	农村居民实际人均纯收入增长率	城镇居民消费实际增长率	农村居民消费实际增长率	政府消费实际增长率
1978	-2.4	6.7	—	—	—
1979	19.6	17.6	11.5	6.0	26.9
1980	6.2	18.2	13.0	9.0	1.6
1981	1.6	10.7	8.6	10.6	5.6
1982	5.8	21.1	6.6	9.6	8.6
1983	4.3	14.7	7.4	11.1	9.0
1984	12.5	12.7	14.1	13.1	21.2
1985	0.1	11.7	17.8	13.2	9.3
1986	13.8	3.2	11.8	2.9	9.9
1987	2.4	5.2	11.0	5.5	2.9
1988	-2.3	6.4	14.3	6.0	-1.1
1989	0.0	-1.6	4.1	-0.8	1.1
1990	8.5	1.8	11.3	0.2	8.8
1991	7.2	2.0	13.8	6.4	23.2
1992	9.7	5.9	19.8	9.0	17.5
1993	9.5	3.2	13.9	4.8	13.8
1994	8.5	5.0	7.6	3.4	8.6
1995	4.9	5.3	10.4	7.2	-3.3
1996	3.9	9.0	8.1	14.0	9.8
1997	3.4	4.6	8.2	2.1	9.5
1998	5.8	4.3	11.8	0.0	11.0
1999	9.3	3.8	12.7	3.7	12.6
2000	6.4	2.1	13.2	3.1	13.7
2001	8.5	4.2	8.2	2.9	12.0
2002	13.4	4.8	9.0	3.5	9.1
2003	9.0	4.3	11.0	-1.4	6.5
2004	7.7	6.8	10.6	1.7	8.3
2005	9.6	6.2	9.5	6.0	12.7
2006	10.4	7.4	10.8	7.0	11.5
2007	12.2	9.5	16.4	5.7	11.5
2008	8.4	8.0	13.6	5.1	9.3
2009	9.2	6.8	10.8	4.5	9.2
2010	9.1	7.1	11.7	5.4	9.6

附表五

单位：亿元，%

年 份	社会消费品零售总额	社会消费品零售总额名义增长率	社会消费品零售总额实际增长率	财政收入	财政收入增长率
1978	1558.6	32.7	31.8	1132.3	29.5
1979	1800.0	15.5	13.2	1146.4	1.2
1980	2140.0	18.9	12.2	1159.9	1.2
1981	2350.0	9.8	7.3	1175.8	1.4
1982	2570.0	9.4	7.3	1212.3	3.1
1983	2849.4	10.9	9.2	1366.9	12.8
1984	3376.4	18.5	15.2	1642.9	20.2
1985	4305.0	27.5	17.2	2004.8	22.0
1986	4950.0	15.0	8.5	2122.0	5.8
1987	5820.0	17.6	9.6	2199.4	3.6
1988	7440.0	27.8	7.9	2357.2	7.2
1989	8101.4	8.9	-7.6	2664.9	13.1
1990	8300.1	2.5	0.3	2937.1	10.2
1991	9415.6	13.4	10.2	3149.5	7.2
1992	10993.7	16.8	10.8	3483.4	10.6
1993	14270.4	29.8	14.7	4349.0	24.8
1994	18622.9	30.5	7.2	5218.1	20.0
1995	23613.8	26.8	10.5	6242.2	19.6
1996	28360.2	20.1	13.2	7408.0	18.7
1997	31252.9	10.2	9.3	8651.1	16.8
1998	33378.1	6.8	9.7	9876.0	14.2
1999	35647.9	6.8	10.1	11444.1	15.9
2000	39105.7	9.7	11.4	13395.2	17.0
2001	43055.4	10.1	11.0	16386.0	22.3
2002	48135.9	11.8	13.3	18903.6	15.4
2003	52516.3	9.1	9.2	21715.3	14.9
2004	59501.0	13.3	10.2	26396.5	21.6
2005	67176.6	12.9	12.0	31649.3	19.9
2006	76410.0	13.7	12.6	38760.2	22.5
2007	89210.0	16.8	12.5	51321.8	32.4
2008	108487.7	21.6	14.8	61316.9	19.5
2009	125055.2	15.3	16.3	66327.5	8.2
2010	148076.1	18.4	16.3	78472.7	18.3

附表六

单位：亿元，%

年　份	财政支出	财政支出 增 长 率	财政收支 差　额	城乡储蓄 存款余额	城乡储蓄存款 余额增长率
1978	1122.1	33.0	10.2	210.6	15.7
1979	1281.8	14.2	-135.4	281.0	33.4
1980	1228.8	-4.1	-68.9	399.5	42.2
1981	1138.4	-7.4	37.4	523.7	31.1
1982	1230.0	8.0	-17.7	675.4	29.0
1983	1409.5	14.6	-42.6	892.5	32.1
1984	1701.0	20.7	-58.2	1214.7	36.1
1985	2004.3	17.8	0.6	1622.6	33.6
1986	2204.9	10.0	-82.9	2238.5	38.0
1987	2262.2	2.6	-62.8	3081.4	37.7
1988	2491.2	10.1	-134.0	3822.2	24.0
1989	2823.8	13.3	-158.9	5196.4	36.0
1990	3083.6	9.2	-146.5	7119.8	37.0
1991	3386.6	9.8	-237.1	9241.6	29.8
1992	3742.2	10.5	-258.8	11759.4	27.2
1993	4642.3	24.1	-293.4	15203.5	29.3
1994	5792.6	24.8	-574.5	21518.8	41.5
1995	6823.7	17.8	-581.5	29662.3	37.8
1996	7937.6	16.3	-529.6	38520.8	29.9
1997	9233.6	16.3	-582.4	46279.8	20.1
1998	10798.2	16.9	-922.2	53407.5	15.4
1999	13187.7	22.1	-1743.6	59621.8	11.6
2000	15886.5	20.5	-2491.3	64332.4	7.9
2001	18902.6	19.0	-2516.5	73762.4	14.7
2002	22053.2	16.7	-3149.5	86910.6	17.8
2003	24650.0	11.8	-2934.7	103617.3	19.2
2004	28486.9	15.6	-2090.4	119555.4	15.4
2005	33930.3	19.1	-2281.0	141051.0	18.0
2006	40422.7	19.1	-2162.5	161587.3	14.6
2007	49781.4	23.2	1540.4	172534.2	6.8
2008	62427.0	25.4	-202.1	217885.4	26.3
2009	74418.9	19.2	-9501.4	255862.8	17.4
2010	88938.0	19.5	-11875.3	290307.5	13.5

附表七

年 份	货币和准货币 （亿元）	新增贷款 （亿元）	进口总额 （亿美元）	进口总额 增长率（%）	出口总额 （亿美元）	出口总额 增长率（%）
1978	—	186.7	108.9	51.0	102.0	34.4
1979	—	189.6	156.8	44.0	135.8	33.1
1980	—	374.7	200.2	27.7	181.2	33.4
1981	—	445.9	220.1	10.0	220.1	21.5
1982	—	320.4	192.9	−12.4	223.2	1.4
1983	—	409.3	213.9	10.9	222.3	−0.4
1984	—	1176.2	274.1	28.1	261.4	17.6
1985	—	1139.4	422.5	54.1	273.5	4.6
1986	—	1684.9	429.0	1.5	309.4	13.1
1987	—	1442.0	432.2	0.7	394.4	27.5
1988	—	1518.9	552.8	27.9	475.2	20.5
1989	—	3808.8	591.4	7.0	525.4	10.6
1990	15293.4	3320.6	535.5	−9.5	620.9	18.2
1991	19349.9	3657.1	637.9	19.1	718.4	15.7
1992	25402.2	4985.1	805.8	26.3	849.4	18.2
1993	34879.8	6620.2	1039.6	29.0	917.4	8.0
1994	46923.5	7032.9	1156.1	11.2	1210.1	31.9
1995	60750.5	10568.1	1320.8	14.2	1487.8	22.9
1996	76094.9	10612.5	1388.3	5.1	1510.5	1.5
1997	90995.3	13757.5	1423.7	2.5	1827.9	21.0
1998	104498.5	11610.0	1402.4	−1.5	1837.1	0.5
1999	119897.9	7210.2	1657.0	18.2	1949.3	6.1
2000	134610.4	5636.8	2250.9	35.8	2492.0	27.8
2001	158301.9	12943.6	2435.5	8.2	2661.0	6.8
2002	185007.0	18979.2	2951.7	21.2	3256.0	22.4
2003	221222.8	27702.3	4127.6	39.8	4382.3	34.6
2004	254107.0	19201.6	5612.3	36.0	5933.2	35.4
2005	298755.7	16492.6	6599.5	17.6	7619.5	28.4
2006	345603.6	30656.8	7914.6	19.9	9689.4	27.2
2007	403442.2	36343.7	9559.5	20.8	12177.8	25.7
2008	475166.6	41703.7	11330.9	18.5	14285.5	17.3
2009	599951.7	101697.3	8948.8	−21.0	11496.8	−19.5
2010	694332.0	83995.3	10619.9	18.7	13485.4	17.3

注：1989 年以后的新增贷款包括全部金融机构。

表中 2009 年、2010 年均为预测数。

（沈利生整理）

中国皮书网全新改版，增值服务大众

规划皮书行业标准，引领皮书出版潮流
发布皮书重要资讯，打造皮书服务平台

中国皮书网开通于2005年，作为皮书出版资讯的主要发布平台，在发布皮书相关资讯，推广皮书研究成果，以及促进皮书读者与编写者之间互动交流等方面发挥了重要的作用。2008年10月，中国出版工作者协会、中国出版科学研究所组织的"2008年全国出版业网站评选"中，中国皮书网荣获"最具商业价值网站奖"。

2010年，在皮书品牌化运作十年之后，随着皮书系列的品牌价值的不断提升、社会影响力的不断加大，社会科学文献出版社精益求精，力求为众多的皮书用户提供更加优质的服务，出版社在原有中国皮书网平台的基础上进行全新改版。新改版的中国皮书网在皮书内容资讯、出版资讯等信息的发布方面更加系统全面，在皮书数据库的登录方面更加便捷，同时，引入众多皮书编写单位参与该网站的内容更新维护，能够为广大用户提供更加增值的服务。

www.pishu.cn

中国皮书网提供： ·皮书最新出版动态   ·专家最新观点数据
·媒体影响力报道   ·在线购书服务
·皮书数据库界面快速登录   ·电子期刊免费下载

盘点年度资讯，预测时代前程

从"盘阅读"到全程在线，使用更方便
品牌创新又一启程

·产品更多样

从纸书到电子书，再到全程在线网络阅读，皮书系列产品更加多样化。2010年开始，皮书系列随书附赠产品将从原先的电子光盘改为更具价值的皮书数据库阅读卡。纸书的购买者凭借附赠的阅读卡将获得皮书数据库高价值的免费阅读服务。

·内容更丰富

皮书数据库以皮书系列为基础，整合国内外其他相关资讯构建而成，下设六个子库，内容包括建社以来的700余种皮书、近20000篇文章，并且每年以120种皮书、4000篇文章的数量增加。可以为读者提供更加广泛的资讯服务；皮书数据库开创便捷的检索系统，可以实现精确查找与模糊匹配，为读者提供更加准确的资讯服务。

·流程更方便

登录皮书数据库网站www.i-ssdb.cn，注册、登录、充值后，即可实现下载阅读，购买本书赠送您100元充值卡。请按以下方法进行充值。

充值卡使用步骤：

第一步
· 刮开右侧密码涂层
· 登录 www.i-ssdb.cn
点击"注册"进行用户注册

SSDB
社科文献资源库
SOCIAL SCIENCE
DATABASE

社会科学文献出版社 皮书系列
SOCIAL SCIENCES ACADEMIC PRESS (CHINA)

卡号：51226499852783
密码：

（本卡为图书内容的一部分，不购书到卡，视为盗书）

第二步
登录后点击"会员中心"
进入会员中心。

第三步
· 点击"在线充值"的"充值卡充值"，
· 输入正确的"卡号"和"密码"，
即可使用。

如果您还有疑问，可以点击网站的"使用帮助"或电话垂询010-59367071。

图书在版编目（CIP）数据

2010 年中国经济形势分析与预测/陈佳贵，李扬主编. —北京：社会科学文献出版社，2009.12

（经济蓝皮书）

ISBN 978 - 7 - 5097 - 1175 - 0

Ⅰ. 2… Ⅱ.①陈… ②李… Ⅲ.①经济分析 - 中国 - 2010 ②经济预测 - 中国 - 2010 Ⅳ. F123.2

中国版本图书馆 CIP 数据核字（2009）第 207155 号

经济蓝皮书

2010 年中国经济形势分析与预测

主　　编／陈佳贵　李　扬
副 主 编／刘树成　汪同三

出 版 人／谢寿光
总 编 辑／邹东涛
出 版 者／社会科学文献出版社
地　　址／北京市西城区北三环中路甲 29 号院 3 号楼华龙大厦
邮政编码／100029　网址／http：//www. ssap. com. cn
网站支持／（010）59367077
责任部门／皮书出版中心（010）59367127
电子信箱／pishubu@ ssap. cn
项目经理／邓泳红
责任编辑／周映希　徐小玖　彭　战
责任校对／张玉芬　郭红生
责任印制／蔡　静　董　然　米　扬
品牌推广／蔡继辉

总 经 销／社会科学文献出版社发行部
　　　　　（010）59367080　59367097
经　　销／各地书店
读者服务／读者服务中心（010）59367028
排　　版／北京中文天地文化艺术有限公司
印　　刷／北京季蜂印刷有限公司

开　　本／787mm×1092mm　1/16
印　　张／27　字数／458 千字
版　　次／2009 年 12 月第 1 版　印次／2009 年 12 月第 1 次印刷

书　　号／ISBN 978 - 7 - 5097 - 1175 - 0
定　　价／49.00 元

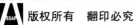